繁荣的背后
解读现代世界的经济大增长

THE BIRTH OF PLENTY

How the Prosperity
of the
Modern World Was Created

[美] 威廉·J. 伯恩斯坦 著　符云玲 译
William J. Bernstein

图书在版编目（CIP）数据

繁荣的背后：解读现代世界的经济大增长 /（美）威廉·J. 伯恩斯坦（William J. Bernstein）著；符云玲译 . -- 北京：机械工业出版社，2021.1（2024.1重印）
书名原文：The Birth of Plenty: How the Prosperity of the Modern World Was Created
ISBN 978-7-111-66966-1

I. ① 繁… II. ① 威… ② 符… III. ① 世界经济 – 经济增长 – 研究 IV. ① F113.4

中国版本图书馆 CIP 数据核字（2021）第 054204 号

北京市版权局著作权合同登记　图字：01-2010-5002 号。

William J. Bernstein.
The Birth of Plenty: How the Prosperity of the Modern World Was Created.
ISBN: 978-0-07-142192-0
Original edition copyright ©2004 by McGraw-Hill Companies, Inc. All rights reserved.

All Rights reserved. No part of this publication may be reproduced or transmitted in any form or by any means, electronic or mechanical, including without limitation photocopying, recording, taping, or any database, information or retrieval system, without the prior written permission of the publisher.

This edition is authorized for sale in the Chinese mainland (excluding Hong Kong SAR, Macao SAR and Taiwan) .

Simple Chinese translation edition copyright ©2021 by China Machine Press. All rights reserved.

版权所有。未经出版人事先书面许可，对本出版物的任何部分不得以任何方式或途径复制传播，包括但不限于复印、录制、录音，或通过任何数据库、信息或可检索的系统。

此中文简体翻译版本经授权仅限在中国大陆地区（不包括香港、澳门特别行政区和台湾地区）销售。

繁荣的背后：解读现代世界的经济大增长

出版发行：机械工业出版社（北京市西城区百万庄大街 22 号　邮政编码：100037）
责任编辑：顾　煦
责任校对：殷　虹
印　　刷：固安县铭成印刷有限公司
版　　次：2024 年 1 月第 1 版第 6 次印刷
开　　本：147mm×210mm　1/32
印　　张：14.125
书　　号：ISBN 978-7-111-66966-1
定　　价：79.00 元

客服电话：(010) 88361066　68326294

版权所有·侵权必究
封底无防伪标均为盗版

目 录

推荐序

前 言

导 论

第一部分 增长的来源

第1章	财富的假设	3
第2章	财产权	52
第3章	理性	100
第4章	资本	139
第5章	动力、速度和光芒	180
第6章	增长的综合分析	213

第二部分 国家

第7章	胜利者：荷兰与英国	221
第8章	亚军	263
第9章	落后的国家	306

The Birth Of Plenty

	第10章 宗教、文化、财富和快乐之路	331
第三部分	第11章 伟大的权衡	369
结　果	第12章 财神与战神：赢家的诅咒	383
	第13章 增长会结束吗	406
	第14章 何时，何地，通向何处	413

推荐序

丰裕的起源

如果说经济学中有哪一个属于经久不衰的议题,我想那就是经济增长(或发展),亦即什么因素促进或阻碍了经济增长。作为现代经济学诞生标志的《国富论》,其核心内容便是对"国民财富的性质和原因的研究"。此后讨论经济增长的著述层出不穷且不胜枚举。进入 21 世纪以来,至少有两部以"经济增长"为书名的著作出自重量级的经济学家,其一是达龙·阿西莫格鲁(Daron Acemoglu)的《现代经济增长导论》(2008),其二为罗伯特·巴罗(Robert Barro)和夏威尔·萨拉–伊–马丁(Xavier Sala-i-Martin)的《经济增长》(2006)。或许是因为知道我长期关注这一问题,机械工业出版社的编辑寄来一部译稿,书名叫《繁荣的背后》,希望我写一篇序言。翻看了一下前言和目录后我就允诺下来,因为我预感此书非同一般,读后会使人受益良多,而且我发现本书的叙述风格颇符合我的阅读口味。

本书英文版出版于 2004 年,其作者威廉·伯恩斯坦为自己设定的任务是:探索那些 19 世纪早期出现的引发当代经济起飞的文化和历史因素。要做到这一点必须满足两个条件:在历史叙述中说明世界是如何发展到现在的,建立起一个整理、裁剪史实的理论框架。历史叙述如果平铺直叙,往往会冗长乏味。为了使读者阅读时兴趣盎然,作者独具匠心地收集了众多引人入胜的历史故事。他对所建立并运用的理论框架的要求是,既能够解释所有国家的情况,又能够指明世界将走向何方。撰写序言意味着撰写者必须精读所"序"之书,而精读这样一部书并为其写序,真乃身心愉悦的过程。

按照经济史和经济统计学家安格斯·麦迪森(Angus Maddison)在《世界经济千年史》(*The World Economy: A Millennial Perspective*)一书中所做的估算,18世纪之前的世界人均GDP几乎没有增长,经济增长的历史性分水岭大约出现在19世纪20年代。整个19世纪,当时西欧和北美的发达国家人均GDP增长率为2%,把其他国家远远地甩在后面。其实,资本主义兴起这一场伟大戏剧的开幕时间要更早些,捷足先登者为荷兰与英国。在1500~1700年这两个世纪中,荷兰人均GDP增长率为0.52%,按不变价格计算,人均收入从754美元提升到2110美元,英国与之相应的数字分别为0.28%、714美元和1250美元。同时代的世界文明大国中国和意大利经济停滞不前,人均GDP均为零增长,法国则业绩居中,人均GDP增长率为0.15%,人均收入从727美元增至986美元。数字上的差异令人好奇:这一切究竟是如何发生的?

为了回答人类近代史上这一重大问题,伯恩斯坦搭建了一个可以被称为"四位一体"的解释框架:财产权、科学理性主义(或科学方法)、资本市场、交通和通信技术改善的差异导致了各国之间经济发展的不同步。在这四大因素的共同作用下,现代财富增长逐渐生根发芽于英国格拉斯哥至意大利热那亚之间的地区。拥有了分析架构后,整部著作的叙述、论证的脉络便清晰可见,正所谓纲举目张。

在伯恩斯坦看来,实现一国繁荣的关键是与之相关的制度,即人们在其中思考、互动和从事商业往来的框架。而在制度家族中,发挥顶梁柱功效的非财产权莫属。所谓财产权，是指创新者和商人的劳动成果免遭政府、违法者和垄断机构随意征用或侵占的权利。保障一个人获得其创造物的绝大部分的权利，是所有其他权利的基础。"没有什么比任意没收公民财产对经济健康造成的损害更大了，无论这样做的人是蒙着面具的强盗还是戴着徽章的政府官员。"尽管1215年英国国王和贵族之间就签署了规范各自权利与义务的《自由大宪章》，但是在1688年"光荣革命"㊀爆发后的几十年里，英国王室和欧洲其他所有君主一样，都没能建立起可靠的融资渠道，其财政收入主要来源于特许权出售、土地转让与出租以及征收关税。所有这一切均有损企业投资与商贸发展。为了支持军事冒险，君主们常常从事商业借贷。由于缺乏可靠的融资渠道，君主违约事件时有发生。1672年，英王查理二世暂停偿付债务，使得绝大多数债权方银行破了产。这可视为私人产权受到侵害的典型事例。

封建制度低效导致市场环境恶化，亦极大地阻碍了经济增长。在14～16世纪的西欧城镇，其社会治安状况之差对今天的人来说简直难以想象。那时因凶杀而死亡的人数是意外死亡人数的两倍，绑架不过是一种常见的谋生之道。1829年缔造了世界第一支大城市警察队伍的英国首相罗伯特·皮尔（Robert Peel），在正规警察出现之前如果不带上剑、匕首或手枪，绝不敢贸然走上街头。城镇之外则更是一个无法无天的世界。拦路抢劫者或成群结队或单枪匹马，忙得不亦乐乎，而被缉拿归案的罪犯却寥寥无几。在同一时期，英国的垄断俯拾皆是，国王们通常是随心所欲地把专利权或特许权赋予皇室成员和亲信并以此获得回扣，其

㊀ 1688年，英国资产阶级和新贵族发动了推翻詹姆斯二世的统治、防止天主教复辟的非暴力政变。这场革命未有流血，因此历史学家称之为"光荣革命"。——译者注

中伊丽莎白一世尤甚。她将全国的酒吧经营特许权授予深受其宠爱的大臣，更有甚者，她还把经销扑克牌的垄断权给了她的心腹男仆，由此还引起了一场历史上著名的（Darcy VS. Allin）诉讼案，并最终以法院判女王违反普通法收场。

恰恰因为财产权的普遍缺位，人类长时间步履蹒跚地行进在经济增长的崎岖道路上。真正的历史转折点是 1688 年爆发于英国的"光荣革命"。随着荷兰国王（奥兰治的威廉）和荷兰财产权制度精髓的引进，尤其是伴随着英国商业新贵实力的攀升，相对稳定的君主立宪制在英国开始确立。君主立宪制把议会权威提升至最高，并通过议会来约束国王可能损害公民财产权的各种行为，保护议会中占主导地位的新兴资产阶级的利益，改进市场经营环境，从而为资本主义大发展扫清了障碍。商人及其代理人开始支配政府，政府逐步成为其实现商业利益的工具，可谓是"光荣革命"带来的实质结果。"当欧洲各国政治体制确立后，各国追求的便是同一个目标了：将国家的财政和权力最大化。"当然，财产权制度的确立和王权受到抑制均经历了漫长且痛苦的过程。"光荣革命"后洛克（John Locke）从流亡地回归祖国并受到英雄般的欢迎，但直到去世他都不敢承认自己就是《政府论》的作者。个中原因很简单：他害怕来自国王的报复。

作为"四位一体"架构第二根支柱的是科学理性主义，因为经济进步有赖于创新和对创新成果的商业化，而创新过程需要一个以理性思考为基础的知识体系作为支撑。具体来说，科学理性主义表现为引发技术进步的经验观察和数学工具的进步。13～18 世纪，欧洲在精神领域内经历了宗教和科学的血与火的洗礼。那时的基督教以及教会对思想的统治和禁锢之严酷，已经到了令人发指的地步。且不说布鲁诺因印发《天体运行论》而被视为传播异端邪说并终遭火刑，就连欧洲宗教改革领袖马丁·路德也曾不遗余力地阻挠哥白尼著作的发表，甚至呼吁将其处以极刑。今天的我们很难相信，生活在16世纪的欧洲年轻人所受的教育无一例外地关乎宗教。即使一个世纪以后，当洛克进入牛津大学时，60名高年级学生中仅有1名学习道德哲学，各有2名专攻法律和医学，而剩下的55名全部研习宗教。

在打破罗马教廷对知识垄断的过程中，欧洲涌现出了一大批光彩夺目的科学家，其贡献之巨、之繁令人眼花缭乱。伯恩斯坦叙述他们的生平业绩时如此驾轻就熟、如数家珍，以至于让人怀疑他的职业身份：是科技史专家呢，还是经济史学家？本书的第3章可以说就是一部欧洲前现代科技史的缩写本。尽管牛顿是众多璀璨的科学明星中最明亮的一颗，但我最欣赏的还是哈雷。不仅是因为他精准地预测了日全食发生的时间和地点，也不仅是因为以他的名字命名了一颗最著名的彗星，还因为他慷慨地资助了才华横溢的同时代的科学家并与他们精诚合作，更因为他的多才多艺和不竭的好奇心。得到哈雷资助的钟表匠约翰·哈里森（John Harrison）发明了促进航海业大发展的天文钟。哈雷还精心收集整理了人口死亡数据，缜密分析后制作了世界上第一张保险精算表，从而开了现代保险业之先河，并为资本市场这辆机车提供了燃料。哈雷被伯恩斯坦称为"科学理性主义—资本市场—现代运输"这一故事的主角。对此评价我深以为然。

在天才的创意和经济现实之间存在着巨大的鸿沟，而打通两者的只有资本，准确地说是充满活力且受投资人信赖的资本市场。有效的资本市场具有三项基本功能：降低融资成本、分散投资风险以及提供市场信息。说来有趣，资本市场的发育同政府借贷密切相关，而政府借贷往往与战争筹款紧密相连。在16～17世纪的绝大多数时间里，荷兰都在为推翻西班牙的统治而战。为了赢得战争和市政建设，荷兰政府发行了数额巨大且种类繁多的债券，阿姆斯特丹随之成为欧洲金融中心。英国现代资本市场的建立几乎直接源于确立议会最高权威的"光荣革命"。值得一提的是，"奥兰治的威廉"（"光荣革命"后的威廉二世㊀）并非孤家寡人。随他一起去伦敦的还有巴林（Barings）和霍普（Hope）两大金融家族，以及一批被宗教裁判所从西班牙与葡萄牙赶出来的犹太金融家，其中包括经济学家大卫·李嘉图的父亲。英国财政部1749年创立并发行的固定利率且永不到期的统一公债（consols），不仅有效解决了政府融资难题，而且为商业融资提供了"企业投资安全回报率"的基准线，进而为商业借贷市场的发展奠定了基础。

资本市场的有效性势必通过融资成本反映出来。借贷利率通常被认为是融资成本的综合标尺。13～15世纪，荷兰的年借贷利率最低，为8%，到17世纪中叶降到5%。英国的利率在整个16世纪大体在10%上下，"光荣革命"后一路下降至4%，进入18世纪更是低至3%。而同时期的法国利率始终比荷兰和英国高出2～4个百分点。根据杨联陞在《中国货币与信贷简史》一书中给出的数字，12世纪中国实际市场年利率在50%～70%，明清年间借贷利率维持在36%～60%的水平。当时西欧与中国利率差异如此之巨大，也从一个重要侧面揭示了两者在投资

㊀ 在荷兰和英国称为三世，但在苏格兰称为二世，习惯上我们称其为二世。

率上出现差距的原因，暗示了两者在财产权保护强度与范围上的不同，进而解释了它们在经济增长率上的云泥之别。据说1668年一位英国观察家写下过这样的句子：一个国家的富裕程度与其为资本支付的利息多寡高度相关。我想这完全适合于形容那时的西欧和中国。

缺少了股份公司制度的确立，对资本市场的叙述便不完整。在古代欧洲，各国对不履行债务责任的惩罚非常严厉，轻则没收债务人全部不动产，重则将债务人送入监狱。鉴于一切投资都具有风险，故对债务人的严格要求自然会制约创业。当哥伦布的探险船队返回欧洲港口后，特别是随着市场规模扩大和技术突飞猛进时代的来临，高风险和高回报使一种新的企业组织呼之欲出，这就是以有限责任来分散投资风险为核心的现代股份公司。最早的现代股份公司是成立于1609年的荷兰东印度公司。据说在成立后的一个多世纪里，该公司的平均年股息率高达22%。尽管出现过"南海泡沫"等股市狂躁症，但这种制度最终还是得以巩固并延续至今，其间英国1869年通过的《债务人法案》可被视为一个标志性事件。该法案撤销了债务人违约则入狱这一条法令。除了汇集资金和分散风险外，股份有限责任公司制度还很好地迎合了王权或政府对稳定税收的诉求。按约翰·希克斯（John Hicks）在《经济史理论》中给出的说法，由于股份公司需要以其盈利来证明自身值得投资，王权在征税时面临的应税数量测定难题迎刃而解。这一点也让我们对制度创新和技术创新商业化的条件性有了深入理解。

伯恩斯坦拒绝把交通和通信技术的改善归入科学理性主义而让其独立成为"四位一体"之一，我猜想至少有三个理由。他试图以此突出前现代欧洲基督教和教会对人们精神的桎梏，彰显思想解放打破精神枷锁的丰功伟绩；再者，他打算在理性进步和技术发明与应用之间画一条界线，毕竟笛卡尔、牛顿、哈雷与瓦特、摩尔斯分属两类不同的人群；最后，他力求让技术进步承担起理性主义和资本市场之间的桥梁作用，众所周知，如果没有 J. P. 摩根的金融支持，1879 年爱迪生发明的白炽灯的普及无疑会推迟许多年。顺带说一句，伯恩斯坦讲故事的天赋在第 5 章展现得淋漓尽致。1844 年，摩尔斯带领他的团队铺设了美国巴尔的摩至首都华盛顿的电报线路，和火车进行了一场惊心动魄的信息传递赛并成为赢家。这一幕被描述得如此活灵活现，以至于很难在我的记忆中抹去了。不过技术进步带来的福利改进使得产业发展日新月异，更新迭代。1861 年横贯美国大陆的电报网线铺成后的几天内，美国最大的驿马快信公司（Pony Express）就破产了。

用伯恩斯坦自己的话说，繁荣背后的四大要素或支柱各具功能、缺一不可。如果把经济增长比作蛋糕，那么财产权、科学理性主义、资本市场与交通和通信技术的改善便是面粉、鸡蛋、酵母和食糖。应该讲他的这一比喻不错，但在此我想说的是，缺一不可不等于同等重要。换言之，它们并不处于同一层次。在我看来，财产权乃四根支柱中最粗重的一根，是制作蛋糕过程中的面粉；资本市场等价于鸡蛋；科学理性主义与交通和通信技术的改善分别等价于酵母和食糖。显然，缺少任何一样都做不成蛋糕。同样显而易见的是，面粉对蛋糕而言可谓举足轻重。没有糖，蛋糕不会好吃，但没有面粉根本就不会有蛋糕。当然，本书讨论的议题不局限于上述四大要素，至少我们还可以从中引申出一些重大和有争议的问题来。

如果说西方世界兴起这一故事的主角是英国，那么其序言或许就是荷兰。作为西方主导世界这一历史进程的先驱，荷兰的相对衰落引起了我的极大兴趣，因为从相当意义上讲，衰落的原因和崛起的理由无异于一枚硬币的两面。在伯恩斯坦看来，荷兰的黄金时期出现在1648年独立前后。18世纪荷兰霸权每况愈下的原因林林总总，既源自缺乏科学和技术进步的深厚根基，也滥觞于过于成功的金融业，还起因于阻碍商业进步的垄断（荷兰东印度公司长期垄断香料贸易乃经典实例）。而在我看来，究其根本有两方面原因。一方面在于荷兰的国家规模太小。尽管人均收入曾高达法国的两倍，但由于人口数量少且出生率低，荷兰的GDP总额从未超过英国的40%和法国的20%。有鉴于此，后来拿破仑军队占领荷兰并大肆掠夺也就轻而易举了。另一方面，荷兰缺少一个强有力的中央政府和中央银行系统。那时荷兰与其说是一个现代国家，不如说是一个由七个半自治的州组成的松散联邦。尽管1800年富裕的荷兰拥有两倍于自身GDP的对外投资，但仍无法阻止法国和西班牙等债务国的违约行为，其损失十分惨重。结果便是一幅这样的历史画面：在面对经受"光荣革命"洗礼并创立起世界首家中央银行（英格兰银行）的英国处心积虑的竞争时，荷兰作为欧洲霸主的身影黯淡并隐退了。荷兰的成功经验与失败教训，尤其值得今天的我们认真总结和汲取。

  西方世界兴起的时期恰好又是西方大规模开拓殖民地的时期。时间上的重合只是一种历史巧合呢，还是两者互为因果，抑或是前因后果？基于本书的分析架构，伯恩斯坦就殖民主义做了一些讨论。他写道，从16世纪开始，发展中国家出现了一个所谓的"命运逆转"，亦即那时世界上富有的国家逐步走上了衰败之路并相继沦为殖民地，如光彩夺目的印度的莫卧儿王朝和美洲的印加帝国，时至今日仍旧站在贫困国家的行列之中。而那些当时贫困潦倒且沦为殖民地的国家或地区，如北美、澳大利亚和新西兰，现在却属于世界最富裕的国家，因为它们成功地从西方制度和农业基础上受益。伯恩斯坦由此下结论说："殖民主义本身并不导致贫困，造成贫富差别的是殖民主义采取的形式。"这么说虽不能说毫无道理，但无法令人信服。殖民掠夺至少有损于印度和南美维持辉煌，而北美和澳新迈向发达的直接原因在于承载欧洲制度及理念的人口大规模迁徙。

实际上，殖民地对西方兴起的价值主要表现为随机出现的巨额殖民地财富造就了一批新兴商人和日益商业化的国王。靠财富掠夺和"国际贸易"致富的新贵对财产安全渴望强烈，而当时对财产造成最严重威胁的正是来自王权的侵害。同时，殖民地的巨量财富既着实让国王们为之垂涎，又通常超出了国王们的政治和军力掌控范围，而如果国王牵头对他国商船劫掠势必加大战争风险。几方人群连带着他们的需求汇聚在一起并反复角力，最终导致了封建王权与新兴资产阶级之间的历史性妥协。在资产阶级走向历史舞台中央的同时，国王开始成为他们中的一员。英王成为英格兰银行和英国东印度公司的大股东，其后果之一是削弱甚至打消了国王通过传统的战争和劫掠获取财富的激励，或主动或被迫地转而去保护财产权。这里只是初步提及一下我最近两三年来一直在思考的"殖民地的政治经济学"问题。

伯恩斯坦把这部书定位为"有理论依据的非虚构类著作"，我以为恰如其分。本书几乎没有任何理论原创，历史数据和故事无一例外地来自二手资料。他在讨论财产权问题时，我清楚地看见手捧《西方世界的兴起》(*The Rise of the Western World*) 的道格拉斯·诺斯（Douglass

North)和罗伯特·托马斯（Robert Thomas）。他在描绘资本市场变化时，时隐时现的是《西欧金融史》（A Financial History of Western Europe）作者查尔斯·金德尔伯格（Charles Kindleberger）的身影。保罗·肯尼迪（Paul Kennedy）的《大国的兴衰》（The Rise and Fall of the Great Power）、曼瑟·奥尔森（Mancur Olson）的《国家的兴衰》（The Rise and Decline of Nations）以及戴维·兰德斯（David Landes）的《国富国穷》（The Wealth and Poverty of Nations）等讨论国家兴衰成败的著作，也都能在本书中找到对应的史料或观念。不过，作为一部"有理论依据的非虚构类著作"，重要的不在于理论原创和一手资料，而在于凭借已有砖瓦筑造出独具匠心的房屋来。本书搭建的叙事框架和运用的叙事手法，应该讲都达到了这样的效果。作者在最后一部分中对经济增长目的性的哲学思考，可以说强化了本书的独特性。人们生产的产品可以分为一次性消费品、耐用消费品和高档艺术品。如果拿书与之对应，本书则更像是某种耐用消费品。至于这件耐用消费品的品质如何，最终还要由读者给出评判。

爱屋及乌。读完全书后，我去维基百科查了一下本书的作者威廉·伯恩斯坦。我原以为他是某所知名大学的一位经济史或金融史教授，并且获得过美国或欧洲著名大学的经济学或历史学学位。然而让我目瞪口呆的是，伯恩斯坦根本就不是大学教授，所学专业和所从事职业更是与经济或金融毫不相关。维基百科的"官方介绍"如下：伯恩斯坦是一位神经科学专家，拥有化学和医学两个博士头衔，退休后成为美国金融理论家并以研究现代投资组合理论闻名于世，其五部畅销著作全部和金融贸易等经济问题相关，在《繁荣的背后》（2004）之前出版了《聪明地配置资产》和《投资的四大支柱》(2002),之后刊印了《贸易改变世界》(2008)和《投资者宣言》⊖(2009)。恕我孤陋寡闻,只因为写此文我才在网上搜索并发现这些作品,而伯恩斯坦的第四部著作已经有了中文版。

张宇燕
中国社会科学院世界经济与政治研究所
2011 年 8 月 10 日

⊖ 本书中文版已由机械工业出版社出版。

前 言

几年前，当我的妻子从图书馆带回一本 P. J. 欧鲁克（P. J. O'Rourke）的《吃掉有钱人》（*Eat the Rich*）的时候，我本没指望通过这本书来洞悉历史。欧鲁克先生写该书旨在消遣娱乐，但他以轻松幽默的方式对世界经济的成功和失败所进行的剖析，让人读起来非常尽兴。最令人印象深刻的是他对信贷危机的揭露：垃圾债券就是直接把钱借给你弟弟，而优质债券则是通过甘比诺家族㊀倒手借给你弟弟。

欧鲁克先生散文式的轻松笔调的背后，隐藏着大量的精心调查。讽刺的文字中穿插着一些经过深入调查的段落，比如他在书中简单地引用了苏格兰经济学家安格斯·麦迪森所收集的数据。麦迪森通过数据研究发现，在1820年左右，世界经济增长出现了断点：在那以前，世界经济没有增长；在那之后，世界经济则出现了持续的增长和繁荣。

我花了一些时间找到了一本麦迪森的著作《世界经济二百年回顾》（*Monitoring the World Economy, 1820 ~ 1992*）。这本平装书读起来就如晦涩的法律条款，枯燥无味，令人望而生畏。但从内容上看，麦迪森那些枯燥的数据却在讲述一个史上最伟大的故事：现代世界经济的诞生。对于日本明治维新和二战后的繁荣，即使是最好的书面描述也没有解释清楚麦迪森书中提到的原始数据：通货膨胀调整后，日本人均实际 GDP

㊀ 甘比诺家族曾是美国纽约五大黑手党家族之一。——译者注

增长6%，人均寿命翻倍，国民受教育水平几乎增至原来的4倍，文盲迅速消失，这些都是在第一次世界大战开始前的40年内发生的。

我开始对西方世界财富增长的这一突然变化感到着迷。麦迪森尝试对此做出解释，他简单地提到了技术进步，贸易、金融和人力资本的改善，自然资源的开发以及一些晦涩的经济学概念，如"增长核算"（growth accounting）。这些解释语焉不详，难以让我满意。技术进步带来经济增长，这是公认的真理，但是并不能够解释该问题。顾名思义，经济增长是技术创新的产物。如果电子、交通技术乃至科学发展突然停止，那么经济增长也将随之停止。

这一问题使我感到苦恼。为什么？为什么世界经济会增长，技术进步作为经济增长的基础是何时突然崛起的？为什么佛罗伦萨人不能发明达·芬奇早已勾画出来的蒸汽机和飞行器？为什么掌握冶金术的罗马人没能发现电和发明电报？为什么精通数学的古希腊人并不能得出现代资本市场赖以生存的概率论？就这点而言，雅典人在打败波斯人之后，直到被亚历山大大帝领导之前的两个世纪中，已经拥有了人们公认的经济增长的条件：民主制度、财产权、自由市场以及一个自由的中产阶级，可是为何他们在这个时期仍然处于极度贫困之中？最重要的是，霍布斯（Hobbes）将自然状态下的生活描述为"孤独、贫穷、肮脏、粗野和短缺的"，这些词完美地刻画了19世纪前大多数人的生活状态，但为什么距这些描述记载不到两个世纪后，这些现象就在西欧消失了呢？

对于上述问题，保罗·约翰逊（Paul Johnson）在《现代的诞生》（*The Birth of the Modern*）中做出了迄今为止最为准确的回答。与麦迪森的著作《诗人的现代早期发展史》（*Early Modern Developmental History for*

Poets）相对应，他对19世纪初期的科技、政治、文学和艺术革命的描述堪称无与伦比，就像优美的散文。为什么这一最重要的历史转变会在那一特定的时刻发生，约翰逊没有对这一根本性的问题做出解答。按照另一种思路，贾雷德·戴蒙德（Jared Diamond）在《枪炮、病菌与钢铁：人类社会的命运》(*Guns, Germs, and Steel*）中提出了"雅礼的问题"——为什么白人能够拥有所有的货物？㊀尽管戴蒙德的著作对生物学和地理学在人类历史中的作用进行了令人惊叹的概括，但是他对那名部落男子所提出的苦恼问题并没有做出解答。

我的任务就是探索那些19世纪早期出现的引发当代经济起飞的文化和历史因素。再好的纯理论叙述也无法超越有理论依据的非虚构类著作，因为后者为读者提供有用的工具以帮助他们理解周边世界。若想揭示世界繁荣的起源，人们无论采取何种办法都需要面临两个挑战。第一，世界是如何发展到当今状态的？这是最本质和最有趣的历史故事之一。任何作者都能够对其进行描述，但并不是每个作者都能够引起读者的兴趣，若作者做不到这一点，那就是他自身的失职。第二，为读者提供一个框架，该框架能够解释所有的国家（不光是书中所提到的几个）何以富裕或贫穷，何以民主或极权，何以弱小或强大，该框架甚至还能够回答一国国民是否对其生活状态感到满意。如果作者能够战胜上述两个挑战，那么读者甚至都有可能捕捉到关于地球和人类未来命运的信息。

因此，本书很自然地分为三部分：世界为什么会这样，世界如何变成这样以及世界将走向何方。首先，我们将努力揭示经济增长的原动力；

㊀ 雅礼是新几内亚岛上的一名部落男子。"货物"这一当地术语是对先进技术发明成果的统称，如常见的斧子、软饮料和雨伞。

然后,我们将描述这些动力因素在不同的国家所扮演的角色;最后,我们将集中讨论现代世界经济的爆炸性增长对社会、政治和军事所造成的显著影响。我们将会发现,对经济增长原动力的理解为我们提供了强大的洞察力,有助于我们观察当今世界面临的以下问题:

- 总的来说,我们这个世界不光是变得更富裕了,同时也变得更复杂、节奏更快和压力更大了。对地球上的芸芸众生而言,未来的社会总体福利和满意度会得到提高吗?

- 财富和民主之间是一种什么样的关系?经济的发展以及由此造成的国家之间的贫富差距将给未来世界政治局势带来什么影响?是否能够成功地将民主制度输出到像伊拉克和阿富汗这样的国家?

- 当代繁荣的变革如何影响当前世界力量的均衡局势?美国的军事优势只是历史的偶然吗?它是否会持续下去?一些非西方国家,如何有效地运用其政治和军事力量?

没有人敢声称自己精通世界经济增长问题涵盖的所有领域——法律、历史、哲学、天体力学、神学、公共政策、社会学,当然还有经济学。我并不是上述任何一个领域的专家,因此我需要感谢那些为我指明方向、指引道路、编辑书稿以及在这条道路上给我莫大鼓励的人。

几乎从一开始,艾德·道尔就是我写作道路上的伙伴。他帮助我理解复杂的贸易理论,并凭借他早年作为本科生和研究生时所学的知识帮助我探索这门高深莫测的学科。(3年前,艾德建议我考虑写一本以经济史为题的书,他并不知道实际上在那之前几个月我已经开始尽力尝试了,他的这一建议为我继续这一尝试提供了必要的精神支持。)罗伯特·埃里克森为我提供了关于新月沃地财产权的未公开发表的材料；马克·罗伊为我提供了关于财产权执行成本的未公开发表的材料；维克托·汉森在"希腊人对物权法的贡献"这一问题上给予我帮助；理查德·伊斯特林引导我思考和理解金钱与幸福的关系；斯蒂芬·邓恩使我对最高法院历史作用的理解更加完善；亚历克斯·约翰逊促使我更加深入地钻研知识产权的历史；罗伯特·阿诺特帮助我理解即将到来的世代风暴㊀；卡尔·阿普恩对我关于增长时代的中世纪祖先所做的讨论给予了适当的评论；罗伯特·巴罗为我提供了增长相关性方面的数据和图表；格雷戈里·克拉克为我描绘几个世纪以前英国的繁荣提供了数据；伊曼纽尔·赛斯为我提供了收入分配的数据；吉姆·平林为我提供了美国专利局活动的数据。在本书所涉及的方方面面的历史问题上，沃尔多·托布勒、杰克·戈德斯通、杰·巴萨乔夫、罗伯特·厄普豪斯、尼尔·弗格森、保罗·肯尼迪、唐纳德·莫格里奇、罗伯特·斯基德尔斯基、拉里·尼尔、简·阿尔珀特和理查德·希拉都曾慷慨地给予我帮助。我还需要特别感谢罗恩·英格尔哈特，他帮助我厘清经济、文化和宗教之间错综复杂的关系，同时也为我提供了大量的插图。

我也曾得到过一些财经媒体人的帮助。威廉·舒西斯提供了一些初步的批评性建议。艾奥瓦州公共电台的伯纳德·谢尔曼几乎自始至终参与了本书的编辑工作，他无数次地帮助我走出困境，尤其是在公共政策领域。《华尔街日报》的乔纳森·克莱门茨在许多问题上都给我提供过慷慨的帮助，从行文风格到结构安排，再到对英国思想史的探讨，这些帮

㊀ 即将到来的世代风暴（the coming generational storm），这是 21 世纪初美国经济学界热议的一个概念，指的是老龄化与移民等人口统计学上的剧变对经济的冲击。——译者注

助对本书的许多章节都是非常重要的。《金钱》(*Money*)杂志的詹森·茨威格以其别具特色的专业技能、敏锐的识别力、调皮的幽默感以及百科全书般的知识结构来帮助我。在写作的过程中,约翰·丹东尼奥帮我把握方向,在必要的时候他就像一名严厉的监工,同时,他又是一名无与伦比的散文润色高手。

在即将完稿之时,朱迪·布朗以她专业的眼光和艺术天赋帮我对本书进行了进一步的完善,唐·格伊特也帮我制作和完善了本书的大部分图表。凯瑟琳·达索玻罗斯运用她那令人印象深刻的技能,借助麦格劳-希尔出版公司的资源,以她公认的热情帮助我从经济学的视角描绘现代世界。

我的朋友和家人也为本书的写作做出了不可忽略的贡献。就像往常一样,查尔斯·霍洛威博士在古欧洲、古希腊的语法规则方面为我提供了很多非常有用的帮助,我的女儿凯瑟琳·吉格勒在社会学方面为我提供了很多专业性的建议。凯西·格罗斯曼和里克·格罗斯曼对本书的终稿进行了严格的校对。最后,我要感谢我的妻子简·吉格勒,如果没有她,我不可能写出这本书。她帮助我把未成形的零散材料编辑成思路清晰的章节,果断地将一些难懂的术语和晦涩的表述变成流畅易懂的字句,不厌其烦地修改那些缺乏头绪的内容。她总是陪伴在我身边,每一章的草稿都经过她耐心的重新整理、修改和润色,她以令人惊异的宽容和巨大的支持来帮助我。

导　论

皇家海军百夫长号的舰长应该感谢钟表制造商约翰·哈里森。1737年春末，哈里森带着他的 H-1 航海天文钟（一种庞大却极其精确的计算经度的钟表）进行了第一次海上试验。当英国的海岸线隐隐约约地出现在人们视线中时，百夫长号的航员们根据传统而古板的航位推算法计算出他们正航行于达特茅斯城南部的安全海域。哈里森对此并不认同，他的钟表显示，他们距离达特茅斯城约 80 英里[⊖]，位于离英格兰西南端的利泽德半岛不远的危险水域中。安全起见，舰长普罗科特指挥战舰向东航行，并于几个小时之后确认了哈里森计算的精确性。

普罗科特的谨慎态度对于同时期的任何航海者来说都是非常容易理解的。此前 30 年，克洛迪斯利·肖维尔海军上将就犯了疏忽的错误，他带领的舰队撞上了锡利群岛，2000 多名官兵溺水而亡。这一重大灾难使得英国公众开始认为有必要改进海上导航技术。7 年后，即 1714 年，英国议会通过了《经度法案》，成立了经度委员会，并提供 2 万英镑作为奖金（大致相当于今天的 100 万美元）。谁若能确定东西方位且误差不大于半度（约 30 英里），就可以获得该奖金。

除了要感谢哈里森的救命之恩外，普罗科特还在不知不觉中见证了历史最伟大的转折点之一，这一转折的重要性与蒸汽机的发明、代议制

⊖　1 英里≈1.6 千米。——译者注

民主的发展或滑铁卢战役相当。这一可靠的航海天文钟的诞生，使得曾经充满各种不可预测的危险的海上贸易成为一种可靠的致富机器。

两个半世纪之后，哈里森的航海天文钟被陈列在格林尼治的国家航海博物馆中，它仍能够准确地运行，每天的误差不超过一秒钟，这简直就是个奇迹。但实际上，在1730～1850年那个具有历史意义的时代，航海天文钟根本就是一项不引人注意的发明。几乎没有普通百姓见识过航海天文钟，然而同时期的其他伟大的发明（现代运河系统、蒸汽机和电报）却是每一个普通人都可能见识过的。

自从现代的曙光出现以来，人们就想当然地认为当时的技术进步是独一无二的，也是革命性的——当然，现代人也无一例外地这样认为。然而，这只是一种假象。为了全面地理解科技进步对人类的影响，我们需要研究在那120年中所发生的技术大爆炸，以及社会各阶层人们的生活因此而发生的改变。交通运输的速度很快就提高到了原来的10倍，几乎实现了即时通信。19世纪初，托马斯·杰斐逊（Thomas Jefferson）从蒙蒂塞洛到费城需要花费10天的时间，旅途中花销巨大、舟车劳顿且面临巨大的危险。但是到了1850年，蒸汽机车使得同样的旅程缩短至1天内，所需的交通费用、经受的肉体劳累以及危险却已变得微不足道。正如斯蒂芬·安布鲁斯（Stephen Ambrose）在《英勇无畏》（*Undaunted Courage*）中所说：

> 在1801年，一个关键性的事实就是，任何物体的移动速度都不会超过马的速度。人、制成品、小麦、牛肋肉、信件、信息、想法以及任何形式的指令和说明都不可能移动或传递得比马快。没有任何东西能够以更快的速度移动，受限于认知程

度，杰斐逊那个时代的人相信以后也不会有。

1837年，威廉·F.库克（William F. Cooke）和查尔斯·惠斯通（Charles Wheatstone）在英格兰发明了电报，即时通信迅速改变了经济、军事和政治事务的面貌，使得飞机和计算机的发明所带来的影响相形见绌。在电报出现以前，原始的通信方式常常造成或大或小的悲剧。例如，安德鲁·杰克逊（Andrew Jackson）于1815年在新奥尔良打败英国人的时候，双方早已于两星期前在根特签署了和平协议。

1850年以来，技术进步的步伐没有加快，反而减缓了。1950年之前出生的普通人毫不费力就可以掌握2000年的技术。但是，1800年出生的人在50年之后却可能被日常生活中的技术进步弄得晕头转向。

对历史和文化的定性分析不足以完全地衡量人类的进步，最终我们要依赖数量统计：一国的文化水平、国民寿命和财富发生了哪些可衡量的改善？当面对这些数字的时候，我们就可以清楚地了解到，在19世纪早期的某些时刻确实发生了一些事情。在这些时刻以前，人类在许多方面的进步速度是非常缓慢且时断时续的，但是在此之后，进步就变得既显著又稳定了。

这并没有低估文艺复兴之后3个世纪里所发生的文化和科学进步。但一个显见的现实就是，文艺复兴和早期的启蒙运动几乎没有提升普通民众的素养。我们是如何知道这些的？通过对经济史的研究。若要衡量文化和科学进步所带来的影响，最佳途径就是在最基本的层面上对它们的发展足迹进行分析。例如，意大利、法国、荷兰和英国的人均产出在过去的几个世纪是如何增长的？预期寿命发生了哪些变化？教育水平有了怎样的提高？

由于经济史学家在过去几十年中所做的努力，人类进步的定量图景已经慢慢变得清晰起来。数字为我们讲述了一个引人入胜的故事。直到大概1820年的时候，人均世界经济增长（衡量人类物质进步的最佳指标）接近0。罗马帝国灭亡之后的几个世纪中，欧洲的财富实际上减少了，原因就是许多关键的技术失传了，例如最重要的水泥生产技术，直到13个世纪以后人们才重新掌握它。

前现代时期最大的悲剧就是大量的知识流失了数千年。在古登堡（Gutenberg）和培根以前，发明家缺乏两个关键的优势，而它们是当今人们认为发明家应当具备的，即扎实的信息储备和坚实的科学理论基础。缺乏科学的方法意味着技术的进步只能完全依靠重复试验和试错过程来实现，因此发展非常缓慢。更进一步地，即使能有一些成果，发明者和生产者也只能利用有限的方式将它们记录下来。因此，发明常常流失，古代的技术和经济状况有了一点改善后，又常常被随后的衰退所抵消。

的确，大约从公元1000年开始，人类生活水平就有所提高了，但由于速度非常缓慢且不稳定，所以当时在人们平均25岁的生命历程中，它几乎没有被觉察到。接下来，在1820年后不久，繁荣开始以前所未有的速度激流般涌现。对于后来的每一代人来说，他们总是比自己的父辈生活得更为舒适、更见多识广以及更具预见性。

本书将探讨这种转变的本质、原因和结果。第一部分将利用新数据讲述扣人心弦的故事。我将识别出经济保持沉睡状态数千年后复苏的时间和地点。我还将讲述和审视四大要素（财产权、科学理性主义、资本市场以及交通与通信技术的改善）的历史，这些都是引发和保持经济增长与人类进步的重要因素。

第二部分讲述这些要素何时以及如何发挥作用。最初是在荷兰，然后是在英国及其文化继承者，接着是在欧洲的其他地区和日本，最后是在东亚的其他地区。在每一个案例中，我将对经济增长的起点展开剖析，并得到这样的结论：当且仅当上文中提到的四个要素全部准备就绪的时候，一个国家才能够实现繁荣。

虽然我尽量以国际视角来写作本书，但是许多读者将会发现，本书的叙述更多还是集中于欧洲地区。难道发明了造纸术、活字印刷术和火药的中国不是前现代时期伟大发明创造的引路者吗？当欧洲仍深陷黑暗时代的泥潭中时，阿拉伯帝国难道不是已经成为知识和文化的绿洲了吗？印度数学家创造的包含"0"这一概念的数字体系难道不是远比以字母为基础的古希腊罗马体系先进吗？对所有这些问题的回答都是绝对肯定的。但是这些国家都没能像现代西方世界一样持续稳定地提高其国民生活水平。更进一步地，构成现代财富的四个要素（由普通法产生的财产权、科学理性主义、先进的资本市场以及交通与通信技术的改善）主要起源于欧洲。虽然繁荣已成为一个全球普遍的现象，但是不可否认的事实是，现代财富生根发芽于格拉斯哥至热那亚之间的地区。

在繁荣的背后，个人财富与国家财富的兴起可能并不一致，本书的第三部分将探究这种不一致对社会、政治、经济和军事以及未来经济增长的影响。

现代社会科学的进步为我们打开了一扇迷人的窗口，透过它我们可以探究社会价值、财富和政治间的复杂互动关系。首先，有一个坏消息，世界变得越来越繁荣，但这并不一定意味着人们变得越来越快乐，尤其是在西方。但是，好的消息是，发展中国家的个人生活水平正在实质性地提高，它们的国民确实也在变得越来越满足。我们将会进一步地发现，是经济的发展带来了民主制度，而不是民主制度带来了经济发展——过于民主实际上有可能不利于经济发展。法治是健全的财产权必不可少的保障，而财产权又是经济繁荣的基础。反过来，经济繁荣又是保证民主制度成长的不可或缺的肥沃土壤。因此，在一个传统文化价值观与法治背道而驰的国家，盲目乐观地发展民主制度，往往代价高昂且十分危险。

我还会证明，国家的命运由其经济发展的推动力决定，而不是由人们所预想的战争、文化和政治因素来决定。

通过考察世界在何时、何地、如何繁荣起来的，或许我们就能够预言世界将走向何方。

关于货币的一点说明

像任何一本经济史著作一样，本书也会涉及当时的货币——英镑、西班牙比索、威尼斯达克特（ducat）、佛罗伦萨弗罗林（florin）和法国里弗尔（livre）等。我没有一一将以这些货币单位表示的数据换算成以当前通货表示的数据，因为这种换算总是会存在误差。

对于那些想了解相关信息的读者，下面这些近似值会有所帮助。纵观欧洲历史，大多数国家货币的标准单位都是一枚小金币，例如几尼（guinea，比 1 英镑币值略高）、里弗尔、弗罗林或达克特，它们的重量约为 1/8 盎司㊀，价值约相当于现在的 40 美元。16～19 世纪，一位英国绅士每年的生活费用约为 300 英镑，而农夫或普通工人的生活费用则在每年 15～20 英镑。当然，货币贬值很有可能导致这种换算存在非常大的误差。

荷兰基尔德（guilder）与其他欧洲货币不同，其价值约相当于几尼和里弗尔的一半。最后，古希腊的一个德拉克马（drachma）约相当于一个农夫或工人一天的收入。

㊀ 1 盎司 = 28.3495 克。

第一部分

增长的来源

繁荣既不能通过仅仅修建水电设施、公路、通信设施、工厂、肥沃的农场，甚至是拥有大量的金钱来实现，也不能够通过简单地将一国经济基础设施的关键部分移植到另一国来实现。除了一些非常极端的特例外，一个国家的繁荣不仅仅是指物质或自然资源丰富。实现一国繁荣的关键是与之相关的制度——人们在其中思考、互动和经商的框架。本书的第一部分将对制度进行描述，并对制度间的作用机制进行介绍。

以下四种制度是经济增长的前提条件：

- 可靠的财产权，不仅包括实物性财产权，还包括知识产权以及个人的各项公民自由权。
- 科学的方法，即分析和解释世界的系统方法。
- 现代资本市场，为新发明的孵化进行广泛和开放性的融资。
- 交通和通信技术，这些技术可以迅速传递重要信息和运输人员与商品。

本书第 1 章介绍上述四要素模型的原理，并对现代初期经济的惨状展开调查。第 2 ~ 5 章分别描述这四个制度的发展史。第 6 章讨论这四个制度的相关性。本部分中举的一些例子是大多数读者所熟悉的，尤其是科学理性主义的历史进程；而另一些例子读者则较为陌生，如现代财产权的起源。这四个制度的相关知识能够使我们理解世界怎样能实现富裕、何时能实现富裕以及为什么能实现富裕。

第1章

财富的假设

> 资产阶级在它的不到一百年的阶级统治中所创造的生产力,比过去一切世代创造的全部生产力还要多,还要大。
>
> ——卡尔·马克思《共产党宣言》

人们很容易就会对这个世界感到悲伤,尤其当人们关注那些充斥于人类历史长河中的暴力冲突、大规模渎职和失败、由来已久的种族和宗教仇恨等问题的时候。

记者安东尼·刘易斯就是这种悲观主义者的典型,在即将结束杰出而漫长的职业生涯的时候,他被问到,从半个世纪前他开始记者工作到现在,世界是不是变得更好了,他答道:

> 我对进步这一理想已经失去信心。我的意思是,按照人们在20世纪初使用这个词时的含义,即人类将变得越来越聪明、越来越完美,等等——那么,你如何理解在卢旺达和波斯尼亚以及其他许多地方所发生的惨剧呢?

刘易斯先生的问题在于,他对"进步"的主观判断标准设定得太高了——人类还未达到常春藤盟校和《纽约时报》所定义的道德完美境界。刘易斯似乎还没有意识到我们可以衡量人类的福祉;事实上，我们已经可以做得很好了。与他的悲观印象相反，20世纪的后50年里所发生的谋杀行为比前50年要少得多。更进一步，在过去的两个世纪中，遭受极权主义、种族屠杀、饥饿、战争和瘟疫的人口数量已经稳步下降了，其中大多数的改善发生在最近的半个世纪，而这正是让刘易斯先生所失望的那一段时期。

想想看，1950～1999年，发达国家的人均预期寿命已经从66岁增加到78岁；而发展中国家的这一数字也已经从44岁增至64岁。在西方，长寿已经成为普遍现象，而不再是一件幸运的事情，这也许是过去50年的最大成就了。再看看，与此同时，世界实际人均国内生产总值，即剔除通货膨胀后人均生产产品和提供劳务的总量，几乎增至原来的3倍。截止到2000年，墨西哥的实际人均国内生产总值已经显著超过1900年的全球第一大不列颠及北爱尔兰联合王国。如果这些以货币衡量的人类过去50年中所创造的物质进步仍然不能够使你信服，那么，你至少应该注意到，任何你想要以之来衡量社会进步的指标，如婴儿死亡率、教育普及率或教育水平，除了极个别的落后地区外，在全球已经得到了极大的改善。

逃离陷阱

当代社会似乎在不断增长的人口负担下蹒跚前行，每年新增人口数以千万计。耶稣诞生之时，全球人口数量仅略超过2.5亿；到1600年，人口数量增长到约5亿；在1800年左右，人口数量突破10亿；到1920年，第2个10亿产生；到1960年，第3个10亿产生；而在2000年前后，地球上生活着超过60亿的人口。城市生活日益拥挤，尤其是在某些发展中国家，让人感到世界的年人口增长率远远高于过去半个世纪里保持的 1.85%。

地球的过度拥挤现象是近期才出现的,是人类新经济繁荣的产物。在现代来临以前,饥荒、疾病和战争降低了人类的繁衍能力。在人类历史最初的 200 万年里,人口的年均增长率比 0.001% 高不了多少。1 万年前农业出现之后,人口的年均增长率大约增至 0.036%,到公元 1 世纪则增至 0.056%。1750 年之后,人口年均增长率攀升到了 0.5%,刚进入 20 世纪就突破了 1%。

在现代,托马斯·马尔萨斯(Thomas Malthus)实际上是悲观人口经济学的同义词。马尔萨斯于 1766 年出生于剑桥当地一个贵族家庭,于 1788 年以优异的成绩从剑桥大学毕业。与当时英国和苏格兰的许多杰出大学毕业生一样,他受到亚当·斯密的"政治经济学"新思想的影响,并将自己的一生奉献给了对人口的定量研究。

在这位有抱负的经济学家的成长时期,英格兰正处于霍布斯主义(Hobbesian)和斯密主义(Smithian)盛行的时期。在这个时期,食物短缺的局势不断恶化,出现了严重的饥荒,尤其是在与其相邻的爱尔兰,这种情况更为严重。1795~1796 年和 1799~1801 年,战争和糟糕的收成共同导致英格兰的食物骚乱。马尔萨斯认为,造成食物短缺的根本原因是非常明显的,即"人口增长的能力要比地球为人类生产食物的能力强得多"。人口数量可以快速增长,而农业生产则受制于边际收益递减这一自然规律,因此,人类必然会面临食物短缺问题。(马尔萨斯人口原理的基本思路是,人口呈几何级数增长,而食物供给呈算数级数增长。)

马尔萨斯提出的广受诟病的"积极抑制"(positive checks)原理认为,造成"马尔萨斯循环"(Malthusian Cycle)的不仅包括典型的饥荒、瘟疫和战争问题,还包括其他一系列不那么严重的问题,如恶劣的工作环境、繁重的劳动、拥挤肮脏的住所以及儿童营养不良。如果在某个短暂的时期，粮食突然变得充裕起来，人口就会迅速增长。然而，劳动力供给的增加很快就会迫使工资下降，这就会导致人们买不起食物，并造成结婚率下降，从而减缓人口的增长。低工资会促使农场主雇用更多的工人，反过来，这又会使得更多的土地投入生产，粮食再次变得比以前略为充裕一些，于是，在人口数量和粮食产量都比以前略高的基础上，整个循环过程又重新开始——这就是著名的"马尔萨斯循环"。

在马尔萨斯所描述的悲观世界里，一个国家的粮食供给和人口数量即使有所增长，其增长速度也是缓慢的，因而人们生活水平的高低和人口数量成反比。如果人口增长，食物将变得短缺，价格上涨，而工资和总体生活水平下降。相反，如果人口数量突然下降，如14世纪中叶欧洲黑死病导致人口大量死亡，幸存者的粮食供给、工资和生活水平将得到显著的提高。

马尔萨斯亲身经历了18世纪末的大饥荒，这一系列事件在他脑海中留下了深深的烙印。图1-1显示英格兰1265～1595年的人均GDP与人口规模的关系。图中月牙形分布的数据组合点描述的就是"马尔萨斯陷阱"（Malthusian Trap）。历史学家菲利斯·迪恩（Phyllis Deane）对这一概念进行了恰当的总结。

> 工业化之前，当英格兰的人口增加时，人均产出就会下降：如果因为某些原因（如发明了新的生产技术、发现了新资源或开发了新市场）产出增加了，人口就会随之增长，并最终造成人均收入的回落。

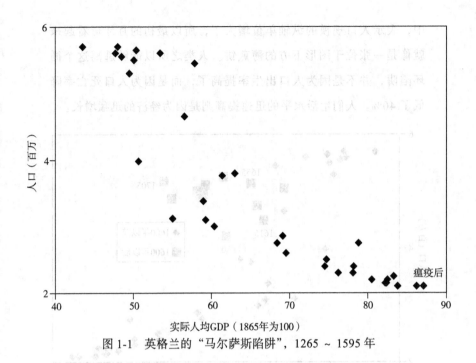

图 1-1　英格兰的"马尔萨斯陷阱",1265～1595 年

资料来源:人口数据来自 British Population History from the Black Death to the Present Day, Michael Anderson, ed. (Cambridge: Cambridge University Press, 1996), 77;人均 GDP 数据来自 Gregory Clark, "The Secret History of the Industrial Revolution," Working Paper, 2001.

在这个不断循环的过程中,农产品的总产量可能会有所增加,但人口数量也会随之增加,这就注定了人们只能生活在最低水平线附近。

颇具讽刺意味的是,马尔萨斯论述 1798 年严峻经济形势的《人口论》(Essay on the Principle of Population)出版不久,这种现象就突然在西欧消失了。图 1-2 显示,在 1600 年左右,月牙形中出现了一个代表数量增加的凸起,而在图 1-3 中,1800 年之后,月牙形被彻底突破,表示人们没有再次回到饥饿的边缘。在图 1-3

中，表示人口规模的纵轴单位增大了，所以最初的月牙形看起来就像是一张位于图形下方的薄煎饼。人类之所以能够逃离这个循环陷阱，并不是因为人口出生率提高了，而是因为人口死亡率降低了40%。人们生活水平的迅速提高则是因为经济的迅猛增长。

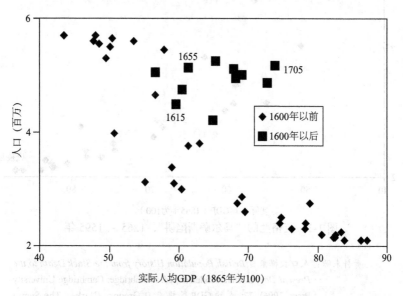

图 1-2　1600 年后对陷阱的突破

资料来源：人口数据来自 *British Population History from the Black Death to the Present Day*, Michael Anderson, ed., 77；人均 GDP 数据来自 Clark, "The Secret History of the Industrial Revolution."

1600 年之后，增长的本质发生了显著的变化。最初，经济的增长是粗放型的，国民经济的显著扩张仅仅是由于人口增长，普通国民的财富和物质享受并没有得到提高。英国的经济增长第一次与人口增长实现同步。然而，到了 19 世纪，增长就已经变成集约型的了，经济增长速度甚至超过人类的繁衍速度，带来了人均收入和个人层面上的物质福利的提高。

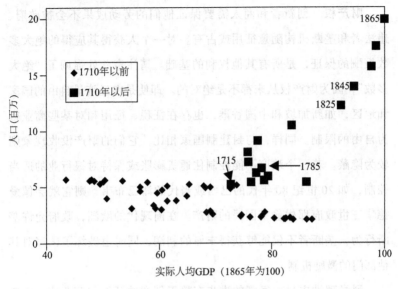

图 1-3　1800 年后对陷阱的突破

资料来源：人口数据来自 *British Population History from the Black Death to the Present Day*, Michael Anderson, ed., 77; 人均 GDP 数据来自 Clark, "The Secret History of the Industrial Revolution."

国家如何变得富裕

在 1820 年左右，经济增长的速度显著加快，使得世界的居住环境更为舒适。是什么原因导致了这种情况的出现呢？史上前所未有的技术创新的大爆发。如果我们让一个学生定义什么是工业革命，他可能会回答："1760 年，各式新发明如潮水般在英格兰涌现。"这位学生的话有一定的道理。新技术是人均经济增长的动力之源，没有它，生产力和消费量不可能增加。基于此原则，上述问题可以转

换为"发明创新需要什么前提条件",答案是需要以下四个条件:

财产权 创新者和商人需要保证他们的劳动成果不会被政府、违法者和垄断机构随意征用或占有。对一个人获得其应得的绝大多数报酬的保证,是所有其他权利的基础。请注意此处强调了"绝大多数",因为财产权从来都不是绝对的。即使是在经济最自由的国家和地区,如新加坡和中国香港,也存在征税、征用和对某些商业行为自由的限制。同样,与封建制国家相比,它们的财产没收现象则较为隐蔽。若一个政府不能控制住通货膨胀或保持对银行业的适当控制,如20世纪80年代的巴西或当代的津巴布韦,则它就会像爱德华三世政府那样偷窃国民的财产。在前现代的欧洲,政府允许垄断行为,垄断者不仅能够获得丰厚的利润,同时也破坏了国家对其他部门的激励机制。

科学理性主义 经济的进步有赖于创意的开发和商业化。创造的过程需要一个知识框架给予支持——以理性思考为基础。如果愿意的话,加上支持技术进步的经验观察和数学工具作为辅助。在现代西方世界中,我们认为理所当然的科学方法实际上是一个相对新的现象。仅仅在最近的400年以来,西方人才摆脱了极权主义和亚里士多德思维模式的束缚。就算在今天这个时代,在非洲、亚洲和中东的部分地区,由于国家制度和宗教问题,实事求是的学术探究仍可能会将人的性命置于危险的境地。

资本市场 对新产品和服务进行大规模的生产需要从他人那里获得大量的资金——"资本"⊖。即使财产和创新能力是有保证的,

⊖ 从经济学意义上来说,"资本"这个词是有多层含义的。经济学家对该词的定义非常广泛,包含人力资本、知识或"知识分子"资本以及实物资本,如工厂和机器设备。在本书中,"资本"一词所采用的是最狭义的定义,即可以用来投资的钱。

人们也仍需要资本才能制订计划和发挥创意。由于绝大多数创业者都没有足够的钱来大规模投产他们的新发明，所以如果没有大量的外部资本，经济就不可能实现增长。在19世纪以前，即使是社会中最优秀、最有智慧和最雄心勃勃的人都没有足够的途径获得大量的金钱得以将他们的创意付诸实践。

快速高效的通信和交通　新发明的最后一步就是向几百甚至几千千米以外的购买者做广告和配送产品。即使创业者拥有可靠的财产权、适当的思考工具和足够的资本，但是如果不能够将产品快速而又便宜地送到消费者手中，他们的创新还是会成为泡影。直到两个世纪以前，蒸汽动力技术发展起来，海上运输才成为一种安全、高效和便宜的运输方式，此后50年，陆上运输紧随其后也变得安全、高效和便宜了。

当且仅当这四个要素，即财产权、科学理性主义、资本市场以及快速高效的通信和交通全部具备的时候，一个国家才能实现繁荣。16世纪的荷兰曾经同时具备这四个要素，但时间短暂，而英语国家则直到1820年才实现这一点。直到很久以后，这四个要素才开始传向世界其他地方。

缺少任何一个要素，都会对社会进步和人类福祉造成不良影响。上述几条"腿"中，缺少任何一条"腿"，都会使得整个平台倒下，经济发展就会停滞。这种情况曾经发生过，如18世纪荷兰遭到英国海军的封锁，中东地区很多国家缺乏资本市场。最不幸的是，目前非洲的某些地区不具备任何一个要素。

数字讲述的经济史

在这些利用定量的方法讲述的故事里,主人公都是经济史学家,他们毕生致力于揭示几个世纪以来人类福利的梗概和轮廓。在这些人当中,最重要的就是苏格兰经济学家安格斯·麦迪森,他出生于大萧条时期的纽卡斯尔,其成长经历引发了其对经济发展问题的兴趣:

> 我的父亲是一名铁路修理工,工作稳定,但是我的两个叔叔都失业了,并且很多邻居也失业了。失业的人不仅贫穷,而且在精神上是绝望的。许多人漫无目的地在街上游荡,不务正业,看起来很憔悴,带着围巾和布帽,抽着烟蒂,他们的孩子通常都很虚弱,并患有结核病。

麦迪森在校时期表现优异,他的成长时期是在剑桥大学这一人才济济的地方度过的。他非常喜欢引用一位名叫达摩·库玛尔的老师的话:"时间是阻止所有事情同时发生的工具,而空间则是阻止所有这些事情均发生在剑桥的工具。"上述四个要素的发展与这所传说中的大学密切相关。如果说英格兰是现代繁荣的诞生之地,那么剑桥就是其诞生的产房。它培养了许多重要的"助产士":弗朗西斯·培根、艾萨克·牛顿、法理学家爱德华·柯克(Edward Coke)以及本书中所提到的许多故事主角。

麦迪森于1948年毕业,25年后,他在欧洲经济合作组织(OEEC)工作,该组织建立于第二次世界大战后,目的是管理欧洲复兴计划基金,是经济合作与发展组织(OECD)的前身。他花了大量的时间穿梭于各个发展中国家,尤其是巴西、几内亚、蒙古、巴基斯坦和加纳。在旅途中，他常常为国家间财富和人民福祉的巨大差距所震惊。1978年，他接受了荷兰罗宁根大学（University of Groningen）教授一职，并开始描绘世界经济发展的连续图景。

麦迪森和其他学者所描绘的这幅图景是大家都未预料到的。在耶稣诞生后的第一个千年里，世界各国实际国内生产总值没有出现任何的提高，绝大多数普通人的生活水平也均未得到任何改善。在随后的500年里，即公元1000～1500年，情况也没有出现明显的好转。如图1-4所示，麦迪森估算了自公元元年开始的世界人均国内生产总值，使得人均福利这一问题成为关注的焦点。

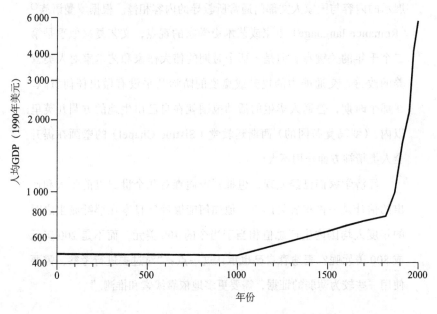

图1-4 （剔除通货膨胀影响后的）世界人均GDP

资料来源：Maddison, *The World Economy: A Millennial Perspective*, 264.

由于图中的数据较为模糊，因此将1820年视为世界经济增长的奇迹年是非常武断的。接下来我们会看到，根据英国的数据，这一增长火花出现的时间略晚一些，而美国增长火花的出现则略早一些。无论选择哪个国家的数据进行研究，很显然，在19世纪上半叶的某个时期，全球经济的增长出现了飞跃，带来了繁荣，尽管毁灭性战争、国内冲突和革命仍然不断发生。

图1-5从另一种角度描绘了剔除通货膨胀影响后的世界人均GDP的年增长率，同样显示突破点大约出现在1820年，这又一次说明，普通人的物质福利在1820年以前几乎没有任何改善。此图所展示的内容与国家人文部门通常所教导的内容相悖。根据罗曼语族⊖（Romance language）专家或艺术史学家的观点，文艺复兴似乎是第二个千年的关键点。但是，那个时期的伟大作家和艺术家对人类营养的改善、交通能力的提升或瘟疫的防治几乎没有做出任何贡献。在那个时期，普通人毕生的活动范围就在自己出生地的方圆几英里以内，（罗马梵蒂冈的）西斯廷教堂（Sistine Chapel）的壁画在提升全人类精神方面作用不大。

经济学家们已经发现，想批判麦迪森对几个世纪以前收入和产出的估计是一件很容易的事。他如何能够确定日本在耶稣诞生之时的年度人均国内生产总值相当于当今的400美元，而不是200美元或800美元呢？麦迪森自己也承认这一点："对过去进行考察，需要使用一些较为薄弱的证据，需要更多地依靠线索和推测。"

⊖ 罗曼语族也称罗马语族和拉丁语族，属于印欧语系，是从意大利语族衍生出来的现代语族，主要包括从拉丁语演化而来的现代诸语言。——译者注

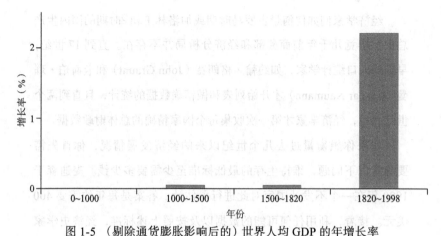

图 1-5 （剔除通货膨胀影响后的）世界人均 GDP 的年增长率

资料来源：Maddison, *The World Economy: A Millennial Perspective*, 264.

现代时期面临着一个更基本的问题，即使是最精确的经济数据也难以衡量新发明的实际价值。在大型客机上购买一个便宜的座位，从肯尼迪机场飞往希思罗机场，摩根大通应该为此支付多少钱？利用 Macintosh⊖每天打出 5000 字并将其通过邮件发给几十个朋友，对于这样一种能力，莎士比亚应该支付多少钱？在西方的发达国家，即使是最贫穷的居民，也有可能获得诸如性能可靠的汽车、电视和网络这样的产品与服务，而在一个世纪以前，无论人们支付多少金钱，这些产品和服务都是不可能买到的。在现代世界，有些产品的价值是无法断定的，而有些可以衡量。1940 年之前，无论是处于财富和权力顶峰的显贵，还是身无分文的穷人，都同样无法逃脱肺炎和脑膜炎的魔掌，而这些病现在只需几美元的抗生素就能治好。换个角度想一想，如果在 20 世纪初，那些伟大的工程师和物理学家能够拥有个人电脑，情形又会怎样。

⊖ 苹果公司生产的一种计算机的型号。——译者注

经济学家们如何衡量古罗马时期或加洛林王朝㊀时期的国内生产总值？毕竟几千年前商务部和经济分析局并不存在。直到17世纪，早期的人口统计学家，如约翰·格朗特（John Graunt）和卡斯珀·瑙曼（Caspar Naumann）才开始列表和做精确数据的统计，且直到两个世纪之后，经济学家才第一次收集每个国家精确的总体财政数据。

如果你想衡量过去几个世纪以来的经济发展情况，你首先需要确定以下问题，维持生存的最低标准至少需要多少钱。麦迪森于1990年在一个不发达国家对此进行了估计，答案是每年约需要400美元。接着，利用任何可能的数据以及按照上述标准，经济史学家们可以确定某个国家还有多少比例的人能够生存下来。在一个国家中，如果几乎百分之百的人都参与农业劳动且不出口大量农产品的话，则根据定义，该国国民的生活就非常接近上述每年400美元的最低标准。麦迪森还认为，欧洲在公元1世纪、中国在1950年以及布基纳法索㊁（Burkina Faso）在当今时代的人均国内生产总值就是400美元。这种想法是非常武断的，但是这种做法至少能够为经济史学家们提供一个衡量经济增长的基准。

另一个衡量经济发展的方法就是利用城市化率，即居住在人口总量超过某个数量（如1万）的城市中的人口占总人口的比例。根据推理，这也是计算农业人口比例的办法。在古希腊和古罗马最鼎盛的时期，仅有极小的一部分平民生活在人口数量大于1万的城市中。到了1500年，欧洲最大的城市是那不勒斯，人口数量为15万。只有86.5万名欧洲人，即约1%的欧洲大陆人口，居住在人口数量超

㊀ 加洛林王朝是自公元751年统治法兰克王国的王朝。在该王朝的鼎盛时期，加洛林家族在名义上复辟了罗马帝国，即开创了后世所谓的神圣罗马帝国。——译者注

㊁ 布基纳法索是位于非洲西部沃尔特河上游的内陆国。——译者注

过5万人的城市，另外的6%生活在人口数量超过1万的城镇。因此，在中世纪时期，超过90%的欧洲人从事农业生产。在中世纪时期，亚洲伟大的文明社会远远比欧洲发达，但是他们从事农业生产的人口比例却接近百分之百。在某些地区，极少数统治阶级所掌握的巨额财富对提高全社会的繁荣水平并没有任何的贡献。因此，在1500年之前，世界总体的人均国内生产总值看起来非常接近麦迪森所定义的标准，即维持生存的400美元的最低标准。

直到1820年，美国整整70%的劳动人口还受雇于农庄。（由于美国出口很大一部分农产品，所以他们的实际生活水平比城市化率所显现出来的要高。）到1998年，这一数据降至2%。那些对农庄生活抱有浪漫幻想的人应该记住，在现代世界，农业人口的比例是一个标志贫穷的重要指标。（随着文明曙光的来临，这种情况出现了逆转；人类的生活从生产力低的流浪狩猎采集方式转变成了相对繁荣的农庄定居方式。或许当时的狩猎采集者认为过着安稳、新式和乏味的农业生活是悲哀的，因为在美国的某些土著部落中，田间耕作受到轻视，被认为是女人的工作。）

在近几年，经济史学家已经对许多国家在1500年以前出现持续经济增长的时期做出了确认。经济学家琼斯（E. L. Jones）指出，中国的宋朝时期（960～1279年）和日本江户时代㊀（1603～1867年）时期均出现了蓬勃的经济增长。欧洲直到18世纪中期才能实现宋朝末期的铁器生产水平。加州大学戴维斯分校（University of California at Davis）的杰克·戈德斯通将这些时期称为"全盛"时期，在这些时期，技术和生活水平（至少统治阶级的生活水平）得到迅速提高。

㊀ 江户时代是德川幕府统治日本的年代，是日本封建统治的最后一个时代。——译者注

但琼斯和戈德斯通都认为，前现代时期的经济增长是脆弱而短暂的。

在古罗马帝国衰落之后，欧洲确实出现过一定的经济增长。在中世纪早期，双季稻轮作体系转变成了三季稻轮作体系，马蹄铁和马轭被发明出来，水轮机和风车出现，两轮马车被四轮马车所取代。关于这些变化何时开始带来经济的增长，经济史学家对此没有达成一致意见，但他们估计的时间范围为8～15世纪。

尽管人类社会出现了大规模的经济增长，但是这些进步仅仅导致了人口数量的增加，普通人的福利水平并没有发生变化。关于对后罗马帝国经济复苏时期的确定，学界存在不一致的看法，这就足以说明人均增长率（per capita growth，衡量个人福利水平改善与否的最佳指标）不可能是显著的、可持续的。

关注那些具有长期历史的细节是有好处的，因为，如果我们把这些细节"剔除"，就会放大关于增长的不确定性。比如在长度为1000年的时期里，如果我们对期初或期末的人均国内生产总值高估了1倍，就会导致年增长率出现0.07%的误差。换句话说，从耶稣诞生之时开始，世界人均国内生产总值的增长率不可能很高，例如，不可能高于0.5%；如果高于0.5%，则到2000年，人均国内生产总值将由原来相当于现值400美元的水平增至高于860万美元的水平。因此，我们可以确定，在这段时期的大多数时候，增长率实际上是接近于0的。

再换一种说法，即使是最乐观的估计也表明，公元1～1000年，世界人均国内生产总值最多增至原来的2倍或3倍。与之相对应，在1820年后的172年中，这一指标增至原来的8倍。同样在这172年的时间里，英国的人均国内生产总值增至原来的10倍，美国则是20倍。

生产率以2%的速度稳步提高

现代经济增长的活力令人吃惊。在整个19世纪，在现在所谓的发达国家中，实际人均国内生产总值以大约2%的年增长率稳步增长，并且在整个动荡的20世纪中也维持着这一增长步伐。表1-1列出了20世纪15个国家的实际人均国内生产总值增长率，这些国家在表格中分为受战争（世界大战或内战）破坏的国家与未受战争破坏的国家。

表1-1 年度人均国内生产总值增长率（1900～2000年）

受战争破坏的国家	人均国内生产总值增长率（%）
比利时	1.75
丹麦	1.98
法国	1.84
德国	1.61
意大利	2.18
日本	3.13
荷兰	1.69
西班牙	1.91
受战争破坏国家的平均值	2.01
未受战争破坏的国家	人均国内生产总值增长率（%）
澳大利亚	1.59
加拿大	2.17
爱尔兰	2.08
瑞典	1.96
瑞士	1.72
英国	1.41
美国	2.00
未受战争破坏国家的平均值	1.85

资料来源：数据来自 Maddison, *The World Economy: A Millennial perspective*, 276-279; Maddison, *Monitoring the World Economy*, 1820-1992, 194-197; and Organization for Economic Cooperation and Development.

请注意这组增长率是如何紧紧地向2%集中的——在表中的15个国家中,有13个国家的人均国内生产总值年增长率介于1.6%~2.4%。就像有一股不可抗拒的力量,即一种经济恒速控制器,几乎精确地按照2%的年增长率促进生产力的提高,既不过快,也不过慢。请再注意,受到战争破坏的国家与没有受到战争破坏的国家在平均增长率上是不存在显著差异的。显然,战争的破坏没有对发达国家造成长期的经济损害。

表1-1和图1-6展示了西方经济的另一个引人注目的特点,1900年最富裕的国家在20世纪的增长速度是最慢的,而同时期那些最贫穷的国家在20世纪的增长速度却是最快的。例如,在20世纪之初,

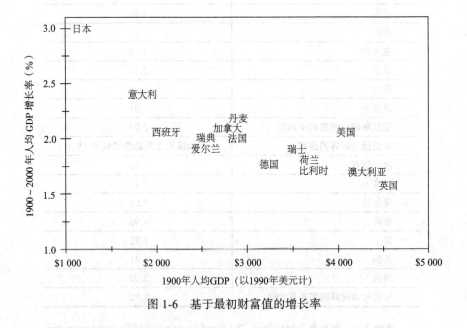

图1-6 基于最初财富值的增长率

资料来源:Maddison, *The World Economy: A Millennial Perspective*, 276-279, and *Monitoring the World Economy, 1820-1992*, 194-197; and Organization for Economic Cooperation and Development.

日本是表中所列国家中最贫穷的，但是它的生产力以每年3%的速度增长，而1900年的领头羊英国，其年增长率仅为1.4%。

关于西方经济的弹性，即"追赶"的趋势，最引人注目的例子就是第二次世界大战后德国和日本人均国内生产总值的恢复。在战争时期，轴心国经济权力机构受到的损害在图1-7左侧明显地表现了出来。第二次世界大战开始初期，日本的人均国内生产总值是美国的40%，但是到战争结束之时，这一数值降至15%。与此相对应，德国的人均国内生产总值由相当于美国的80%降至40%。到了20世纪60年代，这两个国家的人均国内生产总值与美国人均国内生产总值的比值都恢复到了第二次世界大战前的水平。

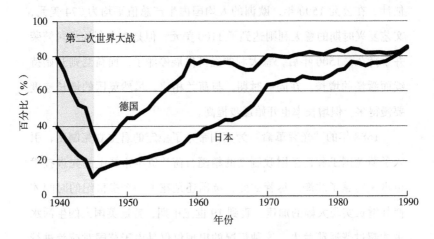

图1-7 人均国内生产总值占美国的百分比变化折线图（美国=100%）

资料来源：Maddison, *Monitoring the World Economy, 1820-1992*, 194-197.

在现代以前，要像这样从灾难中恢复是不可能的：中国的人均国内生产总值在经过了宋朝的繁荣之后的7个世纪中都没有出现增长。相反，西方的发展权力机构能将被征服的灾难降低，使之仅仅成为历史小插曲。到1990年,日本的人均国内生产总值已经接近美国的水平。第二次世界大战后,胜利国的开明政策是德国和日本快速复苏的一个重要原因,但是德国在第一次世界大战战败后并没有获得这样的好处,因此这些政策不能解释第一次世界大战后德国的复苏。尽管《凡尔赛和约》对德国进行了惩罚,但是德国仅仅花了20年的时间就实现恢复,足以征服欧洲的大部分地区。

19世纪初,并不是世界所有的角落都发生了转变。最初,只有欧洲和它的新世界分支繁荣起来。虽然如此,在接下来的200年里,西方的许多种增长方式传遍了世界。

1820年以前,世界就已经出现未来繁荣的征兆了。据麦迪森的估计,在公元1500年,欧洲的人均国内生产总值平均为774美元,文艺复兴时期的意大利则达到了1100美元。但是意大利的相对繁荣并不持久。1500年后,意大利的经济发展停滞了,而荷兰则开始持续而缓慢的增长。在同一时期,与荷兰相比,虽然英国的增长速度要慢得多,但增长率也开始逐步提高。

1688年的"光荣革命"为英国带来了稳定的君主立宪制度,引入了荷兰国王和荷兰财政制度的精髓,荷兰资本市场上的先进技术也迅速跨越了北海。尽管如此,英国还是花了一个多世纪的时间才使其增长实现大幅的加速。直到19世纪中期,普通英国人的生活水平才超过普通荷兰人。这种情况的出现仅仅是由于英国对荷兰进行了数十年的海上军事封锁,随后拿破仑又对荷兰共和国进行分解和剥削。

英国扩展其海外殖民地依靠的不仅仅是它的国民,更严格地说,还依靠法律、知识和财政制度。经过很长的一段时间以后,这一伟大的经济转变才扩展至欧洲其他地区以及亚洲地区,但是它所造成的影响是不平衡的。如图 1-8 所示,英国、日本和中国分别于 1820 年、1870 年和 1950 年才出现经济起飞。

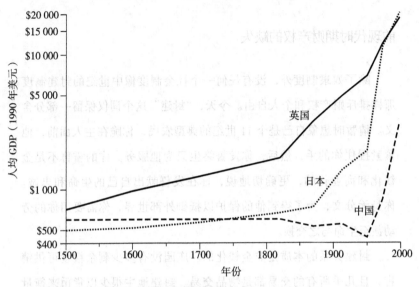

图 1-8 (剔除通货膨胀影响后的)人均 GDP

资料来源:Maddison, *The World Economy: A Millennial Perspective*, 264, 276-279.

为什么要考察现代前期那一段经济停滞不前的历史呢?因为在 1820 年左右的某个时刻,世界经济似乎发生了翻天覆地的变化。因为在那个时刻以前,人类经济增长的进程就像是生长不良的灌木丛,而在那之后,它便成了扎实而茁壮生长的橡树。还因为,关于财产权、科学理性主义、资本市场以及现代交通和通信技术是如何在 19 世纪决然地走到一起,并引出现代财富权力机构的故事,这与现代生活密切相关。

我们首先将考察 1600 年以前欧洲西部的日常生活,并将经济进步的四大前提条件铭记在心。中世纪时期可以用一些简单的插图进行概括，并利用四个重要的前提条件将其松散地组织起来。

前现代时期财产权的缺失

除了奴隶制度外，没有任何一个社会制度像中世纪的封建制度那样排斥财产权和个人自由。今天，"封建"这个词仅保留一部分含义。请暂时想象自己是个11世纪的典型农民，你跪在主人面前，他紧紧握住你的手，然后，你发誓终生只为他服务。你的誓言不是金钱化和商业化的，更确切地说，你在发誓献出自己的生命和忠诚。你身无分文，为了得到他的保护以抵御外部世界，你需要用你的劳动甚至生命与之交换。

封建关系的本质是非金钱化的。庄园没有多少剩余粮食可供销售，且几乎所有的交易都是物品交易。封建地主很少以货币来衡量他们的财产，奴隶们也很少使用货币。亚当·斯密惊讶地发现，直到1745年，一个英格兰封建地主利用庄园里每年不到500英镑的收入就可以组织800人为其战斗。直到法国大革命初期，巴黎附近几个地区的封建势力残余才最终被肃清。

地主几乎和他们的农奴一样没有自由。据马克思的观察，更准确地说，是土地这一前现代时期的宝贵资产继承了地主，而不是地主继承了土地。正如我们将要看到的，作为社会主要的财富宝库之一，土地具有一些重大的缺陷——不易分割、交易和改良。

更进一步，在一个没有货币的封建社会中，不能储存的产品必须在坏掉之前消费掉。在现代社会，人们通过物质财产的占有程度来显示财富，而在封建社会，则是通过宴会的排场规模显示财富。

在这样一个没有货币的社会里，财产权的概念是很难想象的。农民的小屋和农具仅仅是他们自身的延伸，这一概念一直延续到今天，因为许多欧洲人习惯用自己的名字来命名住房。归根结底，小屋是属于主人的，而工具不可能以任何价格卖出，因为没有买方、公开市场或货币。请看亚当·斯密对农夫命运的描述⊖：

> 土地的耕作者大多都是地主的奴隶，他们的人身和财物都是属于地主的财产。那些不是奴隶的人可以自由租用土地，表面来看，他们支付的租金几乎等同于免役税，但事实上等于土地的全部产出。在和平时期，地主可以随时支配农奴的劳动；在战争时期，地主则可以将农奴派去参加战争。农奴虽然住得离地主家远一些，但是他们隶属于地主，无异于住在地主家里的家仆。地主可以支配他所拥有的所有农奴的劳动和服务，因此土地上所有的产出无疑都属于地主。

因此，中世纪时期的农奴没有动力去生产超过自己农庄义务的农产品，或提高自己所耕作土地的生产力。如果地主拥有农奴以及他的所有产出，那么农奴为什么要努力工作呢？更不用说创新了。更准确地说，封建制度没有为形成国家留下什么空间，政治实际上被严格限制在地方。芭芭拉·塔奇曼⊖（Barbara Tuchman）写道："在政治结构下，没有公民和国家的关系，只有奴隶和地主的关系。国家挣扎在诞生的路上。"

封建制度不仅不能通过法律保护公民所有权和平等权，它还扼

⊖ 斯密，Ⅲ：355. 免役税是指农奴支付给地主的经济租金，用以代替所欠地主的服务。

⊖ 芭芭拉·塔奇曼（1912—1989），美国著名女历史学家、作家。——译者注

杀了基本的消费者活动。节约法令根据等级和收入规定人们着装等级，使得以纺织品为主要产业的国家经济受到抑制。在佛罗伦萨，只有贵族、医生和地方官员才能穿着貂皮服装。在法国，地主或其夫人每年只能购买4套衣服，其中必须有一套夏装，而且前提是年收入超过6 000里弗尔。英国的法律也严格规定了不同收入水平者的着装规范。贵族可以穿的衣服似乎是其他人的两倍。如果一个英国贵族的年收入达到500英镑，则他可以穿某些特定的衣服，但是一个商人只有在年收入达到1 000英镑时，才能享有同样的特权。

第二个千年的早期，货币经济的发展侵蚀并最终摧毁了封建制度。从农奴可以将自己的劳动出售给最高出价者的那一刻起，连接农奴和奴隶主关系的纽带就瓦解了。只有在这种情况下，重要的国家法律和资本制度才得以发展。不仅个人可以利用本国货币赎回自由，在有些时候，整个村庄也可以这样做，如法国北部城市库西堡在1197年花了140里弗尔从一名身无分文的地主遗孀手中买下了自由的权利。

最大限度征税的重要性

所有的国家都需要财政收入，一国政府如何征税事关国家的生死存亡。在前现代时期，典型的国家通常将税收负担压在最穷和最弱势的人群身上。所有这些国家都不可避免地失败了。成功的国家在决定所有者的财产权时需要保持公正，同样，他们在决定如何对财富和收入征税时，也同样需要表明他们是公正的。这显然与中世纪时期不同，那时的贵族以"保护"农奴人身安全作为交换而得以免除土地税。教士也采用了相同的方式，由于他们在精神上"保护"

了农奴，所以封建税收体制也免除了他们的税收，因此他们常常拥有巨额的财富。

穷街陋巷

有效的财产权有赖于对犯罪的防治。在中世纪时期，城镇的危险程度让人难以想象，暴力犯罪频发，凶杀死亡人数是意外死亡人数的两倍。致命的斗殴已成为家常便饭，对于那些由于长弓和攻城弩的出现而赋闲的骑士而言，比武已取代了军事活动，并常常演变成大规模的杀戮。只有1%的凶手被交付审判。绑架是一种常见的谋生之道，特别是对那些失业的骑士来说。

不可能有其他更好的方式了。在1500年，将执行法律作为政府职责的一部分是不可思议的。伦敦警察这一名字来源于未当首相时的罗伯特·皮尔，他于1829年创建了世界上第一个大城市警察部队。在那以前，如果不带上剑、匕首和手枪，这位有先见之明的绅士是不敢冒险走上伦敦街头的。

城市之外，则是一个彻底无法无天的世界。拦路抢劫的匪徒或成群结队，或单枪匹马，忙得不亦乐乎，且几乎未受过惩罚。在没有参加十字军东征㊀、王朝世代斗争和教皇权力斗争的时候，士兵们总是周期性地加入拦路抢劫者的行列中。只有围墙才能够有效地把城镇和城外无秩序的环境隔绝开来。由于建造城墙的成本很高，城市生活被压缩在一个尽可能小的范围内。街道狭窄，敞开的污水沟随处可见，居民拥挤，疾病泛滥。据第一批人口统计学家的记载，

㊀ 十字军东征是在1096~1291年发生的多次宗教性军事行动的总称，是由西欧基督教（天主教）国家对地中海东岸的国家发动的战争。——译者注

城内传染病造成的死亡率是城外的两倍。

大多数人生活在小村庄中，并在临近的小农地上耕作。直到1500年，农民才能清理狼群出没的森林。所有人，从蹒跚学步的孩子到年长的老人，都要在不利用犁具的情况下从事繁重的田间劳动。直到公元900年，才有极少数农民能够买得起带挽具的马和带颈圈的牛来进行田间耕作。

中世纪住宅的邋遢状况是超乎想象的。据文艺复兴时期最伟大的人道主义者鹿特丹的伊拉斯谟（Erasmus）记载：

> 几乎所有的地面都由沼泽地黏土和灯芯草铺成，粗糙的维护使得有些地基直接使用了20年。地上藏匿着狗和人的泡沫、呕吐物、葡萄酒和啤酒……鱼的残骸和其他一些叫不出名字的污秽之物随处可见。随着天气的变化，从中散发的蒸汽，据我的判断是有损人们健康的。
>
> 所有家人都睡在一张污浊的床上，他们不知烟囱为何物。除了最新建的小屋外，所有房屋的墙壁都布满烟灰。缺乏排气装置导致房屋频频失火，并造成大量村民死亡，尤其是那些穿着高度易燃衣服在照看烧着木材的火炉的妇女。

上述几段文字描述的还是那些相对富裕的农民的生活环境，那些较为不幸的农民则只有很少或没有遮蔽处。在贫困生存线上挣扎的前现代社会，饥荒和瘟疫常常出现。在严重饥荒时期，人吃人的事件也曾发生；旅行者常常被杀死和吃掉，甚至有些文献记载，人们袭击绞刑场以获取被绞刑者的遗体作为食物。

瘟疫周期性地在大陆上肆虐。最严重的一次发生在1347年，当时一支热那亚商船停靠在意大利靴型版图的末梢墨西拿港。大多数的船员由于感染了一种奇怪的新疾病而死亡或奄奄一息,该疾病后来被命名为黑死病。在短短的几十年中,几乎有 1/3 的欧洲人死于该疾病。

前现代时期科学理性主义的缺失

美国的国父们所发明的"政教分离"在现在看来已成为一个奇怪的短语,它的现代意义仅限于边缘问题的司法处理上,如学校祷告和圣诞节的公开表演。在前现代时期的欧洲,教会无处不在,让人窒息,它是"中世纪生活中的政治和法律,甚至是强制性的。它崇尚精神生活,并坚持认为死后的生活比活着的当下更重要,这一原则在现代社会没有得到认同,无论当今的一些基督徒多么虔诚,他们也并不认同这一原则"。

杰斐逊和麦迪森对教会和国家关系的热衷源于前现代世界中宗教组织的盛行。颇具讽刺意味的是,从基督教成立的早期开始,政教分离已是它所隐含的概念了。耶稣对法利赛人说:"恺撒的物当归给恺撒,上帝的物当归给上帝。"然而,实现政教分离需要一些时间;从君士坦丁大帝的皈依开始,国家向上帝在尘世间的代表赐予了土地和财富。教会越富有,就越倾向于腐败和分离。

今天,异端邪说、亵渎神明和宗教公判大会三个词语常常被用于讽刺情形中;而在 1600 年前的 500 年中,他们将恐惧渗透进每一个欧洲人的灵魂中。霍布斯对自然状态下国家生活所做的描述,即"孤独的、贫穷的、肮脏的、粗野的和短缺的",是非常恰当的;人们只有在死后才能够获得最终的报答。若人们冒犯了宗教权威,则有可能被绑在一堆木桩上遭受火刑,但与各种宗教裁判所精心设计的恐怖死亡方式相比，这一方式就相形见绌了。最臭名昭著的刑讯设备是"铁处女"。它是一个开闭式的装置，能够将数以百计的长矛慢慢地刺入受害者的身体里，使受害者浑身血肉模糊，然后将其扔进一个带着旋转刀片的深坑中。人们宁愿选择这种最痛苦的死亡方式，也不愿意承受永恒地狱之火的煎熬所带来的恐惧。

什么样的罪行会招致此种可怕的命运？任何得罪或挑战宗教权威的事，包括但是不局限于质疑教会的权威、信仰以及（更重要的）财富。这种冒犯有可能是非常间接的，例如，在16世纪早期，波兰天文学家尼古拉·哥白尼的推断：实际上，地球并不是宇宙的中心，相反，地球围绕着太阳旋转。如果这些"异端邪说"的观点是以当时通用的学术语言——拉丁文的方式来发表的，它在一定程度上是可以被容忍的，因为除了占统治地位的神职人员、皇室和富商外，没有其他人掌握这门古老的语言。而农民是看不懂这种语言的。哥白尼明智地没有跨越拉丁文和本地语言的界限，因此梵蒂冈对其是容忍的。但是，即使是那个时代中最开明的学者，包括伊拉斯谟和托马斯·莫尔⊖（Thomas More）也对哥白尼的新宇宙学理论做出了批评。更有趣的是，他在阿尔卑斯山北部更不受欢迎，许多改革的领导者，包括马丁·路德，都呼吁处死哥白尼。

意大利哲学家乔达诺·布鲁诺非常不明智地散发宣传手册，支持一些异端观点，包括以书面的形式使用本地方言支持哥白尼体系，后来他被一个梵蒂冈裁判所处以火刑。在接下来的几十年里，教会与日心说进行了苍白无力的斗争，并最终将这一学说最权威的支持者伽利略带到了宗教裁判所进行审判。当宗教裁判所向其展示刑具

⊖ 托马斯·莫尔（1478—1535），欧洲早期空想社会主义学说创始人，人文主义学者和政治家，著有《乌托邦》一书。——译者注

的时候，伽利略放弃了他的信仰。

在中世纪晚期，教会在意识形态上拥有了希特勒羡慕的绝对控制力。到1500年，即使是最虔诚的教徒也能明显地感到教会的核心弱点。行贿受贿、买卖圣职（职务的交易）和敲诈勒索成了基督教会生活的标签。教会的腐败在阿维尼翁（Avignon）教皇时期㊀达到了极致。那时，"教会的一切，从枢机主教的帽子到朝圣者的遗物，都被出售。"主教们和枢机主教们凭借什一税㊁和宽容（人们用金钱从教会购买赦免）聚敛了大量的财富。约翰十二世在其执掌教会的1316～1334年所表现出来的对黄金服饰和皮草的强烈欲望无人能及。贵族家庭为其年幼的孩子购买牧师职务，20岁的主教并不罕见。1342～1343年分配的624个正统的神职中，有484个被授予了教士的后代。16世纪，在英格兰的某些地区，将近1/4的性侵犯案件都是教士所犯下的，而教士当时占总人口比例还不到1/40。

反对教会腐败的力量却悄无声息、星星点点地慢慢强大起来，在14世纪瘟疫大爆发后的浩劫重生的氛围下尤为如此。贝格哈德是一种流行的反文化运动，它宣称不需要教士也能够拯救人类，有权享有贵族和教会的财产以及自由恋爱。教会和统治阶级残酷地对待参加该运动的成员，许多成员被烧死。当时有一首诗广为流传，即《耕者皮尔斯》(Piers the Plowman)，诗中记载了中世纪时期人类的一些罪恶，教士显然难逃干系。

为反对教会打下更为坚实基础的是14世纪的一名来自牛津大学的教师约翰·威克里夫（John Wyclif）。他非常聪明地利用了英格

㊀ 指1309年至1378年间，由法王扶持由罗马迁往法国南部城市阿维尼翁的7位教皇时期。——译者注

㊁ 什一税起源于旧约时代，是由欧洲基督教会向居民征收的一种主要用于神职人员薪俸和教堂日常经费以及赈济的宗教捐税。——译者注

兰和罗马教会的长期不和而反对教会的统治。用芭芭拉·塔奇曼的话说就是,他作为马丁·路德的直接思想启蒙者,在《论公民政府》(*On Civil Government*)中"以一种隐蔽的方式将自己的理论钉在墙上"。这个小册子建议将教会的财产充公,并将教士排除在政府之外。最终,像贝格哈德运动一样,威克里夫否定"变体说教条"和教士存在的必要性。这让他在英格兰和罗马教会两边都不讨好,并遭到他们的抨击。

威克里夫还将《圣经》翻译成了本地语言。幸运的是,由于他生活在古登堡发明印刷机前,所以他的"罪行"并未经印刷技术得以放大。1381年,他就读的贝列尔学院(Balliol College)将其驱逐出校——这是一个相对温和的惩罚,但牛津大学却为此而受到了更大的惩罚,该大学开始了长达两个世纪的衰退。而作为一名有影响力的传教士,威克里夫则保持着他的影响力,直到3年后自然死亡。在他被驱逐后,他的追随者,即"罗拉德派"(Lollards)便开始转入地下,从此开创了长期的英国清教或非国教派的传统信仰。

廷代尔事件为威克里夫英文版的《圣经》提供了后古登堡时代的后续篇章。1457年,德国美因茨的约翰尼斯·古登堡发明了印刷技术,德国人于是极大地放大了"异教"的声音。剑桥大学和牛津大学的古典文学学者威廉·廷代尔(William Tyndale)起初以皇权高于教会权利这一观点取悦亨利八世,在1525年,像威克里夫(以及大量在他以前的不守规矩的修道士)一样,廷代尔将《新约全书》翻译成了英文。在介于威克里夫和廷代尔之间的一个半世纪里,印刷技术已经改变了一切,将廷代尔的"异端邪说"放大了一千倍。未受过教育的农民也能够阅读和讨论《圣经》,这在教士们看来是不可能的,因为90%的人都是文盲,并且都是盲目的顺从者。

廷代尔所在的英格兰当地出版商是不会接收他们的稿件的，因此他逃到了德国，就在他的《圣经》即将于科隆成功地被印出之时，却被当地的教士们发现了。最终，廷代尔在新教徒的据点——沃尔姆斯将《圣经》成功印出，并将6000份译稿送回英国，这些译稿很快就被抢购一空。在"虔诚"的亨利八世的坚持下，欧洲大陆的教士将廷代尔监禁了16个月，把他当成异教徒，然后将其当众勒死，罪名就是以英语出版《圣经》。（这件事发生在亨利八世因为与凯瑟琳公主离婚而与教会决裂之前。）

共有175本威克里夫版本的《圣经》流传至今，因此可以推断，当时至少印了几百本。拥有一本就足以被定为异教徒，抄几本就会被判有罪，并被处以火刑，但是由于当时只有手抄本，所以被宗教公判大会审判的风险相对较小。廷代尔对印刷技术的使用从两个方面增大了风险；无论是从象征意义还是从字面意义来看，使用印刷技术的异教徒们无异于玩火自焚。

当马丁·路德最终利用古登堡的印刷技术摧毁了教会势力的时候，取代旧教会的是一个即使没那么腐败也令人同等厌恶的暴政。狂热新教徒的典型代表就是日内瓦的约翰·加尔文（John Calvin）。一名叫作纪尧姆·法雷尔的巡回传教士邀请这名流亡教士去这座位于湖边的新教徒城市。不像许多现代史学家描绘的那样，法雷尔并不是这个城市的"独裁者"，相反，他只是宗教法庭的头目。宗教法庭通常由承担着保卫共和国道德规范任务的普通公民组成。（实际上，直到加尔文去世的5年前日内瓦才授予他居民身份。）在加尔文长达16年的领导下，宗教法庭判处89人死刑，绝大多数的罪名都是使用巫术。根据当时的平均水平，这是很平常的，临近的基督教国家常常在可怕而残酷的刑讯后将远大于这个数量的异教徒处死，而这种情况是日内瓦当权者通常所要避免的。或许当时最著名的审判事件当属1553年日内瓦对异教徒迈克尔·塞尔维持的审判和处决,其罪名是否认三位一体和幼子出生。当他被问到愿意在日内瓦还是法国接受审判时,他双腿跪地并请求在日内瓦接受审判。

加尔文和他的宗教法庭的确发明了前现代版的保姆式政权。对于这样一个自得其乐的团体来说,事无巨细、事必躬亲,"微观管理者"一词用在此处非常合适。1562年,他们强迫一名叫作弗朗索瓦·博尼瓦尔的上了年纪的日内瓦鳏夫与一名比他年轻许多的妇女再婚。当这位新妻子难以避免地与一名年轻男子发生婚外情后,宗教法庭就对她的情人施以斩刑并将她淹死。还有另外一个例子。当宗教法庭发现5名年长的老人对新教的信仰没有表现出足够的热情时,就命令他们雇用一名导师进行辅导,并在下一次公开集会的时候在众人面前进行一系列教义问答。

在政府权力被划分于国王、议会和法庭三方以保证个人自由、法治和财产权以前,上帝和恺撒就是分离的。被意识形态的热情所点燃的宗教战争之火(基督教和新教之间、新教和新教之间)燃遍欧洲,并持续了将近两个世纪。在战争中,参与方变得精疲力竭且元气大减,然而,这却为独立的非宗教政府和启蒙运动那些更为宽容的主题铺平了道路。

前现代时期有效资本市场的缺失

从他方非常便利地获取资本,这在现代商人看来是最自然不过的事了。今天,最著名的大公司能够以略高于5%的年利息率获取长期贷款用于公司的发展和扩张,而那些有良好保障的小企业对此需要支付的利息率也不会高太多。

即使是在5000年以前，即货币还没出现的时候，人类就已经存在借贷行为了。几千年来，借贷谷物和牲口是需要支付利息的：冬天借出30千克谷物或一头小牛，到了收获的季节就能够收回两倍的数量。如今，在一些欠发达的国家中，这种方式仍然广泛存在。

古代信用市场的历史源远流长。关于货币借贷，最早的历史记载大多来源于新月沃地——苏美尔（Sumer）、巴比伦（Babylon）和亚述（Assyria）。汉谟拉比（Hammurabi）时期最著名的《汉谟拉比法典》，即已知的第一部综合法律体系，就是用于处理商业事务的。几个古代的小例子就足以证明这点。公元前3000～公元前1900年的苏美尔地区，大麦的借贷利率通常是33%，而白银借贷的利率则是20%。二者间利率的差别反映了大麦借贷的风险高于白银借贷的风险，其原因是后者不会被消费或腐坏而且"白银作物"也不可能歉收。

如此高的利息率抑制了长期项目的发展。如果年利率是20%，则在不到4年的时间里，借贷者需要还贷的数量就会翻倍。面对如此沉重的负担，任何理性的商人或企业都不会像大多数大型商业企业那样，借钱资助一个5年或10年内部不会盈利的项目。

经济史学家理查德·希拉（Richard Sylla）认为，利息率能够精确地反映一个社会的健康状况。实际上，按照时间来描绘的利率曲线是一个国家的"热度曲线"。在动荡年代，利率因公民缺少公共安全感和信任而上升。从长期的历史范围来看，几大文明古国的利率曲线都显现出U形模式。在历史的早期，利率较高；随着文明逐渐走向成熟和稳定，利率慢慢下降；当文明发展到顶峰时，利率保持在较低的水平；最后，当文明出现衰落时，利率就会回升。例如，在公元 1～2 世纪，罗马帝国处于发展的顶峰，利率低至 4%。由于短期财富会出现波动，因此 U 形利率曲线只在一般情况下和长期条件下才会出现。即使是在 1～2 世纪罗马和平的鼎盛时期，利率在某些危机情况下也曾一度飙升至 12%。

罗马帝国衰亡之后（一般指公元 476 年），利率飙升。约两个世纪后，西方世界的商业步入了另一个惊人的低谷，伊斯兰教和占领了伊比利亚半岛大部分地区的阿拉伯王国开始崛起。通过对直布罗陀海峡的控制，阿拉伯人成功地切断了地中海贸易。

对利率的历史追溯到罗马时代后期中断了，并且直到将近 1000 年以后才在英格兰重新出现。据记载，英格兰 12 世纪的利率远高于 40%，而在意大利，在同一个世纪的后期，利率平均为 20%。一个更加合理的未来的第一道曙光出现在荷兰，早在 1200 年，其利率就已经低至 8% 了。

如此高的利率反映了资本市场的缺位，这束缚了商业和经济，使之在几个世纪都无从发展。正如宗教教条对思想发展的抑制一样，资本市场的缺位也减缓了日常经济的发展。基督教对收取利息放贷行为的禁令也不起作用。这条禁令来源于《圣经》的《出埃及记》第 22 章第 25 节："如果你借钱给我子民中的任何穷人，不可像放债人一样索取利息。"圣·奥古斯丁⊖（Saint Augustine）坚持认为"经商本身就是罪恶的"，而圣·杰罗姆（Saint Jerome）则认为："一个经商者即使曾经取悦过上帝，那么次数也一定是极少的。"

公元 325 年，尼西亚理事会（首个有组织的教会选举会议）禁

⊖ 古罗马帝国时期的基督教思想家，欧洲中世纪基督教神学、教父哲学的重要代表人物。——译者注

止教士放贷，到了公元850年，则开始把放贷者驱逐出教会。最初，欧洲的商业市场本没有多少对资本的需求，故对其影响不大。

对放贷的限制慢慢加强。到了1139年，第二次拉特兰理事会宣布，抵押也是一种高利贷。在13世纪中期，圣·托马斯·阿奎那㊀（Saint Thomas Aquinas）复兴了亚里士多德的观点，即认为所有大规模的商业活动天生就是罪恶的㊁。在列宁和马克思时代以前，教会反资本主义的狂热程度空前高涨。

放贷是人类生活的一部分，就像人们对毒品和酒的消费一样，很难通过立法消除。即使是在反对高利贷的热情最高涨的时期，当铺仍然赫然地当街开放。荷兰实际上是允许放贷的，他们定期向君主提供资本。对于犹太人来说，本就不存在被基督教驱逐的问题，他们可以自由放贷。直到1571年，当第五次拉特兰理事会废除放贷禁令时，投资者才终于开展起充满活力的商业活动。

前现代时期高效交通和通信的缺失

在罗马帝国衰落后的1000年里，日益败落的罗马帝国的道路仍旧是欧洲最好的公路。据历史学家劳伦斯·帕卡德（Laurence Packard）记载：

在中世纪时期，人们保持"原位不动"，直到十字军东征时期，才开始出现一些旅行活动。对地理和当前住所以外地区的

㊀ 中世纪经院哲学的哲学家和神学家，他把理性引入神学，用"自然法则"来论证"君权神圣"说，死后被封为天使博士。——译者注
㊁ 亚里士多德认为农场或家庭式的小买卖是可敬的，但是零售和放贷却是罪恶的。参见《政治学》，Ⅲ：23。

极度不了解造成了人们对陌生地区和陌生人的恐惧,甚至发展成了迷信。真正的危险,如强盗大王、海盗、恶劣的道路(或者是根本没有路)、破损的桥梁(或者是根本没有桥梁)是阻碍贸易的重要因素。更糟糕的是,每个封建君主都要征收通行税,这些通行税造成了货物成本的增加,进而导致商业活动无利可图,使得谷物不能够从富饶之地贩卖到贫瘠之地,或者导致价格升高以至于饥饿的穷人无力购买。

正如帕卡德所说的那样,缺少商业交通仅仅是一部分原因。用经济史学家伊莱·赫克歇尔(Eli Heckscher)的话说,"在中世纪时期,贸易的最大障碍就是道路通行费"。在现代,通行税指的是对改良道路所支付的费用或过境关税。在 1800 年以前,通行税是当地统治者的公开专利,也是主要的财政收入,他们在重要的地点设立收费站,如通航的河道和关口,因此商人难以避开它们。

欧洲北部道路的匮乏是一把双刃剑。一方面,它能够保护斯堪的纳维亚和德国的大部分地区免遭罗马帝国的长久统治。另一方面,糟糕的交通状况又遏制了阿尔卑斯北部地区商业的发展,尤其是在斯堪的纳维亚。罗马帝国衰落后的 1000 年里,新闻的传播和货物的运输与当时那些笨重船只的航行同样缓慢:从威尼斯到君士坦丁堡需要花费 5 个星期的时间。陆上的交通运输更为低效:若采取陆上交通方式,则从威尼斯到伦敦需要花费 4 个星期的时间。绝大多数农民都没有离开过自己出生的城镇,只有那些最强壮和最幸运的人才能经受住长时间的海上航行,并且只有最富裕的人才能够负担得起长途跋涉所需要的马匹。在 19 世纪和 20 世纪之交,福特 T 型汽车产生之前,绝大多数美国人毕生都在自己出生地 20 英里的范围内生活。

在1800年以前,有效交通运输的缺乏不仅阻碍了商业的发展,而且很可能是致命的。在现代世界,粮食可以从富足的地方运输到短缺的地方,粮食的歉收很少导致大范围的饥荒。然而,在中世纪时期,当某个城镇经历缺粮的大灾难时,位于相邻山谷中的邻居城镇却有可能一派繁荣,这些情况尤其容易出现在那些没有利用河运或海运的地区。

在蒸汽机出现以前,运输的高成本、高风险和不舒适以及更令人痛苦的缓慢旅行节奏,使得现代化步履蹒跚。直到19世纪中期,在较好的情况下,大宗货物的陆上运输速度能达到每天20英里,而一般情况下,将货物从巴黎运输到290英里以外的里昂需要将近6个星期——平均每天不到10英里。马车客运的情况好一些,走相同的路程其速度是货运的两倍。

旅行的费用高得惊人。在1820年,从美国纽约到西部的俄亥俄州(当时开发地区的边缘),马车运输费用是80美元,即普通人两个月的工资。在英格兰,60英里的旅行需要花费1英镑,约相当于普通人一周的工资。(如果旅客愿意挤在马车的两侧,那么他可以节约一半的费用。)只有最富有的人才能负担得起4匹马拉的大马车。

运输的主要费用主要花在马匹的不断更换上,这是长途旅行的需要。然而,大量的马匹、牛和骡子出现在本已拥挤的城市里,造成了市容和卫生问题,这些问题在很长一段时间里都被忽略了。

在前现代时期,旅行安全问题是一个更为重要的影响因素。在英格兰,直到18世纪中期,拦路抢劫才逐渐消失。但是陆上马车被劫的频率仍然非常高,直到进入19世纪才有所好转。据在意大利的英国旅行者介绍,直到1817年还常常有乘马车的旅客被杀,或是被抢劫一空后烧死在车里。小规模盗窃造成的威胁成为持久的隐患,且马车车祸屡见不鲜。1829年，据一个往返于纽约和辛辛那提的马车乘客记录，崎岖不平的道路造成了不少于9次的马车翻车，几乎每天都有恶性车祸发生。

乘马车和船只长途旅行带来的不适，即使最坚强的旅客也会因此耗尽精力。一名叫特纳的英国画家对1829年的意大利之旅描述如下：

> 福利尼奥已经开始下雪了。马车由于负重过大而到处乱滑。我身上的衣服彻底湿透了。到萨尔河河谷的时候，马车滑进了沟里，需要折回3英里找来6头牛将车拉出，这花费了4小时，于是我们到达马齐尔塔的时间推迟了10小时。我们又冷又饿，最后达到了博洛尼亚，但是麻烦不但没有减少，反倒越来越多。我们乘着雪橇越过了塞尼峰，在马车被扶起来并拉出来的过程中，我们点着火把在塔拉特的雪地里露营了3个小时。当天晚上，马车再次翻倒，我们再一次在刚刚堆积起来及膝的雪地里行走。

自从人类有历史记载开始、现代曙光出现以前，旅客、货物的移动速度和信息的传播速度不会超过马匹与航船的速度。19世纪中期，蒸汽机在航船和火车上的应用，以及国家通过强大的力量减少了通行费收费站，为经济发展提供了四个要素中的最后一个——交通和通信技术。铁路、蒸汽动力轮船和电报的发展带来了繁荣，繁荣程度甚至超过了前现代时期那些最乐观的梦想家们最大胆的想象。

土地、劳动和资本

公元 1500 年以前，普通百姓的福利水平没有丝毫改善。现在看来，其根源相当明显。第一点也是最重要的一点就是，由于财富很容易被封建贵族、国家、教会或普通罪犯们掠夺，因此人们没有创造财富的动力。第二，没有欧洲人敢于进行创造性和科学性的思考，因为那时的创新思想常常让创造者被世界和未来遗忘。第三，即使能够创造财富的发明和服务已经出现，将其进一步发展所需的资本又无处可寻。最后，即使是发明创造已经得到了大规模的生产，它的发明者也没有能力对其进行宣传，即没有能力以低廉的价格将产品运送到其他遥远城市的消费者手中。

通常情况下，经济学家认为财富的创造需要三个方面的投入：土地、劳动和资本。经济学家认为，理解了这些传统要素是如何运作以及如何相互影响的，就能够揭示全球繁荣的历史性根源。无论是建一个农场、工厂或是卫星广播网，三个要素缺一不可。而企业是经营得当还是破产倒闭，则取决于每个要素的产出水平。

如果你是一个企业家，你所要关心的不是土地、员工和贷款的平均产出，而是土地、员工和贷款的边际产出。"边际"一词指的是当前可利用的土地、劳动和资本。如果某农业生产区所有的好土地都被别人占有了，你能得到的只是一块贫瘠的土地，那么在其上耕作则没有太大的好处。或者在一个熟练纺织工人集中的地区，那些最好的员工已经都被雇用且他们对工作很满意，那么你在此地区建一家纺织厂也不能获得太大的好处。或者某地区现存抵押贷款的利率很低，但是新贷款的利率却上升了，则在此处计划建设公寓楼也不会有太大的好处。

在这三个传统的要素中,边际土地(你当前能够获得的土地)的生产率是最低的。因为在任何时候,产出最高的土地已经被开发了,只有那些低质的土地才是可得的,才能够购买或开发。新的农场总是不如现存的农场生产率高,因此,在农业中增加投资注定要失败。报酬递减规律对农业来说是适用的。⊖

边际劳动有所不同,它比土地更容易保持生产力。只要存在可以培养的劳动大军,追加投资于其他工厂就能够实现与原有工厂相同的生产力。增加劳动力的雇用能够通过规模经济而受益:从人均成本的角度来看,培训100名工人比培训10名工人的人均成本要低。进一步地,边际劳动还被赋予了"学习曲线"。当具有创造性的工人和他的监督者发明出更好的培训与工作流程后,他们就能变得更为高效。因此,每多雇用一名工人,边际劳动的生产力就变得更高。用现代术语来表述就是,劳动密集型的工业经济是"可以升级的"(意味着他们的规模和产出都可以快速地增加),而农业经济并非如此。工业经济可以很容易地实现增长,而农业经济实现增长的难度很大,甚至不能实现增长。

最后,随着投资的不断增加,资本及作为其基础的通信技术的生产力变得越来越高。当资本市场到达一个临界点的时候,其效率就能够得到很大的提高。确实如此,电话、信用卡、互联网,还有最为大家熟知的Windows操作系统,都变得非常普遍,已成为人们生活中的一部分。

资本市场自身的运作方式也是如此。如果一个国家的储蓄方式是将钱藏在床垫里和地板之下,或者是存储在一个低效率的银行系

⊖ 在所有有用的概括中,都存在一些例外,如在18世纪和19世纪,美国向西扩展可以将大量高质量的边际土地投入生产中。

统中，那么这种储蓄对经济的发展没有多大的好处。正如工业化初期的法国那样，由于人们不信任银行系统，因此银行不能够帮助那些有价值的企业把大量的社会财富聚集起来。当某个具体商品的所有买者和卖者都在相同的时间聚集在相同的地点进行交易的时候，市场就能够实现最高效的运作。在这种情况下，该商品的定价就变得非常"有效率"。更确切地说，每个人都按照几乎相同的价格进行买卖。最容易理解的例子就是"黄牛票"的买卖。当国家严格实施反倒卖法律的时候，票贩子和他们的顾客就会在许多地方进行秘密交易，其结果就是票价变动的幅度非常大。更进一步，由于票贩子总是比买方掌握更多的票务信息，于是票价就容易走高。这样的市场叫作"无效率"市场。有先见之明的群体会发现，当票据的倒卖在一定的时间和一定的地点得到允许的情况下，通常是在验票大门之外以及活动即将开始的时候，票价就会比较低且较为统一。原因很明显：将票据的买卖限制在短促的时间内和狭小的区域内，能够使买卖双方所获得的信息流最大化，并降低票贩子的自然优势。市场最有效率的状态就是，将某种商品在世界范围内的所有买者和卖者在某个完全相同的时刻集中于某个完全相同的地点——eBay 就是如此。

　　金融市场的运行模式也是如此。当资本的大量买者和卖者都被集中于某个地方进行买卖时，如纽约证券交易所的大厅，资本将变得更便宜、更可靠，资本的生产力就会提高。⊖更确切地说，金融活动增加，利率就会下降且趋于稳定。政府通过消除在资本成本和

⊖ 纽约证券交易所最近开办了盘后交易（after-hours trading），很显然，效率不如正常交易时间高。原因就是，在正常交易时间里交易量要高得多。

供给上的不确定性，从而在投资过程中发挥重要作用。或者说，就像克林顿在1993年问艾伦·格林斯潘这样一个问题："你是想要告诉我，项目的成功与否以及我是否能够获得连任，取决于联邦储备委员会和那帮证券交易者吗？""是的，总统先生，它确实这样的。"1996年克林顿以绝对优势获得连任，格林斯潘对货币政策的控制功不可没。

交通运输也是同样的情况：对于一大批货物，使用一艘大轮船运输比使用许多小轮船运输更为高效。通信也是如此——传递量大的邮递员或电报服务商能够以更低的价格提供服务，这样的业务都是高度规模化的。生产力最高的大规模制造业是软件行业。只要你支付了研发费用，产品的配送和销售几乎免费，尤其是当你使用电子手段发送产品的时候。由于获得了现代通信技术的支持，而且能够从参与者数量的增加中获益，边际资本的生产力高于其他三个传统要素。边际劳动次之，边际土地最低。

知识：第四种投入

几十年前，当西方财富和生产力快速而持续的增长变得越来越明显的时候，经济学家意识到，试图通过土地、劳动和资本的生产力解释经济产出的传统三投入要素模型已经不能充分地解释经济增长的这种良好态势了。经济学家保罗·罗默（Paul Romer）认为，在某些时候，科学技术知识本身已经成为经济增长的重要因素。他指出，社会通过技术的"外部性"获益，即所有的生产者都能够迅速采用产业领导者的最佳经验，并且知识的边际生产力随着知识的积累而不断增加。罗默认为，经济增长水平仅仅受限于人类的想象力，世界工业化国家的实际生产力局限在历史上2%的水平，是毫无道理可言的。

第一阶段：狩猎和采集

让我们来了解在历史上这四个投入要素（土地、劳动、资本和知识）是如何发挥作用的。广义来说，经济学家将人类历史划分为四个阶段：狩猎和采集阶段、农业阶段、工业化阶段和后工业化阶段。当然，这个四阶段范式过于粗略和简化了。比如在今天的巴西，仍然有大量的人在从事属于这四个不同阶段的工作。即使是在世界上最发达的国家，最后的三个阶段仍然占有绝对重要的地位。

自从在地球上生存以来，人类超过99%的时间仅仅以狩猎和采集方式生存。这种土地高度密集型的活动在每平方英里⊖的范围内仅能养活约1个居民。此外，游牧型的狩猎和采集者很快就可以把特定区域内的可食用动植物消耗殆尽，于是他们必须不断迁徙。狩猎和采集者仅保留了极少的物质财产，并且放弃了固定的住所。

就这四个经济投入要素而言，狩猎采集者使用最多的就是土地和劳动，且这两种要素的生产力能够保持不变。对于一个部落来说，要在自己那几千平方英里的范围内增加动物和浆果的数量是不可能的。劳动力同样是有限的，狩猎采集的生产力几乎没有出现任何改善。当在一块特定的土地上增加劳动力（采集者和狩猎者）的数量后，土地的产出（以浆果和野牛的数量来衡量）会得到暂时的提高，但是一旦将该范围内的食物都采集完以后，产出就会迅速下降。

狩猎和采集的社会不需要资本。由于这些社会依赖于四个要素

⊖ 1平方英里 = 2.59×10^6 平方米。——译者注

中生产力最低的土地，他们的劳动生产力即使有所提高，也提高得很少，因此从经济的角度来看，这些社会是处于瘫痪状态的。此外，狩猎和采集社会的知识积累几乎是停滞不前的。由于狩猎和采集技术是在很长的时间范围内发展起来的（以几千年的时间范围来计算），因此其增长率变得毫无意义。

第二阶段：农业

大约在 12 000 年以前，人类首次在新月沃地定居并开始从事农业活动。农业的生产力比狩猎和采集的生产力要高得多，使得人口密度达到了每平方英里几百人。当农业社会接触到狩猎和采集社会的时候，后者存活下来的可能性很小，原因有四点。第一点就是人口密度，狩猎和采集社会的人口密度是每平方英里1人，而农业社会的人口密度是每平方英里几十人。在一些特殊的情况下，如爪哇岛和本州岛，人口密度达到每平方英里几百人，因此狩猎和采集社会难以在军事上与农业社会竞争。第二，农业社会中培养了一小部分战斗精英，专门用于歼灭他们的游牧邻居。还有一部分统治精英策划和领导这些战斗精英。（只要农业社会发展到一定程度，进入所谓"文明"阶段后，社会角色分工是可以实现的。）第三，在农业社会中，人类和驯养动物之间的密切接触导致致病微生物细菌感染，如天花和麻疹。从事农业者对这些微生物已经具备了免疫力，而这些微生物对他们的狩猎和采集社会的邻居却是致命的。天花致死的阿兹特克人（Aztecs）的数量超过了科尔特斯（Cortez）军队的数量，且在 17 世纪，在美国白种人与该病菌有实质性接触之前，北美地区已有约 2000 万的土著美国人因此而失去生命。

第四,也是最重要的一点,许多农业社会已经出现了个人财产权制度。而对于狩猎和采集者来说,对大范围的野生动物栖息地建立独立的所有权几乎是不可能的。许多(而不是绝大多数)早期农业是集体的,而我们会发现,在人类有记载的历史出现之初,农民就已拥有个人财产权并在个人土地上从事耕作活动了。与那些公有制的竞争者相比,这样的农场变得更为高效,并且那些支持个人财产权的社会很快发现,他们不仅比自己狩猎和采集的邻居先进,同时也比公有制的农业社会更具优势。

将农业的变革称为"第一次经济革命"(第二次是工业革命)的诺贝尔经济学奖获得者道格拉斯·诺斯说:

> 第一次经济革命之所以称其为革命,不是因为它把人类的主要活动从狩猎和采集转向了定居农业,之所以称其为革命,是因为它为人类的基本比例关系创造了一个转变的动机。这一转变的动机起源于两个制度的不同财产权。若对资源的所有权是公共的,人们则没有动机去学习先进的技术和知识。

农业社会的主要经济障碍基于以下事实,即在狩猎和采集社会,土地是最关键性的投入要素。如果人口增长,如10%,为了保持人均食物消费数量不变,人们需要耕作更多的土地。由于边际土地的质量低于现有农地,因此其生产力也更低。为了满足新增人口的食物需求,人们不得不额外耕作超过10%的土地。这并不意味着农业生产力的增长是不可能的——先进的灌溉和施肥技术、轮耕制度和牵引串联式犁具极大地提高了每英亩⊖的产出。但是这些进步是在许多个世纪里发展起来的,如历史学家所说的那样,从公元

⊖ 1英亩=4046.86平方米。——译者注

1000～1500年，谷物产出提高为原来的4倍，即这段时期内的年增长率仅仅为0.28%。在这段时间里，人口数量的增长迫使一些低质量的边际土地也投入了生产，使得在这500年里出现的大部分（如果不是全部）农业生产力的增长被抵消了。因此，纯农业社会的生活水平是保持相对静止的。

的确，大约在12 000年前的人类向农业社会的转变带来了人口的大量增长。并且，随之而来的适度的农业技术改善也促进了人口的进一步增长。但是，这些进步并没有带来生活水平的持续提高，就在18世纪中期，大饥荒夺去了超过100万爱尔兰人的生命。

在中世纪时期，知识水平有了一定的提高，但是较为零散。在18世纪，英国那些不断采用最新农业技术的"与时俱进的农民"有很长的路要走。

马尔萨斯对这种悲惨的状况进行了生动的描述：这个世界里，人口的增长速度超过了农业产出的几乎凝滞的增长速度。马尔萨斯经典的"积极抑制"（饥荒、瘟疫和战争）为食物营养和食物需求之间的不平衡提供了不可或缺的解决办法。

第三阶段：工业化

大约到了1500年，农业技术适当提高，伴随着财产权、资本市场和交通技术的首次活跃，大量农民得以离开农场并从事制造业。在欧洲北部和南部，制造业指的就是纺织业。在意大利，熟练的纺织工人将丝线和进口的织物加工成华丽的物品。英国人用船将未经加工的羊毛运到勃艮第（大致包括现在的荷兰、比利时和法国北部），在那里，熟练的工人将其纺织成上好的布匹。造船业和机械加工业也逐渐发展起来。虽然当时中国在出口纺织品和瓷器方面拥有悠久的历史，但是这些工业的比例还不够高，不足以让中国人像欧洲人一样脱离农业生产。

制造业不需要太多的土地，它的限制性要素是劳动和资本。虽然报酬递减规律有时也会对劳动造成影响，但是随着规模的增大，劳动力所受到的影响不如土地受到的影响大。一般情况下，随着雇用工人数量的增多，工人的人均生产力没有太大的变化。在现代时期，由于人口密度和工厂密度的提高增加了生产者之间沟通的便利，于是随着劳动力的增多，劳动生产力有时甚至会出现增长，底特律汽车装配线和硅谷芯片制造厂就可以证明这一点。

更好的一点是，制造业是资本密集型的。旧工厂作废后，新工厂的修建需要大量资本。人口密度的提高带来了更有效率的资本市场，随着制造能力的提高，融资变得越来越容易。最后，在工业化的社会中，知识日益被人们认为是通往财富的道路，"最佳实践"⊖也日益展开和传播，所有要素的生产力得以提高。

19世纪的某个时候，在欧洲和美国出现了一个"良性循环"：技术进步带来了生产力的提高，相应地，生产力的提高带来了财富的增加，接着，这又会带来更多的资本以促进更多的技术进步。由于工业化经济不断引入高生产力的资本和知识投入，经济增长就具有了自我可持续性，且势不可当。

⊖ 最佳实践，是一个管理学概念，认为存在某种技术、方法、过程、活动或机制可以使生产或管理的结果达到最优，并减少出错的可能性。——译者注

"建立制度,繁荣自然会到来"

在工业社会,经济的快速增长使得几代经济学家疑惑不解。当然,他们会做出论证,即认为经济发展的关键本质就是工业化。单纯的工厂和现代基础设施的建设及对工人的培训就能够自动地产生他们所吹嘘的"经济起飞"。苏维埃工业化和某些发展中国家那些依靠国外援助建立起基础设施项目的悲惨现代史已经表明,工厂、大坝和铁路远远不足以构成繁荣。(变的越多,不变的越多:在第9章中,我们将探究18世纪发生在奥斯曼帝国自上而下的工业化的失败。)

一个国家进入工业化发展阶段,不仅仅是工业化本身的结果,更是由于隐藏在其下的财产权、科学调查和资本市场制度的存在。一旦国家达到了那个阶段,贫穷的桎梏就被打破了。如果你愿意,经济增长可以说成是和当时的文化紧密联系的。即使当这些国家的经济从外表上看遭受了巨大的破坏,正如第二次世界大战期间发生在轴心国的那样,它们也能快速恢复,并超越前期的繁荣。

比战争更可怕的是对财产权的侵蚀。在20世纪,前民主德国曾有两次只花了几十年的时间就从世界大战造成的极大破坏中恢复的经历。但是,从财产权被侵蚀的状态中恢复则需要几代人的时间。

第四阶段:后工业化

在20世纪末期,人类迎来了经济发展的又一阶段,所谓的后工业化社会,慢慢地显现出它的大致轮廓。在后工业化社会,制造业让位于服务业。与工业化经济相比,后工业化经济对劳动和土地的需求更少。这一新制度所需要的资本至少与旧工业化体系一样多,但它对以技术创新形式存在的知识投入则是极度渴求的。40年前，通信公司需要雇用大量的接线员，而现在它只需要雇用少量的技术人员，并利用一些大规模且昂贵的通信卫星、蜂窝电话和光纤网络就能为大众提供服务。由于资本市场和知识储备是四个投入要素中最具有规模经济性质的，因此资本密集型和知识密集型的后工业化社会应该能够保持最高的增长率。

西方世界令人如此惬意的状态并不是一夜之间实现的。它花了第二个千年中的绝大多数时间摆脱封建制度对财产权的压抑，摒弃教会对知识分子的束缚，克服资本市场的缺失，改变高效交通和通信的缺失状态。只有在这四个目标全部实现以后，新工业化和后工业化社会的居民才能够享受他们自己的劳动成果。

第 2 章

财 产 权

一个不保护私有财产权的社会，不是自由的社会。

——米尔顿·弗里德曼（Milton Friedman）

米埃津札德·阿里帕夏[⊖]是奥斯曼土耳其的舰队指挥官，在1571年的一个阳光灿烂的日子里，他在希腊西海岸的勒班陀度过了糟糕的一天。经过了一场持续了几个小时的海战后，他的军队被西班牙、威尼斯和梵蒂冈的联合海军（奥地利的唐·胡安领导下的神圣同盟）歼灭了。那是历史上最血腥的战役之一，双方各损失4万人，平均每分钟约150人。

来自神圣同盟的若干船只（包括唐·胡安的旗舰）上的船员登上了阿里帕夏的旗舰，两军将领也亲自加入了战斗。阿里挥动着一张小弓，而唐·胡安手持一柄战斧和一把宽剑。土耳其将领被一颗子弹击中脑部并倒下，于是他的军队也惊恐四散。在这个历史上最著名的转折战中，西欧的军队成功地抑制了土耳其帝国在地中海东部的上升势头，彻底阻止了土耳其人对意大利的统治。

在勒班陀，阿里帕夏不仅仅失去了战斗的胜利和自己的生命，

⊖ 帕夏是昔日土耳其高级官员的尊称，置于姓名后。——译者注

他还失去了整个家族的财产。像其他所有富裕的土耳其人一样，他把易变卖的财产都带在身边。登上阿里帕夏旗舰的神圣同盟船员在他的珠宝箱里发现了15万枚金币。为何一个海军将领要将自己的所有财产都放在私人船舱里呢？亚当·斯密在《国富论》中对此做出了最好的解释："在那些不幸的国家中，事实上，在那些人们总是担心遭到上级侵犯的地方，人们常常将一大部分财产隐匿起来，这在土耳其和印度都是一种常见的行为，并且我相信，在其他的亚洲国家中绝大多数也是如此。"⊖

除了苏丹之外，没有任何一个土耳其人是自由公民，即使是阿里帕夏这位王室姻亲也不例外。公民的生命、自由和财产随时都有可能被没收。因此，终结极权社会以及建立自由市场机制的原因就在于：没有财产权和公民权，发明家和商人则没有动力发明和生产超过基本需求以外的产品。

第一块积木

现代繁荣的实现需要四个基本要素：财产权、科学理性主义、随时可得的资本与高效的交通和通信技术。其中，财产权是最早出现的，这一最重要的因素在古代世界里就已经崭露头角。即使是在现代世界，财产权仍然是这四个要素中最关键的一个。正如伟大的经济学家欧鲁克所说："某些国家居民的识字率是99%，他们遵守纪律，努力工作，而人均国内生产总值只有900美元。摩洛哥人的识字率是43.7%，他们成天喝咖啡，并靠说服游客买小毯子过日子，

⊖ 斯密，II：301. 斯密此处所用的"财产（common stock）"一词指的是所有的财产，而不是公司股票。

但是他们的人均国内生产总值是 3260 美元。"

仅靠财产权并不足以促进经济的增长,正如希腊和罗马的停滞或衰退所表明的那样。他们中的任何一个国家都没有具备其他三个前提条件。

财产权和公民自由权之间的关系是复杂的。社会学家较倾向于否定二者之间的任何联系。例如,19 世纪法国社会学家皮埃尔 - 约瑟夫·蒲鲁东(Pierre-Joseph Proudhon)是一名公民自由权的坚定拥护者,但是,他却把财产视为偷窃。虽然传统的观点坚持认为财产权来自公民的自由权,但相反的观点同样也成立。杰出的社会学家里昂·托洛茨基(Leon Trotsky)却不这样认为,他认为公民自由权来源于财产权。财产权是其他一切权利的基础。没有财产权的人很容易挨饿,而恐惧和饥饿使得他们更容易臣服于国家意志。如果国家可以肆意威胁个人的财产权,那么这种权力将难以避免地被用于恐吓那些持有不同政治和宗教观点的人。

弗里德里希·哈耶克(Friedrich Hayek)在半个多世纪以前就意识到,公民权和财产权是同源的,就像同一件衣服上的两块布一样,不能单独存在。那些放弃了财产权的人很快就会发现,借用哈耶克的名言来说就是,自己在"通往奴役之路"上。

以人为本的解释认为,私人财产权神圣不可侵犯这一观念是约翰·洛克发明的。作为上述观念的主角,洛克却是财产理论中的后来者。虽然他在 1690 年发表的《政府论》中将对生命、自由和财产权的保护视为开明政府的基本职能,但是在那个时候,基本的公民权和财产权早在几个世纪以前就已经被牢牢地嵌入英国的普通法中了。此外,这些权利的来源早已牢牢地扎根于古希腊的城邦国家中了。

走出历史的迷雾

财产权的起源早已随时间的流逝变得难以考证，因此，无论从何时及以何种方式开始讲述这个故事，都显得有些武断。当然，在许多（如果不是全部）早期国家中，财产权的元素就已出现，尤其是那些涉及土地所有权的国家。虽然如此，由于成本的原因，狩猎和采集国家在财产权的维护上也存在困难。一个独立的部落是无法在其赖以生存的几千平方英里的范围内全面巡逻的。

那些能够成功地保护财产权的部落可能更有效率。在史前时代，被人类当作最佳食物来源的大型哺乳动物逐渐变得稀缺，任何能够独占并妥善管理它们的猎人无疑比其身边的其他人更具有竞争力。然而，这仅仅是个猜测，由于研究的是史前时代，因此我们也不知道真实度有多高。

与那些对史前时期狩猎和采集者的推测相比，我们对文字出现以前的农业社会更有把握一些。在最早的关于土地交易的记载中，历史学家已经发现了史前社会如何转移财产权的细节。例如，在《旧约全书》中，亚伯拉罕从他的希泰族邻居以弗仑那里为他那刚刚死去的妻子萨拉买了一块墓地。起初，以弗仑直接将这块地的所有权作为礼物赠予亚伯拉罕，但是亚伯拉罕坚持要付钱给以弗仑。他称量出合适的银子，并当着其他赫人的面进行了这场交易。双方看似都表现出了邻里间的友好和慷慨，但是亚伯拉罕强烈要求旁人在场见证这个交易。首先，他获得了对这块土地的永久所有权，以弗仑不能撤销这项交易；第二，其他邻居在场，使得亚伯拉罕能够确信没有其他人能与他争夺这块土地；第三，付钱买下这块土地，亚伯拉罕以后就不需要再还一份人情。在古代世界，类似的关于公众见证财产权交易的描述是司空见惯的。

在有历史记载的早期阶段，我们能够了解有效财产权的精髓。首先，那些权利是定义明确的，亚伯拉罕及其后代拥有那块土地的财产权，这点是毫无疑问的。第二，那些权利是可以让渡的，即它们可以被自由买卖。在接下来的1000年里，国家的命运与各国遵循上述两个条件的程度休戚相关。

在新月沃地和古埃及地区出现的最早文明就是等级和极权社会。有一个对古代历史的不正当解读认为，法老拥有所有的古埃及土地。几乎可以肯定，这是不正确的。有些土地是私人占有的，关于古埃及的普通农民和市民对土地拥有所有权的程度的问题，许多现代的历史学家至今仍在进行着激烈的讨论。

最早的人类文明发祥地在美索不达米亚，即"两河之间的土地"，具体位置大致位于现在的伊拉克，即位于底格里斯河与幼发拉底河之间的一块平坦而干旱的土地。倘若要在这块土地上进行集约式的耕种，则需要复杂的灌溉技术。只有强有力的中央政府才能做到这一点，因此，历史学家们认为，后来的美索不达米亚文明是"水利社会"（hydraulic societies）。在那几个世纪中，这些社会大概是利用奴隶修建了大量的陶制沟渠，这些庞大的工程项目，为高产农业和高人口密度创造了条件，使之成为可能。

在美索不达米亚的早期，亚伯拉罕和以弗仑那种有人见证并且面对面的土地交易让位于永久保留记录的交易，记录被保存在公共档案存储地。考古学家已经发现了可以追溯到公元前2500年的政府关于土地交易的档案，大约在文字最早出现时间的500年后。

在稍晚些时候，大规模的农业在尼罗河流域发展起来，并且关于土地交易的记载在公元前2500年左右开始出现。由于古埃及的象形文字不如美索不达米亚的楔形文字简洁，因此古埃及关于产权交易的历史记录不如苏美尔和巴比伦的详细。在苏美尔和巴比伦，柱子上记载了公元前2100年以来的土地交易以及规范土地交易的法律，公元前1750年颁布的《汉谟拉比法典》使得这种土地交易记录更具有权威性。最后，以色列人在《旧约全书》前5本中对产权交易做了详细的描述，其中的第1章写于大约公元前1150年。

这三个历史性的来源（苏美尔、古埃及和以色列）为古代社会的产权交易提供了详细的记录，但遗憾的是，没有关于土地所有结构的总体记录。例如，苏美尔和古埃及的宗教神权都拥有大量的土地，但是私人拥有土地的现象也是很常见的。至于宗教神权和私人拥有土地的相对重要性以及生产力水平的差别，或者是面对宗教势力蚕食情况下私人土地受保障的程度，都是无从得知的。

《十诫》对此问题做出了一个非常煽情的评论，它是这么说的："勿贪他人房屋……"即使是在美索不达米亚南部最严厉的极权制度下，即在约公元前2050年的苏美尔乌尔三世时期，都存在对私人房屋和土地交易、租赁与王室授予个人财物的记录。

"摩西诉讼案"（注意不要同希伯来的摩西弄混）帮助我们对古埃及财产权的交易过程有一个粗略但有趣的认识。约在公元前1600年，法老赏赐了一块土地给摩西一位做船长的祖先。约3个世纪以后，一位叫作凯的不正直的官员贿赂了皇室审判部门、粮食部门和财政部门的官员，从摩西手中夺走了那块土地并据为己有。摩西在法庭上出示了当地政府历年纳税记录，成功粉碎了凯的阴谋。"摩西诉讼案"为我们提供了一个保护私人财产权免受政府背信弃义损害的例子，令人震惊，但也说明了法律和记录体制的存在足以在几个世纪中保护私人的土地免遭损害。

随着时间的推移，美索不达米亚和以色列对土地交易的限制变得越来越宽松。最初，在这两个地区，家族成员可以阻止其他成员对土地进行买卖。但是随着时间的流逝，土地的公共所有权向私人和个人所有权转化的速度逐渐加快，且在公元前700～前500年的某个时间，土地开始自由流通了。

财产所有权受到地形物理状况的影响，存在两种极端。一种极端是，美索不达米亚南部的干旱和平坦的土地需要大规模灌溉，因此需要将所有权集中在少数几个人手中。另一种极端是，以色列都是多山地形，那里几乎没有大片土地属于个人，而个人拥有小块土地的情况较为常见。

民粹主义因素时不时地对古代土地法律构成破坏。为了讨好臣民，美索不达米亚国王通常在上任之初就宣布要"公正"，即免除债务和税收。这就相应地造成了美索不达米亚的高利率，贷方担心国王宣布"公正"，因为这会造成所有债务一笔勾销，因此他们要求谷物借贷的利率是33%，白银借贷的利率是20%。

《申命记》呼吁每隔7年取消一次债务。⊖最激进的是，《利未记》的大赦年条款规定，每隔50年就将财产权归还给以前的主人。尽管它们在《圣经》中曾被提及，但是这些条款都形同虚设。如果这些条款实施，将会对古代以色列的土地交易市场造成严重的损害。

被遗忘的第一个民主制

古典主义者维克多·D. 汉森（Victor D. Hanson）在他颇具影响力的《另一批希腊人》（*The Other Greeks*）中提出，西方民主来源于

⊖ 这就是安息日（sabbatical）一词的来源。

农业社会，比伯里克利（Periclean，公元前495—公元前429）对雅典进行统治的时期要早几个世纪。汉森的理论指出，古希腊民主制度的根基之所以得到发展，是由于山地国家阿提卡（Attica，雅典及其周边地区）个人财产权力量的刺激。虽然汉森的理论存在争议，但是它展示了财产权和个人自由权之间的重要联系。这一联系被那些像托洛茨基和哈耶克、威克里夫一样绝望的思想家们所觉察，因此，它看起来似乎非常久远了。

汉森的这一理论开始于古希腊迈锡尼时期（大约是公元前1600~前1200年）。迈锡尼文明的坍塌带来了农民、统治者和财产权之间关系的革命，其影响延续至今。迈锡尼在许多方面与美索不达米亚和封建欧洲类似，如大量土地集中在少数贵族手里，并由农奴和奴隶们耕作。在公元前1200年左右，即迈锡尼文化悄悄地崩塌以后，国家的控制权被转移到了少数几个拥有土地的精英手中。迈锡尼王朝坍塌以后造成的社会动荡，为一些具有冒险精神的农民提供了机会，他们放弃了大型庄园里上乘的平原土地，开始垄断边缘山地。（这就消除了美索不达米亚和以色列农业之间的差别。）这些"新人类"雄心勃勃并富有创新精神，而这些特点只有那些具有人身自由且耕作自己私人土地的人才可能具备。他们克服了土地贫瘠的困难，于是，他们的生产力超过了原来那些旧庄园，在很多情况下，他们还兼并了那些庄园。在其他方面都处于平等的条件下，自由农民比那些封建庄园所有者更具有经济优势。汉森做过如下叙述：

我相信，没有任何一个要素能像自由意志一样，在农业中获得如此巨大的成功。它具有实施新思想的能力，能够开辟出一条经过实践检验的可行的道路，从一次而不是多次的失败中就能汲取教训、与政府脱离，并不断地摸索出谋生之道……佃农、农奴、契约工人或承租人都不能以任何有效的方式从事经济作物（如树木或蔓生作物）的耕作。在一块不属于自己的土地上耕作，他们是不会冒遭受损失的巨大风险种植葡萄之类的作物的。

当然，这并不是一个新的概念。亚里士多德就曾断言："形成民主制度的最好素材就是农业人口。在一个大量人口都从事农业或牲畜养殖业的地区，民主制度的形成不是什么难事。"

在后迈锡尼时代，早期的农民可以说是最早的"中产阶级"，既不富有也不贫穷。问题在于，这些边远的农田（共有地），即那些最生机勃勃的叫作"阿提卡"的山地的可获得性使得民主制度及由其产生的财产权只能在这样的地区发展起来。有钱人没有必要投资这些共有地，而穷人则负担不起这些土地。在希腊那些富含肥沃平原的地区，如马其顿王国和斯巴达，民主制度、私人产权和个人自由是不可能发展起来的。因此，希腊民主价值的对立方和破坏者亚历山大大帝来自广阔而富饶的希腊北部地区，这绝对不是一个偶然。

我们还应赞赏希腊早期的一位小农民——格尔格斯[⊖]，他创立了可以与新教徒道德规范相媲美的工作规范，这些规范在当今美国农业文化中十分常见。他带着崇高的敬意和荣誉感在土地上进行繁重的耕作，在任何的时代，这都是一个不同寻常的概念。在他的《工作与时日》(*Works and Days*)中，这位忠厚老实的农民对土地的献身精神显而易见："众神和人类都不喜欢懒汉。"

农民通常都会尽自己最大的努力去生产多样化的产品，同时种

⊖ geôrgos，希腊语人名，今天英语人名"乔治"的语源，是"土地与耕作"的意思。——译者注

植葡萄、谷物、豆类和水果，并且养殖牲畜。然而，从长期来看，即便是在最多样化的农庄，自然力和命运之神也会将那些最熟练的自耕农摧毁。幸运的是，在西方文明中，作为小农的竞争者，希腊大庄园并没有现代农业综合企业的风险管理技术，因此农地所有权并没有过于集中，起码直到亚历山大大帝征服了这座古老的城邦并清除了一切自治的权利之时。

在那个时代，通过继承得到的财富和权力几乎总是胜过智慧与勤奋，但是在后迈锡尼时代的一个短暂的时期里，相反的情况曾经发生过。这段时间约始于公元前 1100 年，它为希腊的农民提供了一个积累原始资本的机会，农民将其加以利用并实现最大化。到了公元前 700 年，有多座平均面积约为 10 万英亩的小农场在希腊实现了繁荣昌盛。带着强烈的个人主义和反极权主义的个性，"耕地的人"通过那些至今仍然深深根植于现代西方生活的方式，展现了他们的独立性，并改变了文明的进程。他们所采用的方式有以下三种。

- 他们重视财产私有权，最重要的是对农庄、工具和产出的所有权。为了避免把他们描述得过于理想化，他们也很重视对自己奴隶的所有权，典型的"耕地的人"往往拥有一两个奴隶。在古代社会里，奴隶是很常见的，尤其是在军事战争胜利以后。希腊人常常在征服邻邦后获得奴隶，由于奴隶供过于求的现象必然出现，这就导致奴隶的平均价格低至几十德拉克马，约相当于现在的 100 美元。（在"正常"的情况下，奴隶的价格通常在 100～150 德拉克马。）

- 他们珍视自己的平等权。西方民主制度来源于那些没受过教育、皮肤黝黑和衣着粗糙的村民，而不是城市政客中，如梭伦（Solon）、克利斯提尼（Cleisthenes）和伯里克利（更不可能来源于那些伟大的希腊哲学家，因为他们中的绝大多数是极度反对民主制度的）。公元前7~6世纪，在希腊世界中，付诸实践的概念实际上是财权政治，即根据财产确定选举权的体系。希腊最大的幸运就是，财产都是以小份额的形式广泛存在的。直到公元前6世纪末，最先进的希腊城邦雅典，才把完全公民选举权扩展至没有土地的城市贫民。

- 他们在军事方面自给自足。相邻的农民常常结成重装备步兵方队（50~60名士兵），每个人都全副武装（盾、矛、头盔和身体装甲），以密集的方式行进，所向披靡。

财产权、财权政治和军事自给自足，这三个因素的强大互动具有革命性。与邻居们一样，农民把自己的身份定位在土地、立法集会和步兵方阵上。由于他们与邻居们共同组成了自己的武装分队，因此他们可以保护自己的财产权免遭外来入侵者和那些自立暴君们的侵犯。他们自给自足的武装力量还有更为微妙的益处。大多数的战争都是"当日战，当日毕"的，而在闲散的公元前7世纪和公元前6世纪，战争每10年或20年才发生一次。因此，战争的费用并不高，主要的费用花在全套甲胄上，每套约100德拉克马（约相当于现在的500美元），并能代代相传。因此，那时候的希腊人避免了经济上的压迫，而这种压迫就是随后民族国家由于军费开支而征收的高额税收。

他们利用最近授予的选举权，建立了一个稳固的法律框架。这一法律框架维护生命、自由和财产权，比英国的法律学者对这些基本权利进行构思的时间要早上千年。最终，他们的生产力使得很大一部分普通百姓（不仅仅是统治阶级、僧侣或军队将领）能够集体脱离耕作生活，这也许是有史以来的第一次变革。希腊社会这一成熟的、城市化的以及非农业的一面，为后来的西方世界所高度重视。请注意，如果没有财权政治下的农业基础，希腊人则不可能形成这样先进的社会。西方文明的基础，即自由公民享有处理自身财产的权利，来源于较早的一些城邦，这些城邦实现繁荣的时间比伯里克利统治下的雅典鼎盛时期还要早几个世纪。

分散的希腊城邦不能招募那些在军事上自给自足的农民发动国外战争，也不能强迫他们缴纳巨额税金，更为重要的是，即便是专制君主也不能逼迫他们，因为得不到一般公众的支持，这些城邦就不能聚集大规模的军事力量。重装备步兵自我领导，他们的指挥"将军"在队伍中只是一名普通的战士，与其他战友一起持武器作战。

梭伦的预言

正如我们所看到的，古希腊农场的面积大概平均只有10英亩。为什么这些农场的面积都如此之小呢？这很有可能是有意为之的。大约在公元前592年，出身富商家庭的梭伦被选为执政官。为了避免大量土地回赎权的取消以及由此引发的内乱，他取消了农民承受的压迫性债务，正如历史上美索不达米亚和以色列曾经采取的"大赦"措施一样。

尽管没有详细的文字记载，但是梭伦至少在某种程度上对大型农场的消失负有责任。到公元前8世纪，同绝大多数的其他城邦一样，雅典将大多数可耕作的土地分成小块，并由成千上万的集农民、重装备步兵和市民身份于一身的个人进行耕种。苏格拉底把几何学的发展归功于当时精确计量农地面积和产出的需要。小面积土地变成了一项神圣的制度,甚至几个世纪以后的保守哲学家们也对此心怀崇敬,包括柏拉图和曾为希腊各城邦写过100多篇政治评论的亚里士多德。

当梭伦在普通雅典集会中建立起雅典司法体系时,雅典民主诞生的决定性时刻就到来了。即使是那些当时被隔离在立法大会之外的没有土地的非公民自由人也可参加司法集会。虽然梭伦并不是"发明"民主的人,但是他发现了民主得以生存下来的奥秘,即独立于国家权力之外的司法体系。在保护普通人的生命、自由和财产权方面,这样的司法组织是靠得住的。雅典的历史充分表明,这些保护虽然不是非常完美的,但是相对于之前乃至之后的社会,这已是一个非常大的改进了。关于现代财产权保障的法律规则以及在法律之下平等权的起源问题,我们虽不能准确地回答,但是梭伦的司法体系改革无疑是一个合格的备选答案。

伯罗奔尼撒战争(公元前431~前404年)的大量军费开支摧毁了希腊普遍存在的私人拥有小面积土地的形势。高额的战时税收迫使大多数农民离开了自己的土地,回归了由贵族掌握大量土地的古老所有制形式。到公元前2世纪,农场的面积逐渐变成了数千英亩的形式。这些大面积的农场由非公民和奴隶耕作,能养活的人口数量仅仅相当于前希腊人口的一小部分。与重装备步兵的小农场相比,这些大型"整体"农场的效率非常低,因此,国家的总税收下降了。政府不得不将税收提得更高,导致更多的农民离开了土地,造成了社会的恶性循环。

一个国家若要实现长久的繁荣,就必须让大多数居民或至少少数中坚分子获得经济发展的机会。在农耕社会,这仅仅意味着一件事情:土地所有权。不幸的是,土地数量是有限的。在古代社会,大量的土地落入少数人手中并集中起来变成大面积农地,最终,这一趋势证明了它对希腊城邦是具有灾难性影响的,正如在那之后它对罗马造成的影响一样。在一个农业占主导地位的国家,民主制度只是昙花一现,脆弱不堪。一旦财产权难以避免地变得过度集中,则政治和经济的稳定就会被打破。

我们为何如此关注在古代小国或者是具有影响力的小国中出现的短暂的个人财产权呢?因为,它为我们揭示了以下三个方面:

- 有活力的财产权需要独立执法制度的保障。
- 高效的公民选举权对社会生产力的提高至关重要。
- 光靠财产权不足以带来有活力且可持续的经济增长。

尽管古希腊已经发展得较为先进了,但是它仍然缺乏经济发展所需的其他三个条件:适当的科学架构、成熟的资本市场和高效的运输与通信技术。直到 2000 年以后,人类社会才同时具备了这四个要素,并有幸实现可持续的繁荣。

罗马的财产权

从公元前约 500 年罗马建立之初,到公元前 60 年恺撒、庞培和克拉苏三人执政的时期,在理论上,罗马是一个由两名最高执政官共同统治的共和国。执政官由公民选举产生,任期为 1 年。法官,或者叫作裁判官,在权力等级中仅次于执政官。最高司法官由城市执政官担任,第一任是在公元前 367 年指派的。

从表面上看,执政官不能制定法律。罗马的法律最初是由所谓的《十二法典》(Twelve Tablets)以及一套由公民投票通过的简明扼要的规章组成的。据推测,《十二法典》是在公元前 450 年左右颁布的。然而实际上,通过对原有的诉讼理由进行镇压,或者是通过人们所知的《荣誉法》(Ius Honorarium)司法程序创造新的诉讼理由,执政官既创造法律,也负责解释法律。

最早的执政官是教士,但是到了公元前 3 世纪,一个非宗教的法律传统出现了。这一新体制制定了复杂的财产规则,其中的许多条款对现代的读者仍然具有很大的启发。例如,妇女在婚姻状态下仍然保持对其财产的支配权,离婚后,该财产权则完全归还她自己所有。在婚姻状态下,尽管嫁妆成了丈夫的财产,但是离婚后,嫁妆的所有权则归为妻子。妇女财产权的一个特色是,在进行正式的财产权交易时,如买卖土地和奴隶时,妇女需要管理人员或导师的帮助。

罗马法律中还有一些在现代人看来较为怪异的内容。比如年长的男性家庭成员,即父亲,拥有对家庭其他成员生杀予夺的权利。当他还健在的时候,他的孩子以及孙子不能拥有任何财产。从理论上说,就算是一名 50 岁的执政官也得听命于自己的父亲。实际上,由于当时人们的寿命较短,因此这很少造成严重的问题。据历史学家们估计,那些 40 岁以上的人中,父亲健在的大约只有 10%。然而,随着时间的流逝,罗马的法律逐渐放松了约束,最初是允许士兵保留战利品或战争中抢夺到的物品,随后,放松范围日益扩大。

在所有的条款中,最让现代人感到不可思议的是以下这一条:即使是那些从事最受尊敬职业的人,如医生、教师和商人,都有可能变为奴隶。在罗马世界,即便是对那些最有学问的人来说,拥有对自己的人身所有权也并不是一件理所当然的事情。

罗马在商业交易和财产权方面实施了严格、详细且非常复杂的法律。例如，关于盗窃财物的辨识，他们有着良好的理解。不严格的执行会助长偷窃行为，过于严格的执行又会导致真诚的买卖变得困难并阻碍商业的发展，因此，罗马法律严格地区分"所有权"（ownership）和"占有权"（possession）。在需要的情况下，这二者可以分开判定。

罗马的法律将普通的小型交易和贵重物品交易区分开来，这是历史首次。小型交易仅仅需要简单的实物的转移（惯例）即可，而贵重物品交易，尤其是土地交易，则法律要求有正式的书面转让（转让证书）。

罗马人极大地推进了有关资本市场的法律。该法律仔细地区分了不同贷方的等级。通常情况下，能够产生利息的银行存款被认为是借贷（mutuum）。虽然在银行储蓄能够产生利息，但是储户需要承受银行破产以及银行破产后提供相对较低的赔偿的风险。另一方面，如果储户不愿意将钱借出，而是将其保存在银行的保险箱中并且不享受利息，则当银行破产的时候，储户更容易规避风险。

复杂的法律对贷款的安全协议进行管理。在现代社会，大笔贷款通常需要不动产作为担保，即抵押品（collateral）。当房主无力偿还抵押借款时，贷方可以将其房屋收回。在罗马，所有的担保都是以个人担保的形式，提供担保的人在绝大多数情况下是朋友、合伙人或家庭成员。若借方不偿还债务，则担保人必须承担个人偿还责任。奇怪的是，债权人只有一次机会向担保人索回资产，他们只能起诉其中的一个，如果失败了，他就不能再起诉其他担保人了。于是，对每个担保人详细信息的获取，关系到债权人的切身利益。在当今世界，大多数情况下，提出这样的贷款担保要求可能会将关系弄僵，并且很有可能遭到拒绝，但是在罗马，提供贷款担保只是日常社会责任的一部分。

正如我们可能想到的,古代社会对债务违约的惩罚是非常严厉的。在罗马,即使是很小的一笔债务违约,也会导致债务人所有的不动产遭到没收,并被拍卖掉。在极端的情况下,债务人还会被关进囚牢,直到他还清所有债务。这一惯例在西方世界一直持续到19世纪,称作"债务人监狱"。因此,对不偿还债务行为的惩罚不仅是一个法律补偿,它还是一种惩罚模式,它的严厉程度远远超过了简单的公平性要求。即便如此严厉,但相对于希腊人的做法还是很大进步,因为希腊会将违约者罚处为奴。

对个人担保做出如此严格的要求,极大地束缚和压制了创新。所有的新投资都带有极大的失败风险,高效的企业家愿意接受隐藏在经营活动中的高风险。在投资中失败已经够糟糕的了,在协议中失去人身自由就更为不妙了。1500年后,当英国废除了"债务人监狱"并创立有限责任公司制度的时候,他们极大地改善了资本市场的状况,并有效促进了世界经济的增长。

罗马的致命缺陷

当然,通过一目了然的方式对商业行为做出规定,罗马确实能够使商业活动更好地展开,但是从社会和政治角度来看,罗马的法律是失败的。随着时间的推移,我们发现,希腊的代表性体系得以日益扩展,但是罗马却相反。到公元前200年,对外征服已成为罗马共和国经济发展的驱动力,奴隶和战利品不断地涌入意大利。这股急流使得小农户的土地被不断收购,并形成了面积巨大的农场。

古罗马通过延长兵役期的形式,对穷苦农民征收重税。富人通过管理奴隶的耕作以逃避服兵役。为了防止奴隶反抗自己的主人，奴隶是不能服兵役的。罗马共和国的平民组织，即平民大会，在公元前133年确实尝试进行改革。当时有两位领导人，即提比略·格拉古（Tiberius Gracchus）和盖约·格拉古（Gaius Gracchus）兄弟，提议将国家的土地分给穷人。参议院的贵族成员立即刺杀了提比略，12年以后，盖约也被刺杀。共和国的终止和尤利乌斯·恺撒（Julius Caesar）在公元前45年的独裁统治摧毁了共和国最后一点公共责任，同时也终止了罗马司法的独立性。

在罗马共和国衰落后，皇帝制定了法律。虽然常常需要法律专家和其他一些君主的帮助，但有些皇帝特别是克劳迪乌斯（Claudius）和赛普提米乌斯·赛维鲁（Septimius Severus），很喜欢亲自处理法庭事务。当然，大多数的法律纠纷都不是由皇帝亲自审理的，独立的部门雇用了大量的日常公务员，由他们来处理上诉状。无论法律多么成熟，机构组织多么复杂，皇帝君主作为绝对的统治者，还是毁掉了罗马的法律。从这点上来看，罗马的法律与那些原始部落里的法律没有太大的差别，在部落中酋长同时是法官和陪审团。

即使是在共和国时期，陪审团也是在巨大的政治压力下工作的。法官的职位实际上是成为执政官的跳板，而执政官本身又是成为强有力的议会成员的途径。在共和国的最后几年，8名法官竞争两个执政官名额。面对强大的对手，法官不能够承受树敌的压力，因此，大多数的历史学家怀疑法官是否有任何实际的司法独立性。相应地，对于没有上层亲信以及没有权势的普通罗马人，他们的公民权和财产权是不牢固的。

在帝国时期，司法独立的表象消失了。只要皇帝愿意，他就能制定和实施法律。这样的环境危及普通公民的生命和财产安全，因此他们也没有动机进行创新和投资。

罗马制度还存在另一个重要的缺陷：政治权利和公民权利附属于财产权，这种安排会带来社会结构的不稳定性。在所有的社会中，奴隶和征兵阻碍了财产权的传播，大量廉价且可获得的奴隶使得大片土地的耕作变得相对容易。更糟糕的是，罗马制度免除了大多数大地主的赋税和征兵。如果一个国家可以要求自由公民服兵役长达几十年且征收高额税收，公民为何还费心去耕作家庭私有土地呢？将土地卖给那些富有且免于征兵和纳税的邻居不是更简单一些吗？

奴隶制度和超长兵役期限深深扎根于罗马制度中，不容置疑。虽然希腊允许买卖奴隶，但是他们对充分拥有公民权利和政治权利的门槛逐渐降低。直到伯罗奔尼撒战争之时，大多数的城邦已经对大多数本土出生的男性授予了所有的公民权以及与公民权相应的所有权利。

一个通过刀剑征服生命的国家是难以为继的。公元3世纪，当帝国扩张的战利品不再流入罗马时，针对已经萎缩的农业和商业部门进行征税已经难以弥补财政上的短缺了。因此，在公元5世纪，这个西方帝国瓦解了。

英国普通法的出现

财产权这一概念几乎是伴随着文明而出现的，甚至可能出现得更早。对于个人权利来说，情况则大不相同。在古代世界中，仅有少数几个希腊城邦是保护个人权利的。在古代世界，个人权利虽受到独立司法体系的保护，但是它是一个脆弱的概念，虽然曾经在古希腊和罗马共和国短暂地出现过，但是经过罗马帝国及其瓦解以后的几个黑暗世纪，它就彻底地消失了。

直到1600年，个人权利和财产权才有力地结合起来，在英国得到蓬勃发展，这个时间早于约翰·洛克自然法体系的提出。而美国则过于信任托马斯·杰斐逊所宣称的理所当然的"自由、解放和对幸福的追求"这一基本权利。

事实上，在1787年关于宪法的大辩论中，持反对意见的人认为它不能够有效地保护他们的自由，尤其是无法保护"英国人的权利"。作为对反联邦派的让步，美国最早的前10条修正案，即《权利法案》（Bill of Rights）得以加入宪法中。尤其是第5修正案对法定诉讼程序做出保障，保护人们免受不公正执法的侵害。第14修正案随后对法定诉讼程序做出了进一步的保障。

现代繁荣的起源与英国财产权和个人权利的发展是密不可分的，且在第二个千年伊始就已开始了。这并不意味着财产权在其他地区没有独立发展，最著名的是文艺复兴时期的意大利以及晚些时期的荷兰。但是，只有在权杖之岛㊀（Sceptered Isle），这些权利才能获得生机和动力，才能受到重视，并永远改变世界历史的进程。

追溯到第二个千年之初，透过英国国王约翰在处理其与封臣和教皇英诺森三世关系上的无能，我们可以找到第5修正案和第14修正案相关条款的来源，或许还能发现西方世界繁荣本身的起源。在中世纪时期，大多数西方国家统治者在理论上都是罗马教皇的附庸。实际上，统治者将自己王国土地的所有权转移给罗马教廷，罗马教廷随后将这些土地当成教会封地回赐给这些国家，以获得岁贡。在约翰王国时期，每年的贡金是1000马克银币。从某种意义上说，这个制度是一种神圣的敲诈手段。作为回报，国王能够依赖罗马教皇，例如，以逐出教会的方式威胁试图反叛的男爵。作为额外的奖赏，

㊀ 权杖之岛指代英国，语出莎士比亚名作《理查二世》。——译者注

神父还可以保护国王免遭永恒地狱之火的诅咒。

约翰国王回绝了这种协议，于是英诺森三世在 1209 年将其逐出教会。3 年后，教廷正式剥夺了他的王国。次年，约翰不得不满足教皇的要求。

1214 年夏天，在为了收复诺曼底的战役中，约翰惨败于腓力二世，他急需一笔资金支持进一步的军事行动。他向封臣们施压，侵占他们的土地，提高皇室贡金，并没收他们的财产。约翰的错误在于，他没有通过任何必要的程序就恣意地向大臣们索取资产，即没有经过我们现在所谓的正当程序。更糟糕的是，他没有任何征兆地颁布和实施即时生效的法律与惩罚条款。他还占领教会的土地，绞死战俘，男爵们的子孙作为人质以保证他们父亲的忠诚。

约翰的蛮横行为使得他在封臣心中已然成了一个暴君。1214 年，封臣们最终站起来反对他的统治。在罗伯特·菲茨沃尔特的领导下，他们占领了伦敦，迫使国王在兰尼米德与他们进行谈判。1215 年 6 月 15 日，参战各方与国王签署了一份长达 63 章的协议，结束了敌对状态。这一协议最初叫作《男爵法案》(Articles of the Barons)，随后改为《大宪章》(Great Charter)，如今叫作《自由大宪章》(Magna Carta)。大臣们迫使约翰实行这项协议的原因在于，约翰霸占他们财产的行为已经严重违背了管理国家的不成文行为准则，即普通法。

英国的惊喜事件

到了约翰和大臣们在兰尼米德谈判的那个时代，英国的法理学家已经为判例法奠定了坚实的基础，以管理所有英国人的权利、义务和刑罚，不论贫民还是贵族，在理论上，甚至也包括君主。"普通法"一词指的就是判例法的集合。这一司法判断的首次集合使得普通法是独一无二的,直到1600年,议会很少在普通法中没有先例的情况下立法。即便是在那以后,议会的立法在绝大多数情况下仍然是对此前已存在判例法的总结和完善。议会很少在普通法没有涉及的领域以及与其相悖的领域制定和实施法律。

17世纪著名的法理学家爱德华·柯克常说,普通法高于成文法。在现代社会,普通法的起源与"公民法"形成鲜明对比。公民法起源于罗马法律,并在欧洲的其他地方以及世界的许多地方占主导地位。普通法和公民法的区别超出了本书内容的范围,在此仅作概括性介绍。普通法强调法律判例以及法院和其他国家机构分权的重要性,而公民法的规定则更极权,认为立法行为更重要。这两套系统的主要区别在于:若想影响公民法国家的制度,只需俘获立法者即可;而在一个普通法国家,则需要对政府的三个主要机构造成影响,事实上这很难做得到。

在金雀花王朝⊖,甚至诺曼王朝⊜以前的统治者们给贫民和贵族制定了内容不太广泛的宪章。在接下来的几个世纪,由于其诞生时那令人印象深刻的背景,《自由大宪章》在英国人心中占据了重要的地位。

《自由大宪章》为约翰和大臣贵族们的冲突提供了四个解决办法:第一,它迫使国王交出其非法所得;第二,它要求国王不得再次实施偷盗、绑架和谋杀行为;第三,它把"英国人的权利"编成法典,并明确地将其赋予每个自由人;最后,也是最重要的一点,它对保障那些权利所必需的司法程序做出了详细描述。

⊖ 金雀花王朝(1154~1485年),由亨利二世之父安茹伯爵杰弗里五世所建立的王朝,是英格兰中世纪统治时间最长的王朝。——译者注
⊜ 诺曼王朝(1066~1154年),来自诺曼底的征服者威廉与其两子与外孙四位国王先后统治英格兰。——译者注

《自由大宪章》里的许多章节在今天看来是随意且令人费解的。第1章和最后1章承诺教会不受到皇权的干涉,第10章和第11章详细规定如何向犹太债权人支付利息。第54章规定,凭妇女的证词不能逮捕犯罪嫌疑人,除非案中的死者是该妇女的丈夫。

最能引起美国读者共鸣的是第12章,它将税收和议会参与联系在一起,例如,无代表则不纳税。《自由大宪章》对其进行解释,即没有"国家总议会"的批准就不能够征收新税种。

毫无意外地,一大部分的章节,即第17~61章,对约翰滥用权力的领域做出规定,即司法行政。例如第20章,禁止错误的惩罚,包括禁止没收人们赖以生存的工具。什么标准能够判定处罚公平与否呢?答案是"土地法",即英国的普通法。《自由大宪章》第28~31章规定了禁止国王侵犯一些特定形式的财产权。

这是历史上首次将法律的地位置于国王之上。《自由大宪章》第39章做出了最重要的一个承诺,它规定没有经过法定程序或土地法,任何一个自由人就不能被"逮捕,或扣留在狱中,或剥夺不动产,或宣布不合法,或放逐,或以其他任何方式骚扰;我们不能使用攻击他们的语言或者攻击他们"。

更重要的是,这些保护被赋予了所有的自由人,而不仅仅是教士、伯爵和男爵。换言之,国王不能独断地剥夺任何人的生命、自由和财产。正当程序是必需的,这比柯克、洛克和杰斐逊的理论要早近6个世纪。

还有另外的坏消息在等着国王。第52章和第53章迫使国王归还那些其在《自由大宪章》签署以前通过不正当途径得到的财产。对国王约翰来说,或许最让他烦恼的是第61章中的条款,即建立一个由25名男爵组成的委员会,并赋予其相应的权力,以在需要的情况下检查和驳回皇室的不公平行为。

《自由大宪章》甚至还给自由贸易带来了小小的助力。第41章和第42章禁止国王在非战争时期阻碍商人的旅行和贸易活动，无论是英国人还是外国人都适用该条款。

自从希腊民主带来和平生活以来，再也没有哪个法律能够像《自由大宪章》一样向这么多普通人赋予自由权利。有了自由，繁荣的契机就得以出现了。把约翰国王在1215年6月15日的投降看成引爆随后世界经济增长的导火索，也是毫不夸张的。

相比之下，雅典个人权利的发展则被限制在4个世纪的时间内，且仅限于一些小流域范围内，这些流域范围小到只需要几天的时间就能走遍。罗马帝国的法律并没有提供上述保障。试图限制国王的权利并不能延长执政官的任期，况且在任何情况下，对国王权力的限制也是不可能实现的。试图限制中世纪后欧洲各国统治者的权力几乎等于徒劳。实际上，《自由大宪章》点燃了个人基本权利和财产权爆炸的导火索，它带来的震动至今仍在全球回荡。

8个世纪以后，仍然有一些国家没有受到这场革命的冲击。然而，我们不能否认，这是一个持续的进步过程。普林斯顿大学的政治学者迈克尔·多伊尔（Michael Doyle）对"自由民主制度"的发展历史进行了追溯，他所说的"自由民主制度"包括代议民主制度、司法权和财产权（如市场经济）。⊖表2-1列出了一些幸运国家的数

⊖ 弗朗西斯·福山（Francis Fukuyama）对"自由民主制度"做过一个更好的定义："民主"指的是个人权利，尤其是财产权，受国家保护。"民主制度"意味着一个国家的领导人是经过广泛且不记名的多党竞选形式公选出来的。根据这个定义，19世纪的英国是自由国家，但是不民主；伊朗伊斯兰共和国是民主的，但是不自由。见弗朗西斯·福山，《历史的终结及最后之人》(*The End of History and the Last Man*), (New York:Avon Books, 1992), 42-44.

量。直到 1790 年，只有三个国家符合上述条件，即英国、美国和瑞士。正如我们所能见到的，在过去的两个世纪中，这一数量已经急剧增加，仅在两次世界大战之间法西斯主义兴起时有一次短暂的中断。

表 2-1

年份	自由民主制度国家
1790	3
1848	5
1900	13
1919	25
1940	13
1960	36
1975	30
1990	61

不消说，英国的自由民主并没有在那年春天的兰尼米德开花结果，但是自由民主的种子却已播撒在了肥沃的土壤中。关于《自由大宪章》的持久重要性，大卫·休谟（David Hume）曾说过："君主，或许还包括贵族们的残暴特权，从那以后受到了越来越多的限制；人们的财产和自由得到了更多的保护；政府也向最终形态走近了一些……"

当然，狡猾的约翰并没有打算忠于这份协议，才过了几个月，保皇主义者就开始了反击。1215 年 8 月 24 日，约翰从他对教廷的投资中得到了迟来的回报：取消《自由大宪章》的宗教训令。幸运的是，这个老恶棍不到一年就去世了。对于英国来说，他的继任者，即他的儿子亨利三世需要摄政者。年幼的国王和他的摄政者向男爵们妥协，在胁迫之下，摄政大臣们曾两次恢复了《自由大宪章》的有效性。当亨利三世正式登上王位之后，他在一个特殊的仪式上重新颁布了这一宪章。1225年，他把宪章进行精简，改成了仅有39章的版本。

亨利在1225年颁布的《自由大宪章》被许多学者认为是最权威的版本。亨利三世及其继任者爱德华一世曾有六七次确认了该文本的有效性，而在随后的几个世纪中，议会也曾有几十次对其有效性做出肯定。

1225年版的《自由大宪章》的第29章替换了1215年版的第39章。现摘录其中最广为人知的译自拉丁语的一段话：

任何自由人，如未经其同级贵族之依法裁判，或经国法判决，皆不得被逮捕、监禁、没收财产⊖、剥夺法律保护权，或加以任何其他损害。除了遵守公平或权利，我们不出卖自己，我们也不否定或臣服于任何人。

与原版《自由大宪章》第39章的内容相比，这一宣言更广泛且更具有影响力。新版本通过对"自由"和"税收"的总体保障，取代了原有版本的狭隘保护。每个人都平等地享有"公平或权利"。事实上，美国宪法的《人权法案》中的绝大多数内容都是从这一段著名的文字中延伸出来的。新版宪法禁止国王随意地剥夺任何自由居民的权利。从那以后，剥夺任何人的自由或财产权都需要经过法定程序。

1215年和1225年的《自由大宪章》都对财产权进行了保护，以免被皇室的贪婪所侵犯。两个版本中都有大量的章节详细地规定了精确的法定程序以及国王在征收私人财产（如谷物和车辆）之前所要做的偿付，为美国法案第5修正案的收入条款打下了基础。

在早期，13世纪的法理学家亨利·布拉克顿（Henry Bracton），

⊖ 没收财产指的是不正当地夺取。

英国第一部知名法律纲要《英格兰的制成法和普通法》（The Statute and Common Law of England）（同样由拉丁语写成）的编撰者，认可了《自由大宪章》所包含的革命性意义，在历史上首次将国王置于普通法的管制之下："国王不必服从任何人的命令，但是必须服从于上帝和法律；正是法律使他拥有王位。"因此，法律之下的平等权对自由的农民以及国王都适用，这一理念也是第一次在历史上出现。既然这一规定对国王适用，那么它自然也对法官和议会成员适用。这也为财产权建立了又一支持群体：如果法律对立法者同样适用，那么立法者则不能够随意地剥夺别人的生命、自由和财产，否则他也会遭受同样的命运——这一黄金法则显而易见。

自古希腊以来，第一次有这样一部法律平等地对待所有自由人，从最卑微的农民到至高无上的国王。这与古罗马和中世纪时期各国的法律大不相同，在这些国家，当时的法律将人分为不同的等级。只有承认社会地位平等的英国以及古希腊的部分地区才会允许法治的出现，随后财产权才能出现。用丘吉尔的话说，这不是暴政的结束，甚至不是暴政结束过程的开端。然而，1215年，专制统治的衰退开始在英语国家出现，这一过程至今仍然在全球范围内保持着缓慢而坎坷的趋势。

在随后的500年里，继任的诸位英国国王以不同程度的力量和狡猾手段对财产权和法治原则进行攻击。若不是一代又一代的法学家、哲学家和议会议员们的培养与保护，财产权和个人自由或许已经被金雀花王朝、兰开斯特王朝㊀、约克王朝㊁、都铎王朝㊂或斯图

㊀ 金雀花王室的幼支，统治英格兰60多年。——译者注

㊁ 金雀花王朝的旁支，15世纪后半叶与兰开斯特王朝之间发生过玫瑰战争。——译者注

㊂ 都铎王朝1485~1603年统治英格兰王国及其所属领土。——译者注

亚特王朝[一]扼杀了，西方的繁荣或许永远也不会出现。这些故事的所有英雄中，最杰出的当属以下这两位——爱德华·柯克和约翰·洛克。

对财产权的雕琢

在兰尼米德之后的几个世纪中，英国开始将《自由大宪章》以及在其之后的皇室和议会宪章作为保护个人自由的堡垒，即保护英国人权利的堡垒。1552年，爱德华·柯克爵士就是在这种传统中生于诺福克的迈尔姆的。从剑桥大学毕业后，他加入了伦敦林肯律师学院学习法律。他的进步非常快，凭借丰富的法学知识以及司法技巧，他年纪轻轻就接触到了当时厚厚的法律案例卷宗。他迅速成了那个时代最伟大的法律从业者，并担任最高的司法和立法职务，包括担任英国议会下议院的发言人。虽然他才华横溢且一丝不苟，但是爱德华·柯克在法庭上的行为却是比较蛮横的。他以叛国罪检举沃尔特·雷利（Walter Raleigh）爵士，并且对这位伟大人物态度轻蔑，他曾经对其有过一句著名的描述："你虽长着一副英国人的面孔，却怀着一颗西班牙人的心！"

1606年，他被任命为民事诉讼法庭的法官，并且随后成为王座法院（King's Bench）的法官。他在法庭上的可怕行为增强了他的司法独立性，并巩固了法庭与国王和议会相抗衡的力量。他的决定和主张在很大程度上为现代行政、立法和司法的三权分立打下了基础。

都铎王朝检察文书的选择由枢密院（Privy Council）进行，枢密

[一] 初名为斯迪瓦特王朝，1371～1714年统治苏格兰，1603～1714年统治英格兰和爱尔兰。——译者注

院赞成罗马（民）法而反对其普通法院所遵循的普通法。罗马法律为枢密院和皇室的其他机构维护君主神权提供了便利性。在17世纪，法院、议会和国王之间的大战达到了高潮，这实际上就是普通法庭和罗马式的皇权法庭之间的斗争。

柯克在司法上的竞争对手不是别人，正是作为詹姆斯一世首席检察官的弗朗西斯·培根。柯克和培根之间的战争展现了柯克那人所共知的对皇权的挑战欲。1606年，利奇菲尔德主教起诉詹姆斯，称国王曾承诺给其圣俸（作为主教的工资和费用）。詹姆斯否认曾经做过这样的承诺，并向培根要求推迟裁决，直到自己与陪审员们私下对案子进行讨论后再继续。这种要求如果放在今天，肯定会让人震惊，但是在17世纪，这确实是很正常的现象。柯克拒绝了这一要求，并说服其他法官以书面的形式声明国王的要求是不合法的。

詹姆斯一世对此感到非常不高兴，于是召集法官们到他的会议室，并要求法官们推翻先前的裁定。柯克的同僚们吓得瑟瑟发抖，并向国王请求原谅，但柯克并没有屈服，而是镇定地向国王表示他不能执行这一要求。尽管国王一再施压，但柯克始终坚持——他要坚持履行一名法官的职责。

为了报复，詹姆斯免去了柯克的职务。由于常常保护普通人，柯克受到了广大人民的爱戴，他因此得以保全性命。柯克回到了议会，并在那里坚持自己的原则，他继续为保护议会权利而与皇权斗争。几年后，在查理一世执政期间，柯克遭受了莫大的耻辱，眼睁睁看着自己的许多见解被无情地从他的作品中删除而得不到发表。㊀

㊀ 1631年，在与国王发生冲突15年以后，查理极力阻止柯克的作品出版，因为"作为人民的智囊，他所说的和所写的都会误导百姓"。参见 William Holdsworth, *Some Makers of English Law* (Cambridge：Cambridge University Press,1966),116-118.

在当时的情况下，这一段插曲虽然算不上经典，但却具有象征意义。古希腊人最先意识到了对财产权的保护是独立司法系统的责任。至此，欧洲历史上第一次出现了法官和皇权的交锋。或许当柯克拒绝向詹姆斯俯首称臣之时，他心里也有这样一个念头吧。在更早的时候，"亵渎陛下"无疑是要断送性命的，但是柯克能够准确地推断，在17世纪，皇室早已不再拥有至高无上的权力了。

柯克最不朽的贡献就是他那四卷本的《英国法总论》(*Institutes of the Laws of England*)。该书写于1600～1615年，涵盖了他多年行政和执法工作中的意见。他的影响力在美国殖民地尤其巨大。该书形成了殖民地法律培训的核心，并且其观点能够对国父的思想起到影响。曾有一名评论家惊叹地说，即便是柯克的错误也被写入了普通法中。

该书将《自由大宪章》奉为普通法的基石。柯克更喜欢《自由大宪章》在1225年的版本。他写道，这一法律之所以"以《自由大宪章》著称，并不是由于其长度之长或体积之大……而是……由于其内容的伟大重要性；简而言之，是由于它是该国所有基本法律的基础"。

基于敏锐的洞察力，柯克拥有独特的观点。他认为普通人不仅需要来自国王的保护，还需要来自议会的保护。这种保护的保障当然就是普通法："人们寻求保护及辩护的是那些最好却又最普通的且与生俱来的权利，不仅包括产品、土地和收入，还包括妻子、儿女、身体、名誉和生命"。

虽然在有些时候，《自由大宪章》的各种版本关于普通人权利的定义较为含混不清，但是柯克坚持认为《自由大宪章》保障的是所有自由人的权利，不仅仅是大臣、贵族和教士的权利。他认为1225

年版《自由大宪章》的第 29 章是普通法的中心，并认为其包含不少于九个"分支"。这就保证了任何情况下对法定诉讼程序的遵守，包括以下五种诉讼：关押、剥夺财产、剥夺律师辩护权、放逐和处决。进一步，他认为第 29 章禁止国王在任何情况下做以下四件事情：宣判或直接处罚、出售任何人的权利、侵扰公正以及赋予任何人特殊权利。

值得一提的是，虽然 1215 年签署于兰尼米德的最早版本的《自由大宪章》包含了这样一章（第 61 章），它规定由贵族组成的委员会可以监督国王，但是亨利三世的 1225 年版本却没有包含这一内容。直到柯克写作《英国法总论》一书的时候，司法系统早已起到监督国王的作用了。1628 年，柯克对议会说道："《自由大宪章》是这样的一个'家伙'，在它眼里没有国王。"

柯克的裁定和观点对英国和美国的法律存在渗透作用。虽然不容易读懂，但是其中的许多观点影响深远，就像是面向当今世界的讲话。

博纳姆医生的案子就是反映柯克法律技巧的典型案子。托马斯·博纳姆是一名在伦敦从医的医生。经亨利八世的授权和议会的确认，伦敦医生协会有权给伦敦市的医生颁发从业执照。虽然博纳姆毫无疑问能够胜任医生的工作，但不幸的是他毕业于剑桥大学。该协会执行了它的垄断权力并将博纳姆拒之门外。随后，该协会对博纳姆进行罚款并将其关入大牢。

1610 年，博纳姆起诉该协会，状告它对自己的非法拘禁。柯克负责处理该案件，并支持这名医生。柯克认为，为保护公众健康免遭庸医伤害，协会有责任颁发从业执照。博纳姆显然受到了良好的教育并足以胜任医生的工作，并且他有权利享有必要的自由，这是谋生所必需的。柯克对此做出了裁定，认为协会不公平地剥夺了博纳姆的权利。通过这一裁定，柯克比亚当·斯密几乎早200年，比《谢尔曼反托拉斯法》(Sherman Antitrust Act)早300年就已宣称，自由市场不受垄断力量的阻碍也是一项基本的权利。柯克认为："总的来说，所有的垄断都是与《自由大宪章》相悖的，因为它们反对自由、反对国民的自由，并且反对国家的法律。"

医生协会试图以其行业协会的地位来掩盖其垄断行为。中世纪时期行业协会的公共形象就是高职业标准的保证人。实际上，行业协会是卡特尔组织，它对加入行业贸易和加入行业工作的行为进行限制，以保持行业的高价格。普通法则持有以下观点：一般情况下，如果一个卖家构成整个行业，则形成了垄断。而许多卖家构成行业协会，他们就可以免除普通法禁止垄断条款的束缚。国王常常在普通法（以及1624年将其编成法典的议会法令）中钻空子，并利用这些空子来批准垄断行为，这一编造出来的便利阻碍了英国的竞争和经济发展，这种影响一直持续到19世纪。柯克还注意到，该行业协会对博纳姆征收了10英镑的罚款，违反了普通法中的客观裁定原则。柯克规定，任何一个执法主体都不应该参与那些与其自身利益相关案件的审判。

现代的法理学家可能会说："重要的是程序，而不是结果。"在许多判例法中，最重要的结果是审判程序本身，而不是事实本身。柯克的决定在法律界打响了一枪，枪声至今仍在回荡。他认为，国会允许医生协会关押以及在经济上处罚医生，这已经违背了普通法的法定处理程序原则。于是，柯克主张司法至高无上，高于国王和议会。这一挑战性主张持续了一段时间，当议会取得1688年的"光荣革命"胜利后，英国议会下议院最终压倒了司法系统，凌驾于其上。推翻斯图亚特王朝之后，议会并没有打算将新建立的权力拱手让给法院。直到今天，议会仍然处于占上风的状态，凌驾于英国法庭之上。而在那些非常崇敬柯克的英属美国殖民地里，司法至高无上的地位已经深深地扎下了根。

据说，只有在清晰且强有力的书面宪法条文的支持下，司法至高无上的权力才能够起到很好的作用。拥有这种法律条文的并不是英国，而是美国（美国宪法并没有明文规定司法至上，这只是时任美国最高法院的首席法官约翰·马歇尔的"意外之作"）。无论其根本来源是什么，是柯克为美国宪法分权制度中的这一基本因素提供了哲学基础，将其传播给了美国人。

直到17世纪早期，我们今日重视的个人权利和财产权之间的联系才在英格兰建立起来。从当今视角来看，柯克在普通法力量的支持下对这些权利的坚持给我们留下了深刻的印象，可以视为历史的极大进步。但是，在17世纪，许多观察家却对此持相反的观点。在当时，在被重新发现和重新解读的罗马法律的巩固下，新兴的极权和专制国家似乎就代表了欧洲的现代化，然而，英格兰却相反，它被看作一潭死水。柯克所坚持的古老的普通法，那些从混乱的中世纪司法体系中积累了几个世纪得到的判例法，被看作毫无希望且过时的法律。⊖

17世纪，柯克以普通法为手段开始削弱皇室特权，并在一场灾难性的国内战争后最终建立起英国议会的优势地位。尽管在国内战

⊖ 在柯克那个时代，普通法法庭与国王议会法庭、大法官法庭和海事法庭进行斗争，要一较高下。国王议会法庭由国王直接管理，并直接向国王汇报工作；另外两个法庭主要处理商业纠纷。国王议会法庭中最臭名昭著的机构就是星室法院，它在审讯中使用酷刑。在逐渐战胜其他对手后，普通法法庭便更多地采用先例作为他们的判例法。参见霍尔兹沃思，111-113,131-132。

争中，柯克的司法主权成为议会胜利的牺牲品，但是在1688年，这并没有减少皇室衰落而带来的好处。

在18世纪，约翰·洛克和美国殖民地将司法与议会力量能够带来的福音传遍了西方世界的其他地区。将国家的权利划分和限制在以下三个分支：行政、立法和司法，这一限制反过来巩固了个人的自由和财产权。

直到17世纪中期英国国内战争时期，英国人比其任何前人在财产权上都更有保障。当时，由于其他三个要素没有得到很好的发展，英国并没有实现繁荣。在接下来的200年里，英国逐渐具备了这三个要素，并伴随19世纪蒸汽动力的出现和电报的发明，英国的发展达到了高潮。就在那时，英国及其殖民地国家在财产权上的优势促使他们实现了一定程度的繁荣，这样的繁荣对于此前任何年代来说都是难以想象的。

约翰·洛克——"财产权的基本法"

如果说爱德华·柯克是一名为公民自由和财产权打下了基础的主要建设者，那么约翰·洛克则是一名装饰家，他超越了法律的范畴，极富艺术性地向广阔世界展示了这二者的基本原理及魅力所在。

洛克生于1632年，就在柯克去世后不久，他在英国内战的旋涡中成长。在英国内战中，受到重创的英国议会在反斯图亚特王朝的战争中垂死挣扎。洛克严厉的清教徒父亲认为，儿子应该在家中接受教育并在议会军队中接受军事训练。在年轻时期，洛克曾经写道："从我懂事时起，我就发现自己置身于风暴之中，这种风暴持续至今。"他与安东尼·A.库珀（Anthony A. Cooper）在职业生涯上有密切的联系。库珀是洛克在牛津大学时期的好朋友,他后来成为沙夫茨伯里伯爵。这位伯爵日后成为洛克的赞助者,洛克成为他可靠的顾问。

随后,沙夫茨伯里发现自己在内战最激烈的时刻站在了议会的一方。在这场冲突的各个阶段,他们两人都逃到了国外避难。1675年,沙夫茨伯里在政坛失势后,洛克逃到法国,之后才返回伦敦和牛津大学。或许就是在牛津大学的那些日子里,他写下了最具影响力的启蒙著作《政府论》,在该著作中他陈述了关于自然法和财产权的理论。1681年,沙夫茨伯里因参加反查理二世的"阴谋集团"而被捕入狱。在被释放后,由于对自身安全问题的担忧以及健康情况的恶化,沙夫茨伯里在1682年年初逃往荷兰,并于次年去世。

沙夫茨伯里死后,洛克留在了牛津大学,他的内心充满恐惧,担心国王会注意到他并进行报复。事实上,读唇者常常监视他在大学里的私人谈话。最终,洛克像沙夫茨伯里一样逃到了荷兰。等到议会最终在1688年的"光荣革命"中取得胜利后,洛克作为英雄凯旋。但是由于他仍然对国王的权力心怀恐惧,导致临死前都不敢承认自己是《政府论》的作者。

作为对罗伯特·菲尔默(Robert Filmer)爵士的《君权论》(*Patriarcha*)一书的回应,洛克于1680年左右开始了《政府论》的写作,并最终于1690年发表。菲尔默这本书是对君主独裁的奉承之作,它认为普通法和财产权来源于对神圣的皇家权力的剥夺。而在《政府论》中,洛克同意霍布斯的观点,即在一个处于自然状态下的国家中,生活是"孤独的、贫穷的、肮脏的、粗野的和短缺的"。那么,人们组成政府必然就是为了保护自己。但是,霍布斯认为解决的办法就是建立一个掌握所有权力的极权国家,即"利维坦"(Leviathan),而洛克提出的解决办法则是建立一个良性的国家,其最终目的就是要保护财产权。(为了公平起见,霍布斯质疑了国王的神圣性,并将政府的合法性归功于普通人的权利。)更进一步,根据洛克的自然法,国家的合法性仅仅来源于其履行这一责任的能力,如果国家不能做到这一点,它将被取代。无论在什么情况下,"只要立法者努力去夺取或摧毁人们的财产权……他们就是将自身置于与人民对战的状态下,而人们则可以从此不再听从他们的命令。"

如果说洛克的《政府论》反映了1688年后英格兰的普遍情绪,那么对于那些急切地想抓住这一点作为叛乱理由的美洲殖民地来说就是"天籁之音"。实际上,《政府论(下篇)》中的很多内容几乎被完整地搬进了《独立宣言》(Declaration of Independence)中,包括以下这段:

> 人们既生来就享有完全自由的权利,并和世界上其他任何人或许多人相等,不受控制地享受自然法的一切权利和利益,他就自然享有一种权利,不但可以保有他的所有物——即他的生命、自由和财产……

同《独立宣言》著名的第三段比较:"我们认为这些真理是不言而喻的:人人生而平等,他们都被他们的'造物主'赋予了某些不可转让的权利,其中包括生命权、自由权和追求幸福的权利。"

英语语言用法的改变使得杰斐逊的语句在我们听起来更易接受,关于相似度较高的问题,或许他很幸运,因为现代反剽窃的法律在1776年并不存在。

需要注意的是杰斐逊如何将"个人财产"一词换成含义较为

模糊的"追求幸福"。㊀哥伦比亚大学的历史学家查尔斯·比尔德（Charles Beard）在其1913年发表的《美国宪法的经济观》中提出了一个令人吃惊的说法，它强调了政治文学作者对经济利益的关注。洛克关注的是财产权，并且他竭力给美国国父们造成影响，说明他认为美国独立战争本身就是为财产权而战的。例如，在《政府论（下篇）》中，他谈到法治国家向其公民征税的合理性，但是告诫道，任何人"若是没有经过人民的同意就征税，那么他就侵犯了有关财产权的基本规定"。

洛克用自然法的方式对个人权利和财产权进行了讨论。通过这种方式，他比任何人都更能了解到普通法那可敬的经济潜力。人类社会，即使是最小或者最初的形态，都会自然演化出一些管理可接受的习俗、行为直至财产权的规则。这些早期的规则就是英国普通法的最终来源和动力。法学学者布鲁诺·莱奥尼（Bruno Leoni）曾这样写道："罗马人和英国人有一个这样的共识，法律是已存在且等待发掘的东西，而不是制定出来的东西。在一个社会中，没有任何人能够有如此强大的力量，能够将自己置身于这样一个位置，使得自己的愿望等同于国家的法律。"以同样的方式，秘鲁经济学家赫尔南多·德·索托（Hernando de Soto）在他的代表作《资本的秘密》（*The Mystery of Capital*）中指出，人们不会遵守那些通过强制的方式颁布的法律——成功的法律系统必须将自己根植于社会的文化和历史中。换言之，财产权很容易就能够得到大众的认可和接受。

㊀ 即使"追求幸福"也不是由杰斐逊最早使用的。在弗吉尼亚《人权宣言》的早期草稿中，乔治·梅森显然需要一名编辑，他写道："享受生活和自由，意味着获得并拥有财产，追求且得到幸福和安全。"参见 David Greenberg, "Debunking America's Enduring Myths," *New York Times*, 29 June 2003.

没有任何一套法律体系既能与人们的历史智慧完全合拍，同时又能够保护个人的自由和财产权，英国的普通法也不例外。今天，一个国家无论多么繁荣，它仍然无法做到这一点。

智慧财产

财产不仅可以是有形的，也可以是无形的智慧。大概是从1730年开始，世界范围内出现了一次前所未有的技术创新大爆炸，它一直持续至今，并在很大程度上归功于专利法的诞生。经济学家道格拉斯·诺斯指出，创新既能带来私人利益，也能带来社会利益，它们同时给发明者和社会带来好处。如果法律不能够保证发明者获得足够的回报，那么他将失去发明创造的动力，而通过给发明者提供丰厚的回报，社会也将受益。如果人们能够随便获取他人的发明成果且不受惩罚的话，任何一个理性的人都不会将大量的资本、时间和精力投入创造并大批量生产一项发明中去。在中国古代，这种情况甚至更糟，在那时候，君主可以很快地将新发明据为己有。

当我们谈到"知识产权"时，我们指的是三个方面：发明创造，即专利；书面材料，即版权；商标。在这一节中我们将集中讨论最具经济重要性的专利法。

所有三种形式的知识产权使得它们的发明者能够在使用新发明、著作和商标上具有专利权。像其他形式的财产一样，专利权是可以转让的，它可以随意地出售给任何人。不幸的是，专利权有一个长期且不光彩的历史：统治者常常将其授予朋友、行业协会或个别商人，以取得国家税收。

在第 8 章中我们将会看到，在中世纪和现代早期，专利权的授予是国家财政的主要支柱，这一点在西班牙和法国尤为突出。在西班牙和法国，专利权的授予阻碍了发明创新，抑制了竞争。此外，对这种政府授予的专利权进行监管耗资巨大，并且需要大量的官僚机构执行监管工作。

在第 7 章中，我们还要讨论经济增长最早扎根于荷兰和英格兰的主要原因，即他们的政府放弃专利权授予的行为，取而代之以税收作为政府财政收入的主要来源。

于是，我们就面临专利法的核心悖论：对发明创造者利益保护的不足会打击他们创造和生产的积极性，而过度的保护又会对竞争和商业活动产生抑制作用。当专利保护对贸易和商业的重要性逐渐变得清晰时，核心悖论这一事实在文艺复兴时期的意大利首次被觉察到。佛罗伦萨在 1421 年首次将有记录的专利授予著名的佛罗伦萨大教堂圆顶的设计师菲利普·布鲁涅内斯基（Filippo Brunelleschi），他可以设计和使用一艘大船将大理石与其他货物通过阿尔诺河运到市区。㊀在 1474 年以前，对专利的保护没有取得太多的进展，直到威尼斯议会通过了首部专利法，它这样写道：

> 我们当中存在一些伟大的天才，他们擅长发明和发掘巧妙的装置。由于我们这座城市的宏伟和美德，每天有越来越多的天才从各地汇集于此。如果我们为这些人的作品和装置进行保护，那么别人就不能够依照样式制作或抢夺创造者的荣誉，那

㊀ 这艘名为"海上怪物"（Badalone）的船并不算是一个伟大的成功。在一次为建造教堂运输白色大理石的过程中，它在阿尔诺河沉没了。参见 Bruce W. Bugbee, *Genesis of American Patent and Copyright Law*（Washington, D.C.: Public Affairs Press, 1967), 17-19.

就有更多的人运用自己的天赋来发掘和制造具有重大用途的装置，并造福整个社会。

按照该法的规定，发明者可以向共和国社会福利总署提交专利申请。如果发明者能够让福利总署相信自己的发明是原创且能发挥有效作用，那么福利总署就会给予发明者为期10年的专利保护。若存在仿造，则仿造品将被摧毁，并对仿造者处以100达克特的罚款（约相当于现在的4000美元）。这一法律作为当时立法上的奇迹，不仅对专利系统的社会价值和创造财富的动力做出肯定，更为关键的是，它还对专利权在一定的时间范围内仅授予原创者的重要性给予了肯定。

与意大利不同，英国早期在垄断权和专利权方面的经历并不太愉快。国王经常将垄断权授予那些可以利用的人。例如，在14世纪和15世纪，英国将专利权授予佛兰德的羊毛纺织和布匹纺织匠，以将他们吸引到本国来。然而，在多半情况下，专利权通常被授予皇室的亲信，并以此换取回扣。这种皇室法令逐渐被叫作"专利特许证"（letters patent）。"特许"一词意味着特许证不是封闭的，而是公开的。英国早期的这种专利授予程序显然比不上威尼斯程序。威尼斯的专利授予依靠公共部门和一套明确的申请程序来进行，而英国皇室的专利授予则是随心所欲地进行的。伊丽莎白一世就是个典型，她滥用专利授予的权力为自己大肆牟取利益：沃尔特·雷利因深得她的宠爱而获得了她授予的酒吧垄断权。

1571年，也就是伊丽莎白统治的早期，议会开始首度反对皇室这种垄断授予专利的做法。伊丽莎白却不畏惧，她继续对一些历史悠久的工艺发放专利权，包括食盐、硝石和润滑油的生产工艺。

1597年的经济萧条使得公众在收入下降的情况下还需要对垄断产品支付高价格，也就是在那一年，英国高等法院宣布垄断行为违背了普通法。1601年，伊丽莎白出尔反尔，又恢复了早期授予的许多垄断权。仅在5年后，柯克对伊丽莎白一世的继任者詹姆斯一世进行了抗议，当然，这绝非偶然，相关内容在本章前面部分已做过讨论。16世纪末对英国来说是一个具有标志性意义的转折点，法律条款彻底取代了皇室的规定，从此英国走上了国内战争的道路。

更进一步的法律纠纷接踵而至。最著名的例子是达尔西起诉阿林一案。在该案中，法院判决伊丽莎白将独家出售扑克牌的垄断权授予自己的男仆达尔西是违反普通法的。

法院确实维护那些"新发明的项目，他们不会通过提高国内的价格，或损害贸易，或造成不便而违背普通法或损害国家利益"。1615年，在伊普斯威奇的纺织工人案中，法院坚持认为詹姆斯一世授予的专利权是不合法的，因为专利权需要限定时间并且只适用于新发明。

专利保护的这两项要求，即新发明和限定时间，一直持续到今天，并为所有西方国家的专利法奠定了哲学基础。1624年，国会将多年积累的判例法汇编成《垄断法》(Statute of Monopolies)。该法规定，除了满足上述两条标准的专利权外，其他所有的专利权都被判定为不合法。

判例法和条文法并没有解决英国专利申请程序中的根本性问题：国王仍然行使专利授予的权利，并且仍然滥用这项权利。国会议员要求减少皇家的专利特权，但专利权问题在英国内战中成了一个微不足道的问题。申请专利的程序却极其复杂，发明者需要拜访10个不同的部门并缴纳总额将近100英镑的费用，而是否能够申请得下来还需要看运气。直到 1852 年，皇室才逐渐停止对英国专利系统的干涉。

从一开始，美国的专利申请程序就优于其他专利发源国家。在美国独立战争以前，大多数美国殖民地都有完善的专利申请程序，在许多情况下，它们都比英国更为简捷和高效。在 1781 年战胜英国以后，羽翼渐丰的美利坚合众国抢了风头，在专利法上独占鳌头。

《美国联邦条例》（Articles of Confederation）将美国政府的责任限制在战争指挥和外交事务上，将税收和商业活动的管理，包括专利权，下放至各个州。但是这种分权系统造成的低效率很快就显露了出来。例如，一个宾夕法尼亚州的发明者可以对一项装置申请专利，但是其他人在纽约仿造这项专利则不违法，于是仿造者随后就在纽约对仿造品申请专利。这将导致一系列的仿造和诉讼的连环反应，最终失控的局面会遍布许多州。

国父们对知识产权的重要性有着深刻的认识，尤其是美国宪法的主要缔造者詹姆斯·麦迪逊（James Madison）。他在弗吉尼亚议会的时候就积累了关于专利权问题的大量经验，并清楚地意识到专利系统被割裂在 13 个州所造成的问题。在北方工业家的大力支持下，麦迪逊将如下条款写入了美国宪法第 1 章："国会有权促进科学和实用技术的发展，在有限的期间内保证作者和发明者对他们各自的著作和发明的专利权……"

杰斐逊却对这样的宪法以及对建立一个强有力的联邦政府感到不满，他反对上述条款。1788 年，作为对杰斐逊的回应，麦迪逊提出以下理由：

关于专利权，它应该被归于政府事务中最麻烦的那一类，但是作为对文学作品和发明创造的鼓励，它的价值非常高，需要将其保护起来,这点难道不是非常明确的吗?在任何情况下,按照专利授予时所规定的代价,为公众保留废除特权的权利,这难道还不够充分吗?我们政府滥用专利授予权所带来的危害,难道会比其他大多数国家要少吗?专利权是牺牲大多数人的利益来保护少数人的利益。当权利掌握在少数人手中时,他们自然会牺牲大多数人的利益以满足自己的偏好和腐败的需要。当权力掌握在大多数人而不是少数人手中时,少数人受到偏袒的危险性就不会太大。少数人没有必要为多数人做出牺牲,这点更为可怕。

按照新宪法的规定而组建的国会于1789年3月4日首次召开,主要是讨论与新共和国休戚相关的立法和财政问题,其次是讨论关于知识产权的综合立法问题。然而不久后,作家和发明家们开始试图在宪法中制定一章"私人立法",以为他们的著作和新发明授予保护。在第一次国会召开后不到五个星期,南卡罗来纳州的托马斯·塔克(Thomas Tucker)为他的选民,一名叫作大卫·拉姆齐的外科医生,提交了一项这样的法案以保护他那部关于美国独立战争史的著作权。此后,越来越多的人开始向参议院和众议院提出诸如此类的保护著作权与专利权的私人请求。国会迅速意识到专利权和著作权立法的重要性,并开始着手准备这项工作。

经过参议院和众议院的大量激烈争论,乔治·华盛顿于1790年4月10日签署了美国第一份专利法案。这部法案里的条款在当今读者看来有些奇怪——进入专利系统首先要经过国务卿的批准,国务卿与国防部长和司法部部长共同负责专利的申请。这部法案的关键点在于它创造了一个体系,一个由非利益相关者(即使是高官)的官员来控制的公正机制，他们根据原本的情况而不是其他因素来评估每一项申请。这个体系的出现，甚至比英国建立在王权基础上的复杂的申请程序还要早上几年。

颇具讽刺意味的是，对专利法案的管理任务落到了第一届国务卿托马斯·杰斐逊的身上。尽管杰斐逊特别反对集权的中央政府以及集中的专利申请程序，但由于他自己也非常热衷于发明创造，因此作为第一位专利审查官，他是非常合格的。他以专业的本领投身于这一工作中，并从中获得乐趣。

这一新体系高效且运作成本低廉。在1791年的某一天，杰斐逊就签发了14项专利，每项收取4～5美元的费用，与英国国王在专利申请程序中索取的高额费用形成了强烈对比。

1802年，杰斐逊当上总统后，在他的监管下，国务院办公室建立了一个独立的专利局，并由麦迪逊担任主管。在接下来的几十年中，这个专利系统变得有点过于高效了，到了1835年，专利局已经对外颁发了超过9000项专利。伪造和复制的情况随处可见。1836年，国会设立了专利委员的职位，并增加了一批专业助手，这在当时是具有革命意义的。于是，一个更为严格的专利审查程序开始实施，这一新的系统很快就促成了美国许多著名大公司的诞生，包括生产柯尔特（Colt）左轮连发手枪、奥的斯（Otis）电梯和柯达照相机的生产商。

英国人很快就意识到自己在专利这场竞赛上输给了美国人，于是他们最终在1852年对那具有300年历史的制度进行了改革。19世纪英国和美国专利授予的数量暴增，如图2-1所示。该图也反映了两国日益繁荣的情况。回顾历史，图中所显示的内容证明了美国比英国在创造力上略占优势，也预示了英国国力将要被美国赶超。

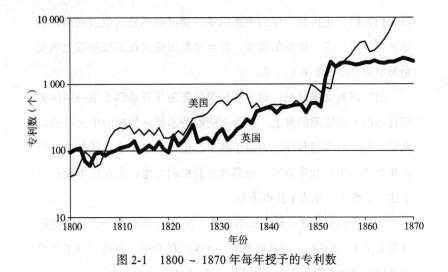

图 2-1　1800～1870 年每年授予的专利数

资料来源：Data by personal communication from James Hirabayashi, U. S. Patent and Trademark Office, and from Allan Gomme, *Patents of Invention* (London:Longmans Green, 1946).

英国和美国的专利机构所提供的保护，极大地推动了私人财产所有权的概念的发展，进而提高了个人创造财富的动力。不出所料，19 世纪的新繁荣就体现在物资设备的发展上，如工厂、蒸汽动力轮船、铁路和电报，他们是那些期望获得巨大利润的人们所创造出来的，而这种期望只有在新的法律体系下才有可能实现。

公地悲剧

1968 年，一位叫作加勒特·哈丁（Garrett Hardin）的加州大学生态学者在《科学》杂志上发表了一篇文章，题目就是本节所采用的标题。在文章中，哈丁阐明了财产权的优势，同时他认为财产权在原始牧民中早已存在。⊖他首先让读者想象有一块公共牧地，牧民可以在牧地上放牧。这块牧地仅可以支持一定数量的牛群，一旦战争、饥荒和疾病使得牧民与牛群的数量降低到牧地承载力以下，那么牧地的状况不存在问题；然而，当社会的发展逐渐趋于健康和稳定，放牧的牲口数量超过了这块公共牧地的承载力，它很快就会遭到破坏。

哈丁意识到，只要这块牧地是公共的，悲剧就难以避免。由于对每一位牧民来说，在牧地上每增加一头牲口可以为自己带来很大的好处，同时只需要承受一小部分由于过度放牧导致土地退化而带来的损失，于是他会尽可能地在这块牧地上增加牲口的数量，而不去考虑该行为对他人的影响。于是哈丁做出总结，解决这一问题的唯一办法就是"财产权或与之类似的权利"。

哈丁这一结论的合理性，无论是对于古代农业还是现代农业都是显而易见的。在他的文章发表后的几年中，"公地悲剧"被应用于其他很多领域。它尤其适用于医疗保健领域，例如，那些不需要自己支付医疗成本的病人在医疗公共物品上"过度放牧"，导致所有人医疗服务可获得性降低以及医疗服务质量下降。

无论是常识判断还是逻辑判断都表明，对于每个牧民或农民来说，在一块自己拥有的私人牧地上进行放牧的生产率要比在公共牧地上或他人所有的牧地上进行放牧的生产率要高得多。各个社会都不需要像现代社会一样刻意建立与财产权相关的政策、法律和惯例。因为社会惯例和法律在一般情况下的自行发展会或多或少地将重心

⊖ Garrett Hardin,"The Tragedy of the Commons", Science 162（1968）: 1243-1248. 哈丁写这篇文章的本意是呼吁控制人口和全球资源管理，但可笑的是，该文章最终却被当作自由经济宣言，产生了持久的影响力。

转移到个人所有权上来。

纵观整个历史进程，在其他所有方面相同的情况下，那些对财产权更为重视的农业社会总是比它的邻邦们更具竞争力。原因就在于其粮食产出更高、人口增长速度更快、军队发展得更为有效。更微妙的情况是，当这些较为富裕的社会加入战争的时候，它们实际是在保卫自己的土地和粮食作物，因此，这些社会里的居民和士兵更具有战斗士气。

这能够很好地解释古希腊和现代"冷战"时期的局势。在"冷战"时期，战争的结果已经不是由军队和战场决定的了，而是由经济来决定。无论是采用哪种方式对20世纪各国的繁荣情况进行检验，我们都可以很清晰地得到这一结论：财产权是很重要的。

事实上，在当今社会，财产权比以往任何时刻都重要。在当今世界的大多数地方，对财产权的保障程度成了划分贫穷和富裕的标准，也是评价国家繁荣程度的标准。

请注意，在过去的几个世纪中，财产权的含义已经发生了重大的变化。大约在1800年之前，财产权是土地的同义词。正如我们所看到的，人们能获得的土地数量是有限的，这就是古代工业社会不稳定的原因所在，如希腊城邦和罗马帝国。随着土地变得越来越稀缺和昂贵，它们被日益集中到少数人的手中，这就削弱了那些与社会福利有利害关系的、能够拥有土地的公民的基础。一个国家若想获得发展，就要为一个目标而奋斗，即大多数的公民都要拥有自己的财产，这样他们才能够有兴趣加入政治活动中，这就是"利益相关者效应"。在前现代社会，当土地被消耗殆尽，利益相关者越来越少时，这个国家就岌岌可危了。

另一方面，农业集中化并不影响工业和后工业化社会的稳定性。

毫无疑问，自从大萧条以来，美国的私人农场的数量变得越来越少，规模却越来越大。从1870年美国人口普查局开始收集数据到1935年，农场的平均规模为155英亩。到了1987年，农场平均规模变成了462英亩，是原来的3倍。1900年，9%的美国人拥有农场；今天，拥有农场的美国人比例不到1%。然而，虽然美国现在的民主制度不如一个世纪以前稳定，但对此持怀疑态度的人很少。原因很简单：在后工业化经济社会不需要为居民提供土地以使得他们成为利益相关者，非实物资产和资本在数量上是无限的，拥有这两者便能够很好地实现上述目的了。现代资本所有权以前所未有的广度满足了更多人的需要，这一点即使是在古代阿提卡（Attica）也办不到：在当时的阿提卡，人口数量为25万，但可获得的适宜耕作的土地只有20万英亩。土地所有权是有限的，而资本所有权则是无限的。

现代西方体制在很大程度上来源于英国的普通法，它在过去的几千年时间里缓慢而痛苦地发展起来，它借助英国殖民地之"剑"和美国革命理想主义的"翅膀"传遍了世界。现代很少有人会质疑财产权和个人权利作为现代世界繁荣之源的重要性了。

第3章

理 性

> 智慧，主要起源于希腊人，它就如知识的少年时期，当然也就具备了少年的特点：可以说话，但是不能繁衍后代。
>
> ——弗朗西斯·培根《新工具》
>
> (*The New Organon*)

每天，全世界都有数以万计的人登录美国国家航空航天局（NASA）网站下载一个小软件，通过这个软件可以计算出从国际空间站观测到的本地下一周的卫星观测预测图。每个月中总会有几次在日落之后日出之前，在北纬60°和南纬60°范围内几乎所有的角落，人们都能看见空间站巨大的面板折射太阳光飞跃星空的壮观景象。

大概只有少数该网站的访客清楚，如今一台普通的个人电脑便能轻松完成的天体计算，在300年前则需要花费当时最伟大的数学家大量的脑力劳动和体力劳动。在17世纪晚期，处于初级阶段的天文学计算科学，吸引了那个时代的人们。

以牛顿在1687年发表《自然哲学的数学原理》(*Principia Mathematica*)以及书中许多预言被证实为标志，天体力学的发展向前迈出了一大步，也宣告了西方人思想的一大重要转变。这一新兴科学对现代繁荣的起源也产生了重要的影响。

若坚持要对现代西方的演化过程做出定义，我们可以把它定义成科学持续发展的过程。人们可能很难相信，对自然界进行观察、实验和理论归纳的学习在一段时期里曾经不为人们所接受。然而，在17世纪以前，科学研究正是处于这样的状态。

直到400年以前，自然界还处于令人恐惧的主导地位，人类作为无助的受害者，对自然现象一无所知，如疾病、干旱、洪水、地震和火灾。即使是美丽的天文现象，如彗星、日食和月食，都被当成具有迷信和宗教色彩的不祥之兆，引起人们的担忧。事实上，包括哥白尼和开普勒在内的许多现代天文学先驱们都靠提供天文学预言来维持生计，这些预言被统治者和农民们用来制定日常决策。

为了抵抗恐惧和愚昧，人类发明了信仰体系，而文明的进程将信仰体系进一步发展成有组织的宗教。犹太教、基督教等之所以能够成功，不仅因为它们能够对降临在人类身上的灾难提供令人满意的一神论解释，还因为它们安慰了那些在今生遭受了苦难的人，并为他们提供了对死后的生活美好的憧憬。然而不幸的是，一直到当代，一些有组织的宗教（尤其是那些等级制度森严的宗教组织）极少能够容忍不同世界观的存在。

从经济学的角度来看，直到几百年以前，大多数的宗教都以垄断的方式运行，并从事典型的垄断行为——从信徒手上获取黄金、财产和地位，作为交换，它们为信徒提供现世的认可以及来世的救赎。现代经济学家将这种行为称作"寻租行为"（rent-seeking behavior）。在古代和中世纪的西方与中东地区，有组织的宗教演变成了僵化且停滞不前的信仰系统，禁止任何质疑和反对意见。无论信仰体系给人类的精神生活带来了什么好处，它们同时也阻碍了物质生活的进步。

本章将要讨论罗马教廷对知识的垄断是如何被打破的。若要完成对这个问题的讨论，就必须对来源于亚里士多德时期的方法论提出质疑。在1550年后的两个世纪里，罗马教廷的思想垄断被一群勇敢的从事天体力学的自然哲学家打破了。

许多读者会发现，在一本致力于研究经济学史的书籍中，本章有着奇妙的重要性。从根本上说，经济学史就是技术发展史，毕竟现代繁荣依靠发明创造引路。经济增长几乎等同于生产力的提高，相应地，生产力的提高几乎完全依赖于技术的进步。如果一个工人只需要轻轻动动手指能够轻易地操作几千马力①的机器，或是轻轻一点鼠标就能在不到一秒的时间里将信息传遍地球，那么他的生产力就远远高于其他工人，他自然也就富裕得多。

大约3个世纪以前，科技创新的节奏飞速加快。在1700年以前，科技创新的数量是有限的，如要将其列出，将得到一个很短的列表，包括风电厂、水车和印刷术，仅这三项而已。相比之下，在1700年后，科技创新如雨后春笋般涌现，人类财富也随之源源不断地增长。

西方人对自然界的观察以及为了解自然界而做出的努力探索是一种革命的方式，这种方式引起了创新的爆发。将西方人和西方文化特点的形成过程理解成科学理性主义的诞生过程毫不夸张。这种革命要求科学（当时称为自然哲学）从它的宗教根源中分离出来。人类要想最终获得繁荣，就必须将精神和物质区分开来，并采纳伽利略的信条："圣灵想要教导我们如何在死后升入天堂，而不是要告诉我们天堂将会是什么样子。"

---

① 1 马力 = 735.499W。——译者注

天上的星星

19世纪出现的人工照明技术使夜晚不再黑暗。在此之前,没有可靠的夜间照明设施,人们在晚上除了仰望星空就没有什么别的事情可以做了。在前现代社会,当太阳下山以后,观察夜晚星星的移动就成了人们打发时间的主要活动。在现代早期,研究物理、化学和医学的学者并不多,但是对天体预言存在明确兴趣的学者却有很多。

在前现代时期,人们对天空的好奇意味着对许多天文学新理论预言的证实是立即生效的、公开的和普遍可论证的。其中让人惊叹的例子就是1700年左右哈雷和牛顿对彗星和月食的预言成了现实。于是,人来开始了解天空和自然的奥妙。人们不再完全受那些超越自己理解能力之外的自然力控制了。这一新科学将欧洲学者从西方基督教会的束缚中解放出来,而教会自身的力量已经被改革和教会教导的非科学因素削弱了。

古老的社会及政治制度

在现代社会,我们常常将中世纪时期的知识架构称为"亚里士多德学派",以纪念它的发明者亚里士多德,他是柏拉图最著名的学生和亚历山大大帝的导师。亚里士多德有着骄人的研究成果——构成西方思维基础之一的修辞学和三段论推理体系,以及大量的关于古希腊城邦政治结构的论文。

有史以来,人类就试图查清天空的构造。仰望夜晚的天空,人们发现星星围绕着北极星在天空中运动,但是,星星之间的相对位置却是固定的，这使得人们很快就能记住星群的大概模样。古代人类认为，每一颗星星以及它所属的星座都附在一个球体内部，且以地球为中心，每天围绕固定不变的地球旋转一周。在早期的观点中，宇宙是以地球为中心的。一些与亚里士多德差不多同时期的希腊哲学家，包括阿波罗尼奥斯（Apollonios）和阿里斯塔克斯（Aristarchus），都持有日心说的观点，认为太阳是天体系统的中心。

地心宇宙理论存在这样一个问题，七大天体似乎是沿着弯曲的路径在这一固定体系中运动的。月亮每天一次地穿越相对固定的星星和星群运动，太阳也有类似的运动轨迹，这点是很清楚的。最为复杂、神秘且难以理解的就是其他五大天体的运动，即水星、金星、火星、木星和土星。这五大天体的运动轨迹类似于月亮和太阳，沿着黄道运行，但是它们沿着黄道穿过星群的运行方式却是不规则的。这点火星表现得尤为突出，在穿过星群运动的过程中，它还时不时地做向后迂回的运动。图 3-1 所示是火星在 1982 年的运行轨迹图。希腊天文学家反对阿波罗尼奥斯和阿利斯塔克的日心说是有理由的，因为日心说对天体运行的预测比实际观测到的结果差了 10°。造成这些误差的原因很简单：日心说模型假设星球都在正圆轨道上运行，然而实际上它们都是在椭圆轨道上运行的。

公元 2 世纪，亚历山大一名叫作克劳狄乌斯·托勒密厄斯（Claudius Ptolemaeus）的天文学家（后来叫作托勒密）提出了一个创造性的体系，纠正了大多数的误差，如图 3-2 所示。七大星体围绕地球循环运动的轨道是两个圆圈，而不是一个：一个是围绕地球的较大的圆圈均轮（deferent），一个是较小的以均轮上的某一点作为焦点旋转的本轮（epicycle）。

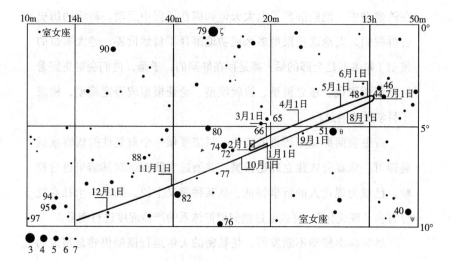

图 3-1 1982 年火星沿黄道的运行路径

资料来源：经出版者许可转载和改编自 Ivar Ekeland, *Mathematics and the Unexpected* (Chicago:University of Chicago Press, 1990),5.

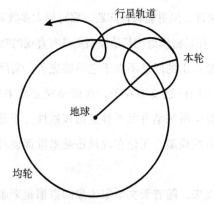

图 3-2 托勒密模型的简化图

科学家们把托勒密、阿波罗尼奥斯和阿利斯塔克的体系叫作"模型"，也就是说这是一种简化地、抽象地解释自然现象的方式。

在该模型中，他们解释了七大天体如何在星群中运动。科学的历史告诉我们，无论这些模型多么成功地解释了自然世界，绝大多数的模型（如果不是全部的话）都是存在缺陷的，于是，他们会被更完善的模型所取代。建立模型、检验模型、论证模型或否定模型，构成了科学进步的过程。

若想驳倒那些最严格的理论，只需要做一个重复性的观察或试验即可。依靠公式建立理论模型，并通过实践观察对其结果进行检验，已成为现代人的行事特征。从某种意义上说，判断一个社会究竟有多"现代化"，可以通过他们信仰体系的严格程度进行衡量。

尽管科学模型不断发展，托勒密的天体运行模型仍然是很成功的。在那个没有天文观测工具和计算机的年代，托勒密模型几乎完美地预测了天体的运动。⊖托勒密模型的一个不可置疑的优势就是，天文学家可以不停地对均轮和本轮的大小与时间进行修正，以适应新的观测结果。然而最重要的一点是，根据肉眼观察，托勒密模型比基于圆形轨道的日心说更能解释问题。那时候大多数对情况有所了解的观察者发现，托勒密模型比其他模型更具有直观的吸引力。

托勒密模型真正的问题不在于它不够完善，实际上这是所有模型的问题。真正的问题反而在于，在模型建立起来后的1000多年内，它逐渐被教会所采纳并赋予神圣的权威性。于是，若有人提出一个具有竞争力的模型，无论在现世还是来世都会对这个人有不好的影响。

多个世纪以来，随着天文学家收集的数据越来越多，他们要求

⊖ 凭肉眼来看，太阳和月亮似乎是没有本轮的。然而，作为对它们在轨道上的季节性加速和减速现象的解释，微小的本轮应该是存在的。由于本轮非常微小，所以它们不会产生像其他星体那样的向后运动。

用亚里士多德或托勒密模型解释更为复杂的观测结果，这些要求最终推翻了模型的合理性。直到 1650 年，根据第谷·布拉赫（Tyco Brahe）在丹麦天文台利用伽利略发明的天文望远镜进行的观测，发现不少于 55 个同心托勒密球体，其中地球处于最内层。(最外层的球体叫作原动天——primum mobile，它的运动向内层球体传递，直到地球。⊖) 托密勒模型这一备受信任的学说的荒谬之处逐渐变得明显，并最终由于自身的压力而流于失败。

科学理性主义的发展轨迹

大约从 1600 年开始，托勒密模型给那些敏锐的观察者提了个醒，即所有的模型都不是完全科学的。西欧的自然哲学家看待世界的方式被迫做出巨大且不可逆的改变。在"故事"中，各个"角色"在场的时间如图 3-3 所示。

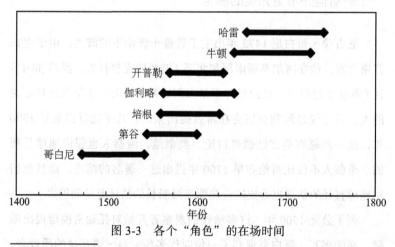

图 3-3　各个"角色"的在场时间

⊖　在中世纪时期，绝大多数受过教育的人都知道地球不是平的。只有在地球是球形的情况下，亚里士多德体系才说得通。

哥白尼及其主张的日心说，即地球围绕太阳旋转，广受信任且打破僵局，开启了一场思想革命。这一学说被下一代的3位杰出的人物继承和发展，他们是第谷、开普勒和伽利略，他们为观测和理论科学的发展做出了巨大的贡献。与他们同时期的弗朗西斯·培根虽然是一位普通的实验科学家、律师和经济学家，但是他非常巧妙地判断出了存在于西方思想架构中的缺陷，并明确地提出了新的科学方法。

继上述5位著名科学家的重大发现后，艾萨克·牛顿和埃德蒙·哈雷对宇宙的公开揭秘震惊了整个西方世界。宗教作为所有神学知识维护者的角色遭到猛烈而公开的修正，受到了重创。从那时起，西方公民或许还可以从宗教中寻求来世的秘密，但是他们已不再相信其用于解释现世世界的机制了。

一个崭新但并不更完美的模型

尼古拉·哥白尼1473年出生于普鲁士统治下的波兰。由于生在富裕之家，他在阿尔卑斯南部和北部（波兰的克拉科夫、罗马和帕多瓦）都接受过教育。哥白尼并不是人们通常所认为的最早提出日心说的人，日心说是阿利斯塔克在希腊提出来的，几乎比哥白尼早2000年，这一问题在前文已做过讨论。类似地，希腊人也假设地球是圆的。希腊人不仅比哥伦布早1700年提出这一著名的结论，而且他们对地球直径的估算也远比这位热那亚海船长的估计要精确得多。

到了公元1500年，许多敏锐的观察者开始对托勒密模型提出质疑。在帕多瓦，哥白尼遇到了一位叫作多梅尼科·诺瓦拉的质疑者，他指出了托勒密模型的几个重大缺陷。哥白尼回到波兰后，当了多年的药剂师，最后在波兰弗劳恩堡定居，并开始利用当时的初级工具对天体进行观察。他日益相信日心说的力量，于是在他的著作《天体运行论》中提出支持日心说的观点。该著作于1530年完成，但是直到哥白尼1547年去世前不久才得以发表。

与我们现代所持的观点相去甚远，哥白尼模型不仅存在重大失误，而且在当时也没有引起巨大的反响。首先，它在作者去世的当年才得以发表，当然，出版语言是拉丁文。由于只有少数的神职人员和商业精英才掌握拉丁文，所以他的模型对教会没有构成太大的威胁。而且，死亡之神的眷顾也使得哥白尼能够免于教会的审讯。哥白尼的助手安德里亚斯·奥西安德尔（Andreas Osiander）由于担心自己的安全问题，为这本书写了一篇匿名的前言，声称这本书的观点是建立在纯粹假设的基础之上的。他写道，地球并不是真的围绕太阳旋转的，但是作者的猜想为更精确的天体计算创造了可能。

哥白尼模型比托勒密模型更好地解释了天体的运动，特别是关于水星和火星偏离太阳的度数分别不会超过28°和48°的问题做了解释——它们都在地球轨道之内。

最终，哥白尼的宇宙学说也像托勒密的学说一样存在缺陷。开普勒后来发现了偏差所在，即天体的运行轨道实际上是椭圆形的，而托勒密和哥白尼模型都假定轨道是正圆形的，所以他们还需要假设一个本轮来自圆其说。实际上，哥白尼模型需要3套轨道和本轮才能自圆其说。更糟糕的是，哥白尼接受了托勒密的观点，即每个天体都与自己内层和外层的天体紧密接触，于是整个宇宙就由这种聚集的厚度所组成。他没能认识到宇宙中可能还存在着大量的空旷区域，这一观点直到100多年后才由一名叫作托马斯·迪格斯（Thomas Digges）的英国人提出。

现在我们把哥白尼的宇宙模型学说提到了一个相当的高度，尽管相对于托勒密的模型，它显得较为复杂和笨拙，但它打破了亚里士多德的地心说。事实上，由于哥白尼宇宙学说过于复杂，大多数天文学史都没有对其做很详细的描述。不过，这两个模型都存在相同的缺陷，即它们灵活到几乎能够与所有的观测数据相适应，若要对它们进行反驳几乎是不可能的。

从价值的角度来看，一个科学的模型必须是"可检验的"。也就是说，人们应该很容易想出与之相矛盾的证据。但是由于上述两个模型总是能够调整本轮和均轮的数据来适应新的观测结果，所以它们都是不可检验的。

"证伪"已成为现代人内心的一种习惯。将现代社会与传统社会区分开来的标志，不仅仅是现代学术评论家如艾伦·布鲁姆（Allan Bloom）所标榜的他们对希腊文化和文艺复兴文化的热爱与推崇，还包括他们对知识的不断质疑和挑战。诚然，在大多数的西方发达国家中，即便是对于一些科学家来说，很多宗教信仰仍然是不可触及的，但是在很多时候，现代社会几乎可以宽容地对所有事情展开分析，并改变固有观念中不合时宜的部分，而前现代社会不可能做到这一点。几句来源不明的回答能够很好地表现这一独特的现代观念，这几句话常常被认为出自约翰·梅纳德·凯恩斯（John Maynard Keynes）之口。当凯恩斯阁下的一名同僚指出他的观点与先前的观点相矛盾时，据说这位伟大的经济学家回答道："如果谁使我相信我的确错了，我就会改正过来。你能做到这一点吗？"⊖这种观念对中

⊖ 尽管这些听起来像凯恩斯的话，但事实上他从来没有这样说过。据唐纳德·莫格里奇（Donald Moggridge）（多伦多大学）和罗伯特·斯基德尔斯基勋爵（Lord Robert Skidelsky）（英国沃里克大学）的私人交流。

世纪时期大多数欧洲人来说是不可思议的，至今在许多传统社会中仍是如此。

17世纪以前，哥白尼体系和托勒密体系都是不可验证的。直到几乎整整一个世纪以后，人们发明了革命性的工具——望远镜，这两个体系才终于被证明是存在错误的。哥白尼体系与托勒密体系都很复杂，但哥白尼体系更缺乏明显的吸引力，所以它没有对教廷在知识探求上的统治地位形成挑战。罗马教皇列奥十世尊重并支持哥白尼，并就当时最紧迫的天文学问题，即旧罗马儒略历（Julian calendar）那些日益明显的问题向他征求意见。㊀

马丁·路德不像罗马教皇列奥十世那样尊重这位荷兰天文学家。路德极力阻挠哥白尼著作的出版，并呼吁将其杀害。在阿尔卑斯山南部地区，意大利的天文学家乔达诺·布鲁诺忽略了《天体运行论》前言中那些把日心说当作假设的谎言，而将它看成事实，并以意大利语出版了《天体运行论》。正如我们在第1章中所看到的，布鲁诺最终由于这个异端邪说被烧死，且由于与哥白尼学说的关系，他也遭到了天主教派的拒绝。（布鲁诺可能是第一个提出恒星就是像太阳一样的天体的天文学家，我们之所以看不清它们，是因为它们离我们太远了。）

在那个年代，《天体运行论》并没有非常大的影响力。然而，它却在教廷对科学探索的垄断上撕开了第一道裂缝，并在英国获得了

㊀ 来源于恺撒统治时期的罗马儒略历假定每年的长度为 $365\frac{1}{4}$ 天，即人们所熟悉的365天加1个闰年的体系。但是，它比实际的太阳年要短10分钟。到了1500年，日历与实际季节相差了整整10天，这种偏差即便是在中世纪的观察者看来也是非常明显的。哥白尼巧妙地向教皇建议道，在日历问题得到解决以前，要先解决宇宙学的问题。参见 James E. McClellan III 和 Harold Dorn, *Science and Technology in World History* (Baltimore: Johns Hopkins University Press, 1999), 208.

丰硕的成果。英国人日后对新教的接纳使日心说理论得以摆脱宗教对其的压制。

第一个西方人

即便英国在历史上奇才辈出，弗朗西斯·培根也算是独领风骚了。培根出生在贵族家庭，他是掌玺大臣（女王手下的司法官员）尼古拉斯·培根爵士的儿子，还是伊丽莎白女王的财政大臣、最可靠的顾问伯利爵士的侄子。1573年，培根进入剑桥大学学习时年仅12岁。

培根的导师早已发现了他天赋异禀，但是培根却很快就对大学里沉闷的学术氛围感到厌倦。就像中世纪后期的许多事物一样，剑桥大学在几个世纪里没有任何的进步。伊丽莎白时期的高等教育仍然以亚里士多德学派为主导内容。如果可能的话，请你想象整个教育系统不是由宗教教义就是由修辞逻辑组成，讲授的理论都来自古代的学者，如普林尼（Pliny）和西塞罗（Cicero），那它还能让人提起多大的兴趣呢？然而在18世纪以前，这就是那些年轻才俊们不得不学习的内容。

培根每天花费大量的时间为"辩论"做准备，即与另一名学生进行三段论竞赛。他把自己的空余时间花费在学习复杂的亚里士多德宇宙观上，尽管亚里士多德宇宙观很快就被哥白尼、伽利略和牛顿推翻了。

在培根那个年代，年轻人只能在唯一的领域中学习，即宗教研究。即使是1个世纪以后，当约翰·洛克进入牛津大学学习之时，60名高年级学生中也只有1名学生学习道德哲学，2名学生分别学习法律和医学的，而其余的55名学生全是学习宗教学的。

培根对沉闷的学术氛围感到畏惧。3年后，即1576年，他像父亲当年一样进入格雷律师学院（Gray's Inn）学习法律。不久，培根的父亲辞世，年轻的培根变得身无分文，不得不求助于其他富裕的亲戚们（尤其是他那位有名的叔叔）以及王室成员。

为了了解培根在剑桥中学习的课程，我们需要先了解古希腊的知识架构。2000年前几何学的出现是一项璀璨的成就。在耶稣诞生之前，对地球形状以及接近精确的球体直径的计算能力是人类最伟大的成就。随之而来的是黑暗时代的倒退，人类出现了超过1500年的知识断层。

古代人类在许多方面都处于严重的劣势。那时候"零"的概念还没有出现，古希腊人依靠繁杂的字母数字系统进行运算，这一系统后来被罗马人继承使用。但是希腊人和罗马人精神生活的真正缺憾并不在此，而在于他们并没有掌握我们现在所谓的科学方法。

希腊人和罗马人没能通过当今所知的归纳推理法了解世界是如何运作的，归纳推理法就是将观察结果归纳并综合成模型和理论。他们采用演绎法描述自然世界的运行，演绎法通过所谓的第一性原理来决定自然规则和宇宙的形状。第一性原理是那些人们假设为正确且毋庸置疑的论据，并以此作为以后进一步推理的基础。在这些人为规则的基础上进行逻辑推导，人们很容易得到自己所期望的结论。数学公式也是通过相同的方式推导而来的，即基于假设的论据或在公理的基础上进行推导。

那么，这些公理又是什么呢？答案是比一个世纪以前的哥白尼体系还早的托勒密或亚里士多德体系。简单地说，它们构成了一个信仰体系，而该体系充满了瑕疵，因而阻碍了科学的进步。更为糟糕的是，这两个体系假定人类已经掌握了所能够掌握的所有宇宙知识，至少在理论上是这样的。1 000多年以后，西方人了解自然的方法可以概括为：别去尝试（Don't try）。正如布鲁诺和伽利略所发现的那样，这种错误的、自闭的和自满的体系容不下任何严肃的质疑。亚里士多德体系当然也没有促进人类对知识的探求，它不允许任何关于世界认知的创造性思维和实质性进步的出现，最终使得普通百姓的福利得不到改善。伟大的中世纪历史学家约翰·赫伊津哈（Johan Huizinga）写道："人类社会有目的、持续改革与改善的思想是不存在的。好的制度从总体上说已经处于最好的状态了，坏的制度从总体上说也处于最坏的状态了；这是上帝的安排，它们本质上就是好的，只有人的罪恶才会使其走上歧途……"

对于16世纪的普通欧洲人来说，社会、知识和科技在1000年中没有出现实质性的进步，这是无关紧要的——人类社会普遍呈现静止的状态。培根的天赋让他明白了三个道理，也正是这三个道理显露出了他的聪明：①中世纪人类的状态不是"自然"状态，这是一个问题；②演绎推理法存在问题；③对自然界的认知是可以不断提高的，正因为如此，人类的福利也是可以不断改善的。要改善人类的福利，首先要摒弃亚里士多德的知识架构，并用归纳推理法将其取代，即不带任何假设地收集事实，然后进行分析。

培根认为，改善人类的生存条件还有另外一条路可走，那就是获取大量有用的知识。实际上，知识就是力量。1603~1620年，培根完成了他的著作集《新工具》，该著作集后来成为人们掌握知识武器的伟大号召力。

在《新工具》第一卷中，培根用大量的篇幅来抨击那些"曾经对科学造成巨大伤害的人，他们成功地建立了信仰体系，也因此有效地扼杀了科学探索……"培根认为，问题是很简单的：无意义的理论学习、与实验数据的脱离，并不能够完成描述真实世界这一任务，因为"自然界比雄辩本身细致微妙得多"。

他甚至还认为，人类观察世界的工具存在重大的缺陷，并受制于四种不同的错误，或者说是"幻象"：

- **种族幻象** 培根将人类本身界定为种族，而种族幻象指的是种族看待世界的方式。它普遍存在，就像一面"虚假的镜子"，扭曲了人类对世界的看法。这是人类的天性。
- **洞穴幻象** 洞穴幻象是指人们看待世界的不同方式。此处，培根用柏拉图的洞穴理论来做解释。在洞穴的远处有一簇篝火，事物在篝火和洞穴之间传递，人们只能通过事物在洞穴上的投影来判断它们的属性。一个美洲印第安人看见一个大影子就以为那是一头野牛；一个澳大利亚的土著居民则可能以为那是一只袋鼠。这就是17世纪版的"对某人来说是圣牛，对其他人来说可能只是巨无霸汉堡中的一块牛肉"。
- **市场幻象** 市场幻象指的是"人与人交际和联系"时所产生的一些概念。此处，培根所说的幻象指的是词语的含义随时间而发生的变化。在马萨诸塞州，17世纪巫婆一词的含义与当今大有不同。简单地说，市场幻象就是"流行"的意思。
- **剧场幻象** 最能迷惑人的幻象是那些"接受系统"的结果，"接受系统"正如戏剧舞台，展示哲学家们所创造的世界，优美而不真实。亚里士多德体系或许就是这一幻象的初期目标，但是人们不禁会想，培根也在围绕着"宗教"一词大做文章。
- 最后，尽管培根没有将这一缺陷上升到幻象的高度，但是他早在三个多世纪以前就指出了现代行为心理学的观点，即人类有一种"假想出许多根本不存在的命令和规则"的倾向。如果人类能够有一种准确的能力，无中生有地看到事物内在的联系和阴谋，那么他们就不仅仅是寻找规则的灵长类动物了。

在《新工具》第2卷中，培根对他新建立的归纳推理法做出了描述。尤为重要的是，他在文中写道，通过尽可能客观的方式观测世界，这是非常必要的，这样能尽可能地避免将人类的感官直接用于判断，他认为这是人们得出错误理解的重要原因。对于科学家来说，他们需要借助在不同的观察者手中能够获得出相似的数据的方法和器械。

培根还很肯定地认为，除了万能的上帝外，没有任何人能掌握所有的真理。正如我们所知道的，即便是牛顿，他也需要一些帮助才能获得那些重大发现。在《新工具》第2卷里，培根列出了一个清单，其中囊括了一些单调乏味的可能需要研究的领域。他还对科学是如何发展的做了枯燥的描述，即由原先的通过原始事实的直接观察，改变成先通过次级公理，然后通过中级公理，最后通过放之四海而皆准的公理来实现科学的发展。

当然，这并不是科学方法真正的运行方式。科学家们未能真正理解培根在《新工具》第2卷里所描述的这一方法，于是他们很快就下结论，应该首先做出一些假设并把这些假设当作次级公理或主要公理，然后再直接对它们进行验证。他们认为这种方法更有效率。

培根晚年与有钱人联姻成了富人，他的爵士职位能够给他带来经济报酬。他最终由于受贿罪被起诉，这一指控并没有造成他与同僚们的隔阂，但是他却被迫辞去了职务。1626年培根死后不久，在伦敦皇家自然科学促进协会（现在简称皇家协会）的资助下，培根的门徒将其思想体系化。皇家协会直到1662年才得到查理二世的特许，致力于促进新科学的发展，也就是人们当时所说的哲学的发展，皇家协会开始吸纳来自不同背景且持有不同信念的成员。引用这一新科学早期的一位历史学家的话说，协会活动仅仅涉及"新哲学……不包括神学和政治事务相关的内容"。牛顿后来也谈道："应该将宗教和哲学清楚地分开。我们不应该将宗教启示引入哲学中，也没有必要将哲学观点带入宗教中。"尽管这一约束在现代读者看来显得有些高尚，但是它的起因却是非常现实的：协会成员不愿意承受当时宗教冲突造成的影响，尤其是贵格会⊖教徒（Quakers）的狂欢和非国教派（Dissenters）的攻击。

如果人们把培根和其皇家协会的同僚们都看成反宗教人士，那就真是大错特错了。任何一个人，都很自然以及虔诚地想从上帝那里汲取力量。该协会的成员正确地意识到，牛顿和哈雷对自然物理规律的发现正如茫茫未知大海中的一座孤立小岛，而这片大海就是人类对几乎所有自然规律的无知，尤其是对人类自己身体内部运作的无知。当然，人类自身是无法设计和制造出如此非凡的生物体的，只有造物主才具备这样的能力。即便是卑微果蝇的复眼，在显微镜下也是一件精美无比的艺术品。果蝇的复眼大概由1.4万个单位或"珠状物"组成。罗伯特·胡克（Robert Hooke）对此惊叹道："每一个'珠状物'的结构都如鲸鱼或大象的眼睛一样精细，只有万能的造物主才有可能创造出此类存在之物……"

⊖ 又称公谊会或教友派，是基督教新教的一个派别。该派成立于17世纪的英国，创始人为乔治·福克斯，因一名早期领袖的号诫"听到上帝的话而发挥"得名"贵格"。——译者注

显微镜的出现使人们可以观察那些以前难以想象的宇宙生命形态，如原生生物和多细胞生物，这只会使人类对造物主更加敬畏。气体定律的发现者和实验主义者罗伯特·玻意耳（Robert Boyle）将自己和自然哲学的同僚视为"自然的传教士"。相应地，他将他的所有实验都限制在安息日进行。

尽管如此，科学和宗教划分的进程已经开始了，这对科学和宗教都具有永久性的好处。科学仅仅研究是什么以及如何做的问题，而宗教则将自己的研究限制在是谁以及为什么的问题上。再后来，宗教和政府分离了，为经济繁荣的道路扫清了障碍。

观测大师

培根强调有条不紊而细致地观测，事实上，培根的上一代人，著名的丹麦天文学家第谷·布拉赫早就考虑到这一点了。第谷·布拉赫1546年生于瑞典（当时被丹麦统治）西南部一个非常富有的贵族家庭，年轻的时候，他曾观测到一次日食现象，从而决定终身致力于对宇宙奥秘的探索。当他在德国罗斯托克上大学的时候，由于与别人决斗，他的鼻子被打掉了，从此以后，他只能带着一只人工金属假鼻子示人。他所学的专业是法学和化学，但是他偷偷地学习了天文学。1571年当他学成回家的时候，他的叔叔在家族城堡内为他建了一座小型观测站。

第谷也是一名幸运儿。1572年11月11日，他在仙后座星群中观察到了一颗"新星"（就是现在的超新星）。他在自己出版的小册子《论新星》（De Nova Stella）中发表了观测成果，并于1574年到哥本哈根开展皇家讲座。他开始四处旅游并广泛宣传自己要在瑞士巴塞尔定居的愿望。这是不是第谷·布拉赫为获取丹麦国王的让步而采取的策略就不得而知了。但是在1576年，为了避免这一"国宝"的流失，腓特烈二世将位于哥本哈根和瑞典海峡之间的汶岛赐予第谷，并在那里为他修建了乌拉尼堡⊖（Uraniborg）天文台。为了提升第谷对国家的忠诚度，腓特烈向他提供了其他财产以及丰厚的健康津贴。

第谷的天赋就在于他拥有过人的观察能力。与他同时期的天文学家只能间歇性地观察天体，而第谷却能够连续地标出天体的位置，除非是在白天或者有云层挡住了他的视线时他才罢休。他那些在乌拉尼堡天文台的设备，如庞大的四分仪和六分仪，都配有精良的十字准线，在当时都是最先进而且质量最好的设备了。

颇具讽刺意味的是，第谷最伟大的理论成就是他意识到了无论制作工艺多么精湛、设备本身多么精良，仪器测量永远不可能做到绝对精准。所有的试验都存在误差，这些误差必须得到量化。第谷非常细致地测量可能出现的误差，并将其整合到观测结果中，这使得他的观测结果更精确了。

第谷试图构建一套天体运行理论，但很可悲的是他失败了。他甚至还造成了理论上的倒退，即认为水星和金星围绕太阳运动，而其他天体围绕地球运动。在所有伟大的文艺复兴的科学家中，第谷可能是最后一名受到宗教束缚的了。从字面来理解《圣经》，第谷认为《圣经》中地球静止的宣言是真实的。◎腓特烈二世辞世后，第谷发现他的继任者并没有那么通融，于是他在布拉格度过了晚年。在那里，幸运之神再次眷顾第谷，给他送去了一名叫作开普勒的年轻助手。

⊖ 直译为"天上的城堡"，也常译为"天堡"，与该岛上另一座小天文台"星堡"（stjerneborg）对应。——译者注

◎ 你从天上使人听判断，神起来施行审判，要救地上一切谦卑的人，那时地就惧怕而静默。《诗篇》76：8。

被抛弃和被保留的模型

年轻的约翰尼斯·开普勒并没有像他的导师一样受到命运之神的眷顾。开普勒出生于1571年,是个早产儿,父母都患有严重的人格障碍。他的母亲几乎没有念过书而且没有修养,他的父亲由于对家庭生活非常不满,在开普勒出生后不久就自愿参军,为西班牙阿尔巴公爵镇压荷兰的凶残战争效力。4岁的时候,开普勒染上了天花,因此视力受损,手也留下了残疾。由于身体残疾,他的父母将他送入神学院,想让他日后从事神职工作。

神学院的老师很快就发现了开普勒的数学天赋,这对开普勒本人乃至整个西方文明来说,都是一件幸运的事。最终,他获得了一个编撰通俗天文年历的职位。开普勒发现托勒密体系远远难以满足自己计算的需要,于是他推测一定存在一种统一宇宙的力量。在了解了哥白尼的日心说假设之后,他开始对天体运动的复杂性进行解释。他早期的职业生涯都是以德国南部的图宾根(Tübingen)大学城为中心展开的,并常常受到当地特有的宗教冲突的影响。最终,他于1600年到布拉格成了第谷的助手,并得到相应的保护。几年后,第谷意外辞世,开普勒成了欧洲最好的观测站的负责人。这一观测站不仅为开普勒提供了继续研究所需的仪器,还为他提供了第谷积累的独一无二的观测成果。

前文讲过,古希腊天文学家反对阿波罗尼奥斯和阿里斯塔克斯日心说体系中正圆形轨道的观点,这一学说的预言存在10°的偏差,即便是用肉眼进行观测的古人也能发现这一偏差。随后的托勒密体系获得了大家的认可,因为它的偏差只有几度。1000年后,第谷的测量更为精确,将偏差控制在1/10度左右。第谷的数据突显出托勒密体系的缺陷，托勒密体系已经不能够满足精确观测的需要了。而开普勒的过人之处在于，他意识到了如果要对宇宙运行做出更好的解释，那么就需要推翻所有前人模型中所使用的正圆轨道的假设。

开普勒对火星的运行轨道尤其感兴趣。在所有可观测的天体中，火星的运行轨道是最怪异的，它背离了正圆轨道，这一事实在开普勒的数据中得到了清楚的反映。㊀开普勒抛弃了前人两个模型中附加在正圆形轨道上的本轮假设，取而代之的是椭圆轨道假设。开普勒接下来面临的挑战是确定在这种假设之下的轨道周期。开普勒推测，天体在椭圆形轨道上的运行速度与它和太阳之间的距离有关，于是他开始对不同的天体运行的数学模型进行系统检验。

尽管解开火星运行轨道之谜并不是一件容易的事，但是开普勒的数学天赋与第谷观察天赋的结合使之在某天成了可能。开普勒还具备第谷所没有的优势：他接受了培根基于观察基础上的研究体系。即便是当时最优秀的观察者第谷，也几乎与其他同事一样，将亚里士多德和托勒密体系奉为精神权威。开普勒并不如此，他花了近10年的时间研究第谷的火星数据。这些数据既不符合哥白尼模型，也不符合第谷费尽心思对其进行修正后的模型。因此，他推断这两个模型都存在问题，需要将其推翻。不像自己已故的导师第谷那样，对于开普勒来说，没有什么模型是不可推翻的。没有任何一个模型或信仰体系能特殊到可以在与之相矛盾的数据中幸存下来，这种想法在现代西方社会是理所当然的，这也是划分西方社会和非西方社会的基础。开普勒是最早采用这一实证研究框架的哲学家之一，这

㊀ 在古人所知道的5个天体中，火星的运行轨道最不规则，它仅仅略微倾向于椭圆形。其长轴比短轴长不到1%。然而，由于太阳位于椭圆轨道的一个焦点上，与"中心"偏离9°，使得火星运行的不规律性更为明显。

种架构恰恰是现代西方生活方式的基础。当理论与现实的数据相矛盾时,人们应该推翻和摒弃理论。

作为一名经验丰富的数学家,构建出一个替代模型对开普勒来说并非难事。在最终确定出三条能够完美满足第谷数据的天体运行规律之前,开普勒曾进行过几十次尝试。这三条规律描述了行星围绕太阳轨道的形状、距离和速度三者之间的关系。⊖开普勒可能也曾预想过哪个模型会运行得更好,但这些偏见无伤大雅。最后,他还是选定那些与数据最吻合的模型。

开普勒发现了天体运行的规律,但是他还不能解释其背后的根本原因。例如,他的第三条定律描述了当行星运行至离太阳更近的位置时,运行速度就会加快,周期会变短。但是他不知道为何会出现这种情况,他也不能解释为什么月球绕地球旋转时并不符合行星围绕太阳旋转的这一规律。

像哥白尼一样,开普勒在世的时候,他的工作并没有给世界带来多大的影响。现在,我们可以很容易说出开普勒的三大定律,并将其视为开普勒至高无上的成就,但是开普勒同时期的人们却很难意识到他的伟大天赋和成就。这三大定律隐藏于太阳和行星间引力与斥力的晦涩论证中。伽利略在天文望远镜的帮助下进一步发展了

⊖ 这三条定律是:①所有天体的运行轨道都是椭圆形的,一个椭圆有两个焦点,太阳位于其中一个焦点之上;②行星与太阳之间距离的平方与它公转周期的立方成正比,例如,冥王星与太阳之间的距离是水星与太阳之间距离的 100 倍,因此,冥王星公转周期的年数是水星公转周期的年数的 1000 倍;③行星离太阳越近,运行速度越快;连接行星和太阳的线在相同的时间内扫过的面积是相等的。彗星能够很好地说明这一点。当彗星离太阳很远时,彗星划定的"扇形区"是狭长的,当它与太阳的距离越来越近时,这一扇形区直径也变得越来越短,弧度越来越宽。对于任意给定的一个月的时间内,扇形区域的面积都是相等的。

观测天文学，牛顿和哈雷则帮助人们完善了对天体运行的理解。这些杰出的成就将科学探索从宗教教条的严格控制中解放出来，在整个过程中，他们也清理了通往繁荣之路的又一块绊脚石。

教会的衰败

文艺复兴始于意大利绝非偶然。1453年，君士坦丁堡陷落于穆罕默德二世统治下的土耳其，拜占庭的珍宝和手工艺品大量流入西方。其中最为重要的珍宝就是整个古希腊手稿的库藏。单是地理位置就决定了意大利学者是西欧最早对这批藏品进行考察的学者，他们点燃了人们长期沉寂的对希腊艺术、文学和建筑的兴趣，意大利与支离破碎的拜占庭帝国领土接壤，既是福祉也是诅咒。艺术得到了巨大的发展，尤以雕塑和绘画为甚，教会在这些方面给予那些富有创造力的天才巨大的空间。不幸的是，在科学方面，宗教教条严酷之手束缚了严谨科学探索的发展。在这一章中出现过的所有名人中，仅有一位一生中大多数时间都是在阿尔卑斯山南部地区度过的，他就是伽利略·伽利雷。伽利略1564年出生于佛罗伦萨，即教会和科学发生冲突的焦点地区。

伽利略的父亲温琴佐·伽利雷是一个没落托斯卡纳贵族家庭的子弟。正如现在的许多家长一样，温琴佐认为家族重返贵族阶层的最好出路就是儿子从事医生职业。温琴佐·伽利雷自己就是一名出色的数学家，他发现了儿子在数字方面的天赋，于是揣测，如果儿子发现了数学之美，那么他一定会放弃从医。温琴佐的推测是对的。当伽利略在当地一名公爵的庭院里意外地听到了一场为其他学生讲授的数学课后，他就被数学之美深深地吸引了。

他最终在比萨谋到了一份薪水很低的数学相关工作。他在比萨斜塔上做的自由落体实验也开始吸引人们的注意。通过这个实验，他证明了亚里士多德关于物体下落速度同物体质量成正比的理论是错误的。伽利略不是一个容易忍受愚昧的人，他因为批评了科西莫·德·梅第奇一位私生子所设计的港口清扫机而惹恼了这位公爵，于是不得不返回佛罗伦萨老家。

很快，他在帕多瓦大学得到了一个数学相关职位。当时，该大学处于威尼斯人的掌管之下。他的事业在那里得到了发展，给大量的听众讲课，并进行发明创造。在他所发明的众多物品中，较为著名的就是第一个密封球体温度计。

1608年，一名荷兰光学仪器制造商约翰尼斯·利珀希（Johannes Lippershey）发明了一架简陋的天文望远镜，并在荷兰申请了专利。第二年，这一发明的消息传到了意大利。在对光学原理思考了几个小时以后，伽利略就设计出了属于自己的望远镜。他不断地对望远镜进行改进，在他32岁的时候，他的望远镜实现了32倍放大，远远强于荷兰人的装置。伽利略制造了几百架这样的望远镜，并把它们卖到欧洲各地。但是，谁也不会想到因为那些从望远镜中看到的东西，伽利略差点丢了性命。

天文望远镜给世界带来了激动人心的影响。天文学家可以将银河划分为一个个独立的恒星，他们发现了月球上有山脉，并发现了月光是太阳光在地球上反射的结果。从天文望远镜中人们可以看出行星是球形的，但是无论放大多少倍，恒星看起来依然是闪烁不定的亮点。通过天文望远镜，人们发现了许多"新的"恒星，光在（金牛座）昴宿星团（Pleiades）就达40多颗，而在这之前人们在该星团所发现的恒星只有7颗。人们经过观察还发现太阳上有黑子，土星有"三重结构",而随后一名叫作克里斯蒂安·惠更斯(Christian Huygens)的杰出天文学家和数学家发现土星是环状结构的。

上述发现的重要性与伽利略对木星拥有卫星这一发现相比就相形见绌了。与伽利略同时期的任何人通过伽利略天文望远镜都能发现,这些新的天体围绕另一个天体运行,这与托勒密的宇宙学说直接相悖。更为可怕的是,金星的相位与托勒密模型所预测的完全不同。行星存在规律性的运动,这一发现使人们萌生了一个想法,即行星或许能够以某种方式被用作极度精确的"天文钟",并解决当时航海上最大的难题,即对经度的计算。

尽管帕多瓦大学为伽利略提供了丰厚的报酬以挽留他,但是佛罗伦萨的赞助人也想吸引他回到家乡。新发现的木星的卫星被重新命名为"梅第奇卫星"(Medicean Stars)。但是,伽利略回到佛罗伦萨是一个可怕的错误。

1605年,伽利略在帕多瓦任职期间,教皇保罗五世同长期脱离教会权威的威尼斯之间发生了一场重大的宗教冲突,双方互相对立起来。冲突的起因是很小的事情,即两名威尼斯的牧师以企图诱骗和故意伤害罪被起诉。威尼斯方面希望由民事法庭来审判该案,但是教皇坚持只有教会才有权审判神职人员。由于这两名神职人员没有被移交到罗马教廷,教皇发布了一项"禁令",事实上这一禁令将整个威尼斯共和国都逐出了教会。威尼斯方面拒绝服从罗马教廷的决定,对上述禁令最直接的反抗就是牧师们继续庆祝弥撒。

共和国已经揭穿了教皇的虚张声势。上帝之手并没有击倒这个"最平静的共和国",它大胆揭露了罗马教廷在神学上对世界的无能。最终,教皇做出了让步。由于帕多瓦处于威尼斯的保护之下,帕多瓦的大学就具有了世界上最自由的学术环境。相反,佛罗伦萨的统治者梅第奇家族的财富和权力的多少与罗马教廷对它的支持程度相关，梅第奇家族对此也非常了解。因此，与帕多瓦相比，梅第奇能够为伽利略提供的保护要少得多。

为了掩盖与《圣经》的冲突，哥白尼声称自己的学说是一种假设，而伽利略却公然向教会教条提出了挑战。冲突是难以避免的，导火索被点燃了，伽利略冲动的个性无疑使之燃烧得更为猛烈。

尽管伽利略勇敢迎战，但他在这一斗争过程中的表现却显得过于天真了。在写给大公夫人克莉斯蒂娜（他的资助人科西莫二世·德·梅第奇的母亲）的一封信中，伽利略带着对科学研究的激情辩论道，哥白尼体系实际上与《圣经》是一致的。但是教会当局并没有善待支持日心说的伽利略，相反，被一名傲慢的新人教导该如何解读《圣经》更令他们感到恼怒。在1615年年初，罗马教廷把伽利略召唤到了罗马，并将其送入宗教裁判所。

最初，伽利略的处境还不是很糟糕。检举人是罗伯特·贝拉尔米内，他是最有影响力的红衣教团成员，也是伽利略的朋友。一开始检察官们并没有直接处罚伽利略，由于哥白尼《天体运行论》中的内容仅仅是"理论上的"，因此检察官们只是简单地中止了它的传播。检察官们命令伽利略不要"支持、讲授或为这些违禁教条辩护"。伽利略很乐意地服从了他们的命令，作为交换条件，贝拉尔米内为伽利略提供一份证明，表明裁判所没有对他进行任何形式的责难和惩罚。

当伽利略确认自己已经躲过了这场劫难后，他回到了佛罗伦萨并在之后的7年中保持了沉默。1624年，当红衣教团中对伽利略最有力的支持者马菲奥·巴贝里尼（Maffeo Barberini）被选为罗马教皇后，伽利略带着胜利的喜悦回到了罗马。当时教会权力最大的教皇，即现在所说的乌尔班八世以及不少于 6 名新教皇的拥护者盛情款待了伽利略。在每个场合，伽利略都努力为 1615 年的禁令翻案，而乌尔班每次都拒绝他的请求。

伽利略对此百思不得其解，他没有领会乌尔班的暗示。在 1624 年拜访罗马后的几年中，伽利略都确信教皇实际上是支持自己撤销禁令的。实际上，是朋友的善意使他心存幻想。1630 年，一位叫作托马索·康帕内拉的修道士给伽利略写信说，教皇曾经表达过对禁令的事不满。这更加坚定了伽利略的想法，他坚信自己是正确的。他开始写作《关于托勒密和哥白尼两大世界体系的对话》(*Dialogo dei due massimi sistemi del mondo*)。

这一著作中包含三个角色。第一个角色名叫萨尔维亚蒂，是一名有耐心且有条理的教师，代表伽利略本人；第二个角色名叫萨格雷多，是一个聪明且富有同情心的朋友和知己；第三个角色名叫辛普利西奥，是一名有点傻气的学者。从表面上来看，辛普利西奥这一名字来源于一名亚里士多德的解说者，实际上一语双关的意味非常明显。为了扩大影响力，该书用意大利语写作而不是拉丁语，并旗帜鲜明地指出了托勒密宇宙学说的错误之处：使用新发明的天文望远镜，金星的相位对所有人都是可见的。更糟糕的是，一些流言称伽利略书中的辛普利西奥不是别人，正是教皇本人。

1632 年 1 月，《关于托勒密和哥白尼两大世界体系的对话》一经出版立即引起强烈的反响。同年 8 月，教会就禁止该书出售，10 月，伽利略再次面临宗教裁判所的审判。以年老体弱多病为借口，他 1633 年 2 月才到达罗马，并往返于宗教裁判所的居民"公寓"和朋友的住所之间。在这期间，这位年老的天文学家受到了酷刑折磨。6 月，当他最终出现在法庭上时，他声称自己从未真正相信过日心说，他公开表示放弃对该学说的支持。最终他被判决为"强烈的异端嫌疑人"(罪名仅次于异端,异端将被处以火刑),并签署一份无关痛痒的忏悔书。传说当伽利略从锡耶纳的忏悔室中被释放出来以后,他大声喊了一句:"然而它还在动啊!"但伽利略的这一宣言在130年后才有人提出,所以这个传说很可能是捏造的。

教会的胜利是一种惨胜。伽利略表面上输了,可是实际上赢了。在与威尼斯早期的较量中,教会神学力量的没落已经初现端倪,而在与伽利略的这场战役中,教会教条的核心缺乏理性思维应有的诚实。在这场致命的冲突中,教会丧失了大部分的公信力,它再也无力阻挡那些有意义的科学的发展了。伽利略的这场战役为人类发展扫清了障碍。

尽管伽利略晚年双目失明,但是他坚持工作到1642年去世之时(就是在这一年牛顿出生了)。伽利略的成就是惊人的,但是也存在一些不足之处。他拒绝接受开普勒关于椭圆轨道的理论,支持哥白尼完美正圆轨道附加本轮的理论。在对重力本质的构思方面,他没有实现学术上的突破,只是朦胧地意识到,某种强大力量的存在将地球保持在绕日轨道上,同样的力量将月球约束在地球周围以及将木星的卫星约束在木星周围。像第谷一样,伽利略的过人之处也在于他的观察能力和创造能力。最终,在伽利略伟大实践和观测成果的基础上,加之牛顿那无与伦比的天赋,宇宙运动的终极秘密才得以揭开。

揭露科学发展的进程

我们最好是把艾萨克·牛顿和埃德蒙·哈雷的生活与职业放在

一起讲述。牛顿出生于1642年,比哈雷大16岁,但是他们在相同的学术环境中开始科学探索,并共同解决了当时最重要的自然之谜——是什么主宰宇宙万物的运动,而不仅仅是行星运动的规律。在这两个人中,牛顿是公认的天才,他具有无与伦比的数学天赋,即便是现代的学者也惊奇他是如何在如此短的时间取得如此大的成就的。他的性格也如他的天分一样,让人捉摸不透:忧郁、一本正经、独断,有时又害羞和暴躁。哈雷则相反,无论男女老少,大家都认为哈雷魅力十足、慷慨善良并且性格开朗。虽然哈雷的天赋比不上牛顿,但是他涉猎的领域更广,不仅仅局限在基础科学领域。

牛顿少年时代的生活是清苦的。在他出生前3个月,他的母亲便成了寡妇。牛顿出生于林肯郡的伍尔索普,他是个早产儿,体弱多病。为了生计,母亲被迫改嫁,把年幼的牛顿留给外祖母抚养。第一个发现牛顿是个天才的人究竟是谁已经无从考证了,或许是一位叔叔,或许是他就读的格兰瑟姆(Grantham)附近的那所学校的校长。但出人意料的是,1661年牛顿进入了剑桥大学三一学院(Trinity College),依靠在学校打工的方式成了一名半工半读生。

若我们不能了解牛顿入学初期的学习情况,那我们就更不能了解他早年在剑桥的学习情况了。1664年左右,牛顿发现,前人积累的关于数学和自然界的知识已经不能够满足他的学习需求了。从此以后,他不得不独自开辟新的领域。

有一件事情对牛顿来说是极其幸运的,即当时英国的亚里士多德教育体系已经开始出现裂痕。三一学院是第一个抛弃这一沉闷而古老教育体系的学院。早在一代人以前,勒内·笛卡尔(René Descartes)就已经发明了解析几何,这是解决轨道运算的必要工具。当牛顿进入三一学院的时候,三一学院是英国最早自由教授新笛卡尔数学的学术机构。

1665年6月，一场瘟疫爆发后，剑桥被迫关闭，牛顿返回伍尔索普的家中。其间除了在次年短暂地回过一次剑桥外，牛顿一直待在伍尔索普，直到1667年。在18个月的孤独乡村生活中，他彻底改造了数学、物理和天文学。

他首先投入研究的是一个长期困扰他的问题：使月亮沿着轨道运行的力量是否也是使苹果从树上掉下来的力量呢？实际上是的，他总结道，这种力量就是重力。（没错，牛顿之所以会产生这样的疑问，是由于他在母亲的果园里看见了苹果落地。但是关于苹果是否砸伤了牛顿的头，并不存在权威性的记载。）

牛顿很快就发现解析几何难以满足这一计算，因此他发明了微积分。不幸的是，牛顿常常由于粗心大意而犯错误，这次也不例外。由于身边没有图书馆，牛顿使用了错误的地球半径数值来计算，基于对月球运动的观察，牛顿错误地估算了重力。由于受到这一错误的影响，牛顿难以理解天体的运动，于是他把这个错误的计算压在箱底，并开始研究别的领域——牛顿力学三定律。在对此进行研究的时候，他还在数列方面取得了突破性的成就。牛顿仍不满足，他还通过棱镜分离出光的色度组成，并发明了现代光学。

埃德蒙·哈雷：借天才之力

埃德蒙·哈雷1658年出生于一个富裕的商人之家，在父亲的支持下，他从小就在位于伦敦西北部的圣保罗学校接受一流的教育。年轻的哈雷在天文学上出类拔萃，当他在1673年进入牛津大学学习之时，就已经拥有了大量的天文学设备，足以建立一个属于自己的高规格观测站。

牛顿在伍尔索普度过将近20年之后，天体运行以及重力的问题仍然困扰着科学家们，其中包括与牛顿和哈雷同一时代最有才华的罗伯特·胡克（胡克定律与细胞的发现者，后来成为牛顿最痛恨的对手）及有名的建筑家克里斯托弗·雷恩（Christopher Wren）。哈雷、胡克和雷恩凭直觉相信了重力的存在，但是由于证明重力的存在需要大量的数学运算，即便是这几位著名的人物也对此心存畏惧。

到了17世纪80年代，牛顿的数学天赋已经广为人知了，不幸的是，牛顿与胡克之间的对立也已经大大地升级。胡克声称自己已经掌握了解决这一问题的数学方法，但就是不肯告诉哈雷和牛顿。哈雷并不相信胡克，并去剑桥大学寻求牛顿的建议。

哈雷了解牛顿的重力理论——行星受到太阳的吸引，引力与行星的质量成正比、与行星和太阳之间距离的平方成反比。哈雷向牛顿请教，受到这一引力的影响，天体的运行轨道将是什么样的形状呢？牛顿毫不迟疑地回答道，天体运行的轨道是椭圆的。这一回答使哈雷哑然。像所有同时期的科学家一样，他所学习的是亚里士多德的主张，即轨道是正圆形的。哈雷又接着问牛顿是如何知道轨道是椭圆形的。牛顿回答说，早在20年前当他在伍尔索普的时候就已经计算出来了。传说牛顿当时就拉开了桌子的抽屉，找回自己以前的错误计算，而哈雷很快就指出了地球半径的错误数值，并得出了正确的公式。当时整个学术界都开玩笑地说，全欧洲人都在努力寻找天体运动问题的答案，牛顿却把这个答案给扔了。

很快，天体运行的本质昭然于世。哈雷鼓励牛顿把他的成果出版，甚至还帮他支付印刷费用，这就是大名鼎鼎的《自然哲学的数学原理》。（这更加剧了牛顿和胡克之间的矛盾，胡克指责牛顿抄袭自己的成果。哈雷试图帮助两人和解，但最终失败了。直到1703年胡克去世，这种恶劣的关系才得以结束。后来，牛顿接替胡克掌管皇家学会。）

这些不可思议的成就震撼了整个欧洲。精确的天体预言得到了接二连三的证实。连老天也似乎变得配合起来。如果想要展示当时新科学的威力，最好的例子就是1715年4月22日发生在伦敦上空的日全食。哈雷分别发表了日食前的预测图和日食后的实际轨迹图。哈雷的第一幅图是在日食前两个星期发表的，图3-4是哈雷第一幅图的复制品，它展示了日食的预测轨迹。这一图形有两层目的。第一个目的，也是最重要的一个目的，即提前告知百姓即将发生日全食这一消息，并向他们保证，几个世纪以来英国首次出现的日食只是一种自然现象，而不是上帝发脾气的征兆。发布这幅预测图的目的是：

> 当黑暗突然出现，以及太阳周围可以看见星星时，人们不至于慌乱。如果不对此进行预先的宣传，人们很可能认为这是一种不祥之兆，并将它理解为上帝向他所庇护的尊敬的乔治国王和政府发出的不祥信号。据此宣传，人们就能把它看成一种自然现象，一个由于太阳和月亮的运动而造成的结果……

第二个目的，哈雷想借这次日食，请英国南部的观测家记录日食的过程以及日全食（整个太阳被月亮遮住）的持续时间。哈雷获得了几十份报告，通过这些报告，哈雷可以了解自己预言的准确程度。

通过观察，第二幅图产生了。如图3-5所示，实际的日食与预测的日食几乎是相同的。哈雷的预测几乎是完美的，仅在方向和实际轨迹宽度上存在极其微小的误差。作为额外的收获，第二幅图还展示了下一次日食的轨迹，预计发生在1724年，其轨迹是由西北至东南。

图 3-4 哈雷对 1715 年日食轨迹的预测

资料来源：经 Houghton Library, Harvard University 许可转载。

第 3 章 理　　性

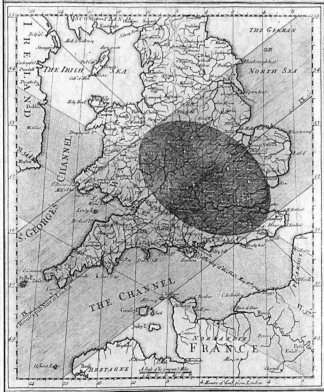

图 3-5　1715 年日食的真实轨迹

资料来源：经 Houghton Library, Harvard University 许可转载。

哈雷对日食路径的准确预言震惊了公众。这致命的一击预示着培根归纳科学研究方法的胜利：观察，假设，然后检验。到了18世纪中期，新科学击败了亚里士多德体系和演绎法，同时清除了教会对科学研究的不良影响。

教会和科学的彻底分离至少在100年后才最终实现。像同时期的其他所有人一样，哈雷和牛顿都虔诚地相信上帝早就安排好了天体的运行规律，他们甚至相信《圣经》上所讲的故事。例如，哈雷认为洪水是由于彗星离地球太近所导致的，而牛顿不同意他的看法，他认为洪水是某种行星间的互相碰撞造成的。在18世纪，威廉·惠斯顿（William Whiston）接替牛顿成为卢卡斯数学教授⊖（Lucasian Professor of Mathematics）的继任者，他在伦敦面向大量听众举办了讲座，介绍天文学事件和《圣经》中记载事件之间的关系。即便是牛顿本人也无法完全摆脱中世纪迷信的影响。他的大部分研究生涯和著作都与炼金术有关，他还与当时许多启蒙科学家互通炼金术的心得，包括约翰·洛克以及和他决裂前的罗伯特·玻意耳。

埃德蒙·哈雷：最伟大的繁荣推动者

除了那些与牛顿合作的科研成果，埃德蒙·哈雷自己独立的科研成果也是非常引人注目的。1682年，哈雷发现了一颗彗星，并以自己的名字为其命名，他还计算出这颗彗星椭圆形轨道的周期大约为76年。这与1531年和1607年分别在欧洲与亚洲观测到的彗星是同一颗。哈雷预测，该彗星将在1758年的圣诞节期间回归。木星和

⊖ 英国剑桥大学的一个荣誉职位，授予对象为数理相关的研究者，同一时间只授予一人，此教席的拥有者称为"卢卡斯教授"。——译者注

土星的引力作用导致彗星回归时间略微延迟，这一因素也被哈雷考虑到了。哈雷知道自己活不到那个时候，于是呼吁后来的天文学家不要忘了验证他的预言。

其实他不必担心。自古以来，彗星就被赋以宗教和历史意义。例如，在1066年黑斯廷斯战役（Battle of Hastings）爆发前7个月，哈雷彗星也出现过一次。随后，哈雷彗星被绣入贝叶斯挂毯中，上面壮丽的图画描绘的是诺曼底人征服英格兰的故事。到了1758年，彗星准时回归，更增加了人们对新科学方法的信任。

闲暇之余，哈雷将从德国布雷斯劳市收集来的死亡数据制作成第一个保险精算表格，这是保险行业的基本要素，此举也促使了新保险行业的出现。作为皇家天文学家，他自然是经度委员会（Board of Longitude）的成员。在这个职位上，哈雷为约翰·哈里森研制出可靠而精确的航海天文钟提供了必要的鼓励、建议和资金支持。

哈雷一生的成就远不止这些，他还引导欧洲人发现了一片新的大陆。他建议派一支探险队到太平洋观测金星在1761～1769年（他死后的20年）的运行轨迹，以便更精确地测量地球和太阳的距离。詹姆斯·库克（James Cook）承担了这一航海任务，在这个过程中，他成了第一个到访过太平洋许多地区的欧洲人，包括澳大利亚和夏威夷群岛。带来现代繁荣的四个要素中，埃德蒙·哈雷对其中三个要素（科学理性主义、资本市场和现代运输）的发展起到了关键性的作用。因此，把埃德蒙·哈雷看成本故事的中心角色一点也不为过。

科学理性的传播：超越天体力学的发展

尽管科学研究方法获得了令人瞩目的发展，但是直到两个世纪以后，这一变革才开始极大地增加社会的财富。1850年以前，很少有科学家从事工业生产方面的研究，绝大多数的发明都是由有才华的工匠和发明家创造的，如托马斯·爱迪生和约翰·斯米顿（John Smeaton）。后者重新发现了由于罗马帝国衰落而失传的混凝土工艺。19世纪，钢铁工业首先建立起现代工业科学实验室，由一批专职研究人员持续监控矿石质量和最终产品质量之间的关系。钢铁大亨安德鲁·卡内基（Andrew Carnegie）因实验室为其带来的竞争优势而高兴不已。"我们采用化学指导生产已经有几年了，竞争对手还说他们雇用不起化学家。如果了解事实的真相，他们就会发现，没有实验室会使得他们付出更大的代价。"卡内基说道。直到真正进入20世纪以后，配备优秀专业技术人才和大量资金的研究部门才逐渐成为大型制造企业必不可少的一部分。

关于哥白尼以后世界发生了多大的变化，马丁·路德对这位伟大波兰天文学家所做的谴责就是一个最好的总结："这个傻瓜将毁了整个天文学。"对路德来说，颠覆已经被人们所接受的知识就是一项重大的犯罪；但在3个世纪内，这样做似乎可以得到荣誉和财富。在一个或许是杜撰的故事中，拿破仑问天文学家约瑟夫·拉格朗日（Joseph Lagrange）还有没有可能出现一位像牛顿这样的人物，传说拉格朗日当时的回答为："没有可能了，陛下，因为我们只有一个宇宙可以去探索。"这一回答就是对那个时代做出的最好总结。

人类对星星的好奇引发了人们计算能力的发展，现在，人们只需要敲几下电脑键盘，就能够计算出人造卫星的运行轨道。天文学最大的发展出现在 17 世纪,人类与周边环境的关系也发生了前所未有的变革。英国科学家和工匠们的知识与财产权受到了普通法的保护,现在他们又掌握了合适且可用于创新的科学研究工具。

在接下来的两个世纪中,发展中的资本市场将为他们的努力提供资金,随之出现的现代动力、交通和通信把他们的成果传遍了整个国家乃至全球,并由此引发了现代财富的第一波浪潮。

第4章

资 本

简单地说,市场资本主义需要资本,即经营商业必要的资金。无论是大型企业还是小型企业,在生产产品和服务之前,它们首先需要购买设备和原料,正如远古时期的农夫一样,他们在收割和出售谷物之前,首先需要借钱购买种子和农具。通常情况下,企业在资本支出后需要很长的时间才能获得收入,即便是在纯农业社会,种植和收获之间也有可能相隔几十年,如葡萄栽培。

在工业社会,资本支出与收入之间相隔很长时间是正常的,且需要的资本量通常更大。在现代西方经济中,大部分收入来自发明创造,而几乎所有的收入都来自20世纪还没有出现的发明创造。将这些产品推向市场需要大量的资本。想一想20世纪的前半叶,1950年主导经济的汽车、飞机和家用电器制造业在1900年时根本不存在,存在的只是那些梦想将这些发明创造带入千家万户的发明家和企业家。

令人难堪的事实是,西方社会的绝大部分繁荣在任何时候都起源于少数天才,这些天才万里挑一。把天才的创意转换成经济现实需要数量惊人的资本,只有充满活力且受投资者信任的金融系统才能提供。

托马斯·爱迪生在 1879 年发明白炽灯就是一个合适的例子,它生动地说明了现代资本主义生产是如何运作的。(电灯本身并不是爱迪生发明的,这与我们通常所认为的并不相同。早在两年前,一名叫作保罗·亚布洛奇科夫的俄罗斯电力工程师已经使用电弧灯照亮了巴黎的一条林荫大道。)尽管爱迪生很有钱,但是靠他自己的资本仅能生产数量有限的灯泡。大批量生产电灯泡需要修建大型的工厂、雇用成千上万的熟练技术工人以及购买大量的原材料,即便是国内最富有的个人也不可能完成这些任务。更糟糕的是,没有可靠的电力供应,电灯就毫无用处。任何想要出售第一个电灯泡的人首先需要建立发电站和传输网络以输送电力。出人意料的是,有人愿意冒险投资爱迪生的这项发明,让它变成可以赚钱的商品。

在 19 世纪末的美国,大型企业投资所需的资本主要来源于 J. P. 摩根。然而,即便是摩根个人的财产也不足以支付爱迪生电力照明公司(Edison Electric Light Company)的投资费用,这一公司是为了将爱迪生的发明商品化而建立的。约翰·洛克菲勒听说摩根 1913 年去世后只留下了价值 8000 万美元的遗产时,他评论道:"想想看,他甚至算不上一个富人。"

摩根财团(House of Morgan)能够提供的资产量远远大于其流动资产量。在 19 世纪和 20 世纪之交,摩根在美国银行业的领导地位使他可以号召银行聚集起来形成辛迪加以供应巨额资本。经济史学家常常指出,从 1837 年美国第二银行(Second Bank of the United States)的经营许可证到期到 1913 年联邦储备系统(Federal Reserve

System）建立之时，美国没有中央银行。巧合的是，这正是摩根出生与去世的年份。在许多情况下，摩根实际上扮演着中央银行的角色，甚至一度帮助美国摆脱财政困境。

摩根是这样一个人，他可以调动数亿美元资金修建铁路、公共设施以及钢铁公司，将美国推向工业化国家的最前沿。他非常清楚，为一项新技术融资常常意味着失败，互联网时代的投资者最近在这个问题上便重新上了一课。这已经不是什么新鲜事了，即便在摩根那个时代也是如此。英格兰新技术投资的历史是充满欺骗、悲伤和损失的历史，它始于17世纪的打捞公司[⊖]，经过18世纪的运河开凿公司，终结于19世纪40年代壮观的铁路泡沫。

爱迪生的例子是个例外。作为一位电力事业的热心支持者，摩根为自己在纽约麦迪逊大街219号的住宅装备了一些第一批生产的白炽灯，这要求他在房屋后面建立一座噪声巨大且散发臭味的发电站，房屋里的电线线路还经常着火。有一次，他的办公桌还被烧毁了。他投资修建了曼哈顿第一所发电站，该发电站为处于华尔街23号的摩根银行办公室提供电力。在骄傲地向媒体炫耀这些设施的时候，摩根也小心地隐藏了发电站超支200%这一事实。

摩根和爱迪生的传奇凸显了资本市场的建设性角色。摩根和投资银行家亨利·维拉德（Henry Villard）帮助爱迪生为19世纪80年代的早期企业融资。为了进一步巩固投资，他们随后把爱迪生电力照明公司转变成爱迪生通用电气（Edison General Electric）。到了19世纪90年代早期，摩根和他的同事都发现，爱迪生虽然是一位

[⊖] 17世纪90年代英国的股票市场见证了人们买卖公司股票的热情，这些公司是为了打捞沉没的宝藏而建立的。这是史上第一次有记载的股票热。参见 Edward Chancellor, *Devil Take the Hindmost* (New York: Penguin, 1999), 36-38.

聪明的发明家，但却是一个糟糕的商人。当时，直流电和交流电的发电机与电器正在竞争，以得到电力市场的认可。由于直流电需要的电压较低，所以爱迪生更偏爱直流电。不幸的是，直流电不适于长距离运输，这就限制了它的市场潜力。与之相应，他的竞争对手汤姆孙－豪斯顿（Thomson-Houston）公司既能生产直流电，也能生产交流电。1883年，能将长距离运输高压交流电的电压降低以供地方使用的变压器在英国申请了专利。在几年内，乔治·威斯汀豪斯（George Westinghouse）在美国为该系统颁发了专利证书，而汤姆孙－豪斯顿公司利用这一技术抢占了爱迪生通用电气的市场份额。

摩根和他的同事立刻发现，爱迪生通用电气避免失败的唯一办法就是与汤姆孙－豪斯顿公司合并，新公司的名字叫作通用电气（General Electric）。在19世纪90年代经济衰退时期，通用电气仍然需要大量的资本，它发展成为一家大型公司，并在长达一个多世纪的时间里主宰了美国的电力市场。正如他一贯的作风，在公司合并后不久，爱迪生由于自尊心受损而出售了他所持有的所有合并公司的股票，并将获得的收入投入到未来艰难的发明创造之中。之后，当有人告诉他通用电气公司的股票变得非常值钱，若他继续持有则可获得很高的收入时，据说他回答道："噢，那都成为过去了，但是我们曾经拥有一段痛快花钱的时光。"故事表明，为爱迪生公司投资的银行家们，与此前和之后几代的风险资本家一样，他们不仅提供融资支持，还在企业发展的关键时刻提供至关重要的指导。

正如J. P. 摩根在本故事中的角色所显示的那样，投资者提供的不仅仅是资本，他们还要承担风险。实际上，在大多数情况下，他们的钱就是白白打了水漂。正如最近网络公司的惨败所告诉我们的那样，绝大多数新公司和企业都失败了。当我们着眼于像爱迪生电力或通用电气、通用汽车和微软这样的成功案例的时候，往往只有在事后才会觉得投资于新企业有利可图。从这个意义上来说，为新企业融资的资本市场，其行为与公开抽奖很类似。许多人购买彩票，但幸运儿仅有一个。在我们这个以资本为导向的社会中，人们随时可以从公开的资本市场和私人手中获得资本，这本身就为创新与发明提供了有力的支持。

爱迪生、摩根和维拉德表演的金融之舞，标志着19世纪末期资本市场的巅峰时刻。接下来，我们将以叙述的方式介绍这一系统在古代的诞生以及它在中世纪末期和现代早期的发展。这是关于资本市场基础的三大因素的故事：成本、风险和信息。

使用资本的成本

所有的商业投资都需要花钱。与其他任何商品一样，钱也有成本——利率。那些春季借来种子耕作的农夫，收获后归还种子，还需要支付利息。若利率高，我们就说钱很贵；若利率低，我们就说钱很便宜。便宜的钱会刺激商业投资，相反，贵的钱会使人丧失投资的热情。当利率高到一定程度以后，农民会放弃耕作，商人会推迟商业活动。

许多因素影响钱的成本，最重要的因素就是钱的供给和需求之间的平衡。若供大于求，则钱变得便宜；当供小于求，则钱变得贵。图4-1显示了英国、荷兰、意大利和法国在1200～1800年利率的下降轨迹。利率的逐步下降是由很多因素共同决定的，其中最重要的因素就是资本供给的上升，换言之，就是可供出借资本数量的增加。资本成本的下降帮助且引起商业活动的增加和经济的增长。

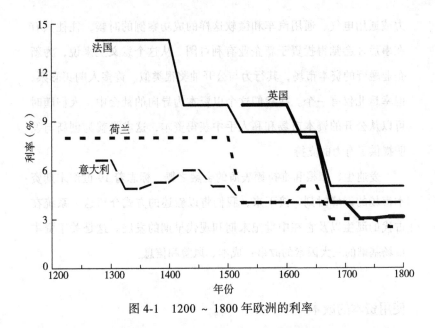

图 4-1　1200～1800 年欧洲的利率

资料来源：数据来自 Homer and Sylla, *A History of Interest Rates*, 137-38.

早期的经济学家都非常了解利率的重要性。英国早期一位叫作约西亚·柴尔德爵士（Sir Josiah Child）的经济观察家曾经在 1668 年记录道："在今天，所有国家的贫富程度与它们所支付的以及经常支付的货币利息呈严格比例关系。"在柴尔德看来，这是一种数学关系。如果一个商人能够承受一定数量的利息，当利息率为 3% 时他所能得到的资本是利率为 6% 时的两倍。

历史学家阿什顿（T. S. Ashton）说道：

> 如果我们要寻找 18 世纪中期经济发展步伐加快的唯一原因，虽然这么做是不对的，但是我们一定会发现这个原因是低利率。深邃的矿井、坚固的厂房、通畅的运河以及工业革命时期的住所，都是那些相对较低的利率的产物。

个人贷款的资本成本以及政府和企业发行债券的资本成本很容易理解。这一成本就是特定贷款或债券的利率。当我们把资本成本应用于所有权股份（公司股票）时，许多投资者不能很好地理解其含义，实际上利率的概念此时同样适用。我们要从每股股票的价格这一概念谈起，换言之，它表示从公司获取股息或红利的权利，通常用"美元每股"表示。接下来，我们简单地将这一表达方式颠倒过来，并想想"每美元股份数"的含义，即公司为购买厂房、机器设备和劳动力而向股东融资，从而付给股东的每一美元投资资本的所有权数量。

当股票的价格较高时，权益资本（公司通过出售股份而获得的钱）的成本就会较低，在这种情况下，公司会很乐意向投资者发行新股票以换取投资资本。最近的互联网和科学技术热潮中正是如此，新企业向狂热的公众出售价格高得离谱的股票。

相反，当股票的价格较低时，权益资本的成本就会较高。为了融资，公司就需要向外部出售大量的所有权，投资就会减缓。这种情况在20世纪80年代曾经发生过，那时股票的价格非常低，导致公司经理以垃圾债券的方式向公众借钱以回购公众手中现有的股票。

在有些情况下，公司通过出售股票的方式而不用出售债券或者获取贷款就能获得很便宜的资本，正如20世纪90年代所发生的情况一样。在有些时候，相反的情况也会出现。但是不管从哪里获得资本，它都是有成本的，这种成本决定了经营活动的多少以及财富增长的速度。

资本的风险

简单从供求的角度还不足以说明问题，商业公司的风险在资本价格的决定上也起着关键作用。把钱借给一个可信赖的借款人比借给一个不可靠的借款人所要求的利率低得多。例如，美国财政部发行债券的利率要比特朗普赌场发行的债券的利率低得多。在国家面临内部动乱或外部军事威胁时，所有债券的风险都会增加，政府债券也不例外，因此利率会提高。正如第1章中所提到的，一国按照时间顺序描绘的利率曲线可以看成它的"热度曲线"，即经济、社会和军事是否健康发展的指标。

风险可以集中也可以分散。假如你正在考虑一个商业机会，该商业机会有20%的概率可以成功，它需要你投资或借入10万美元。如果成功，你将获得100万美元（意味着利润为90万美元）。这是很有诱惑力的，但是你也意识到这一投资有80%的失败概率，这样你就会损失10万美元。由于该商业机会有20%的概率能赚取90万美元的利润，有80%的概率出现10万美元的损失，因此这一投资的期望报酬是10万美元，更确切地说，从平均的角度来看你的资金将翻倍。⊖当然，你得不到平均收益，因为现实中要不就是损失惨重，要不就是获利丰厚。

尽管存在诱人的预期报酬，你可能还是犹豫是否要抓住这一机会。如果你较为艰难地攒齐或借到10万美元，那么失去这笔钱或欠款所造成的痛苦或许就会超过获得90万美元横财所带来的快乐。现在请想象自己生活在前现代的欧洲，拖欠债务就意味着牢狱之灾；而在古希腊，这意味着你将成为债权人的奴隶。

⊖ 计算如下：90万美元 × 0.2 +（−10）万美元 × 0.8 = 10万美元。

这样的风险是高度集中的，在前现代时期，很少有人敢不放在心上。19世纪英国的金融家们实际上已经意识到，严厉的违约惩罚会对投资造成阻碍，因此英国议会下议院颁布了《破产法》（Bankruptcy Laws）。减弱违约者受牢狱之灾的威胁后，投资活动出现了爆炸性的增长。

由于拖欠债务而遭遇个人破产不仅仅是前现代企业家们会面临的问题，直到现在，公司的股东们也会陷入这样的困境。显然，如果公司不能履行应有的义务而使股票所有者面临严厉惩罚，那么人们很有可能不愿意购买该公司的股票帮助它融资。解决这一问题的办法就是建立现代有限责任公司制度，这是19世纪立法的一项进步，它能够保护股东不受公司债权人的侵害。在本章的后面，我们将进一步讲述现代有限责任公司制度的发展。

回到原来的例子，假定损失10万美元的风险不是由你自己承担，即你可以组合你的风险，换言之，你与其他许多投资者共同分担风险。如果有100股，面临失败的时候每股承担的损失仅为1000美元，一旦成功，则每股获利9000美元。一旦风险分散，将有更多的投资者愿意进行投资。

试想，作为一名个人投资者，如果能够通过大量这样的组合交易分散风险，那么你彻底失败的概率将大大减小，只有当上述90%的投资都失败时你才会赔钱。商业投资活动的数量越多，赔钱的概率越小。图4-2显示了本例中成功的概率与商业投资活动数量的关系，成功被定义为盈利或盈亏平衡。在投资活动的数量仅为4个的时候，你成功的概率就超过了50%；当投资活动的数量为18个的时候，你成功的概率为90%。⊖

⊖ 本图这种独特的阶梯式形状是以下这种例子的典型结果：如果投资于10个活动中，只需要有1个成功的活动就不会赔钱，但如果投资的数量是11个，则需要2个成功才保证不赔钱，成功的概率变低了。

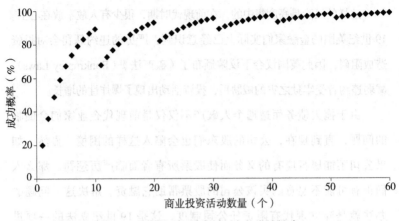

图 4-2 分散度不断增加时成功的概率

如果你能够购买大量组合企业的股票,你成功的概率就会大大提高,就更有可能向那些需要资本的企业提供资本。17世纪股份企业的出现就是对以下两个需求的响应——共同承担以及分散风险,进而为新企业增加资本的数量。

信息和资本

即使资本的成本很低,而且在数量上也很充裕,市场仍然需要协调贷方和借方,正如它需要将想要出售股票和债券的公司与投资者联系起来一样。这是一个不容小觑的任务。资本市场的运作就像杂货店、二手车市场或珠宝市场的运作一样,经过买卖双方的协商和信息的交流,得以确定一个合适的价格。

人们认为市场要实现的目标是将买卖双方匹配起来并确定价格,但这些过程在不同市场中的效率是不同的。在一个有效率的市场中,买卖双方可以自由公开地按照几乎相同的价格进行大量的交易。汽油加油站就是一个很好的有效市场的例子，仅仅通过每天开车上下班，普通的通勤者就能够对每升无铅汽油的公平市场价格有很清楚的了解。无效的市场指的是那些交易非同质商品且不进行公开交易的市场，例如房地产。

在17世纪，欧洲大部分地区的资本市场都是非常低效的。它们只能通过口口相传或者靠运气来匹配买者和卖者，即使双方常常同在一座城市中。其结果是，资本的需求方和供给方都很难明确资本的真实价格，并且由于这种不确定性，双方都不愿意进行交易。最终的结果是，仅有少量的资本流入新商业企业中。

人们可以很肯定地说，在中世纪的欧洲，几乎所有的商品市场，而不仅仅是资本市场，以低效率来形容它们是不够的——实际上它们根本就不存在。今天，合适的价格是"市场出清"价格，更确切地说，是一个能够促使最大数量的买者和卖者共同参与交易的价格。约在公元1400年前，确定"合适"价格的并不是市场，相反，价格在很多情况下是由专制的道德体系确定的。经济史学家内森·罗森伯格（Nathan Rosenberg）和小伯泽尔（L. E. Birdzell）观察到"该系统的思想体系可以概括为两个短语，'公平的价格'和'公平的工资'，价格和工资传达了道德上的价值判断。供给和需求不存在道德上的相关性"。

内森·罗森伯格和小伯泽尔还注意到，只有在饥荒时期食物的供给急剧下降时，价格才会上升。它的主要作用是引导人们对当今称作"自由市场经济"的这一观念产生愤怒。

经济学家早就知道，当市场在同一时间和同一地点吸引尽可能多的买者与卖者进行交易时，它的运行效率是最高的。中世纪著名的集市（trade fairs）就起到了这样的作用，其中的一些集市保留至今。你也许注意到了，在许多国家中（甚至在一些美国城市中，如在纽约钻石区西47大街的拥挤小商铺中），所有的肉贩和珠宝商都集中在一条街上。在一个没有电话和报纸的社会中，集中在一起能够最大化地为买方和卖方提供价格信息，并增加总体的交易数量。在17世纪，荷兰将大量的金融交易安排在阿姆斯特丹相邻的几个区域内，对信息流的利用达到了叹为观止的地步。

对荷兰来说，不幸的是地理上的邻近程度是有限的。在复杂的现代经济中，强迫买者和卖者穿梭于不同的街道或城市买卖大量的商品或金融资产是非常低效的。19世纪中期电报的发明和跨洋电缆的铺设解决了这一问题，并彻底改变了资本市场。消费者以及资本和其他商品的供给者不再需要面对面地进行交易，他们甚至不需要同处于一块大陆上。参与双方日益感到价格的公平性，资金流呈指数增长，而且交易几乎可以在瞬间完成。

资本市场的古代起源

早在人类历史起源于新月沃地的1000年前，资本市场已经成为人类技能中所固有的一部分。《汉谟拉比法典》对资本市场的交易产生了影响，正如我们在第2章所见到的那样，它将白银借贷利率的上限设定为20%，而作为早期交换媒介的谷物，其借贷利率的上限则被设定为33%。此时，我们第一次遇到风险和收益的关系问题。一旦谷物歉收，则谷物借贷就会出现违约，因此它比白银借贷的风险要高，这些增加的风险要求更高的利率。

在公元前7世纪小亚细亚的吕底亚人发明硬币之前，古人将称好重量的银块和银条作为他们在神殿中的储蓄，这使当时的神殿起到了中央银行的作用。现代的投资者习惯于那些既交易负债也交易股票的资本市场，负债指的是既偿还固定利息也偿还本金的债券或贷款，股票指的是享有参与权，需要支付部分公司利润。在现代社会，权益常常指的是普通股股份。这种类型的制度安排，即股份企业，最早出现在罗马和中世纪的法国，但是都没有得到普及，直到17世纪，它才在荷兰流行起来。古代简单的合伙关系，即一方为企业家提供资金以获得利润分红，其目的与股份公司一样。

从有史记载开始，直到今天，人们实际上很少使用任何形式的权益融资。负债，而不是股票，是人们更为偏好的融资形式。权益融资的问题很容易理解，经济学家称其为"信息不对称"。企业经营者（营运伙伴）发现，向投资者隐藏利润（和损失）是一件很容易的事情，相反，投资者若想对企业的安排进行监督以保证经营者没有骗走其应得的部分，那么他将要付出许多时间和精力。正如最近发生的公司财务丑闻事件一样，尽管其在规模上要大得多，但它们是同样的问题，仍然是现代投资者所关心的实际问题。

负债融资确切地说是一种连本带息归还的贷款，以借方的财产和个人作为担保，更简单、更直接，且投资者更易对其进行监控。借贷双方都可以对将要发生在某个确定日期的确定支付存在清楚的预期。抵押贷款尤其具有吸引力，因为一旦债款得不到偿还，贷方将可以获得借方的实物性资产。

在古代社会，与权益融资相关的信息成本和执行成本是难以避免的。出于这个原因，在20世纪以前，负债融资，即贷款和债券，在企业融资活动中更为普遍。⊖

⊖ 前现代时期人们更偏好负债融资，此处存在其他的解释。正如股票所有权的高风险一样，前现代时期期望寿命的不确定性也会对为期更长的股权产生不利影响。

《汉谟拉比法典》使得负债融资成为较受欢迎的资本供给方式，至少从投资者的角度来说，因为负债融资允许借方向贷方展示自己的土地、房屋、奴隶、妻妾甚至孩子，并将其作为担保。然而，这种高度有效的担保规定也存在缺陷：人们预料到可能会失去生命中最宝贵的东西，因此不愿意冒险，而冒险却恰恰是具有活力的经济的命脉。

货币的兴起

在现代社会，可靠的货币已成为寻常的事物，很难想象吕底亚人第一次将金银合金铸成硬币以前世界是如何运行的。

假设在原始经济中，只有10种不同的商品参与交易。在没有货币制度的情况下，商品必须以配对的形式进行交换：6包棉花换1头牛，36升谷物换一整车柴火，等等，共有45组不同的组合，每组商品都有自己的价格。⊖糟糕的是，若某人想从别人那里购买棉花，那么他必须拥有那个人所需的商品。货币的出现简化了这一交换过程。在货币制度下，只存在10种价格，买方不必再担心自己的愿望是否与别人的愿望相匹配。在那些晦涩的经济学词汇中，金银货币被称为"交易媒介"。值得注意的是，人类社会不存在货币的历史竟然如此悠久。

另一种风险管理技术——保险，是希腊人以船舶抵押契约贷款的形式发明的，为了对航海交易融资。如果船只沉没，则该贷款就会取消，因此它可以被看作与贷款捆绑在一起的保险政策。由于它的保险特征是隐性的，因此资本的价格不会太低。在和平时期，利

⊖ N 种商品可能配对数量的计算公式是 $N(N-1)/2$。

率是22.5%；在战争时期，利率是30%。这些贷款的特殊结构是由前现代时期信息的缺失所造成的。如没有这种保险特征，若船只沉没了，贷方就不得不去收集借方的其他资产。相应地，另一项不可能的任务产生了，即确定每一位船主的财力。将统一的"保险附加费"纳入船舶抵押契约贷款中并将其看成贷款固有的一部分，这种做法则容易得多。

在人类历史早期，资本市场曾经出现过基本通货：信息。如果借方财力的信息、合伙人的诚信度、收成的好坏、现有的利率以及各方面的信息都很容易获得，贷方将很乐意把钱借出，借方也会迫不及待地借钱。在其他条件不变的情况下，经济就会欣欣向荣。然而，在前现代时期，信息不是太贵就是完全不可得，这就决定了负债融资的高利率，经济发展也进而受到阻碍。

罗马的资本市场

罗马只有利率是平等的。在公元1世纪，罗马社会的相对稳定性使得利率降至大概4%的水平。不幸的是，罗马帝国财政收入的主要来源是战利品。在公元2世纪，在对别国的征服逐渐减少后，罗马开始忍受几乎持续不断的财政危机。罗马人开始恢复对农场的税收，并将税收的征收外包给私人团体。颇具讽刺意味的是，罗马人为此建立了第一个有历史记载的股份公司，并在卡斯托神庙（Temple of Castor）里买卖其股票。

剥削性质的利率残酷地压迫着罗马农民。在早期，农作物歉收和经济萧条常常出现，农民被迫离开土地。这使得农村人口减少，农业活动遭到破坏，但农业却是所有前现代社会的主要收入来源。

罗马的经济建立在对外征服的基础上，而不是建立在商业基础上的，罗马和平时期的低利率不足以抵消这种经济体系的不良影响。

文艺复兴时期的意大利

中世纪早期的经济和资本市场受到教会高利贷禁令的限制，因此比罗马时期的经济和资本市场更为低效，资本的流动几乎停止，但它还是存在一些亮点的。早期最引人注目的发展就是商业集市，它迅速成为一年一度的商业盛世。当地统治者向参加集市的外国商人提供保护，这在当时毫无法律可言的农村，可是个不小的特权。

通过改进结算的方法，集市同时也解决了中世纪商业的一个大问题：金银货币的缺失。每个商人都持有一本记录买卖的册子，然后将其提交给一名官员，该官员负责对所有的交易进行年度结算。例如，如果某商人购买了价值1500弗罗林的商品，出售了价值1400弗罗林的商品，他只需要支付100弗罗林的差额就可以结清债务。

信用为商业之轮注入了润滑剂。没有润滑剂，机器就不能转动；润滑剂充足，则机器就能快速转动起来。集市的结算体系创造了一种能刺激经济的信用形式。随后，欧洲人将这些早期集市的结算机制发展成更为强大的金融工具。

随着商业活动渐渐地在欧洲复苏，教会放宽了对利息支付的限制。如果借出的钱用于其他用途可以获利，则根据教会的法律，这种贷款是可以收取利息的。例如，如果贷方不得不出售自己的资产才能筹集贷款资金，则他可以向借方收取利息，因为如果贷方不出售土地则可以获得其他的收入。政府强制的贷款也需要支付利息。

随着政府贷款的蔓延，教会发现高利贷的禁令变得越发难以维持。

公元5世纪，当日耳曼部落在意大利半岛南北肆虐时，越来越多的流亡者发现，在亚得里亚海西北海岸孤立礁湖中隐藏着的一些小群岛是安全的。公元452年，阿提拉征服了毗邻的古罗马位于亚得里亚海最前端的阿奎莱亚要塞，这使得逃亡到这些小群岛的流亡者数量激增。在罗马帝国衰落后充满混乱的一个世纪里，对这一地区的控制权在哥特人和首都位于君士坦丁堡的东罗马帝国之间交替。

为了保护自己免受周围战乱的伤害，礁湖居民变得极为独立。最初，最大的定居点是在阿奎莱亚南部的格拉多，在那里，流亡者组建了一个松散的联邦社区。渐渐地，领导权移到了西南方向的里亚托桥，流亡者在那里建立了威尼斯城。

威尼斯城最初由君士坦丁堡统治，726年拜占庭皇帝利奥三世宣布取消所有圣像和宗教偶像以后⊖，威尼斯城摆脱其统治。这个新城市选举一名叫作奥尔索的人做指挥官和领袖，并将他奉为皇室长官。这一头衔后来变成了总督，也是威尼斯城邦117位统治者中的第一人。威尼斯城邦随后成为欧洲金融创新最富饶的产地，在有些时候，它也是抵御宗教思想最强大的堡垒。

几乎持续不断的战争刻画出威尼斯动乱的历史，为支持战争而发放的国家债券是威尼斯资本市场的一个重要特征。到了13世纪，共和国通过向最富有的居民展开活期借款以筹集大量的资金。这些贷款叫作长期协定贷款（prestiti），永不到期，并需要支付永久的利息。长期协定贷款所有者可以在国内外资本市场上将其出售（出售的

⊖ 指的是公元8～9世纪间在东罗马帝国发生的"毁坏圣像运动"，本质是世俗君主与教会的冲突，这场运动让东罗马帝国国力大衰。——译者注

价格通常比支付给威尼斯财政的要低)。这些交易的记录跨越了3个世纪,为经济史学家提供了欧洲最重要资本市场上连续的利率图景。

威尼斯很快就发展成为军事大国以及海上贸易的强国之一,并控制地中海东部地区长达500年之久。那时,意大利的其他城市,如佛罗伦萨、米兰、比萨和热那亚都紧随其后。所有的这些城市都继承了有缺陷的罗马商业法律体系,而这对大规模的商业企业有限制作用。罗马法律规定,所有的公司合伙人对公司的债务承担个人责任。如果公司拖欠债务,就会导致个人财产充公,在极端的情况下,合伙人及其家庭还要到受奴役之苦,因此合伙人常常限制在家庭成员范围内,因为血缘关系能够提供某种程度的信任。

即便商业限制在诚信的家庭成员内部,对失败的极端惩罚也会使得谨慎的风险承担行为受到阻碍,而风险的承担却恰恰是商业和经济发展的基础。第一家大型商业企业来源于家族商业银行,这在当时绝非偶然,以佛罗伦萨梅第奇家族为代表。家族结构降低了"一只老鼠坏了一锅汤"的风险,只要能够轻松地从存款人处获得资金,银行业就能够发展。

汇票

在16世纪早期,汇票成为欧洲商业的生命之源。它是债务人给异地的债权人开出的本票(promissory note)⊖,异地通常是国外。

⊖ 简单来说,本票是指出票人和付款人为同一人的票据,而汇票则是出票人要求第三方向收款人支付的票据。在作者看来,汇票应该是一种更复杂形式的本票。——译者注

尽管由于时间的关系，汇票的起源已经无从考证，但在有文字记载的历史之初，汇票已经在新月沃地被广泛使用了。使用白银和大麦作为通货的巴比伦人在前往亚述做生意之前，需要先获得以亚述货币开出的票据。

希腊人也广泛地使用票据，但是使票据进入全盛时期的是前文艺复兴时期的意大利银行。为了了解票据如何运作，我们从一位佛罗伦萨丝绸批发商谈起。他想要对一船刚刚到达威尼斯丝绸进口码头价值500达克特的原材料做出支付，由于当时手上没有500达克特，这个批发商需要借钱，实际上他给这名威尼斯的进口商写了一张票据作为借据。

可是为什么这位威尼斯进口商愿意接受一位素不相识的佛罗伦萨人开出的借据呢？在1500年左右的某段时期，安特卫普的商人对这一概念做出了引人注目的创新：他们让这些票据可以转让，也就是说，票据可以转让给最初债权人以外的其他人。这一进步在意大利广受欢迎。这样，佛罗伦萨批发商开出的这张可转让的票据，就在威尼斯丝绸批发商手中起到了现金的作用。

威尼斯进口商实际上是个批发商，他随后可能就会带着这张票据到当地的一家银行将其兑换成现金。当然，该票据可能兑换不到500达克特，银行会少给他一些。至于他得到的钱比500达克特少多少，主要取决于三个方面：佛罗伦萨批发商的信用、票据的到期日以及交易的地点。票据到期的时间越早，债权人越可靠；兑现的地点离银行越近，该票据的价值就越高。

对进口商进行结算时，我们可以说威尼斯银行对票据"打了折扣"。此处的例子代表的是一个相对简单的情况。通常情况下，汇票的交易涉及两种不同的货币，且历时2个月以上。在这种情况下，汇票会涉及两种不同货币的汇率以及由于开出到最终支付的时间差导致的利率因素。在17世纪，阿姆斯特丹到伦敦这条商路是世界上最繁忙的商路之一。图4-3显示了票据流和商品流、债务流以及现金流如何在两个城市之间联系起来。

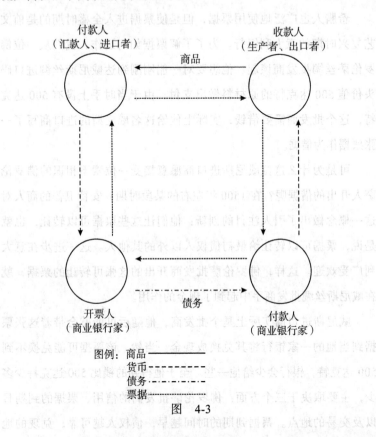

图 4-3

资料来源：摘自 Larry Neal, *The Rise of Financial Capitalism*, 6, 经 Neal 教授和剑桥大学出版社同意。

荷兰金融的兴起

在15世纪后期,资金流渐渐地移向北部,首先流向汉萨同盟城市,即德国不来梅和汉堡周边的区域。在那里,富格尔(Fugger)家族通过开矿积累了大量的财富,随后又从放贷业务中获得了更多的财富。他们为无数次战争和海外远征融资,其中最著名的是麦哲伦的环球航行。在15世纪和16世纪,对富格尔家族不存在欠款的从政者寥寥无几。在欧洲,梵蒂冈是最具军事侵略性的国家之一。很自然地,它就成了富格尔家族最大的债务人。从这点上来看,教会也不可能再维持对高利贷的禁令了。1517年,拉特兰第五届大会公议㊀废除了大多数对有息借贷的限制。

15世纪和16世纪,北欧的金融中心逐渐从汉萨移到了安特卫普。1576年,西班牙军队洗劫了安特卫普,于是新荷兰联邦的中心阿姆斯特丹成为金融角色的主导者。对荷兰资本最贪婪的使用者是荷兰军队,在16世纪和17世纪中的大多数时候,荷兰军队都在为推翻西班牙的统治而处于残酷的战斗中。

荷兰金融的高明之处就在于它让每一个人都参与其中。任何一个手中有富余荷兰盾(guilder)的人都有责任购买政府证券,正如现代人会努力将储蓄投入资本市场或股票指数共同基金一样。荷兰各省市发行的债券有三种。短期债券(obligatien),是一种不记名债券,所有者可以随时向银行或经纪人兑换现金。永续年金(losrenten),与威尼斯的长期协定贷款非常相似,与不记名债券不同,这些债券的所有者可以把自己的名字记录在公共账户中并按时获得利息。它

㊀ 大公会议是传统基督教中有普遍代表意义的世界性主教会议,咨审表决重要教务和教理争端。——译者注

们可以在二级市场上出售，持有人去世后，债券可由其后代继承。最后一种债券叫作终身年金[①]（lijfrenten），它与永续年金类似，不同之处在于，持有者去世后利息的支付就停止了。

对荷兰人来说，"永续"这一词使用得并不轻松。1624年，一名叫作埃尔斯肯·乔里斯多赫特的女士投资1200弗罗林购买了堤防维修债券，利率是6.25%。该债券的利息所得是免税的（与现代的地方政府债券类似），她把债券传给了自己的后代。大约一个世纪以后，由于利率下降了，荷兰政府经过协商将该债券的利率降至2.5%。1938年，该债券转移到了纽约证券交易所，到了1957年，交易所仍然要求荷兰城市乌得勒支支付利息。

一旦持有者去世，则终身年金的利息支付就停止，因此它要求更高的收益——最初是16.67%。终身年金16.67%的利率与永续年金8.33%的利率明确反映了当时欧洲人的寿命预期。尽管荷兰的金融市场很先进，但是它没有精确到能够根据购买者的年龄对终身年金确定不同利率的程度。到了1609年，终身年金和永续年金的利率分别降至12.5%和6.25%。1647年，荷兰与西班牙结束敌对状态，次年，西班牙承认荷兰的独立，这对利率产生了有益的影响。在这种情况下，不仅共和国的生存得到了保证，它对资本的需求也大大减少。1655年，该国政府能够以4%的利率借款，在罗马的鼎盛时期以后，欧洲就再没有出现过这样低的利率了。1671年，当一名叫作约翰·德·威特的荷兰最高行政长官和基础数学家将帕斯卡（Pascal）的最新概率论应用于金融业中时，荷兰金融最伟大的进步终于出现了。德·维特推导出了一个公式，该公式根据购买者的年龄

[①] 国内罕有文献提到这一术语的中文译法，本书的译法参考了北京大学国家发展研究院李昕博士的意见。——译者注

来确定终身年金的利率。德·维特执掌权力的提高也表明，荷兰人意识到了将最优秀和最有智慧的人推举到政府高层办公室的重要性。㊀

低利率使得本来就十分繁荣的荷兰商业发展更加强劲，并随后带动了北欧经济的发展。当时的账户显示，声誉良好的荷兰公民也可以以省政府或市政府那样低的利率获取贷款。当时的最尖端技术（排水和回收工程、运河建造、泥煤采掘和船舶建造）都极大地受益于便宜的资本。当然，那些想购买房产、地产和农场的普通市民也受益匪浅。更重要的是，能够轻松地以低利率获取贷款意味着商人可以保持大量的商品存货。在欧洲，阿姆斯特丹和荷兰的其他贸易城市逐渐变得闻名，它们被看作能在任何时候购买到任何商品的地方。

荷兰处理货币交易的高效率使得阿姆斯特丹成为欧洲的金融中心。到了1613年，《价格新闻》（Price Courant）（17世纪版的《华尔街日报》）每两周发布一次汇率信息。到了1700年，人们能够获得10种货币的定期报价，另外15种货币也可以基本上获得规律性的报价。例如，在18世纪中期，英国为七年战争中参战的德意志邦国们融资时的票据就是通过阿姆斯特丹结算的。在北海对岸，英国人约翰·卡斯塔因（John Castaing）于1697年开始出版《交易的进程》（Course of the Exchange），它公布52种不同股票的价格、政府年金和汇票以及国外汇率，同样也是每两周一次。

《价格新闻》和卡斯塔因的大报为金融提供了最有效的润滑剂——信息，若没有这一重要的成分，投资者就不会提供资本，资

㊀ 不幸的是，德·维特执掌权力的提高并没有为其带来好下场。人们将1672年法国入侵荷兰归咎于他并对此进行报复，他被射杀并处以绞刑，遗体被一群暴徒弄得残缺不全。

本主义本身就会慢慢停止下来。世界从未目睹过像阿姆斯特丹一样的金融服务集中地。在市政厅附近的几个街区内就有威瑟尔银行（Wisselbank）、股票交易所（Beurs）、商品交易所（Korenbeurs）以及主要保险公司、经纪公司和贸易公司的办公室。在电报出现以前那进步缓慢的世界中，荷兰主要金融机构地理上的接近为它们带来了竞争对手无法超越的优势。㊀甚至在当代，当特定领域内越来越多的专家被吸引到同一个地方时，这样的地理优势在一定程度上也是可以自我维持的。就好像好莱坞、硅谷和曼哈顿在短期内不会失去其目前分别在现代电影、电子和金融上的控制力一样。

在17世纪和18世纪的荷兰，出现了几项金融创新，包括海事保险、退休金、年金、期货、期权、跨国证券上市以及共同基金，这绝非偶然。而最重要的进步是现代投资银行的出现。贷款的风险有史以来第一次可以打包出售，并分摊给数以千计的投资者，这些投资者可以通过购买投资银行出售的多种不同债券从而降低投资风险。投资风险的降低提高了人们的投资意愿，这反过来又进一步降低了利率。

荷兰有着贪婪的对外投资的胃口。据经济史学家詹·德·弗里斯（Jan de Vries）估算，荷兰1800年的对外投资约高达15亿荷兰盾，这相当于荷兰GDP的两倍；相比之下，美国现在的对外投资不到其GDP的一半。在每一个时代，资本都会从成熟的、财富过剩的国家流向需要这些资本以求发展的国家。17世纪，英国在从一个犹

㊀ 在伦敦和阿姆斯特丹，码头附近的咖啡厅就是非正规的证券交易所，在那里，一旦信息到达码头，受咖啡因刺激的经纪人就可以立即行动。大卫·里斯（David Liss）那风趣的作品《咖啡商》（*The Coffee Trader*）（New York：Random House，2003），以半虚构的方式对咖啡屋和早期资本市场之间的关系做出了有趣的说明。

如一潭死水的政治经济落后国家向世界强国的发展过程中，主要的资金流便从阿姆斯特丹流向伦敦。在19世纪，高度发达的英国经济体则为发展中的美国提供资本。在20世纪，美国则成为发展中国家主要的资本来源。以此类推，世界就是这样不断发展的。

荷兰金融的衰落

1770年后，荷兰金融的历史让人失望。1770年以后，荷兰金融优势开始下降的原因复杂，但主要原因有两个。第一，阿姆斯特丹从来没有建立任何强大的中央银行，也没有建立用于保护投资大众的监督机构，而后来的英国和美国都建立了这样的机构。第二，更糟糕的是，荷兰发现自己被北海对岸那些慢慢发展起来的金融和军事巨人打倒了——它们正是依靠荷兰的资本帮助而建立起来的巨人。

非常不幸，荷兰成为现代金融另一条道路上的先锋：利用投资银行剥削小投资者。在战争中，无论何方胜利，18世纪后期的国外战争有许多债券都违约了，这些债券的定价使其收益率只比国内4%的安全利率略高一些——这对承销商来说是有利可图的，但是对于那些易受骗的小投资者来说是不公平的，因为其中还包含了欠款不还的风险。20世纪90年代后期，善于说谎的投资银行向易受骗的公众鼓吹那些被刺激起来的网络股票，对于这些银行家来说，1800年荷兰普通投资者的情况不足为奇。

英格兰和美国的债务

17世纪将荷兰打造成世纪贸易和金融巨人，然而它对英国却显得没那么友好。17世纪上半叶，英国议会和法院与斯图亚特王朝（詹姆斯一世和查理一世）发生了小冲突。冲突的顶点是议会军队于1645年在内斯比战胜了皇家军队，以及1649年查理一世被斩首。它同时也毁了英国经济。

在冲突爆发以前，英国政府的财政就已岌岌可危了。在现代读者看来不可思议的是，像几乎所有其他欧洲君主政体一样，英国皇家没有可靠的财源。正如我们所看到的，皇室财政收入最主要来源于垄断权出售、国家土地出售和租金收入以及进出口关税，然而所有的这些行动都会抑制企业和贸易的发展。像其他皇室一样，英国皇室通过借贷支付昂贵的军事冒险费用。他们常常违约或拖欠贷款，且由于向君主讨债非常困难，所以利率非常高。当1660年斯图亚特王朝复辟后，由于英国的债务数量庞大，偿还债务变得越来越难。这就导致了英国历史上最声名狼藉的贷款违约事件：1672年财政署止兑。正因为如此，查理二世使得绝大多数借款给英国皇室的银行破产了。

1688年的"光荣革命"为持续了将近一个世纪的英国内战画上了句号，且英国人"邀请"威廉三世总督担任英国国王，即威廉·奥兰治。（总督是荷兰特有的制度，一般通过任命确定荷兰的统治者，有时也通过世袭确定。）威廉并不是孤身一人来到英国的，由于感觉到阿姆斯特丹作为世界金融资本中心的时日不多，荷兰的金融精英，包括巴林和霍普家族，跟随着他跨越北海来到英国。被宗教裁判所从西班牙赶到葡萄牙，随后再被赶到荷兰的阿姆斯特丹的葡萄牙犹太人也一起到达了伦敦。经济学家大卫·李嘉图的父亲亚伯拉罕·李嘉图也许就是其中最著名的葡萄牙犹太移民。

荷兰的思想也随之而来。英国狂热地复制"荷兰金融"，在17

世纪毁灭性国内战争后的几十年中,英国的资本市场使得荷兰的资本市场黯然失色。很自然地,英国原来的金融家们与新来的移民之间产生了摩擦。英国作家丹尼尔·笛福(Daniel Defoe)抱怨道:

> 我们埋怨国王过于依赖陌生人、德国人、胡格诺教徒和荷兰人,以及他很少就英国的事务与英国的议员们协商。

在"光荣革命"以后,英国的金融状况得到了迅速改善。首先,过去皇室对短期贷款的依赖变成了荷兰式的长期政府债券,后者的利息和本金的支付受到特许权税的支持。其次,英国财政部开始与银行团体合作,通过不同类型的债券测试以发现投资大众最能接受的债券类型(也就是说,那些利率最低的债券)。议会的最高权力重获信任,成功的商人聚集于下议院。政府的贷款违约行为可能会伤害议会成员,于是议会不允许这种贷款违约情况的发生。最后,在1749年,财政大臣亨利·佩勒姆将一系列的政府贷款合并成单一系列的债券,即著名的"统一公债"。该公债与威尼斯的长期协定贷款和荷兰的永续年金类似,永不到期,并支付永续利息。统一公债直到今天还在伦敦进行交易。

尽管政府贷款乍一看与商业放贷无关,事实上,一个健康的政府债券市场是商业融资的基础。原因是双重的:

- 由于政府的信誉普遍很高以及政府债券的交易数量巨大,因此这种债券很容易定价和出售。由于商业资本与政府债券和票据的定价及销售机制一样,因此,在商业债券市场实现平稳运行前,必须先建立成功的政府债券市场。在发展中的前现代经济中,在为企业提供资本这一问题上,政府债券起到了辅助轮的作用。

- 政府债券提供基本的标杆作用,即"无风险"的投资标杆。政府公债和票据的交易很活跃,持续地为商人和企业提供回报率衡量方法,这一回报率是完全安全企业的回报率。它可提供一个"基准线",在其基础上可以加上"风险溢价",即根据贷款的风险而要求增加的额外利息。例如,在佩勒姆统一各种债务的时期,统一公债的收益率是3%。这代表了那些最可靠的借款人(1688年后的英国皇室)所可能获得的最低的利率。因此,一个风险适中的商业企业的融资利率可能是6%,而一个投机性的商业企业进行融资则需要超过10%的利率。易于观察到的无风险利率(政府债券的利率)的出现,使得企业融资贷款的定价更为容易。

事先建立一个健康政府债券市场的重要性,在内战时期的美国得到了生动的展示。1862年,林肯政府的财政部部长萨蒙·蔡斯(Salmon P. Chase)未能发行5亿美元的战争债券,于是向杰伊·库克(Jay Cooke)求助。这位著名的投资银行家利用电报调动2500家代理商直接向公众销售这些公债。库克在1865年还发行了更大数额的债券,而且从1870年开始,他便使用相同的方法为费城铁路融资。融资方法就是将任务分成两组:第一组由证券承包商组成,他们以折扣的方式购买一个公司的债券,并承担债券出售失败的风险,一旦失败,他们必须持有大量滞销的债券;第二组由大量的分销商组成,他们直接向公众销售债券。在这种情况下,这一新兴国家的大量资本需求得到了满足。

股份公司的兴起

17世纪,在穿越北海输入伦敦的所有金融工具中,股份公司对后来经济发展的影响最为持久。大型的公众持股跨国公司所带来的渗透性影响，实际上确定了我们现代的生活方式。实际上，将发达国家和发展中国家区分开来的一个重要特征就是普通居民和大型公司每天互动数量的多少。如果不考虑这些大型跨国公司所带来的强大政治情绪，毫无疑问，由他们所控制的经济会更加稳定和繁荣。（我们随后将讨论生活在现代公司国家的人们是否更快乐的问题。）

为什么这些巨型公司能够如此深入地渗透到现代商业中，理由与本章前面所讨论的辛迪加和风险分散相关。将商业风险分散为成千上万的小部分，增加了投资者承担风险的意愿；降低个人投资的份额，使得潜在投资者的范围变得更宽广。此外，能够购买许多不同公司的股票，进一步降低了个人投资者的风险水平，使得他们更加愿意提供资本。

此外，现代股份公司是一种有限责任公司，也就是说，股东个人不对公司的债务负责；他最多只损失他的投资，公司债权人不能索要股东的个人财产。在非有限责任的世界里，所有的商业合伙人和普通股东对他人的行为负全责，因此，商业的失败可能会招致牢狱之灾，合伙人或股东甚至会沦为奴隶。在这种情况下，唯一可行的商业机构只能由可信度高的家庭成员来组成，即便是规模适度的商业也是如此。

除了信任的角度，家族并不太适合巨型企业的长期发展。商业的成功需要智慧、领导和愿景。即便是在公众中也很难找到具备上述三个条件的经理，而在一个家族的每代人中都确保有这样的天才存在实际上是不可能的。

管理大型公司的能力是一种宝贵的技能，但是18世纪和19世纪工厂的兴起还要求更稀有的能力：将成百上千的各自从事高度专业化任务的雇员塑造成一个高效运行机构的能力。在工厂出现以前，这种能力最可能在最高级别的军官身上找到。对任何家族来说，为中等规模的企业提供大量具有天赋的管理人才是一项不可能完成的挑战。原因在于，财务上的成功常常会侵蚀家族后裔的雄心壮志和节约精神，正如俗话所说的"富不过三代"。

有限责任是公众健康地参与公司所有权的几近绝对的要求，没有它，公众将不会为公司的发展壮大提供权益资本。1720年的《泡沫法案》(The Bubble Act)规定，未获得议会营业执照的任何商业不可拥有6个以上的企业合伙人，每个人都有责任"用他最后一个先令和最后一亩土地"为整个公司的债务负责。大型而有生命力的公司不可能在这样的环境中生存。

股份公司也不是没有缺点。公司管理者可能不持有公司的股份，或者是仅持有少数股份，他的利益与股东的利益或许是不一致的，因为股东只希望看到股价的上涨和红利的提高。现代经济学家将这种无效率叫作"代理成本"。在最极端的情况下，管理者可以厚颜无耻地掠夺一家企业，正如发生在世通公司（WorldCom）、安然公司和阿德尔菲亚通信公司（Adelphia）的情况一样。更有甚者，与利润相比，管理者可能更倾向于为企业帝国建设支付费用或进行投资。时代华纳（Time Warner）和美国在线（AOL）的合并就是证明这一现象的最好例子。作为对这种公然的不恰当行为的回应，从理论上来说，股东可以通过投票驱逐不称职或谋私利的企业管理者以降低代理成本，然而，这种情况并不如人们所认为的那么常见。

因此，现代股份有限责任公司通过上文所详细介绍的机制极大地降低了投资风险。除了上述考虑以外，以精干且充满活力的"新人"代替通常情况下日益变得迟钝和懒惰的创始人后代，产出水平也得以增加。在这种情况下，创始人后代可能持有股票，但是没有实质性的控制权。

1688年"光荣革命"后,这一系统还没有完全形成。与市场原教旨主义㊀正统的观点相反,活跃的股票投资文化要求强大的政府制度保证股东不受"信息不对称"的伤害,确切地说是以免他们受到公司管理者的欺骗。最近的财务丑闻生动地表明,即便股份公司已经活跃地运营了4个世纪,但它仍然没有达到完美状态。股东和政府都要对企业进行有力的监管。

股份公司的起源已经无从考证。为了收税或向帝国提供必需品而建立的罗马"公司"断断续续地有着一些所有权交易行为。大约在公元1150年,法国南部巴扎尔克一座具有300年历史的水力磨坊将所有权分为若干份。大约从1400年开始,关于该公司股票的价格就已经存在连续记录了。该公司的股票在巴黎证券交易所进行交易,直到1946年,对资本市场和历史缺乏正确评价的法国政府将这一磨坊国有化了。

最早的股份公司是在垄断势力的保护下小心翼翼地建立起来的。英国国王提供了一个早期的例子,即在1248年建立伦敦纺织纤维交易中心(Staple of London),用以控制全国的羊毛交易。1357年,爱德华三世授权伦敦交易中心向其他羊毛生产商征收出口税,以代替其向伦敦交易中心的融资行为,从而满足对法国远征的开支需求;于是,伦敦交易中心向爱德华三世承诺更多的贷款。伦敦纺织纤维交易中心位于加来,这种通过向皇室提供贷款换取羊毛垄断权的情况持续了两个世纪,直到1558年加来落入法国人手中。

㊀ 市场原教旨主义是指市场可以自动恢复平衡,不需要政府以任何方式干预,所谓市场原教旨主义,其实没有任何理论和经验的依据,实际上是人们的一种信仰而已。——译者注

荷兰东印度公司以及英国东印度公司可谓是最早的现代股份公司了。正如低地之国[①]的居民和经济史学家所知，1609年，荷兰东印度公司是第一家通过发行永久分红股份筹集大量资本的公司。在18世纪早期，据学者们估计，该公司的价值是650万弗罗林，由大约2000股股票组成，每股价值3000弗罗林。[②]股东的收益是巨大的——大约在一个多世纪中，股息率约为22%。荷兰东印度公司极高的回报率反映了两个不同的风险：第一，新兴且具有极度危险性的长距离贸易所固有的风险；第二，新股份制度自身的不确定性因素。如往常一样，高回报率是存在问题的。对投资者来说，这或许是个福利，但是如此高的资本成本对那些需要资本的企业来说是灾难性的，一家公司必须非常成功才能向股东支付22%的年度股息率。

与北海对岸的资本市场相比，17世纪英格兰的资本市场显得极不发达，英国东印度公司的历史能够很好地反映早期股份公司所面临的问题。英国东印度公司从事着一种极度冒险的业务，即英国、印度和印度尼西亚群岛香料与纺织品的三方贸易。典型情况下，公司用西班牙白银购买印度的棉花，随后在印度尼西亚群岛用棉花交换胡椒粉、肉豆蔻和丁香。随后这些货物运回英国出售，换回银币；其与中国和其他东南亚港口进行的糖、咖啡、茶叶、靛蓝染料和丝绸的交易是这一基本三方交易路线的补充。

贸易巨大的盈利能力与其所面临的巨大投资风险抵消了。除了商业的兴衰变迁外（在爪哇岛，价格的下降再加上香料的短缺，后果可能是灾难性的），旅途本身就是充满风险的。疾病和船只失事造成

[①] 低地之国指荷兰。荷兰又称尼德兰，名字的意思都是低地。荷兰全境都是低地，海拔不到1米的土地占1/3，1/4的土地低于海平面。——译者注

[②] 约相当于当今的1.4亿美元。参见 Neal,17.

的船员死亡率已经触目惊心了,更不必说当地海盗以及不友好的荷兰、葡萄牙和印度军队的抢劫了,船只失踪是常见的事情。

每次旅途都要根据季风精心策划,而且要持续16个月。联合资本运作相对要简单一些。每次航行需要配备十几艘船和白银,需要大量的投资。如果一切顺利,16个月以后,这些船将装满香料和其他货物从东方返回泰晤士河。供不应求的市场能保证这些货物取得高价格和高利润的回报。

荷兰东印度和英国东印度公司很快发现这些贸易的风险实在是太大了,最好是能够将尽可能多的贸易限制在亚洲范围内,且只将最终产品(金币和银币)运回欧洲。这有两个好处:第一,将大多数的贸易限制在印度洋范围内,能够降低经由好望角线路高频率往返旅行的大量成本,在财富和船员生命两方面都能降低损耗;第二,在亚洲当地进行交易不需要从欧洲运来金银币购买香料和纺织物。这与当时那些将一个国家的健康程度与它拥有的金银库存等同起来的重商主义者的精神相吻合。

公司最早的航行始于1601年。由于其成熟的资本市场,荷兰的公司可以非常容易地获得资本,但是英国当时的资本市场还较为原始。1601年,英国几乎没有途径获得荷兰的资本,而荷兰是不可能为荷兰东印度公司的竞争者融资的。英国东印度公司发现自己难以获得长期的资本,于是只能出售每次航行的股份。通常每次航行需要大概5万英镑,将其分为500股,每股价格为100英镑。当16个月以后货物到达伦敦之时,英国东印度公司将其存储在仓库中并分批拍卖掉,以免大量的货物充斥市场造成产品价格下降。因此,股东的收益只能在第二年或之后进行分配。这些周期性的拍卖成了英国商业活动中的常规项目。后来,拍卖被用于另一个或许更重要的目的。由于拍卖能够吸引大量的股东，因此它发展成为相当高效的公司股票买卖市场。

几乎所有这些个人集资的航行都能够为股东获取高额回报。实际上，只有一次是赔钱的。例如，1611年的第10次航行，每股获得的回报是248英镑，而每股的售价是100英镑。这突出了当时资本市场的一个重要特征：投资者的回报高意味着公司的资本成本高。英国东印度公司更喜欢以低利率的便宜贷款为每次航行融资，并将巨额的利润留给自己。不幸的是，在17世纪早期的伦敦，便宜的资本是不可得的，尤其是对于这种高度投机性的贸易活动。当英国东印度公司开始显示出可靠的"运输货物"能力的时候，它的资本成本下降了，并开始成功地以合理的利率获取短期债券。

早期的股份公司除了垄断性特征外，还通过其他的方式与政府发生联系——债券市场。英格兰银行就是一个很好的例子。与这一名字所蕴含的意思相反，英格兰银行是一家私有的股份制银行，直到1946年工党政府才将其国有化（法国将巴扎尔克磨坊国有化也是在这一年）。

在"光荣革命"后的几年中，英格兰银行只是一个脆弱而年轻的组织。1697年，它率先尝试了一种被称为"转嫁"（engraftment）的技术。该银行开始购买政府债券，这意味着政府票据和债券的私人持有者用它们来换英格兰银行的股票。政府债券能够为持有者带来稳定的收入，也充当了进一步借款的抵押物，同时也使得英格兰银行能够了解未来政府的借款需求——这实际上是很有价值的信息。

英国东印度公司也实施了类似于"转嫁"的操作。1711年，南海公司（South Sea Company）获得了与南美交易的垄断权，作为报答，它需要购买大量的政府债券，南海公司也采取了"转嫁"技术。

面对西班牙和葡萄牙对这片大陆的占领,这种垄断权事后证明是没有价值的。1719年,大规模的南海公司"转嫁"操作导致了臭名昭著的"南海泡沫"。受到南海公司与南美交易垄断权的影响,无知的投资者将其持有的政府债券与该公司不断暴涨的股票进行交换。当泡沫难以避免地破灭后,实际上成千上万的投资者损失惨重。其中的一位就是铸币局局长艾萨克·牛顿爵士,他声称:"我可以计算天体的运动,但是不能预测疯狂的人类行为。"⊖

英国政府同样也保护那些海外贸易公司的股东们,包括南海公司和英国东印度公司。1662年,有限责任身份第一次产生于公司中,这一做法对股东们是有利的,但是却以债权人的利益为代价。由于对股东和债权人的权力较为敏感,议会辩论道,一旦破产,贸易公司对政府债券的"转嫁"能够为债权人提供更多的保护。由于大多数公司并没有获得"转嫁"的政府债券,因此除了贸易公司以外,其他公司并没有获得议会授予的有限责任身份,直到1856年《公司法》才将有限责任的范围扩展至绝大多数公司的所有者。有限责任保护较早传入美国,因此美国在独立后不久就将有限责任身份授予了许多公司。到了19世纪30年代,有限责任实际上已经在保护美国所有的公开招股公司。

《冻结的欲望》(*Frozen Desire*)浓缩了英国作家詹姆斯·布坎(James Buchan)对货币本质做出的著名思考,在书中他生动地记录了股东如果没有受到有限责任的保护可能受到的伤害。布坎出生于作家世家,他的曾曾祖父约翰·布坎的不幸之处,就是拥有格拉斯

⊖ 南海公司每股股票能够从它所持有的政府债券中获利5英镑的利息。当时普遍的利率是3%,这意味着股票的价格是150英镑,这几乎与股票从1000英镑的最高点下跌后的价值完全相等。参见 Chancellor, 69,93.

哥城市银行（City of Glasgow Bank）的股票。1878年，当该银行因管理者的欺诈而破产时，它欠下存款人600万英镑。根据法律，约翰·布坎需要承担2700英镑的债务，这一数量差不多相当于他的净资产，并远远超过他所持有的股票的价值。虽然法院判决《公司法》并不适用于他的案子，但几年后，他还是死于破产、怨恨和贫困。

股份公司这一短暂的历史再一次生动地表明了政府建立和维持有效资本市场的重要性。在17世纪的英国，投资者很少为那些没有垄断保护、"转嫁"政府债券的冒险商业和没有获得有限责任的贸易公司提供资本。前两种制度随着时间消亡了，但是最后一个制度被保留了下来。近代市场的历史强化了两个概念：①从经济状况的本质出发，企业管理者将欺骗股东；②如果政府不对证券行业进行有力监督，投资者则不情愿提供权益资本。

英国资本市场的发展始于17世纪，并在18世纪得到了实质性的发展。在19世纪，当被召集起来为维也纳会议㊀（Congress of Vienna）后发生的资本扩张融资时，英国资本市场开始获得丰硕的成果。瓦特和博尔顿（Boulton）发明的蒸汽机为生产与运输改革提供了动力，那个时代的奇迹（运河、铁路以及蒸汽动力工厂）急需大量的资本。1813～1850年，英国纺织厂里织布机的数量增长了100倍，且1806～1873年，钢铁产量的增长超过30倍。英国的资本不仅为英国铁路、工厂和运河的建设融资，它还为欧洲的其他国家和那些发展更为迅速但是由于前殖民地原因而造成资金短缺的地区融资。

㊀ 维也纳会议从1814年9月18日到1815年6月9日在奥地利维也纳召开，是一次欧洲列强的外交会议。此次会议旨在重划拿破仑战败后的欧洲政治地图。——译者注

英国资本市场的高峰时期

在南海公司事件（1719～1721年）以后，只有议会才有权为所有者超过6人的公司颁发执照。议会同时禁止卖空、期权交易和那些提高市场流动性与效率的任何操作。在始于1820年的一系列法案中，议会逐渐消除了1720年《泡沫法案》的限制，简化股份公司的成立程序，并拓宽了有限责任的保护范围。其他立法也有利于贸易和商业。1846年，议会终于撤销了《谷物法》（Corn Laws），这部法律在长达4个世纪的时间里通过对谷物进出口进行管理和征税的方式来保护国内生产者并向消费者漫天要价。

19世纪，人们终于见证了债务人违约则入狱这一法令的撤销，而这一点几乎被所有的经济学家忽略了。在英格兰，1869年的《债务人法案》很好地完成了这一目标。（如果能够在法庭上证明债务人有钱可以还债时，该法案仍然允许监禁债务人。）几乎是在同一时间，美国的所有州和许多西欧国家也通过了类似的法令，这鼓励了人们承担创业的风险。

19世纪后期，英国成为地球上投资资本最突出的来源。全球最有才华的商人和投资者为获取资金而涌向伦敦，英国成为全球经济的发电站。在记者和经济学家沃尔特·白芝浩（Walter Bagehot）于1873年出版的《伦巴第街》⊖（Lombard Street）中，有对当时英国货币市场的最生动的描述：

> 描述伦巴第街最简短、最真实的方式就是把它说成有史以来经济力量和经济灵敏度最伟大的结合……每个人都承认，与

⊖ 这一名字源于意大利早期银行家伦巴第（Lombardy）。

其他国家相比，它拥有更多可以随时支取的现金，但是很少人知道英格兰的现款余额究竟比世界其他地区多多少。现款余额指的是可以借给任何人从事任何活动的流动借贷资金。

白芝浩列出了在1873年早期金融中心所能了解到的存款数量，如表4-1所示。

表4-1　1873年金融中心的存款数量

（单位：英镑）

伦敦	120 000 000
巴黎	13 000 000
纽约	40 000 000
德意志帝国	8 000 000

任何人若想寻找英国于19世纪在经济和军事上居于统治地位的原因，他都不需要看得太远。英国的企业家可以自由地选择任何商业点子。如果他拥有令人满意的信誉，那么资本市场将为他提供充足的资本，帮助他将计划变成现实并开花结果。白芝浩在一篇杰出的文章中指出，资本"可以借给追求任何目的的任何人"。

上述数字的惊人之处在于，即便当时英国经济的规模只比法国大28%，但伦敦货币市场的规模却是巴黎的9倍。实际上，数据还是低估了这些差距。在伦敦之外，英国仍然拥有活跃的资本市场，但是法国农村资本市场的活跃度是可以忽略不计的，为什么法国（以及德国）的资本市场如此之小？根据白芝浩的观点，原因在于文化和历史方面。

当然，银行家的存款并不是衡量货币市场资源的严格而精确的指标。相反，与银行体系已经发展起来的英格兰和苏格兰相比，在法国和德国以及所有没有银行体系的国家，现金更多的是存在银行之外的。但是那些现金并不是"货币市场的货币"：它是不可得的。除了巨大的灾难以及对巨额贷款的保证，没有任何事情能够从法国人的钱箱里提取资金。

换言之，法国人和德国人并不信任本国的金融体系，多余的法郎和马克被压在床底下，而不是投入企业中。法国的企业家并非不如英国的竞争对手聪明，也不是不够努力，他们仅仅是缺少获取资金的途径。更透彻地说，白芝浩指出，资本集中于本国大银行是英国独特的优势，因为：

> 100万掌握在一个银行家手中就是强大的力量，至少他能够随时把钱借给想借的人，借款人也会纷至沓来，因为他们知道或相信他有钱。但是同样的钱如果分散在全国范围内的10个人或50个人手中，就没有任何力量可言：没人知道在哪里可以找到这笔钱，或者该向谁借这笔钱。

白芝浩对这种形式感到非常高兴："此前，没有任何一个国家享受过这种奢华，即便是那些具有同等可比性的国家。"他继续指出，资本的易得性为市井小民提供了机会，他们在19世纪推翻了贵族的统治（他们中的许多人在一两代人以前也是市井小民）。"英国商业自然而贫民化的结构是它得以生存的秘密，因为它包含着'变化的趋势'，这一趋势无论是在人类社会还是在动物王国中都是发展的基本原则。"后来的市井小民不仅进行创新，他们还以低于市场价的价格进行销售，将创新的成果带给大众。简而言之，大量可得的资本助长了持续的技术和商业创新，也就是促进了经济本身的增长。实际上，资本已经变得"盲目"。在19世纪以前，借方和贷方在私下是相互了解的。而白芝浩的新系统则是匿名的。一个日益复杂而有效的中介系统有史以来第一次将资本的供给者和消费者分离开来，正如工业化日益将商品的生产者和消费者分离开来一样。

那么，为何荷兰人、英国人和美国人将自己的储蓄存在银行以获取货币市场的利息，而法国人、德国人、印度人和土耳其人不这么做呢？白芝浩并没有就此问题进行讨论。为回答这一问题，我们需要考察前现代时期政府管理的历史。

回想在土耳其，资本市场和财产权的缺失是如何迫使米埃津扎德·阿里帕夏将钱带在身边的。奥斯曼帝国在前现代时期的衰落以及当今许多非西方国家的衰落，已经成为人们关注的焦点。在那些过去没有甚至现在都没有对财产权进行保护的地方，对于创新的激励是不存在的。在某些地方，即使投资者有投资的想法，他也没有用于对创新进行开发和投入市场的资本。一国的所有资本都冻结了，被压在床垫之下，制成装饰品和珠宝佩戴在身上，更重要的是，安全地藏在自己的墓室里——帝王尤为如此。

伊斯兰教对利息的禁止使得土耳其处于不利的地位。没有利息，就没有贷款，没有贷款，就没有投资。阿里帕夏在勒班陀战役中丧生了，到了那个时候，大多数的这些严格限制已经在西方消失了。但是在伊斯兰国家并不是如此，与西方国家相比，其经济显得较为落后，这在很大程度上是财产权和资本市场未得到发展的结果。私有财产权、资本市场以及银行，正如我们所了解的一样，它们在1856年前的奥斯曼帝国是不存在的。直到1856年，土耳其才出现第一家由欧洲人建立的银行。

勒班陀战役最著名的参与者塞万提斯说道："全世界都认识到了，相信土耳其王国不可战胜是多么荒唐。"这或许是对土耳其的历史做出的最好的总结。土耳其既不是第一个也不是最后一个遭受如此命运的国家。随着时间的流逝，塞万提斯的观察得到了其他那些看似不可战胜的国家的印证——17世纪的西班牙以及我们很快就能想到的苏联——由于有效市场的缺失，它们最终都消亡了。

第 5 章

动力、速度和光芒

不会说话的儿媳

几年前,一种笨拙的多功能平台装置开始出现在非洲西部的村庄里。这一装置是由一名瑞士援助工人发明的,它可以把 10 马力的汽油发动机与各种工具结合在一起,这些工具包括漏斗、石墨、搅拌机和活塞。这样的机器通常由当地的妇女联合会拥有和操作,它改变了其所到之处人们的生活。例如,农妇可以租用这一装置,以 25 分钱的当地货币租用 10 分钟,可以将 15 磅[⊖]的花生碾磨并搅拌成花生酱——在这以前,这是一项耗时一天的让人劳累至极的苦差事。传统而言,由于这种卑微的工作属于家中地位最低的妇女的职责,于是村民们将这种装置叫作"不会说话的儿媳"。

事实证明,这种装置所能带来的好处难以计量。那些拥有高产花生农场的家庭可以借此极大地提高自由市场上花生酱的产量。年

⊖ 1 磅 =0.45 千克。——译者注

轻的妇女摆脱了没完没了的繁重劳动，可以有钱和时间去上学；年老一些的妇女则有更多的时间扩展自己的小买卖以及种植新的农作物。

这些机器还可以变成发电机，为电灯提供电力。于是，日落后，商店可以继续经营，妇女生孩子也变得更安全了。即便是那些很少使用这些机器的男人们也非常高兴。有一位丈夫说："我的妻子不再那么劳累了，她的手变得更光滑了。我很喜欢。"

这些机器使得现代读者了解到19世纪西方日常生活所发生的彻底变化。它们也帮助现代读者理解经济的飞速增长发生在19世纪而不是在此之前的根本原因。现代繁荣的其他三个基础——财产权、科学理性主义和有效的资本市场——已经在英语世界和欧洲大陆的大多数国家得到了保证。企业家所缺乏的是交通手段、有效的通信手段以及可靠的生产动力。蒸汽机和电报的到来为现代经济的增长提供了最后的要素，迅速且不可逆转地改变了人们几千年以来的生活方式。

动力

无论是种植大豆、浇铸钢铁还是组装精密电路，你都需要动力去满足你的生产，并且动力越充沛越好。没有牛的农户在生产上会落后于有牛的农户，而有拖拉机的农户会利用机器驱动生产，将以牛作为动力的农户置于死地。

公元1000年以前，几乎所有的农业、工业、工程和军事活动都是靠人力来完成的。人类能够产生多少动力呢？可怜的一点点。自行车测力计显示，人类产生的动力只能使车灯发出微弱的灯光，而它本身也已成为博物馆的陈列品了。如果你的身体状况很好，那么你可以不太费力地在一段较长的时间里产生 1/10 马力的动力；你也可以在短时间内产生 1/2 马力的动力，但是几秒钟后你可能会感到腿脚酸痛不已，而且会觉得肺要炸了。

古人，特别是古希腊人，确实利用螺旋桨、滑轮和杠杆发明了大量巧妙的装置，这些装置使人类的微小力量发挥到了最大限度。在前现代社会，人们用于完成那些规模庞大而繁重任务的主要方法被历史学家委婉地叫作"社会工具"：征募大量的工人，指挥他们建设庙宇、金字塔、运河和水渠。

巧妙的装置和大量的人类劳动力也仅能做到这种程度了。只要动力的唯一来源仍然是人力，农业和工业就不可能实现持续的发展。欧洲政府直到19世纪中期才停止强迫劳役，即强征非志愿的劳动者来修建公路。

为了弥补人类力量的不足，古人也使用牲畜。利用测功计对现代人与各种牲畜所能产生的持续动力进行比较，如表5-1所示。

表 5-1

动力	持续的马力
人与机械泵	0.06
人与绞车	0.08
驴	0.20
骡	0.39
牛	0.52
役马	0.79

尽管古人使用了畜力，但是其成本高昂且效率低下。在古希腊、古罗马以及中世纪时期，人类和家养动物的体格都比现在小。几千年以前，役畜能产生的动力或许仅能达到今天的役畜产生动力的

1/3。古希腊人和古罗马人保留成本高昂的马匹来完成那些重量轻但是要求速度快的任务。由于马具质量差，又缺少马掌保护，使得古人很难充分地利用马的力量，而传统的牛轭又降低了马的速度。直到12世纪，农民才开始使用有效的马具。

创造财富的车轮

古人未能有效地利用自身的力量，原因不仅在于他们较为弱小且不够健康，还在于他们缺乏主动性，而没有财产权的奴隶和农民需要承担大部分的工作。据经济学家估计，在从事相同工作的情况下，奴隶的生产力是自由公民的一半。

水车使动力产出实现了第一次真正的进步。出现最早且效率最低的一种所谓的戽水车（见图5-1）约在公元前150年出现在希腊化时代晚期。历史上水磨的主要任务就是碾磨谷物。与现代西非人"不会说话的儿媳"相呼应，古人对水车有过一个非常欢快的描述："原来在磨坊中辛勤劳作的妇女不需要再推磨了；她们可以睡到很晚，即便是天亮了也不用起来。"虽然这位不知名的编年史作者对它充满热情，但是这一新装置在希腊和罗马的利用率却很低，原因就是它们的设计过于粗糙，而且它们的动力产出太低了。

在西欧，在其后的2000年中，水车的设计经过多次变化，大约在公元1500年才终于出现人们所熟悉的上冲式齿轮传动水车（见图5-2）。只有快速的流水才能驱动早期的无齿轮水磨，而齿轮传动装置的引进使得水磨在流速慢的河流和小溪中也能驱动。人们建起水坝控制以拦截流水，让其从水车的上端流过，使得水车得以转动，河流的水力得到最有效的利用。

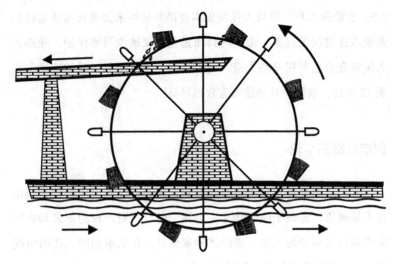

图 5-1　戽水车

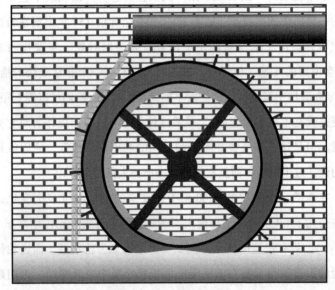

图 5-2　上冲式水车

184　　第一部分　增长的来源

即便是那些仅能产生几马力动力的小水磨坊，也能承担那些需要几十人才能完成的工作。早期原始的下射式设计的水磨（水流从水车扇叶或水桶下流过）每小时能够碾磨 400 磅的谷物——相当于 3 马力，而两个人推动的"驴磨"每小时仅能碾磨 10 磅的谷物。到了中世纪时期，磨坊不光用来碾谷物和麦子，还用来铸造、锯木和碾压铁矿石。

公元 1086 年，据《英格兰土地调查清册》(*Domesday Book*) ⊖ 记载，英格兰南部有 5624 座磨坊，为 150 万人服务。每个水磨能够产生 5 马力的动力，相当于平均每人 0.02 马力。人类摆脱体力限制指日可待。直到 19 世纪，水车仍然是西方人生活中不可缺少的装置。伦敦桥有座上冲式水车，它一直到 1822 年还在给伦敦供水。

利用风力

尽管自古以来人们就利用风力驱动帆船，但是风力用于商业行为还是后来的事。在公元 10 世纪，波斯人第一次将其用于工业用途。风车有两个先天的不足之处：第一个也是最明显的就是，它们不能每天都提供稳定的动力；第二，它始终要依赖风。最早的"杆状"风车使用的是笨重的单片式设计，操作者需要将整个笨重的装置都转动起来。随后，塔式风车，即只需要顶部旋转的风车，在荷兰得到了广泛应用。终于在 1745 年，埃德蒙德·李（Edmund Lee）发明了扇状翼片，它能够自动排列风车扇叶，类似的装置至今在美

⊖ 按古英语的字面意思应当为《末日审判书》，是征服者威廉为了清算英格兰地区的税赋而编制的英格兰地区土地、人口记录，是重要的历史文献。——译者注

国的一些农场还可以看到。

尽管风车提高了生产力,但是在大多数工作中,它都未能代替人力。它平均只能产生 10 马力的动力,比水车好不了多少。在 17 世纪的荷兰,这样的装置大约有 8000 个,主要用于提取海水,为 100 多万人服务,即平均每人约 1/10 马力,人均数量是英格兰在《英格兰土地调查清册》时期的 5 倍。

自然条件限制了风车和水车使用的范围与时间。在前现代时期,动力最强的水车就是路易十四的马力机,它是用来驱动凡尔赛喷泉的,据说能够产生 75 马力的动力。至此,西方经济的起飞还缺乏一个条件,即需要开发一种更强大的能够在任何地点和任何气候条件下提供动力的技术。

蒸汽为现代经济升温

古人知道沸腾的水能够承担物理工作。约在公元前 100 年,亚历山大城的希罗(Hero)曾经对两种蒸汽装置做过描绘。第一种装置如图 5-3 所示,它是一个装在水平轴上的圆形器皿,即人们所熟悉的希罗发动机。加热的时候,正切方向的排气口将蒸汽排出,于是圆形器皿开始旋转。

第二种古代蒸汽机是一个复杂精巧的装置,它用来开关亚历山大城的神庙大门。蒸汽将水从大容器送到一个小水桶中,水桶由于重力而下落,并通过一个复杂的滑轮立柱装置驱动门的运动。

希罗在其著作 *Pneumatica* 中所描述的这两种装置或许存在,或许不存在。如果它们存在,那么最多也是作为展品存在——仅仅是玩具,并没有任何的实际应用。直到 17 世纪晚期,人类对于蒸汽才有少量的实际应用。当时最紧迫的工程问题是将水从矿井中排出。几个世纪以来,矿工们深知从深度大于 30 英尺[一]的矿井中将水排出是不可能的,这一限制使得人们难以有效地在深井采矿。梅第奇家族的工程师尝试从深井中排水,但是失败了,于是他们求助于伽利略。伽利略将这个问题交给了他最聪明的助手埃万杰利斯塔·托里拆利(Evangelista Torricelli)。虽然托里拆利没有发明出有效的抽水机,但是在尝试的过程中,他有了一个更有价值的发现:30 英尺的限制是大气压的结果。大气压力在每平方英寸[二]的面积上所施加的反作用力大于 14 磅,相当于 30 英尺高的水柱所产生的压力。[三]

图 5-3 希罗发动机

[一] 1 英尺 =0.30 米。——译者注
[二] 1 平方英寸 =6.45×10⁻⁴ 平方米。——译者注
[三] 这个数据换算为公制就是我们所熟悉的标准大气压 10.339 米水柱,或 76 厘米汞柱。——译者注

1654年，德国科学家奥托·冯·格里克（Otto von Guericke）通过一个独创性的试验证明了气压的存在。他将两个直径为20英尺的金属半球放在一起，并抽出半球中的空气。两个半球中间的真空度很高，以至于两组强壮的马匹以相反的方向也不能将它们分开。

科学家迅速意识到利用真空的压力可以产生强大的动力。克里斯蒂安·惠更斯首先进行了尝试，他通过点燃汽缸中的火药从而创造了半真空的环境。在这个过程中，高温气体及周边的气体通过真空管排出汽缸。一旦冷却下来，真空管的阀门将被关闭，此时半真空环境就产生了。这种方法适用于展示，但是不如利用机械泵抽真空有效。（这种装置可以算作第一台内燃发动机。）

惠更斯的助手丹尼斯·帕潘（Denis Papin）从理论上说明了蒸汽是一种更为有效的制造真空的办法：

> 水有这样的一种特质，少量的水加热之后能够变成蒸汽，蒸汽和空气一样富有弹性力，一旦冷却，蒸汽便又凝结成水，于是上文所提到的弹性力就消失了。于是我可以断定，可以在有水的地方建机器，不需要特别强烈的加热，费用也很少，就可以产生完美真空。这是利用火药所不能实现的完美真空。

写下这些很有决定性的文字后不久，帕潘发明了第一个活塞蒸汽机模型。将少量水加入汽缸中并将其煮沸，活塞便被顶起。在活塞被顶到冲程的极点时，人们将火移开，并用钩子将活塞勾住，于是该装置便冷却下来，进而蒸汽凝结成水，真空随即产生。当汽缸完全冷却下来以后，松开钩子，真空便使得活塞迅速回落。这一装置并不是一个严格的蒸汽发动机，而是真空发动机。帕潘的活塞并

不受蒸汽的压力驱动,而是受蒸汽凝结成水所创造的完美真空所驱动,水与蒸汽的密度之比约为 1200 : 1。㊀

蒸汽走向市场

与希罗和惠更斯的发动机一样,帕潘的发动机也由于笨重和速度慢而无法投入实际应用。不久之后,他人将他的设计进行改良,制造出了具有实际用途的装置。在 17 世纪,伍斯特侯爵(Marquis of Worcester)和托马斯·萨弗里(Thomas Savery)设计了蒸汽泵,但伍斯特是否真的制作了自己的发动机就不得而知了。托马斯制作了自己的工作模型,但是并没有取得商业上的成功。然而,也有一些历史学家将发明第一台蒸汽发动机的荣誉归于托马斯。与他们在技术上和商业上的成功相比,更重要的是,托马斯和侯爵都获得了自己所设计的装置的专利。托马斯的专利是当他在汉普顿宫为皇室进行展示之后获得的。

17 世纪后期,发明家们被专利权所带来的利益前景吸引,使得技术革新的步伐加快了。虽然进行科技革命的重要人物都受到过良好的教育,且许多人出身于贵族之家,但是工业革命时期伟大的工程师和发明家却几乎都是没有受过教育的工匠,他们大多数是因为商业前景的驱动而进行发明创造的。托马斯·纽科门(Thomas Newcomen)却是一个例外,就像同时期的托马斯一样。虽然纽科门出身卑微,但是并不妨碍他与当时伟大的科学家罗伯特·胡克通信,他们对帕潘和伍斯特侯爵的工作进行讨论。纽科门发现,早期设计

㊀ 实际上水蒸汽的密度会受温度影响而大幅波动,在 100℃时密度为 0.6kg/m³,1200:1 的密度大致为 111℃时的密度。——译者注

失败的原因是外冷却式的汽缸冷却得太慢了。他发明了一种通过将冷水注入汽缸内部进行冷却的发动机。由于托马斯的专利覆盖面很广，囊括了所有纽科门所能想到的方案，所以他被迫加入了托马斯的工作队伍。

关于他们发明的第一台装置几乎不存在任何的历史记载，但是在1712年的某个时候，在伍斯特郡达德利城堡煤矿，世界上第一台可以工作的大气蒸汽机开始从矿井深处排水。此处的关键字是"大气"。纽科门的发动机如图5-4所示，仅靠周边大气的压力就能运行，正如帕潘的发动机一样。在静止状态下，活塞居于冷却汽缸的顶端，锅炉中的高温蒸汽被注入汽缸中，冷气通过左边的阀门排出，如图5-4所示。现在，汽缸中充满了蒸汽，且活塞位于冲程的顶端，随后冷水从图5-4中所示的右边阀门注入，将蒸汽冷却并在汽缸中产生近似真空的状态。这种近似真空的状态通过巨大的压力将活塞拉下来，这种压力随后传导到泵中。随后，蒸汽再次被注入汽缸中，活塞轻轻升起。随着又一次冷水注入，新的循环开始。就这样，发动机仅仅依靠大气的压力就能运行——活塞并不是被活动的蒸汽所驱动的，而是受到蒸汽凝结时所产生的真空驱动。

纽科门的主要贡献在于对自动阀门的运用，它的开关由主驱动杆控制。这一装置每分钟循环12次，能够产生约5.5马力的动力。尽管不如水车和风车的动力强大，但是它可以在任何时间和任何地点工作。人们从此可以自如地运用动力，摆脱自然界反复无常的控制。新专利法鼓励发明家对早期原始的设计进行改进——几十年内，纽科门发动机的功率达到了75马力。

纽科门发动机是制造业和运输业改革的核心，它永远地改变了世界经济增长的路线，然而，它在经济上是不可行的。这种设计要求整个汽缸交替加热和冷却,这本身就是低效的,由于是大气发动机,因此活塞表面受到每平方英寸 14.7 磅压力的限制。该发动机需要消耗大量的煤炭,只能用于煤矿的运送,且只能用于燃料充足的地区。

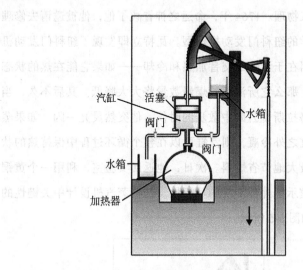

图 5-4 纽科门的发动机

资料来源:经纽科门协会授权转载。

由于这些局限性,纽科门发动机仍然属于艺术品,在发明后的几十年中,它的实际应用较少。据 1769 年关于蒸汽机的汇编资料显示,当时仅有 67 台蒸汽机。尽管在技术上存在缺陷,然而该蒸汽机是值得颂扬的,随后几代的工匠们逐渐对它的动力和燃料利用率进行了改进。

其中的一名工匠就是詹姆斯·瓦特。1736 年出生于苏格兰一个不太富裕商人家庭,经济上的困难使他不得不从商。19 岁的时候,瓦特去了伦敦,在那里他学会制造"哲学设备",即我们如今所说的科学设备。当他返回格拉斯哥并想在设备制造行业中谋生时，当地的行会却将他拒之门外。幸运的是，他本身所具备的机械天赋非常明显，因此格拉斯哥大学（Glasgow University）聘请他修理并制造仪器。

新工作使他有机会接触苏格兰最伟大的科学家，这些科学家使他熟悉了蒸汽物理。1764年，命运之神眷顾了他，他被邀请去修理格拉斯哥大学的纽科门发动机模型。瓦特立即发现了纽科门发动机低效率的原因在于汽缸的交替加热和冷却——如果它能在热的状态下持续运转，那么它所消耗的煤炭数量将大大降低。其后不久，当在传说中的格拉斯哥公园中散步的时候，他突然灵光一闪：如果蒸汽可以在汽缸之外冷凝，则汽缸可以在整个循环过程中保持热的状态，这可以极大地节省燃料。次日，他返回实验室，利用一个黄铜医学注射器演示了外部冷凝的可行性。瓦特蒸汽机设计中关键性的外部冷凝器如图5-5所示。

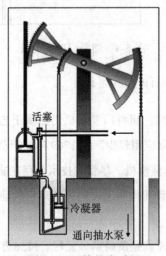

图5-5 瓦特的发动机

资料来源：经纽科门协会授权转载。

当瓦特尝试将自己设计的装置投入生产时，他遇到了托马斯·爱迪生在一个多世纪以后将要遇到的相同问题。发明创造本身就很难，但是对瓦特来说更难的是寻找熟练的工人大批量生产他的发动机，最难的是寻找足够的资金进行大批量的生产。一开始，瓦特与他的发明家同伴约翰·罗巴克（John Roebuck）合作，但是活塞汽缸发动机生产所需的巨额资金，尤其是精细机器生产的昂贵费用，使得他们濒临破产。

破产后，为了谋生，瓦特找到了一份土木工程师的工作。命运之神再一次眷顾了他，10年后，即1774年，他时来运转。在伦敦从事常规工作的时候，他遇到了伯明翰的一位工业家马修·博尔顿，博尔顿对瓦特的工作极感兴趣。同年，军械员约翰·威尔金斯（John Wilkinson）完善了给大炮钻孔的办法，而这种办法正好满足活塞汽缸发动机所需的公差精度。几个月内，利用威尔金斯提供的精密配件，瓦特和博尔顿发明了符合工业尺寸的蒸汽机。为了对威尔金斯提供汽缸这一行为给予回报，他们将第一台发动机给了他，并为他的鼓风炉安装了通风设备。

用"协同"来说明钢铁和蒸汽技术之间的关系最适合不过了。蒸汽技术改变了钢铁的产量和质量。更高质量的钢铁为更精密的机械制造提供了可能，并能满足活塞和汽缸更高的公差要求，相应地，也能够产生更高效率的蒸汽动力。

连下议院都开始合作了。到了1774年，瓦特最初的专利还有8年就将到期，但剩下的时间不足以使博尔顿—瓦特蒸汽机获利，于是议会授予他额外25年的专利保护。当专利延长期截止的时候，英国共有496台蒸汽机在运转，为矿井抽水泵、鼓风炉和工厂提供动力。

第5章 动力、速度和光芒

博尔顿—瓦特发动机的发明为工业生产打开了创新的闸门。瓦特发明了一种可以提供旋转动力的发动机（这对工厂和运输业来说十分关键）且这一发动机不仅在（负的）大气压力下工作，还在（正的）蒸汽压力下工作。瓦特对那些压力超过1个大气压的蒸汽的使用非常谨慎，而煤矿工程师理查德·特里维西克（Richard Trevithick）却不如此。1802年，议会授予博尔顿和瓦特的专利到期后两年，他对一台发动机申请了专利，该发动机能够在每平方英寸145磅的压力下工作，这是正常大气压的10倍。

19世纪和20世纪之交，人类已经决然地摆脱了人力、水力和风力所带来的限制。一个人操作一台工厂机器或落煤风镐所生产的产量也许是前人的几十倍甚至上百倍。轮船也不再受到自然变化的控制。更重要的是，这种产生大量机械动力的新能力鼓励人们发明以前不可想象的东西。其中的两项发明，即铁路机车和发电机，将从根本上改变人类的生活，并在这个过程中破解了全球繁荣的最后一个难题。

速度

丰富多彩的消费品如果不能在各地有效流通，那么它的价值就微乎其微。衣服、食品和电器，无论其生产过程如何高效，在流通过程中，一旦不能将它们廉价和快速地运送至消费者手中，其价格仍然会高得让人望而却步。

这就是工业革命前半期所发生的情况。在1821年年末，当英国作家李希·亨特（Leigh Hunt）全家动身去意大利的时候，由于暴风雨不断，两个月以后他们仍然未能离开英国海岸，直到次年7月他们才到达利沃诺。

在同一时期,陆上旅行虽然比海上旅行要安全和舒适,但是也好不了多少。直到1820年年末,英国的公路抢劫还是很常见的。在欧洲大陆上,情况更糟。法国的商船通常需要安全警卫,而在意大利公路抢劫并不少见。在蒸汽机出现以前,欧洲大陆的旅行者通常需要携带武器。

糟糕的公路环境加剧了这些痛苦。大多数公路是车辙纵横的土路。除了造成旅行速度受限以及旅客不适外,这种不平的路面通常也不安全。即便是在很慢的速度下,马车翻车对旅客来说也是致命的。直到大约1820年,约翰·麦克亚当(John L. McAdam)发现,用细砾石铺路可以使路面更平坦且没有车辙,从而改变了道路修建的方法。

海上旅行比陆上旅行风险要高,但是在蒸汽动力发明以前,尽管陆上的路线可以直达,但是海上旅行更为便宜。在铁路旅行出现之后的几十年中,从伦敦到爱丁堡的海路仍然比陆路要便宜。

新大陆(New World)也出现了类似的情况。在新大陆,阿巴拉契亚山脉是内陆旅行的一大屏障。图5-6按照旅行时间生动地将其表现了出来。沿海乘船旅行500英里可能需要1星期的时间,同样的距离从陆路进入内地却需要3个星期的时间。

慢,但有保证、安全且便宜

18世纪的交通方面也不是没有进步可言。从古代以来,统治者就已经开凿运河以提供内陆航行,虽然速度较慢,但是价格也不高。蒸汽技术的发展极大地提高了燃料的需求。将大量的煤从偏远的煤

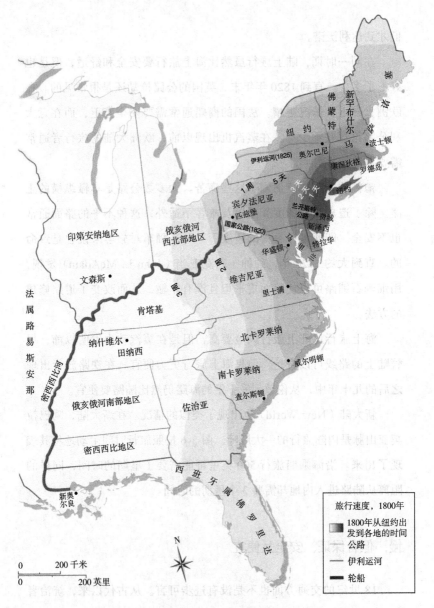

图 5-6 1800 年从纽约出发到各地的时间

资料来源：经出版者授权转载。John F. Stover, ed., *The Routledge Historical Atlas of the American Railroads* (London:Routledge,1999),11.

196　　　　　　　　　　　　　　　　　　　　　　　　　　第一部分　增长的来源

矿运送出来,本身就是一个不小的挑战。1767年,布里奇沃特公爵(Duke of Bridgewater)想到了一个主意,即在他位于沃斯利的煤矿和30英里以外的朗科恩纺织厂之间开凿一条运河,该运河成为一项壮举,并沿用至今。在随后的20年中,英国人开凿的运河长度长达1000多英里。

当它们与美国19世纪早期所修建的运河相比,就相形见绌了。由于在前工业革命时期,资金长期短缺,且运河的初期建设费用高昂,所以殖民者并不支持开凿运河。然而,到了19世纪20年代,缓慢增长的美国经济开始产生前所未有的资金流增长,商人们也开始梦想拥有一个庞大的内河运输系统以运输大宗货物。1825年伊利运河(Erie Canal)的完成使这一梦想成为现实。作为当时最伟大的工程之一,历史学家乔治·泰勒(George Taylor)将伊利运河称为"信念"。对于这样一个从奥尔巴尼向西面的广袤荒野延伸364英里的人工水路,人们还能称之为什么呢?

运河的开凿是一项伟大的工程,而联邦政府认为这项计划安排得有些草率,因此不给予支持。于是当地政客、纽约行政长官德·威特·克林顿(De Witt Clinton)请纽约市政府支持发行大量债券,为运河开凿所需资金进行融资。当今的自由主义者忘记了,在不发达的国家(正如19世纪初期的美国),很少有人愿意把钱借给私人资本家,国家通常是唯一能够以合理的利率筹集资本的一方。

在整条运河完成之前,伊利运河已经获得了财务上的成功,尽管随后有铁路的竞争,但是它的吞吐量仍能不断增加,直到1880年达到顶峰。该运河最显著的作用就是成就了纽约市的大都市地位。在运河开凿之前,纽约市与波士顿、费城以及后来的华盛顿相比,都居于次要地位。伊利运河使得纽约市成为中西部大量农产品的贸易中心，装载这些农产品的船只通过伊利运河驶入哈德逊河，然后到达纽约市的码头，并转载至其最终目的地，通常是东海岸的其他地区或欧洲。

无论运河取得了多大的成功，它并没有带来革命性的变化。对于运河的创始者来说，运河仅在较为平坦的内陆才具有实用性——伊利运河的最高海拔为650英尺。运河上的航行速度也不快。运输业的真正变革还有待于蒸汽动力在海上和陆上交通的应用。

远洋运输对蒸汽动力的应用

在世界各大洋中，帆船都没有轻易向蒸汽船屈服。茹弗鲁瓦·达班斯侯爵（Marquis Jouffroy d'Abbans）在1787年建造了第一艘桨轮汽船，一个多世纪以后，帆船仍然在竞争中保持胜利。实际上，竞争的压力激励帆船技术的改进，这种改进几乎与蒸汽动力的改进一样，也是非常引人注目的。19世纪的快速船可以装载重达几千吨的货物，且行进速度可以达到20海里每小时。直到19世纪末，蒸汽船才在远洋运输中占据主导地位。

蒸汽机与航船的结合面临着许多困难。早期的蒸汽发动机上重下轻，使得航船运行不稳，且需要消耗大量的燃煤。在河流中或海岸边航行时，频繁添煤不是什么问题，但是对远洋运输来说，却并非如此。大西洋航线上的第一艘汽船"英国女王号"（British Queen），装载的货物为500吨，然而却需要携带750吨的煤。据说能够随时采取远距离行动的海军，最初却回避对新技术的使用。当时最大的船是铁壳船"大东方号"（Great Eastern）。这艘船启用于1858年，由短桨、帆和螺旋桨驱动,长度为692英尺,排水量为22 500吨。由于需要频繁停船加煤导致运输费用高昂,"大东方号"在经济上注定是失败的。

由于高压海事蒸汽机和螺旋桨的完善,蒸汽动力最终才变得实用。从实际应用的角度来说,特里维西克最初设计的高压蒸汽机过于昂贵而且不安全,但是到了1870年,每平方英寸高达150磅的气压已经得到了广泛采用。19世纪和20世纪之交,就在燃油涡轮机出现以前,英国皇家海军的军舰"巴布柯克号"和"威尔逊号"蒸汽管可以产生每平方英寸250磅的压力。

价格一致,工资一致

蒸汽动力的使用提高了船只的运输量,这足以使得英国和美国之间在三种基本经济投入要素的市场上实现"平衡",这三种经济投入要素分别是土地、劳动和资本。在一个劳动力和商品难以流通的世界里,它们的价格在不同的国家间将产生差异,即便是在相邻的城市之间也存在差异。这会造成土地价格的不均衡,如果缺乏有效的通信手段,投资回报率也会因地而异。

在1870年以前,由于远洋运输能力不足,这种价格的不平衡是世界经济的特点。土地在英国是稀缺的,在美国是充裕的,所以英国的土地价格以至于农产品价格要比美国高得多。另一方面,由于劳动力在英国是充裕的,而在美国是稀缺的,所以英国工人的工资比他们的美国堂兄弟的工资低得多。(资本也是如此。英国在资本方面远比美国充裕,因此它的资本回报率比美国要低得多。)

蒸汽运输时代的到来平衡了美国和英国在价格与工资上的差

异。1870 年，伦敦牛肉的价格比辛辛那提高出 93%；到了 1913 年，差价降至 18%。1870～1913 年，美国的地租提高了 171%，而英国的地租下降了 50%，伴随地租下降的是英国土地价格同样显著的下降。

这两个国家不仅在商品价格、土地价格和土地地租上达到了平衡，他们的实际工资也实现了平衡。这不仅仅是美国食品价格低廉的结果，也是英国工人移民能力提高的结果。英国工人移民能力的提高使得本国劳动力市场吃紧，最后，由于通信和交通的改善，英国的资本可以选择利润更高的海外投资方案，它的投资回报率也得到提高。⊖现在，当我们谈到"全球经济"时，我们指的是这样一种世界，工资、商品和制成品的价格在国家间趋于一致。19 世纪后半叶，蒸汽动力能够将大量的商品和人员运送至世界各地，至此，人们朝着"全球经济"的方向迈出了一大步。

铁路的出现

蒸汽发动机对陆路的征服更迅速，意义更深远。发明家立即尝试将其应用于铁路运输。与船只相比，陆上交通工具能为发动机提供的空间更小，因此陆上交通工具让人对蒸汽发动机的应用

⊖ 商品价格的趋同会导致三种基本经济要素，即劳动、土地和资本价格的趋同，这一理论被称为赫克歇尔—俄林模型（Heckscher-Ohlin Model）。这两位瑞典经济学家在第一次世界大战以后提出这一假设，这一假设也得到了当代经济学家们的证实。在全球经济日益一体化的条件下，这一晦涩的理论具有高度重要性。参见 Kevin H. O. Rourke 和 Jeffrey G. Williamson, "Late Nineteenth-Century Anglo-American Factor-Price Convergence: Were Heckscher and Ohlin Right?" *Journal of Political Economy*, 54 (Dec. 1994): 892-916.

望而生畏。1801年,理查德·特里维西克终于成功地将其早期制造的高压发动机应用于陆上交通工具。到了1804年,他经营一辆行程10英里的有轨机车,该车能够承载10吨钢铁和70位乘客,以每小时5英里的速度穿梭于威尔斯佩尼达轮铸造厂和附近的运河之间。1808年,他在尤斯顿广场附近为伦敦公众提供乘车服务,费用是5先令。

使得铁路机车时代出现的人是乔治·史蒂芬孙(George Stephenson)。史蒂芬孙1781年出生于煤田地区一个贫困的家庭,从小在煤矿中长大,他是蒸汽机锅炉工人的儿子。蒸汽机的轰鸣声在史蒂芬孙听起来就如同交响乐,他被蒸汽机车所吸引,因而从事了煤矿抽水的工作。后来,他见到了抽水泵的设计者罗伯特·霍索恩(Robert Hawthorne),并向他请教关于抽水泵的问题。

史蒂芬孙的才华很快吸引了英国政府的注意。在与拿破仑的战争中,煤炭的产量至关重要。在30岁的时候,史蒂芬孙在纽卡斯尔的大型深坑煤矿操作抽水泵。史蒂芬孙没有受过教育,但是他的成功为儿子罗伯特提供了受教育的机会,不久,罗伯特开始教自己的父亲阅读、写字以及数学和科学知识。

煤田为铁路机车的发展提供了最好的摇篮。在德国和英国,煤车在木质轨道上行驶了几个世纪。在18世纪,木质轨道渐渐被钢铁轨道所取代,且煤矿发动机也必然地取代了价格昂贵且难以管理的马匹。这些在很大程度上归功于史蒂芬孙。

拿破仑战争导致饲料价格上涨,加之燃煤价格上涨,构成了实用机车发展的催化剂。史蒂芬孙早期设计的机车功率很低,常常需要壮汉推动,机车才能发动起来。"布吕歇尔号"(Blücher)正是如此——它在1814年为大众提供尝鲜乘坐的机会。史蒂芬孙和他的儿子罗伯特不断对发动机进行改进,每次改进都比前一次更强大。他们最著名的发明叫作"火箭号"(Rocket),时速超过每小时30英里,并吸引了英国公众的注意。女演员范妮·肯布尔的反应最典型,她对自己第一次乘坐"火箭号"的描述如下:

  一只发出呼哧声的小动物,我真想拍拍它。它全速前进,时速为每小时35英里,比鸟的速度还要快。你很难想象穿透空气的感觉,运行前所未有地平稳。在车上,我本来是既能阅读也能写字的,但是我站了起来并挥舞着帽子,呼吸迎面而来的空气。我闭上眼睛,这种飞一般的感觉非常美好而奇妙,让人难以言表。尽管不太习惯,但是我感到非常安全,一点也不害怕。

  1821年,议会允许联营企业的商人经营达灵顿到蒂斯河畔斯托克之间的铁路。由于地处偏远,达灵顿的煤田没有得到开发,但这一问题很快就被铁路和蒸汽机解决了。3年后,该铁路完工,而且几乎是马上盈利。接着,一项更大的连接曼彻斯特和利物浦的工程也开始了,这一条铁路线将该国的工业中心和港口连接起来,听起来格外雄心勃勃。为了平整斜坡和开凿通道,工程师们必须移走大量的土石,并建立起庞大的高架桥。"火箭号"能够牵引沉重的货物行进60英里,平均时速超过每小时14英里,凭借"火箭号",史蒂芬孙将赢得发动机比赛。

  1830年9月15日,该线路通车。在通车仪式上发生了铁路史上第一个死亡事件——铁路爱好者、议会成员威廉·赫斯基森被"火箭号"碾压身亡,通车仪式也因此中断,但很显然的是,铁路已经改变了现代生活。10年后,英国的铁路线长达2000英里。蒸汽船只能有限地提高运行速度和舒适度,与蒸汽船不同,铁路改变了旅行的本质。

原来需要以天数和周数来衡量的旅行时间,现在只需要以小时来衡量了,且时间本身也获得了一个新的修饰语——"铁路时间"——以此表示日常生活节奏的突然加速(与最近的"互联网时间"类似)。以前仅限于富人的长距离旅行,现在人人都可以参与了。在1835年,英国有1000万人次乘马车旅行;在1845年,有3000万人次乘火车旅行;而到了1870年,有3.3亿人次乘火车旅行。

以前,从格拉斯哥到伦敦需要好几天的艰难旅行,但是到了1830年,蒸汽发动机将时间缩短为24小时,并且旅途舒适。《铁路时代》(*Railway Times*)欢呼道:"任何一个理性的人还能有什么更多的要求呢?"

信息之光

有一个经久不衰的传说,即在1815年6月18日午夜过后不久,一只孤独的信鸽向英吉利海峡俯冲,给英国带来了拿破仑在滑铁卢战败的消息。据说这个重大的消息并不是要传送给媒体和公众,甚至不是要传送给民政部或国防部,而是要送给某个人,唯一的那个人:金融家内森·罗斯柴尔德(Nathan Rothschild)。

那天早上,证券交易所的员工猜想,罗斯柴尔德可能知道战争的结果了。罗斯柴尔德也意识到股市中有人怀疑他事先知道结果,于是他故意出售统一公债造成恐慌。然后这位老谋深算的行家暗地里系统地将这些公债购回,因为他知道胜利的消息第二天到达金融

市场的时候，统一公债的价格将会暴涨。⊖

这就是现代世纪开始之初的通信状态。即便是最重大的消息也需要数天的时间才能在相邻的国家间传递，这意味着，信息对于拥有它的人来说则相当于银行里的钱，而对未知的人来说则是灾难性的。

用电传送信息

自从发明电以来，科学家就一直梦想着利用它传递信息，从18世纪中期开始，人们就做了大量的尝试。1746年，法国神父吉恩－安东尼·诺雷（Jean-Antoine Nollet）让200名修道士两手都握着一根25英尺长的金属棒的一端，将他们连起来组成一个超过1英里长的队列，然后对排在最前面的修道士进行电击。令他惊讶的是，最后一名修道士和第一名修道士同时感受到电击，电流的传递看起来是瞬间完成的。

除了电击修道士外，到了1800年，电子通信依然遥不可及。主

⊖ 事实要远远复杂得多。罗斯柴尔德确实使用了信鸽，但只是为了获得常规的价格数据，而不是为了在合伙人之间进行关键性的交流。事实上，拿破仑在滑铁卢战败的消息来自布鲁塞尔报纸的报道，由他们的专递员向罗斯柴尔德办公室汇报，比英国政府和公众提前了整整两天获得这一消息。由于内森·罗斯柴尔德提前得知消息并购买国债，确实获得了一些利润，但是这一意料之外的拿破仑的迅速溃败险些成为罗斯柴尔德家族的灾难。他们本以为这是一场持久战，并存储了大量的黄金，但是战争的结束却导致黄金价格下降。罗斯柴尔德利用滑铁卢战争的消息意外获得了成功，这一传说在当代看来意味着值得称赞的金融威力，该传说来源于一些当代反犹太作家的作品中，最著名的作家是巴尔扎克。这一传说中罗斯柴尔德利用战争的变化牟取利润的做法深深地冒犯了19世纪读者的感情。正因如此，维多利亚女王拒绝授予罗斯柴尔德贵族头衔。来自与Niall Ferguson的私人交流。也可以参见Niall Ferguson, *The House of Rothschild* (New York:Penguin,1999),14-15, 98-101.

要问题有以下三个：

- 没有可靠的电力来源。
- 科学家发现将通常的电流转换成有用的信号极为困难。
- 正如诺雷的试验所显示的，探测和解析这些信号的能力极度落后。

首先出现的问题是发电问题。1800年以前，人们只能通过摩擦物体才能产生不规律的静电。在那个年代，亚历山德罗·伏特（Alessandro Volta）正确地推断，在路易吉·伽伐尼（Luigi Galvani）的实验中，青蛙腿发生抽搐是因为它们接触到盐溶液中两种不同的金属。伏特开始系统地对不同的金属进行配对并进行测试，他发现两种组合可以产生最强烈和最可靠的电流，这两种组合分别是锌和铜以及锌和银。通过将这些金属片交替叠放在用盐水浸泡过的法兰绒或纸片之间，就能够产生持续的电流。实际上，他发明了第一个电池。

下一个问题是如何在接收端解析电流，这是一个意义重大的任务。回想诺雷神父从修道士那里获得的口头报告，在19世纪早期，指针式电报仍然是电报员可利用的最好的技术。

1820年，丹麦科学家汉斯·克里斯蒂安·奥斯特（Hans Christian Oersted）发现，当电流通过电线传递时，它会使得罗盘指针偏移，此时，人们可以对电流进行检测。剩下的问题是按照某种方式对电流进行改革，这种方式可以利用奥斯特的指针表达人们可以理解的信息。到了大约1825年，一名叫作帕维尔·勒沃维奇·西林（Pavel Lvovitch Schilling）的俄国人做了一个奥斯特式的装置，该装置的指针可以左右摆动。这些脉冲的组合可以用来表示所有的字母和数字。西林甚至说服沙皇支持他的计划，但是在建造这一装置之前，西林就去世了。

这一任务留给了两个独立的发明团队——英国的威廉·F.库克和查尔斯·惠斯通以及由塞缪尔·摩尔斯带领的一个美国团队——由他们发明那些可以在实验室之外使用的电报。

摩尔斯1791年出生于马萨诸塞州的查尔斯顿，是一名受过训练的职业艺术家。34岁时，他赢得了几份颇受尊敬的委托，其中之一就是给拉法耶特画肖像。然而，摩尔斯的胸膛里却跳动着一颗发明家的心，他设计了一种新颖的水泵和一台能复制大理石雕像的机器。1832年，当他从欧洲返回的时候，船上的一名同行告诉了他诺雷和奥斯特的实验。摩尔斯发现，通过奥斯特指针读取的简单开关指令能够用于传递文字和数字信息。

当完成了6周的海上航行后，他已经对那套后来以其名字命名的著名编码有了概念。作为一名业余爱好者，摩尔斯充满喜悦，他并不知道前人已经有过许多次失败，另外，他也没有足够的技术知识独立生产工作装置。他所拥有的是无尽的精力、热情和将电报变成现实的冲动。

库克是一个跟摩尔斯志趣相投的英国人。摩尔斯领悟到了可以利用一根电线工作的编码系统，而库克则有幸在1836年亲自参观了西林装置的展示，他立即发现了这一装置的实用价值。几周之内，他做出了一个工作模型，该模型由3根针和3根电线组成。（由于每根针分别可以指向右边、左边或原位不动，于是3根针共有27种不同的组合。因此字母表中的所有字母都可以编码。）用现在的话来说，摩尔斯发明了软件，库克发明了硬件。

当时，摩尔斯同样也深深地被硬件的开发所吸引，但是他和库克都遇到了相同的问题，即信号的传送距离不超过几百码⊖。两名发

⊖ 1码=0.91米。——译者注

明家都没有受过专业训练——库克是一名解剖学家，而肖像艺术家摩尔斯没有任何的科学背景——他们都没有认识到，信号传送距离过短是由于电池的电压太低了。

现在，任何一名初中学生都知道，解决的办法就是将几节电池串联起来，但当时的摩尔斯和库克却不知道。到了19世纪30年代，科学家已经能够通过高电压和导线将电流传送到数英里外了。其中一位成功做到这点的人就是查尔斯·惠斯通，他是伦敦国王学院（King's College）著名的"实验哲学"教授（简单地说就是物理学家）。当库克拜访了惠斯通后，他们立即意识到了库克的创业精神和惠斯通的技术知识将是完美的结合。他们也立即发现了自己不喜欢对方，并且终生如此：惠斯通将库克看成一名无知的商人，而库克则认为惠斯通是个喜欢指手画脚的学术界的势利小人。然而，在几个月之内，他们创造了一个5根导线和5根针的设计，这一设计能够将信息快速地传送到远距离之外。

虽然摩尔斯领导库克和惠斯通长达4年之久，但是他把这些时间浪费在了设计一套过于复杂的发射装置上面。他同样也没能解决距离和电压问题。在库克和惠斯通发明了他们的第一台工作模型的同一时间，被迫在纽约大学讲授文学和艺术课程的摩尔斯遇到了同样在纽约大学讲授化学课程的伦纳德·盖尔（Leonard Gale）以及富有的年轻人阿尔弗雷德·韦尔（Alfred Vail）。韦尔是一个识货的人，他们三人联合起来，改进了电池的设计，将摩尔斯的编码转变成了人们所熟悉的形式，并将关键的装置简化成能够用一只手指快速操作的形式。

一根线，一个世界

大西洋两岸都提出了专利申请，于是两支团队之间展开了激烈的竞争。在这一阶段，美国人做了一个关键性的改进——继电器。从根本上说，它是电报的第二个电键，由自己的电池提供电力，能够准确无误地将接收到的信息重复并转发。仔细地将一系列的继电器连接在一起，就可以向几百甚至几千英里以外的地方传递信号。

最终，摩尔斯的中继式单线设计被证明是两个团队中更为可行的。保持单线连接的完整性就已经非常困难了，而在长时期内以及长距离中保持库克－惠斯通装置中 5 个连接的完整性几乎是不可能的。库克和惠斯通渐渐发现，用更少的线路也能工作，于是最后也决定采用单线设计。

电报在大西洋两岸都遭到了人们深深的怀疑。原因不难理解，电报与蒸汽发动机不同，它很难令人信服地进行演示。在一次典型的公开展示中，"电报员"通过一团导线将信号从一个房间发送至另一个房间，而位于接收端的机器仅仅显示出几根指针的摇晃。报纸和政客不止一次地指责摩尔斯和库克的研究是个骗局。尽管国会最终给摩尔斯 3 万美元，让其在华盛顿和巴尔的摩之间建立一条示范线路，但是无论美国团队还是英国团队都兴奋地将自己的资产投入到第一个电报网中。

库克将注意力转移到了最明显的顾客身上——铁路公司。作为使用铁路线的报酬，铁路公司可以得到免费的电报服务。在 19 世纪 40 年代早期，库克沿着伦敦的铁路线建起了短程电报线路。最长电报线路的长度为 13 英里，从帕丁顿到西德雷顿。

与此同时，摩尔斯、盖尔和韦尔开始沿着巴尔的摩到华盛顿的铁轨底座串起一根40英里长的电报线路。国会怀疑摩尔斯团队欺骗他们,指责之声四起。政府雇用了一位叫作约翰·柯克的观察员对此进行监督,柯克建议于辉格党⊖1844年5月1日在巴尔的摩召开大会期间对这一新系统进行测试。从这条线路尚未完成的东端,即距离巴尔的摩13英里的地方,韦尔将被任命者的名字用电报发给在华盛顿的摩尔斯和柯克。当摩尔斯比巴尔的摩的火车提前一小时宣布大会结果时,所有关于电报的怀疑都烟消云散了。

英国也发生了类似的事件。在美国辉格党大会后3个月,"电报员"将维多利亚女皇次子诞生的消息从温莎城堡发送至伦敦,比火车信使提前很多。不久,英国公众开始为这一新装置带来的各种奇迹惊叹不已:习惯乘火车逃跑且认为这是一种最安全逃跑方式的罪犯被逮捕了;被错误告知亲人去世消息的人可以马上确认亲人是否还活着;20英里以外的大炮可以根据命令开炮。

同年,库克说服了英国海军部建立一条80英里的电报线路,将伦敦和朴次茅斯连接起来。随后金融家、经济学家大卫·李嘉图的远房亲戚约翰·李维斯·李嘉图直接以14.4万英镑购买了惠斯通和库克的专利(而不仅仅获得特许权),并组建了电报公司(Electrical Telegraph Company)。该公司继续建立连接英国主要城市的电报网络。

这一新媒体引起了爆炸性的轰动,用作家兼记者汤姆·斯丹迪奇的话说,这一新媒体就是"维多利亚时代的互联网"。电报里程数不断增加。在1846年早期,美国唯一一条投入使用的电报线路是摩尔斯那条40英里长的线路,从巴尔的摩到华盛顿。到了1848年,

---

⊖ 美国辉格党始创于19世纪30年代,后于19世纪50年代瓦解,存续约26年。——译者注

美国的电报线路长达 2000 英里，到了 1850 年，增加到了 12 000 英里。1861 年，横贯美国大陆的电报线路建成几天内，驿马快信就破产了。

那个时代最大的成就就是在 1858 年铺设了跨大西洋的第一条线缆。由于这条线路把美国和欧洲的网络连接起来，当年 8 月 5 日大陆网络连通之时，几乎所有的文明世界——从密西西比河到乌拉尔山都为之一振。纽约人乔治·坦普顿·斯特朗在他的日记中写道：

> 昨天的《纽约先驱报》(The Herald) 说，电缆无疑是《启示录》(Book of Revelation) 中的天使，她的一只脚在海里，另一只脚在陆地上。她宣告，时间不再久远。平民百姓都说，这是人类历史上最伟大的成就。

第一条跨大西洋电缆的建成并非那么令人激动。在头几天的时间里，这条电缆实际上并没有在纽芬兰的登陆点与美国系统连接上。这条电缆的通信速度缓慢至极。直到 8 月 16 日，维多利亚女王给布坎南总统发送了一条长度为 99 个词的信息，世人很久以后才知道，那条信息用了 16 个多小时才传送完毕。在电缆开通后不久，信息传输质量进一步恶化。到了 8 月底，传输需要若干天的时间，且人们无法读懂这些信息。9 月 1 日，信号变得混乱无序，最终彻底消失。

工程师们认为需要更结实和更耐用的电缆。1865 年，唯一一艘可以承载数千英里长新电缆的船只——"大东方号"开始铺设。1865 年的航行也失败了，电缆掉在了深度为两英里的水中，人们多次尝试将其捞出水面都未能成功。次年，这艘巨船不仅成功地铺设了新线缆，还修复了旧线路，从而建起了两条线路。到了 1870 年，"大东方号"将电缆延伸至印度，次年，澳大利亚也被纳入了这个 19

世纪的世界网络之中。

从人类口头交流的角度来说，到了19世纪40年代，国家规模缩减到了很小的程度；到了1871年，全球变成了一个整体。大量的基础设施几乎在一夜之间冒了出来。成千上万的信使和数百英里的蒸汽驱动导管将复杂的电报网络站连接起来。

早期的电报服务费用极其昂贵。一条跨越大西洋的电报信息费用为100美元——一名工人几个月的工资。就像罗斯柴尔德的信鸽一样，最先进的通信技术只用于传递最有价值的信息，且绝大多数的信息都与金融相关。在19世纪50年代早期，世界最繁忙的线路是伦敦证券交易所与中央电报局之间的线路。超过90%的早期跨洋信息都与商业相关，几乎所有的信息都简化成集成代码以降低成本。1867年，电报操作员卡拉汉（E. A. Callahan）发明了一台特殊的设备，它能够连续传递证券价格信息。人们以这台机器独特的滴答声为之命名，该名字沿用至今，即证券报价机（stock ticker）。

颇具讽刺意味的是，现在，沉醉其中的幻想家认为"伟大的互联网和平"（Great Internet Peace）能够将人类纳入其幸福的怀抱之中，从而拉近人们之间的距离。同样，19世纪的记者也欣喜地认为，电报能够结束人类之间的冲突。不幸的是，电报并没有结束人类之间的冲突，正如2001年9月11日所发生的事件一样，人们痛苦地看到，将不同的文化面对面地置于由导线连接起来的世界中并不是世界和谐的"灵丹妙药"。

大坝的崩塌

1825～1875年的半个世纪见证了人类的生活方式所发生的彻

底变化，这是历史上任何一个时期都没有的改变。现在，我们认为自己所处的年代是一个技术发展速度快得无与伦比的年代，但这完全不是真理。上两代人在理解计算机、喷气式飞机甚至互联网方面，几乎没有问题。相比之下，19世纪20年代的人若穿越时空来到1875年，当他们看到在半个世纪内实现的高速铁路旅行以及瞬间的全球沟通时，他们将会瞠目结舌。1825年后的几十年中，人类被如此有力而迅速地拉入未来，这是空前绝后的。

是什么引发了19世纪早期这种革命性的变革，以及在随后200年中财富持续而稳步的增长？冒险打个比方，我认为，直到1800年，西方经济犹如一座大坝，大坝背后的"潜能"储藏加速膨胀，不断积累。这一储藏包括英国普通法几个世纪以来的进步，这种进步始于《自由大宪章》，被爱德华·柯克和其后来者发扬光大，并随着判例法以及垄断和专利管理法规的出现而达到顶峰。它还包含着科学启蒙所带来的令人眼花缭乱的知识进步，以及由意大利人、荷兰人和英国人带来的资本市场的持续改善。

这些成就的确改善了人类的福利，但步伐却比较缓慢。1500～1820年，普通西欧国家人均国内生产总值的平均年增长速度约为0.15%。没错，对财产权的有力保护促使工匠们发明创造，科学理性主义为他们提供所需的工具，资本市场为他们的伟大发明创造提供开发和生产资金。他们所缺乏的是开办工厂和运输产品所需的原始物理动力以及协调整个过程所需的沟通速度。

蒸汽机和电报的发明冲垮了大坝，将经济增长的急流释放出来，这是前所未有的景象。这座大坝不可重建，而西方发展的洪流也不会很快停止。

第 6 章

增长的综合分析

　　重要的是制度——财产权、个人自由、法律原则、科学理性主义中的学术包容以及资本市场结构。第 5 章重点讨论了现代早期技术的巨大进步,但这并不能削弱我们对制度的重视。若惠更斯和帕潘不能获得学术探索的自由,瓦特和摩尔斯不能获得专利和财产权保护的回报,或者不存在可以为库克和惠斯通提供资金的资本市场,那么伟大的铁路、电报和电网就不可能得以建立。

　　曼彻斯特通往利物浦的铁路线的修建史更突出了技术创新对资本市场的依赖性。在 1825 年,铁路在修建中途遇到了资金短缺的危机,如果当时没能及时向政府紧急贷款 10 万英镑,它将被放弃。

　　知识产权的利用则不同。正如我们在第 5 章所看到的,某项创新的初始发明者往往不是最大限度地发掘其价值的人。以电报为例,直到它的专利权被转手以后,它才能找到市场。新电报技术的专利所有者,英国的约翰·李维斯·李嘉图和富有而年轻的美国企业家阿莫斯·肯德尔(Amos Kendall),比库克、惠斯通和摩尔斯更善于对电报进行营销。肯德尔和李嘉图帮助库克、惠斯通和摩尔斯挣的钱比他们3人自己所能挣的要多。

即使是这些制度的细节方面也很重要。在蒸汽时代之初，大多数观察家认为蒸汽动力公路车辆比蒸汽动力铁路车辆更具有发展前景。世界上第一批"公路蒸汽机车"与第一批铁路蒸汽机车一样运行良好。到了18世纪初，麦克亚当与著名的公路和桥梁设计师托马斯·泰尔福特（Thomas Telford）合作，通过利用从英国收费公路信托基金筹集资金，建立了著名的全天候公路网络。泰尔福特更喜欢公路交通，他说服蒸汽机工程师高兹沃斯·格尼（Goldsworthy Gurney）设计出一种轻型发动机，重量"仅有"3000磅，为新型公路车辆提供动力。

另一方面，铁路网络则是从零开始。此外，铁路线从本质上就是一种垄断基础设施，需要将其他公司的火车排除在外，所以铁路的经营者需要克服普通法对垄断的反对。相比之下，任何人都可以在公共的或收费的公路上经营，因此公路蒸汽机车与普通法的精神较为匹配。

最后，议会的诡计和特殊请求得逞了。为铁路和马车游说的议员争辩道，快速行驶的蒸汽动力汽车将构成安全威胁，他们迫使议会通过立法禁止为新型公路交通工具收费，以阻止这些交通工具的发展。即便如此，他们也没有获得多少成功。几年后，议会几乎废除了反对公路汽车发展的法案，但是由于泰尔福特于1834年去世了，英国公路旅行的计划也就此搁浅。如果制度的天平能够稍微倾斜，那么英国很有可能发展起高速公路系统而不是铁路网络。

引发西方经济持续增长的四个主要因素——财产权、科学理性主义、资本市场以及蒸汽和电报技术——哪一个曾经是最重要的呢，哪一个现在是最重要的呢？这个问题长期困扰着经济史学家们。罗森堡和小伯泽尔在《西方致富之路》(How the West Grew Rich)中认为，后来出现的技术因素是最重要的，因为它们的发展进程与世界经济增长的进程几乎是平行的。而关于财产权的保护，如果要说有什么不同的话，就是它在20世纪恶化了。经济史学家杰克·戈德斯通强调蒸汽机和内燃机的发展是19世纪经济爆炸的首要原因。但是其他人，如作家汤姆·贝瑟尔（Tom Bethell）和经济学家赫尔南多·德·索托则坚信，如果没有对财产权的保护，就不可能有经济的发展。

仔细地思考我们就会发现，他们可以说都是对的，也可以说都是错的。现代经济的发展好比摩天大楼的搭建，每个要素都是其他要素的基础，它们彼此依存，缺一不可。

铁路和电报的发展为这一观点提供了最清晰的阐述。如果没有财产权的激励、科学的思维模式和资本市场的融资，这些重要的发明是不可能出现的。再重申一次，制度的细微之处也很重要。例如，布里奇沃特本来不能完成运河的修建，直到1767年"七年战争"结束后，利率下降，他才能够获得足够的资金完成最后的修建。资本市场同样也从可靠的财产权保护中受益：1688年"光荣革命"取消了国王任意剥夺普通人财产的权利，此后不久，英国现代金融制度诞生了。严谨的科学和数学知识框架（如经济科学）对资本市场的发展也起到了支持作用。例如，哈雷的保险精算表格使得18世纪银行业的快速发展成为可能。若没有保险行业，商业则不能对风险进行管理，若缺乏风险管理能力，新商业投机则无法获得所需的资本。

最后，也是很重要的一点，经济发展的生命力来源于信息的快速流动，而现代通信技术的发展使之成为可能。对全球各地几乎所有商品即时供求信息的掌握，即哪里的商品是稀缺的，哪里的商品是充裕的，如今已被认为是理所当然的。在前现代时期，消费者和商人对重要市场信息的获取往往要滞后数周或数月的时间，效率极度低下。（在20世纪，此类事情仍发生在某些国家，这些国家通过指令来指导商品的生产，因此它们不能够获得市场价格所固有的价值信息。）高效的交通减少了对资本的需求，也减少了使用资本的成本。生产和销售之间时间间隔的缩短，使得企业家可以借更少的钱。在那些金融信息不能自由且即时流动的地方，投资者将不愿借出资本。从19世纪后期开始，大型上市公司成为资本主义社会经济发展的原动力。在那以前，这样的公司（最初是特许贸易公司）需要获得垄断经营权才能维持企业运转并吸引资本。只有具备了电报和蒸汽机提供的强大通信和交通能力，大型商业企业的生存才成为可能，它们可以在全球范围经营，并在没有政府保护的情况下获得足够的资金。

科学理性主义与其他三个要素的关系不是那么明显。科学探索可能具有颠覆性，因为它对现状提出了挑战。在现代西欧的早期尤为如此，那时，一个新颖的理论，甚至科学仪器的发展（如伽利略的望远镜）都可能会使人陷入宗教裁判的泥淖中。即便是在现代的一些国家中，无私的科学探索仍有可能招致生命威胁。只有在那些信息快速流动、尊重不同意见、尊重个人自由权利以及财产权的社会中，科学思维模式才能繁荣兴旺。个人自由和科学探索之间的联系在一定程度上解释了以下悖论，即为什么一群自我陶醉的美国人在教育体系日益恶化的情况下仍能领导世界科学的创新。

最后，财产权本身就是非常具有归纳性和经验性的，更确切地说，是基于科学理性主义的。放眼世界，那些最能保护财产权的国家也是最繁荣的国家。阻碍一国经济发展的最有效方式就是妨碍其商品和信息的自由而开放的流通。

现在，对个人财产权的保障似乎是经济发展中的关键因素，但这是一个现代现象，在当今世界，与财产权相比，其他三个要素实现起来要容易得多。正如我们将在第9章所看到的，根深蒂固的文化因素使得许多国家在个人自由和财产权的保护上存在困难。正相反，在古希腊和中世纪的英国，其在经济和政治发展的早期阶段就已对财产权进行保护了，但是由于它们都没有获得其他三个要素，因此它们都没有得到发展。

归根结底，判断这四个要素对一国发展的相对重要性是毫无意义的，就像我们询问什么是蛋糕最重要的配料，是面粉、糖、发酵粉还是鸡蛋，事实上每一个要素都很重要，它们相互依存。缺少任何一种原料，蛋糕就做不成了。

第二部分

国　家

经过过去两个世纪的发展，世界已经变得越来越繁荣了。这是一个不平衡的过程，一些国家在18世纪早期就已开始飞速发展，一些国家直到18世纪末期才开始发展，而另一些国家则根本没有得到发展。这就导致了那些得到发展的国家与没有得到发展的国家之间的巨大差距。公元1500年，意大利作为世界上最富有的国家，其人均国内生产总值不超过最贫穷国家人均国内生产总值的3倍。1998年，美国人均国内生产总值超过那些最贫穷国家人均国内生产总值的50倍。媒体在当代生活中的渗透，使得世界上最贫穷的国家也能目睹西方的繁荣。世界上最贫穷国家和最富裕国家的面对面，会加大这种不平衡带来的伤害，并使得全球不同文化、政治和宗教间的冲突升温。

这一部分考察富裕国家和贫穷国家之间差距逐渐扩大的根源——为什么一些国家率先发展，一些国家随后发展，而一些国家则根本没有发展。具有代表性的国家将向读者展示这一进程。第7章研究为什么现代繁荣最早出现于以下两个国家：荷兰和英国。第8章着重讨论紧随其后的3个国家：法国、西班牙和日本。在这些章节中，我们识别出阻碍经济增长的障碍，并向读者展示这些国家最终是如何克服这些障碍的。第9章剖析伊斯兰国家和拉丁美洲增长失败的原因，并剖析宗教、文化、政治、殖民传统以及经济之间的密切关系。

由于篇幅有限，我们不能一一陈述所有重要的历史事件，如德国早期的发展与复苏，或者是困扰撒哈拉以南非洲各国的贫困问题。但是本书的结构至少提供了一种可以分析所有国家的框架，并为感兴趣的读者指出了正确的方向。

第7章

胜利者：荷兰与英国

荷兰

荷兰经济的持续发展始于16世纪。比马尔萨斯第一次阐述他那严酷的人口陷阱理论还早两个多世纪，那时，荷兰就已经逃离这个陷阱了。虽然与300年后英国爆炸式的增长相比，荷兰的经济增长要温和得多，但是经济学之父亚当·斯密像大多数同时期的英国人一样，有很充分的理由对荷兰的财富羡慕不已：

> 按照土地面积和人口数量来计算，荷兰比英国要富裕得多。荷兰政府能以2%的利率借款，有着良好信用的个人能以3%的利率借款。据说，荷兰工人的工资也比英国工人的工资高。

到了17世纪末，英国才刚刚从残酷的国内战争和斯图亚特王朝复辟中复苏。相比之下，荷兰已经享受了一个多世纪的共和政体，从寡头政治的角度来说，荷兰政府的人均国内生产总值几乎是北海对岸大邻国的两倍。尽管荷兰从未重获17世纪时期的军事和经济统治地位，但是直到今天，他们依旧是世界上最富裕的国家之一。荷兰被英国控制出海权，随后又被法国征服与压榨，这一过程长达几十年，但是由于荷兰的经济如此繁荣，在1815年，它的国民生活水平依旧与当时的英国相当。

除了文字描述，安格斯·麦迪森还利用数据对荷兰经济的成功进行了概括，如表7-1所示。

表7-1　16世纪和17世纪的人均GDP增长率

国家	1500年人均GDP（美元）	1700年人均GDP（美元）	1500～1700年的增长率（%）
荷兰	754	2 110	0.52
英国	714	1 250	0.28
法国	727	986	0.15
意大利	1 100	1 100	0.00
中国	600	600	0.00

用后来的标准来衡量，荷兰在1500～1700年所保持的0.52%的增长率似乎是很不起眼的，但是在罗马衰落后欧洲经济停滞的1000年中，这种增长已是一项壮举。

毫无疑问，许多人文主义者将对表中所显示的意大利的表现感到沮丧。从欧洲商业、学术和艺术成就来看，难道意大利城邦不是最发达的吗？意大利不是文艺复兴的发源地吗？的确是的。但是悲哀的事实是，除了威尼斯共和国（以及梅第奇家族接管前的佛罗伦萨），意大利却是一个依靠刀剑统治的国家，而不是法治之邦。贡多铁里骑兵控制着农村，直到进入现代，旅行者还得依靠武装卫士的保护。因此，意大利国家层面的政治、法律和金融制度从未得到发展，且正如它缺乏增长的现象所显示的，1500年以后，意大利的经济逐渐成为一潭死水。

最特殊的共和国

经济的中心究竟是如何转移到阿尔卑斯山以北的？荷兰是如何冲破障碍从而脱颖而出的？荷兰经济主导地位的兴衰能为现代世界提供什么样的经验与教训？为了回答这些问题，我们首先需要考察荷兰在 16 世纪早期的发展事实。

在中世纪晚期，勃艮第公爵（Dukes of Burgundy）得到了荷兰低地地区的控制权，在 1506 年，西班牙的卡洛斯一世继承了这些土地。13 年后，卡洛斯一世成为神圣罗马帝国的皇帝，即查理五世。16 世纪早期是历史最伟大的分水岭之一，5 个关键人物同时出现：查理五世、法国弗朗西斯一世、英国的亨利八世、罗马教皇列奥十世和马丁·路德。5 人中的前 3 人激烈地争夺神圣罗马帝国皇帝这一伟大的正式职位，这些选举是在罗马教皇列奥十世的监督下进行的。与此同时，罗马教皇与马丁·路德之间具有影响力的斗争永远地改变了基督教世界，也改变了此后世界政治、军事和经济的历史。荷兰反抗查理的哈布斯堡（Habsburg）皇室后裔那波澜壮阔的斗争以及路德派的教义，为经济力量的上升提供了历史和文化背景。

荷兰独特的地理位置是它早期经济崛起的关键。荷兰是一个低地国家，这是由于它位处莱茵河、瓦尔河、马斯河以及艾瑟尔河系统的北海入海口。以下三个地带决定了荷兰的地形：

- 位于海岸——一些作为防护的沙丘，比海平面高出约 20 英尺。
- 位于沙丘之后——约为荷兰目前国土面积的一半，即所谓的开拓地，绝大多数面积低于海平面。
- 开拓地以外——沙地平原，比海平面高不了多少，由这些伟大河流几个世纪沉积下来的土壤组成，贫瘠且不宜生产。

大约在公元1300年以前，当今的开拓地是位于海平面以下的。在此后的3个世纪中，村民们使用最新发明的风力水泵技术，建造了著名的海堤，或者叫作堤防，进行围海造地。随后，荷兰人挖掘并烧掉了覆盖在这片新开垦的干地表面上的煤炭层。在这个过程中，他们开垦出了欧洲最富饶的一片农地。

这一特别的幸运蕴涵着经济和社会变革的种子。它创造了一个没有封建体制的富裕而独立的社会。并不是说查理五世及其儿子菲利普二世没有尝试对这片土地征税。1568年，菲利普入侵荷兰，目的是阻止马丁·路德的改革运动扩展到勃艮第，这导致了北部省份长达80年的激烈反抗——直到1648年，西班牙才正式承认荷兰独立。

严格来说，"荷兰"指的是荷兰北部7个省中最大的一个省。在独立战争以前，安特卫普一直是该地区的商业中心和反抗策源地。1585年，安特卫普被西班牙占领后，荷兰省的首府阿姆斯特丹迅速承担了领导者的角色。其余的6个主要省份——泽兰省、乌得勒支省、弗里斯兰省、格罗宁根省、格尔德兰省和上艾瑟尔省——总人口数量稍微高于荷兰省。虽然荷兰省的人口不到荷兰共和国人口的一半，但是由于比其他省份富裕得多，因此依然能够成为其他省份的支配者。荷兰省提供的税收约为荷兰共和国税收收入的60%，为起义提供的贷款约为所需贷款的75%。

作为当时宗教战争的典型，荷兰反抗西班牙的战争无疑是残暴的。最初，起义者试图将所有勃艮第地区的17个省联合起来，但其中一些头脑冷静的人意识到将西班牙各省分割成两部分更明智，即划分成北方的新教地区和南方的天主教地区。由于西班牙的统治以及其与富裕的北方地区的分离，包含安特卫普在内的南方地区在经济上受到了损害。1713年，西班牙王位继承战争之后，对南方诸省的控制权从西班牙人手中转移到了澳大利亚人手中;1794年,法国大革命后,控制权转移到了法国人手中;1815年,拿破仑在滑铁卢遭遇惨败后,它才又重新回到了荷兰人手中。15年后,南方地区反抗荷兰的统治,并最终获得独立成为比利时。

1579年,当南方发动起义的各省联合起来组成结构松散的乌得勒支联盟时,北方也成立了一个国家。它采用了全新的概念,即对所有宗教都持宽容态度(或至少对西方宗教如此),包括新教、天主教,甚至犹太教。宗教信仰的自由扫除了亚里士多德思想形式所形成的桎梏,扫清了过去几个世纪以来堵塞的学术和商业之路,使得学者和商人可以沿着这些道路进行探索。

更引人注目的是,早在1568年开始独立战争以前,荷兰的经济就已经开始出现攀升势头。实际上,直到1648年荷兰从西班牙的统治中获得解放时,荷兰经济的发展才到达极佳状态。此外,当荷兰诸省反抗西班牙哈布斯堡皇室的统治并展开获取独立的生存战争之时,中央政府还未形成。历史学家约翰·赫伊津哈为此感叹道:"还有哪一个文明能够在国家建立之后如此迅速地达到顶峰?"

此外,由于河流、海洋、堤防以及军事活动的交互影响,这个不断发展的国家在地理版图和政治形式上不断变化。在有些情况下,它与我们今天所说的荷兰存在很大的不同。对荷兰政治历史的讨论超出了本书的范围,但本书想说的是,在19世纪以前,荷兰的政权是由省或市政府当局控制的,从未存在过一个强大的国家政府。在多数情况下,这些当地的官员是一些自我任命的商业精英。权力按照世袭的方式转让并不罕见。

新土地与新人民

新土地的创造是具有非凡性的，新人民的创造则是具有革命性的。荷兰人在建堤坝的时候，还必须修建排水沟渠以将渗漏的水排出，这些沟渠后来则成为新建农庄的边界。堤坝的完成使得农民免于封建庄园义务，他们拥有自己的农庄，并可以对其自由支配。当人们将北部诸省从南部分离出来并进行围海造田之时，古老封建制度的力量逐渐消失了。在开垦的早期阶段，泥炭的开采和使用作燃料刺激了荷兰国内消费和出口。

垦荒工程使土地的海拔降低，土地偶尔会被海水淹没。对堤坝进行维护是一项严峻的任务。那些在通常情况下自治的当地理事会或地区性的理事会负责指导堤坝的维护工作，而这些工作最显著的标志就是荷兰风车的使用。

排水理事会支持业已独立的荷兰政治实体。这让人们回想起古希腊自由农民的前身（耕地的人）——大约在公元前9世纪，他们在那些被大型封建庄园忽略的边缘山地上耕作。在古希腊，由于获得了自己的小块土地，农民受到了极大鼓舞，并克服了土地贫瘠的困难。相比之下，获得独立的荷兰农民所种植的土地却是非常肥沃的。

这个新兴国家是幸运的，它不仅拥有肥沃的土地，还拥有摆脱了封建制度和宗教沉闷教义桎梏的自由农民。自从罗马帝国衰落后，劳动的果实第一次大部分归共和国自由公民所有，成功地进行创新的农民得到了彻底的回报。荷兰的农民可以想自己所想，说自己所说。

人类与海洋的斗争是长期而艰苦的，且常常面临失败。1421年，一场洪水淹没了34座村庄以及将近200平方英里的土地，很多地方永远没能得到恢复。1730年，一种叫作蛀木水虱的蚯蚓在海堤里大量繁殖，人们不得不用极其昂贵的石料对海堤进行加固。

在大多数情况下，荷兰所处的情况是具有吸引力的。公元1500年后，所谓的小冰期降低了全球气温，地球两极的冰雪覆盖面积扩大，导致海平面下降。随着时间的推移，这就缓解了堤坝维护的负担。在16世纪，荷兰有14次遭海水淹没的记录；在17世纪，记录为7次；在18世纪，记录仅为4次；在19世纪和20世纪，分别仅有1次。

高昂的物价，宽阔的运河，富裕的时代

在另一个很重要的方面，荷兰也是幸运的。大约从1450年开始，欧洲的物价开始上涨。当经济学家描述某一特定商品价格的时候，他们常常会谈到它的"弹性"。假设由于某种原因，你的收入下降了。尽管此时你可以降低旅游的次数、减少电子产品的购买，但是你或许不能减少对食物的消耗。经济学家就会说，你对食物的需求曲线是高度"缺乏弹性"的，因为你对食物的需求受其价格的影响不大。相反，休闲旅行和电子消费品则是具有高度弹性的商品，如果你的收入下降，或者是电子消费品的价格上升，你将减少购买量。

15世纪中期，当价格开始上涨的时候，谷物的价格上涨得最厉害。在中世纪时期，谷物是人类最基本的生活必需品，因此是缺乏弹性的；牲畜、工业原料作物（如亚麻和木材）和制成品的弹性依次递增；制成品是最具弹性的。换言之，当制成品变得稀缺的时候，它价格的涨幅是最小的，谷物价格的涨幅是最大的。

在15世纪后期，谷物价格飞速上涨，极大地提高了农地的价

值。这又刺激了自罗马时代以来一直默默无闻的土木工程技术的发展。刚刚获得自主权的荷兰农民使用一种新型的风车，这种风车只需要转动顶部（而不是整个装置）。荷兰的工程师们同样也提高了堤坝建设技术。最早的风车系统只能汲取 1 英尺深的水。而在 1624 年，经过改进的风车组能够汲取 15 英尺深的水。

  堤坝和风车的建造费用高昂，几十年都无法收回成本。它们的建设需要大量的资本，更进一步地，为了偿还这些贷款，这些贷款的利率必须比较低。正如我们在第 4 章所见到的，到了 16 世纪中期，荷兰的贷方能够以 4%～5% 的利率为大型建设项目提供资金，而农民能够以稍高的利率获得抵押贷款。（亚当·斯密所说的商业贷款利率为 3% 和政府贷款利率为 2% 的情况发生在较晚的时期，并且即便是在那时候，这种说法也是有些夸张的。）1610～1640 年，荷兰的投资者在排水系统上的投入是惊人的，高达 1000 万荷兰盾，相当于国家财富相当大的一部分，远远高于荷兰东印度公司的投资额度。

  在另一个重要的领域中，荷兰仍然是幸运的，这便是运输领域。一般情况下，水路运输一直以来都比陆地运输便宜，尤其是在蒸汽机发明出来以前。没有任何一个国家能够像荷兰一样以如此快的速度和如此便宜的价格运输货物。这个面积不大且地势平坦的国家布满了运河和水路，其中许多运河和水路是垦荒的产物。荷兰还为这些几近天然的水路运输系统添加了带牵引设施的运河，将荷兰沿海的绝大多数主要城市连接了起来。

  最初，正如第 1 章所说的，由于人们所熟知的高昂通行费，荷兰的水路交通发展缓慢。在这种情况下，人们则绕开妨碍水路交通发展的市政当局，转向其他推荐路线。然而，到了 1631 年，荷兰主要城市达成了一种自由贸易协定，运河的开凿才得以蓬勃发展。由于煤泥矿业的庞大运输量只有通过船运才能降低成本，所以运河交通的发展与煤泥矿业联系紧密。当煤泥需求旺盛时，利润丰厚，运河建设量猛增；当煤泥的价格下降时，经营运河的企业家便放弃运河项目，从而给投资者带来巨大的损失。到了1665年，荷兰已经建设了将近400英里的运河，为本国提供了世界上最完善的内部运输系统。

到了公元1700年，荷兰人成了世界上最富裕的民族，人均国内生产总值几乎是其最接近的竞争者英国的两倍。此外，荷兰还拥有无与伦比的金融体系、运输体系和城市基础设施。尽管在这两个世纪的快速发展过程中，荷兰一直为生存而战，首先是反对西班牙王国的独立战争，随后是与法国和英国的对抗，但是荷兰却拥有欧洲最美丽的城市风景。

回忆第1章所说的，衡量远古时期繁荣程度的最佳指标之一就是计算城市人口的比例——城市化率。该比例越高，则社会越繁荣。到了17世纪中期，荷兰的沿海区域，包括阿姆斯特丹、哈姆勒、莱顿、海牙、代夫特、鹿特丹、高达和乌得勒支，被称为狭长地带。它们成了美国东北部走廊的原型，约容纳了荷兰全国人口的1/3。公元1700年，34%的荷兰人居住在城市，数量过万，远远高于英国的13%、法国的9%和意大利的15%。

便宜的荷兰盾

在任何社会中，最重要的一种商品价格就是货币的价格，即贷款和债券的现行利率。如果货币变得昂贵了（高利率），那么消费者将不愿意花钱，商人将不愿意贷款来扩张现有业务或拓展新业务，社会经济也会因此衰退。如果货币变得便宜了（低利率），消费者和商人都愿意借钱，经济就会开始增长。

利率是由许多因素决定的，其中最重要的因素就是借款人的信用。与那些没有可见资产担保且信用较差的人相比，银行向那些拥有良好担保且信用可靠的个人提供贷款的利率要低得多。大约在过去的700年中，西方社会最大的借款人是那些迫于军事需要而借款的政府。一个负债少、具有可靠税收来源和土地保障的政府能够以低利率获得贷款。

如果借款人先前的债务巨大，那么他继续贷款的利率就会很高。因为担心借款人不能偿还巨额债务，贷方必须提高利率以补偿风险。背负巨大债务的政府很快就会发现自己处于财政的恶性循环中，由于需要偿还大量的利息，这会提高新贷款的利率，并进一步地导致更高的利息债务，并最终造成违约。

荷兰独立战争断断续续地持续了将近80年，大量的军费开支使得各省的金库亏空。荷兰发现自己总是在借钱。尽管荷兰的形势非常脆弱（小而薄弱，与世界上最强大的帝国之一抗争从而刚刚独立的国家），但是它有两大财政优势。第一个优势就是销售税的税基，对日常消费品征税。更进一步地，这一税基还得到了具有爱国精神从而愿意支付税收的国民的支持。第二个优势是教会财产管理办公室，它没收天主教会的土地并随后将其售出，售价通常都很高。向荷兰政府借款的公众以及随后的外国投资者认为上述两个方面都是优秀的担保。几乎从一开始，荷兰的利率就是欧洲地区最低的。

荷兰繁荣的兴与"衰"

现在，荷兰在公元 1500 年以后那令人惊叹的繁荣之源变得清晰了：

- 享受健全的财产权的国民，这一点只有英国人可与之相媲美。
- 通过改革，从宗教的桎梏中解放出来的荷兰人的自由。荷兰人对宗教的接受能力使之能够避免糟糕而无休止的教派分裂，从而避免了早期新教国家所遭受的创伤，如德国。
- 荷兰资本市场上丰富的资金受到了低利率和强有力的投资者保护。
- 地势平坦，拥有便利而廉价的水路交通。

正如上文所述，公元 1500 ~ 1700 年的整个时期，荷兰实际人均国内生产总值 0.52% 的年均增长率仅仅是现代西方国家增长率的 1/4。虽然在上述停滞期已经出现了极大的改善，但是这种增长远远达不到如今人均国内生产总值 2% 的持续增长率水平。

进一步地说，这些增长很大程度上是依靠垦荒和商品价格的上涨实现的。一旦垦荒结束以及价格稳定下来，增长将会停止。荷兰的增长速度相对平缓是由于缺少技术进步，而技术进步需要在随后的两个世纪中出现：蒸汽动力工厂、快速的陆上交通和电子通信技术。没有这些条件，现代各种快速的增长对荷兰来说仍是遥不可及的。

在反抗西班牙的 80 年中，荷兰的经济增长稳定但缓慢，1648 年荷兰获取独立后不久增长就停止下来。18 世纪，实际上荷兰人意识到了他们最辉煌的日子已经逝去，他们无比怀念地将 1648 年视为荷兰黄金时代的顶峰。这些证据表明，一旦富有的寡头统治者变得日益富有，那么在获取独立后，大多数平民百姓将在接下来的几代中得不到太多的发展。更进一步地说，到了1750年，尽管荷兰人仍然是世界上最富有的民族之一，但是他们在世界经济和军事舞台上已不再扮演举足轻重的角色了。

荷兰衰落的原因是有争议且复杂的。第一，正如我们已经看到的，尽管从人均国内生产总值的基础来说，荷兰人拥有巨大的财富，但是竞争国的人口却远远高于荷兰。更糟糕的是，与这些人口数量更多的国家相比，荷兰的人口增长率低得多。在公元1700年，荷兰人口仅为190万，而法国人口为2150万，英国人口为860万。由于人少，荷兰的国内生产总值始终没有超过英国国内生产总值的40%和法国国内生产总值的20%。

第二，任何关于荷兰国内和国外商业的讨论都需要包含"垄断"一词。荷兰令人妒忌地独占东印度的香料贸易。当时最臭名昭著的外交争端围绕着英国在1623年对安汶岛（Amboina Island，位于现在的印度尼西亚）的殖民统治所造成的破坏上。荷兰人折磨他们的英国殖民者，并在长达几十年中激化两国关系。就荷兰自身来说，垄断妨碍了商业的发展。例如，荷兰政府仅授权一家公司生产航海图，而这种安排一直持续到1880年。

第三，荷兰的繁荣并不依靠技术进步这一现代西方财富的伟大发动机。各省的确拥有专利系统，但是它并没有起作用。当时，造船工程师确实带来了一些实际的技术进步，如北欧小商船，但总体来说，荷兰的技术创新是零散的。在17世纪中叶黄金时代的鼎盛时期，政府每年授予的专利为十几项，18世纪以后，它每年授予的专利仅为几项。荷兰的繁荣来源于贸易，尤其是与波罗的海地区的贸易，这些贸易提供了用于转运的谷物和新的风力动力工厂的木材。

东印度公司利润丰厚的贸易使得荷兰的财富不断增多。

第四，荷兰的金融稍微"过于"成功。政府能够很轻易地获得低息贷款，到了18世纪，荷兰的债务压垮了自己。由于政府通过税收还贷款，于是税率上升，而税率上升导致价格和工资上涨，使得荷兰的商品和服务失去了竞争力。

第五，荷兰的政治实体分成7个半自治的州，即一个处于危险大陆边缘的松散政治联邦。缺少强大的中央银行以及有力的专利体系，给经济造成了不利的影响。美国的开国者们吸取了这一教训。18世纪荷兰这种分权的政府机构以及随之而来的悲惨政治命运，为参与美国宪法讨论的联邦同盟盟员提供了客观的教训，他们认为荷兰受到"政府的低能、各省间的不和、外国的影响以及蔑视、不稳定的状态，尤其是战争灾难"的困扰。

18世纪的荷兰经济是"不平衡的"。由于缺乏技术进步以及受到垄断的限制，国内经济所能吸收的资本量远远小于那些活跃而利润丰厚的贸易部门所创造的资本量。其结果是，大量富余的资本使得国内的利率稳步下降，造成国内的物价和工资率上涨，导致荷兰的制造业无法在国际上竞争。

荷兰变成了一个"戴假发"的社会。主要依靠投资收入生存的一部分人占人口比重越来越小，且产出很少。绝大多数富余的资本都投资海外，尤其是美国，美国革命战争债务的10%~20%来自荷兰。这是很惊人的，一个逐渐失去其在全球重要地位的小国能够为世界其他国家提供如此多的资本。

18世纪晚期的荷兰依靠外债收入生存，事实证明，这本身就是一种麻烦。只有在亚历山大·汉密尔顿（Alexander Hamilton）强有力的干预下，美国债务的偿还才是有保障的。对于其他债务国，荷兰的遭遇较为悲惨。当各国相继违约时，包括法国和西班牙，荷兰的损失剧增。

妒忌的邻国

维也纳会议于 1815 年稳定欧洲之前，贸易并不是经济增长的理想途径。不仅仅由于贸易对生产力的促进不如工业对生产力的促进迅速和可靠，还由于它在受到保护主义和军事禁运干扰时显得更为脆弱。

繁荣的海外贸易会招致妒忌和不信任，并最终会遭到那些较穷邻国的攻击。对于荷兰这样一个 17 世纪最富裕的国家来说，这种情况不久就会出现。17 世纪中叶，当荷兰的势力达到鼎盛的时候，英国刚刚从内战的动乱中崛起。英国人对荷兰繁荣的嫉妒是显而易见的，他们利用一切借口破坏荷兰贸易。一位英国将军说："这个理由还是那个理由，有什么关系吗？我们想要的是更多荷兰人拥有的贸易。"

随之而来的英荷之间在商业和军事上的紧张局势，对荷兰来说是灾难性的。四场英荷战争持续了将近一个半世纪。冲突起始于英国 1651 年通过《航海法》（Navigation Act，该法律禁止英国与其他国家进行间接贸易）后 7 个月，一直激烈地持续到美国独立战争结束，并伴随着发生在英国多格浅滩的军事战斗。

在没有与英格兰交战的时间里，荷兰还与不列颠结盟对抗法国，后者在路易十四的长期统治下已经变得十分好战。1668 年，英格兰、荷兰和瑞典结成反对路易的三方联盟，但是到了 1670 年，英格兰多变的国王查理二世废除了这一联盟，使得荷兰独自面对法国的报复。

两年后，法国和英格兰共同攻击荷兰。

对荷兰发动战争在英格兰国内非常不受赞同，正如查理二世不得人心一样。1672年，在一场战争的关键时刻，奥兰治的年轻王子威廉打开了荷兰的堤坝，淹没了开拓地，并阻挡了法国军队的入侵。不久后，该王子以威廉三世的身份成为荷兰省长。英格兰再次改变阵营，威廉逐渐掌握了反法联盟的控制权。

当威廉还是个王子的时候，他就与玛丽结婚了，后者是比查理二世小很多的弟弟约克公爵的女儿。1685年查理去世后，约克公爵升为英国国王，称为詹姆士二世。这样，威廉不仅成为荷兰的领袖，还是反法联盟的元帅，同时也是英国皇室的驸马。

荣光逝去

詹姆士是一名狂热的天主教徒，而国内持反对态度的新教徒和议员们并没有受到他宗教信念的警示。詹姆士登上王位的时候已经年过五旬，不久后他的王位将被新教徒女儿玛丽接替，几乎每个人都是这样想的，直到1688年6月詹姆士的儿子诞生。这出乎人们预料，人们担心天主教君主的长期统治会对英格兰新教产生威胁。

英国国教和国教反对派邀请威廉去荷兰以便与詹姆士"协商"。威廉借机采取了一个大胆的计划：他将入侵英格兰并废黜詹姆士的王位，以便在反法战争中更好地利用英国的军队。威廉这一极其冒险的计划取得了超出预期的成功。威廉（与他的1.5万名精锐士兵）在托贝登陆以后，詹姆士的行为变得越来越古怪，他的军队背叛了他。这场英国大混战，即"光荣革命"的结果是，威廉和玛丽共同接替王位。这不仅保证了英国成为反法联盟的坚定力量，还使英国的政体成了君主立宪制。

荷兰和英国的联盟只是为荷兰提供了一个缓冲。这一国家被卷入了一系列的大陆战争中，主要是反对法国的战争。1794年冬，荷兰由于河流封冻而避免了如1672年的溃坝，但此时荷兰的幸运也走到了尽头。河流的封冻将荷兰的军队冰封在了海上，却为革命的法国军队提供了进入阿姆斯特丹的平坦大路。更进一步地，人民党的"爱国"派对荷兰的寡头政治颇为不满，他们对法国革命军队的抵抗并不积极。荷兰被拿破仑打败，结束了几个世纪的独立。10年内，法国对荷兰掠夺性的税收破坏了荷兰的经济，结束了荷兰几个世纪以来在经济上的领导地位。

英国

威廉登上英国王位，不仅是荷兰走向衰落的里程碑，同时也标志着英国经济命运转折点的到来。詹姆士二世被废黜王位，世界经济发展的中心迅速西移至英国。在"光荣革命"后的一个世纪里，亚当·斯密在《国民财富的性质和原因的研究》(An Inquiry into the Nature and Causes of the Wealth of Nations)一书中系统地探讨了经济增长之源，在人类历史上第一次将繁荣的关键因素呈现在所有人面前。在这个历史的短暂瞬间，英国人抓住了这些因素，并对其进行充分的利用。

现代读者常常会感到惊奇，即在18世纪以前，绝大多数的欧洲君主都缺乏正当的公共资金，斯图亚特国王（按照继承的顺序，詹姆士一世、查理一世、查理二世和詹姆士二世）也不例外。君主以私人的方式解决自己绝大多数的需求，主要通过所持有的土地、强征关税以及日益增加的垄断权出售。君主偶尔也可以劝说议会强制征税，但是只有在极端特殊的情境下才能达到目的，如战争时期。实际上，在英国内战前期，议会主要靠间歇性地为国王提供税收收入才能获得有限的权力。

在都铎王朝统治的最后几年，现代战争的紧急事件使得一些可怕的方法成为必要。1588年击败西班牙舰队以后，伊丽莎白女王靠卖掉1/4的王室财产来筹集资金，而詹姆士一世则卖掉更多的王室财产以供养他的军队。

剩下的财产流入了他的儿子查理一世的手中，他想尽一切可能的办法筹款：出售垄断权、非法征税、特许经营权、出售世袭爵位、强行借款（并常常有借无还）以及公开行窃。作为回应，议会对其设置障碍，一场血腥的内战接踵而至，最终查理人头落地。

克伦威尔（Cromwell）的议会同样不能重建政治和军事的稳定，致使斯图亚特王朝得以复辟。国王再次表现出财政上的无能，导致议会"邀请"威廉从荷兰移居英国。权力的转移带来了历史上最巧妙的契约，即"革命契约"（Revolutionary Settlement）。议会为威廉提供稳定的税基以便为反法战争融资，作为交换，威廉授予议会最高权力。国王无权解散议会，而臭名昭著的星法院（Star Chambers）（常常残暴地凌驾于普通法之上的皇家法院）被取缔了。

国王无权罢免法官，只有议会才有这样的权力，且只有在法官能力不足或受贿的情况下才能将其罢免。相应地，议会处于选民牢牢控制之下，即便选举权常常受到财富和性别的严格限制。一个新的政治体系产生了：君主提出要求，下议院批准，上议院表决通过。

瞬间，威廉和议会解决了困扰该国的主要政治和财政问题。这对英国金融市场的影响是显著的，皇家预算增长为原来的4倍，且在两代人的时间里，皇室发现自己能够以此前难以想象的规模和与荷兰一样低的利率获取贷款。流向该国的资金为创业资本指明了类似的道路。普通英国人不再担心皇室拖欠贷款或罚没财产，逐渐开始对资本市场产生信心，正如此前的荷兰人一样。用经济史学家阿什顿的话说，他们不愿意再"把大量的硬币、金银和金银盘子锁入保险箱或埋在果园和花园中了"。

农庄和工厂

让我们来了解一个非常简单的统计量，即英国从事农业生产的劳动力的比例，如图7-1所示。这一比例基本反映了一国的繁荣程度。一个国家百分之百的劳动力都从事农业且没有食品出口，根据定义，则该国只能维持最基本的生存。

我们可以看到，农业人口相对比例的下降是一个渐变的过程，需要贯穿几个世纪。最迅速的下降发生在19世纪中期，即发生在工业革命明显开始后的一个多世纪。

我们来做一个推理：假设有一个国家，它从完全的农业经济过渡到有一半劳动力从事工业生产的经济，那么为了避免食物进口，继续从事农业生产的劳动力必须提高一倍的农业生产力。

实际上，这个过程只是部分实现了——食物进口以及农业生产力的提高共同弥补了农业劳动力短缺的问题。尽管如此，一个国家若要实现繁荣，农业革命与工业革命是同等重要的。事实上，提高农业生产力意味着更少的农业劳动力需求，迫使富余劳动力寻找别的工作。

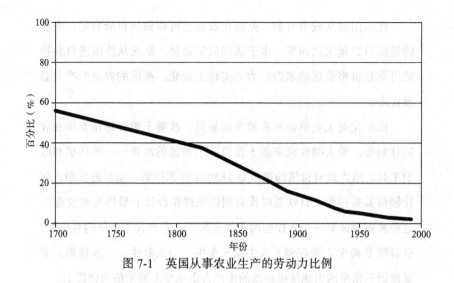

图 7-1　英国从事农业生产的劳动力比例

资料来源：数据来自 Maddison, *The World Economy: A Millennial Perspective*, 95, and Maddison, *Monitoring the World Economy*, 1820 ~ 1992, 39.

更为重要的是，农业和工业劳动力在支出了食宿费用后，还必须有多余的钱购买不断出现的制成品。美国的经济史生动地说明了这一点。在公元 1800 ~ 2000 年的 200 年间，美国的实际人均国内生产总值增长了 30 倍，这是显著的成就，反映了前所未有的创业效率和技术创新成果。然而不太值得庆祝的事实是，农业劳动力的相对规模在同一时期从 70% 降至 2% 以下，而这部分人口要养活全国人口以及世界其他许多人口。因此，农业生产力提高了 35 倍，其程度高于工业和技术那令人吃惊的增长程度。在 20 世纪后半叶，美国工业生产力以年均 2.6% 的速度增长，农业生产力以年均 2.1% 的速度增长。⊖

⊖　数据来源于美国劳工部经济事务局。此处"生产力"定义为每小时工作的产出。由于在 19 世纪以前工作的小时数难以估计，因此按照本书的出发点，此处"生产力"与人均国内生产总值是同义词。

在美国独立战争时期，英国在农业上可以做到自给自足，农业的进出口数量大致相等。由于法国局势动荡，缺乏从法国进口食物的可靠且价格合理的来源，为了实现工业化，英国的农业生产力必须提高。

机械化对工业革命的贡献显而易见：改善了粮食轮作安排和收割计划等。最大的收获来源于普通手工器械的改善——条播机和收割工具。或许最有价值的进步是1830年罗瑟拉姆三角犁的发明。阿什顿将其描述为"自铁器时代后期以来耕犁设计上最伟大的改善"。这种耕犁只需要一个人控制两头牛来操作。它取代了传统的直角犁，后者需要两个人来控制6头牛或8头牛，一人赶牛，一人扶犁。罗瑟拉姆三角犁的出现使得耕地的生产力迅速增至原来的两倍以上。

英国成为第一个雄心勃勃而系统地将科学方法应用于农业的国家。1838年，仿照培根皇家协会，君主特许设立皇家农业协会。5年后，科学家们成立了罗萨姆斯泰德农业试验站，并对农地展开系统性的实验。

这些机构的建立标志着科学方法的开端，并立即在农业技术上取得成效，尤其是在改善氮肥的供应上。密集的农业生产很快就消耗掉了土壤中的硝酸盐，而这种硝酸盐只能缓慢地通过细菌的固化作用将空气中的氮元素转换而成。试验站很快就发现苜蓿和豆荚类植物能够吸引固氮细菌，并推断农民通过在作物中种植苜蓿就可以将产量翻番。

从动物肥料中补充氮的供给也非常有效。传统的肥料来源（家畜）是昂贵的，而且人们很快就发现了替代品，首先是来自新世界群岛（New World islands）的鸟粪沉积物，后来发明了合成硝酸盐。

乡村的私有化

技术进步只是推动农业生产力提高的部分因素,制度的进步也同样重要。在这些因素中,最主要的就是圈地运动(Enclosure Movement)。圈地运动始于中世纪时期,并在 1650 年达到高潮。此前,英国以及欧洲其他地区都是在"公地制度"下进行生产的。作为封建时代的遗留,"公地制度"下大量的土地都是当地的农民和地主共同拥有的。

正如加勒特·哈丁在《公地悲剧》中所做的著名描述一样,缺乏清晰的产权将会导致经济出现令人震惊的低效率,因为农民没有动力耕作、施肥或改善公有土地。哈佛大学校长兼美国财政部前部长劳伦斯·萨默斯(Lawrence Summers)的一句格言从现代的角度对其进行了总结:"纵观人类历史,没有人愿意去清洗一辆租来的汽车。"

《自由大宪章》确立以后,贵族和村民慢慢开始在公地上建栅栏,或者叫作"圈地",将土地变为私有物。到了公元 1700 年,一般的公地大都被私有化了。圈地运动要求特定乡村行政区 4/5 的土地所有者签署圈地请愿书,并将其送至议会。在 17 世纪和 18 世纪,下议院为这些私有化法案进行过数千次投票。

1801 年,议会通过了《圈地法案》(General Enclosure Act),简化了圈地程序。公元 1700 年后,圈地数量剧增,到了 1830 年,英国实际上已经没有公地了。从美国独立战争到拿破仑战争期间,谷物的价格急剧上涨,使得私有化土地变得日益昂贵,此时圈地的数量最大。到了 19 世纪中期,公地几近消失。

许多文学和历史作品都关注过圈地运动,尽管少数农民被不公平地从自己的土地上赶走,但现在的绝大多数历史学家一致认为,在大多数情况下，英国人对财产权和法定诉讼程序的重视是有目共睹的，而这个过程在总体上是公平的和公正的。当《圈地法案》将某些家庭照料了几十年的小块公地授予这些家庭之时，小土地所有者的数量显著地增加。小土地所有者第一次享受自行决定将土地卖掉还是自己耕作的权利。

这并不是说圈地运动没有弊端。紧随圈地运动之后的农村和城市社会骚乱并不是对农民有意识剥削的结果；相反，危机源于经济的需要：土地被圈起来后的产出远远高于公地，每英亩土地需要的农民数量减少了，于是造成大量的农民失业。

在拿破仑战争期间，圈地运动造成的劳动力过剩并不成为问题，因为谷物和玉米的高价格使得大量的边缘土地也投入了生产，并保证农业的高就业率。然而，1815年维也纳会议结束后，情况则大为不同，粮食和谷物的价格几乎瞬间下降并长时间维持在低水平上，直到一个世纪以后第一次世界大战降临之时。边缘土地脱离了生产，失业的农民涌入城市和工厂。

现代科学方法在农业中的运用以及明确的财产权延伸至小土地所有者这一新群体，二者结合起来造就了新的生产阶层——"不断进步的农民"，他们通过农业技术创新追求不断增加的农作物产量。

劳动分工

在某种程度上，不存在所谓的工业革命或农业革命，但是，却存在生产力革命和专业化革命。随着财产权的缓慢变革，科学理性主义、资本市场以及现代交通和通信技术为农民、发明家和工业家提供了创新的动力。这些重新获取力量的资本家提高了几乎所有产品的种类和数量，在这个过程中，他们提高了几乎所有英国人的生活水平。

和其他任何现象相比，专业化程度更能将现代社会和中世纪社会区分开来。在中世纪世界，存在一种适用于所有人的基本"职业描述"：在土地上劳作。在萧条时期，农民建设和维修自己的住所，协助修建庄园的道路，为自己纺线织布以及制作衣服。在工业革命早期，大多数的纺织工作并不是在工厂中完成的，而由农闲时期的农民在家中完成。在前现代时期，小型社区甚至绝大多数的家庭几乎都能自给自足。

相比之下，当今任何社区哪怕生产一小部分供自己消费的产品和服务，都令人难以想象，对一个家庭来说更是如此。美国劳工部大约每10年便更新一次它的《职务名称词典》(*Dictionary of Occupational Titles*)。最新的版本列出了对12 740种不同工作的描述。

现代繁荣可以被看成一列自我驱动的火车，它的发动机是以下四个要素——财产权、科学理性主义、资本市场和现代交通和通信技术，车轮就是由此而形成的生产力。将动力从引擎（四个要素）"传导"到车轮（国内生产总值）的是劳动专业化的程度。一个专业化程度较低的经济体，犹如引擎在一挡下行驶，而专业化程度高的经济体却能高速行驶。

随着工业革命的到来，专业化得到了很好的发展。亚当·斯密称之为"劳动分工"，并使之沿用至今。他以制针业为例对这一原理进行展示。这一展示至今仍无人超越。

一个没有在该行业内受过专业训练的工人（劳动分工致使不同职业产生），对生产中的机器操作并不熟悉，即使他尽自己最大的努力，一天也只能生产一枚针，不可能生产20枚。但是按照现在的生产方法，整个工作不仅构成一个专门的行业，它还被分成很多的部门，其中的大多数也同样成为专门的职业。第一个人负责抽铁丝，第二个人负责将铁丝拉直，第三个人切割铁丝，第四个人将铁丝削尖，第五个人削尖铁丝顶端以便安装针头。要做针头，需要2～3项不同的操作；装针头，是一项单独的操作；磨白针头又是另一项不同的操作；甚至针头包装都是专门的职业。这样，针的制造需要被分解为18项不同的操作。尽管在有些工厂，每一项操作都由不同的工人完成，但是在一些工厂，同一个人可以进行2～3项操作。

斯密描述道，即便是最简单的工厂雇用10个工人来完成直针制造过程中的18项操作，他们一天也能生产48 000枚——是10名未受训练的工人独自进行生产情况下产量总和的240倍。

这是为什么呢？劳动分工是这样一种方法，它将技术进步转化为财富。以下是它的运作原理：任务的简化拓宽了可用的劳动力储备。每个工人都受到自己所擅长工作的吸引，并通过经验的积累变得越来越有效率。

制造业被分为许多小任务，这就推动了技术的创新，因为为某一具体工种制造器械相对容易，且更易于进行完善。随着创新者不断地对器械进行改进，操作器械所要求的技术水平就会不断降低，这又再次提高了劳动力储备，并进一步降低了工资。

有一个现代的例子能生动地阐述上述原理。2001年，西南航空共运送了445亿英里人次，共雇用31 600名员工。假设每名员工该年工作200小时，那么每名员工每小时的工作量为704英里人次——而你自己驾车出行，每小时的里程数则不到它的1/10；若你采用步行的方式,则你的里程数还不到它的1/200。

西南航空的主要劳动力是飞行员,该航空公司主要技术是波音737机型,但由于它的劳动分工是复杂的,若没有使用几百种不同类型的员工以及让人眼花缭乱的机械和电子工具,飞行员和飞机不可能在你花上几百美元的情况下将你和你的同行伙伴从洛杉矶送到巴尔的摩。

人类天生就有一种发明能力。有史以来,有知识和创造力的人类就遍布于世界各个角落,只有在劳动分工的情况下,他们的见识才能够转化成更多的繁荣和进步。

衣之财富

英国经济转型的摇篮是位于曼彻斯特及其周边的纺织工厂。用经济史学家艾瑞克·霍布斯鲍姆(Eric Hobsbawm)的话说就是"谈论工业革命就是在谈论棉花"。自古以来,农民以及他们的家人一直用亚麻纤维纺线织布。农民在欧洲各地都种植亚麻,除了用于交换和销售外,大多数人还为满足自己的需要多种植一小部分。布匹的另一个主要来源是羊毛,几个世纪以来,绵羊一直是英国主要的贸易来源。

英国只在本国生产少量的棉花,且质量不佳。他们还通过陆上交通为贵族和最富有的商人进口少量昂贵的丝绸衣物以及高质量的棉制品,印花棉布主要来源于印度大陆。这些织品同样也是昂贵的——并不是因为稀缺或高制造成本,而是因为高额的进口关税。葡萄牙人、荷兰人和英国人(通过东印度公司)经由好望角向印度开放海上贸易,增加了供给量,但这还不足以显著地降低价格。

亚麻制品、羊毛制品和棉制品的生产是"家庭手工业"。儿童将原料挑选干净，妇女纺纱，男人织布。尽管熟练的工匠能生产优质的织物，但是生产的规模仍然很小。在任何一个产量水平上都很少存在劳动分工，因此生产成本保持在高水平上，而产出却保持在低水平上。在图 7-2 中，我们可以很清楚地看到从原棉到布匹的生产过程。

```
                 梳理                 纺纱           织布
原棉 ───────→ 挑拣后的精棉 ───────→ 纱线 ───────→ 布匹
```

图 7-2 从原棉到布匹的生产过程

这个工作流程中关键的问题是，布匹生产过程中的任何改善都要求所有的三道工序出现几乎同等的改善：去掉原棉中的种子和其他碎片，将经过挑拣后的精棉纺成纱，将纱织成布匹。仅在某一道工序中出现改善，只会使得其他两道工序成为"瓶颈"。

这精确地说明了当纺织技术出现第一次现代进步时所发生的事情。钟表匠约翰·凯（John Kay）于 1733 年发明了高效的织布机（飞梭）。尽管年代久远的框架织布机出现了巨大的改善，但是它却加剧了纺纱女工的短缺状况。在收获季节，妇女们需要协助收割，因此布匹的生产被迫停止。1748 年，刘易斯·保罗（Lewis Paul）设计出两台梳理原料的机器，而此前这道工序则需要人们费力地将原始纤维从成排的钉子中拖过。不幸的是，保罗的发明只是更进一步地加剧了对本已短缺的纺纱工的需求。

由于当时的机器和技术不能模仿妇女使用拇指和食指完成捻绕动作，纺纱成了最难解决的问题。根据古代纱锭制造的纺纱轮子在中世纪后期得到了广泛应用，但只是简单地将纺好的线缠在绕轴上。只有妇女灵巧的双手才能将细丝纺成纱。

18世纪后期，一系列的发明终于将这一过程机械化了。刘易斯·保罗想到了一个主意，用一对钢铁滚轴模仿纺纱工的工作，但是他的机器运行效果并不好。1769年，理查德·阿克赖特（Richard Arkwright）在他的水力织布机上加了第二对滚轴，发明了第一台可实际应用的纺纱机。詹姆斯·哈格里夫斯（James Hargreaves）发现纺纱轮滚到自己的一面后仍然转动，于是根据这一观察发明了给纱线施加了更均匀"捻度"的纺纱机。1779年，塞缪尔·克朗普顿（Samuel Crompton）将哈格里夫斯的旋转轮和阿克赖特的滚轮结合成他的"纺骡"。

克朗普顿将这一过于复杂的装置装在一辆机械车架上，后者在纺纱的时候能够随着纺线前后移动。技术创新的基本原则之一就是，与之前的装置相比，经过改进的生产力装置对操作者技术水平的要求更低。就好比缝纫机可以比最熟练的女裁缝用针线更快地轧出更直和更坚固的布匹，而一位借助现代个人电脑的笨拙中年作者能够比几百年前最熟练的印刷工排出更漂亮的文档。而操作上的简便往往来源于复杂的设计。

在早期，克朗普顿的纺织机证明了这一原理。不需要经过多少训练，工厂雇员就能够生产大量光滑的丝线，这是此前技艺精湛的前辈们无法办到的。在短短几年内，工厂所有者将瓦特-博尔顿的蒸汽机和纺纱机结合起来，这一关键操作的机械变革得以完成。

制造商并没有很快地将织布这一工序机械化。最初，数量巨大的机纺纱线为织布工带来了幸运。直到1813年，英国的25万台织布机中仅有1%是机械驱动的。随着时间的推移，织布工对机械化和产业化的抵抗给他们自己带来了痛苦。

轧棉需要人们吃力地将种子挑拣出来，这一工作折磨人，且花费颇多。伊莱·惠特尼（Eli Whitney）在1793年发明了轧棉机，将这一障碍扫除。在1790～1810年，美国棉花的年生产量从150万磅增加至8500万磅。惠特尼的发明以其他发明很少有的方式重绘了世界经济的图景。不幸的是，他同样也改变了美国的政治前景。棉花产业以及随之而来的奴隶贩卖成了有利可图的交易。1790～1850年，美国奴隶的数量从70万增至320万。

棉花充斥着世界市场。作为英国老式主要原料的亚麻和羊毛几近消失。农民和农村穷人等劳苦大众第一次可以拥有价格不高昂的棉质衣物。棉布的价格从1786年的每磅38先令降至1800年的每磅低于10先令的水平。纺织品是一种具有高度"弹性"的商品，价格稍有下降就会带来需求量的大量增加。正如个人电脑价格的下降导致销售量的巨大增加一样，纺织品的销售量在19世纪早期也出现了爆炸性的增长。棉纺业成为历史上第一个真正的"增长型产业"。同样在这14年间，英国棉花的进口量增加了10倍；到1840年，增长了50倍。围绕曼彻斯特的海港城市利物浦形成了大量的三角贸易：美洲的原棉被运送至英国，制成品被从英国运送至非洲，在1808年宣布奴隶贩卖非法以前，大量的奴隶被从非洲运往美洲。抛开令人憎恶的奴隶制度这一因素，物美价廉的棉布给人类带来了福利，这一点直到现在我们才慢慢开始理解。例如，由于人们可以获得便宜的棉质内衣，所以1850年以后传染病的发病率大幅下降。当时最致命的疾病（霍乱和伤寒症）都是与肠胃有关的，因此主要通过粪口传播。这与病人的社会地位没有关系。1861年，维多利亚女王挚爱的丈夫阿尔伯特亲王就死于伤寒。这些普通的棉制品降低了穿着单层衣物并长期不更换导致的过敏和炎症，切断了这些疾病的传染，并拯救了数百万人的生命。

新铁器时代

工业进步的另一个主要领域就是钢铁。在前现代时期,钢铁需要木炭辅助熔炼,到了18世纪后期,英国的铸造厂已经将附近的森林消耗光了。很快,苏格兰的树木也不得不遭到砍伐,以满足英国中部工厂的需求,以至于英国工程师发现从瑞典进口钢铁比本国生产便宜。英国的铸造厂发现从斯堪的纳维亚进口木材较为便宜,因为前现代时期的水路运输比陆路运输要便宜得多——用船只将木材从波罗的海海运到英国的费用仅相当于在英国内陆陆运20英里的费用。

英国拥有丰富的焦炭,但是在熔炉中用焦炭代替木炭需要大功率的通风装置。正因如此,在1775年,瓦特和博尔顿将他们的蒸汽机安装在钢铁制造商约翰·威尔金斯的机器上。10年后,亨利·科特(Henry Cort)发明了"搅炼"法,使得大规模高质量精铁的生产成为可能。威尔金斯随后发明了蒸汽动力锤子,它每分钟能敲打150次,从而对科特工序的最终产品进行完善。

木材变得日益稀缺,科特的发明使英国从对木材的依赖中解放出来,使得木材资源丰富的瑞典失去了历史优势。此前,从斯堪的纳维亚地区进口的钢铁优于英国产品,因此国内和国外的制造商需要几年的时间才适应英国优质产品这一观念。就像棉花一样,产量剧增。1770~1805年,钢铁成本骤降,产出几乎增加了10倍。从铸造厂源源不断地流出的大量钢铁被运往新铁路、新桥梁和新建筑的工地。

在棉制品和钢铁制造中所描述的进步并不止于克朗普顿的纺纱机和科特"搅炼"生产法,接下来的几十年见证了一个几乎持续不断的进步过程。铸造厂的规模越来越大,每吨钢铁生产的耗煤量越来越少,而钢铁产出的质量越来越高。历史学家菲利斯·迪恩（Phyllis Dean）对这一连续不断创新的过程做过如下描述："机器和制造机器的机器显现出无限而持续的改进,正是这个自我衍生的持续技术变革最终带来了源源不断的经济增长,对此我们已笃信不疑。"

而较为悲观的约翰逊博士则有不同的见解："创新使得时代发疯了。所有的事情都按照新的方式来进行,人类将吊死在新的方式上。"无论是变好还是变坏,世界已经开始走向持续改变而充满混乱的道路,但出现了持续增长的繁荣。这已经是且必将是一条不归路。

"勤劳革命"

若不是伴随着消费的多样化,劳动的专业化和生产力的提高都毫无意义。那些自己种植食物、建造房屋和马舍的农民并不构成工厂新产品的市场。同样,他们为自己和家人纺织衣物的妻子也不构成新产品的市场。当19世纪结束的时候,消费者从简单而低效的自我维持状态转向了货币社会,在货币社会中,他们从事单一而高产的工作,并用工资换取自己所需的所有生活资料。詹·德·弗里斯将这一变革称为"勤劳革命"。

没有一个政府,当然也没有一个独揽大权的专制者规定工人和消费者在农业与工业中实行专业化、提高生产力和创造"飞跃"。相反,倒是那些法官与议员们（他们大多是地主和商人）制定了判例法和通过了法律,以促进商业和工业的发展。先前被亚里士多德思维方式束缚住的科学家开始利用新的培根式科学方法解开宇宙的秘密,并将其用于商业中。最后,新的金融市场获得了投资者的信任,并为新兴企业注入源源不断的资金。这是最让人高兴的英国事件之一。

工业革命:它有多坏呢

人们为了换取了工业革命光环的到来付出了极大的代价:童工、恶劣的工作环境、低工资收入("黑暗的恶魔工厂")以及孤立。1760~1830年,英国人的生活水平究竟发生了哪些变化?许多年来,这一问题使得历史学家、经济学家和理论家们展开了激烈的争论,他们提供的答案无疑显示出其政治同情心。左翼认识往往过于悲观,据一位不愿意透露姓名的人说道,"工业革命时期的生活是肮脏的、英式的和短暂的"。

弗里德里希·恩格斯是机器大工业的受益者。他是普鲁士棉纺制造商的儿子,他对19世纪40年代席卷欧洲大陆的工业革命热潮感到着迷,并很快遇见了一位不久将成为逃亡者的人,即卡尔·马克思。1848年的巨变之后,他们都逃到了英国,在那里恩格斯开始经营他父亲的一家工厂。他所继承的财产和管理天赋在接下来的数十年中支持着自己和马克思的生活与革命活动。

恩格斯对19世纪的社会底层生活做过惊人的描述,即《英国工人阶级状况》(Condition of the Working Class in England)。年轻的恩格斯(当时只有24岁)首先用田园诗般的文字描写了前工业化时代英国的乡村生活:

工人们过着单调乏味但是还算舒适的生活,过着正直而平静的生活,他们的物质生活状态比他们的后代要好得多。他们不需要超负荷劳动,愿意做多少工作就做多少工作,并能够挣得所需要的东西。他们在园子里或田地中从事有益于身体的工作,并获得乐趣。对于他们来说,工作本身就是一种消遣。此外,他们还有机会参与邻居们的消遣和游戏。所有的这些游戏——保龄球、板球、足球等,有益于身体健康和增强体质。他们中的大多数都身体强壮和肌肉发达,他们在体格上与自己的农民邻居没有什么区别。他们的孩子在乡村的新鲜空气中成长。

18世纪晚期,恩格斯笔下的世外桃源破灭了,取而代之的是萧条、绝望以及英国肮脏和荒凉的工业贫民窟。以下是来自《英国工人阶级状况》中简短而客观的一段话,它直接引用于政府报告,清晰地显示了工业化所带来的糟糕影响:

> 众所周知,哈德斯菲尔德的整条街道以及许多庭院和小巷,既没有标记、铺砌、下水道,也没有排水沟;各种垃圾和废弃物扔在表面,逐渐发酵腐烂;几乎到处都有污水洼。因此,与之相邻的住处必定是又脏又差,疾病蔓延,整个城镇的健康都面临威胁。

现代观察家乔伊斯·马洛(Joyce Marlow)做过一个较为中庸但是仍然残酷的评价,她写道:"他们住的房子虽然算不上富丽堂皇,但也不是建在污水沟上,也不是没有庭院和树影,也不是不能呼吸到新鲜空气……"

作为左翼评论的典型,艾瑞克·霍布斯鲍姆的观点受到了意识形态的影响,他试图表明英国的人均食物消费量在18世纪早期出现了下降。但他的论据中存在微小的瑕疵,即认为当时的时代特征是食物供给量的下降与人口增长率的增长不匹配。(事实上,不仅人口数量在增长,人口的增长率也在增长。)霍布斯鲍姆对这一矛盾进行理性思考后认为，在前工业社会中，尽管人们的饮食供给总体上较为慷慨，但没什么规律性，因此常常面临周期性大规模饥荒。对于霍布斯鲍姆来说，后一种解释似乎更为可取。

毫无疑问，无论对普通英国人福利的影响如何，工业资本主义的兴起对许多土著居民来说都是灾难性的。用卡尔·马克思的话说就是：

>美洲金银矿的发现，土著居民被剿灭、被奴役和被埋葬于矿井中，开始对东印度进行统治和掠夺，非洲变成商业性掠夺黑人的场所，这一切都标志着资本主义生产时代的出现。

这一时期普遍拥挤和肮脏的情况无疑是造成工业下层阶级工人死亡率居高不下的原因。新机械生产力导致劳动力过剩。在整个19世纪，家政服务人员的数量稳步增加，女仆和男仆很快成为中产阶级家庭的特色。在第一次世界大战初期，家政服务人员占英国劳动力的15%，能找到这样工作的人被认为是幸运的。很多人为了维持生计，不得不滑向堕落甚至犯罪活动。工人的生活条件常常是令人绝望的，导致贫民窟里产生了许多社会角色，描述这些社会角色的英文词语保留至今：清沟工人（mudlark）、清道夫（scavenger）、流浪儿（guttersnipe）和做白日梦的人（woolassemble）。

意识形态派别的对立方右翼对普通工人家庭的描绘要显得欣欣向荣得多。1948年，阿什顿用工业革命时期英国人的生活与远东非工业化国家的人民生活进行比较。

阿什顿的观点已经有些陈旧了，但就像随后的经济史学家沃尔特·罗斯托（Walt Rostow）、菲利斯·迪恩和哈佛大学传奇人物亚历山大·格申克龙（Alexander Gerschenkron）一样，他也混淆了因果关系。某些发展中国家人民的悲惨遭遇并非由于他们缺乏工厂和机器,而是因为他们缺少制度——财产权、科学观和资本市场。与此同时,由于他们在现代医学方面已经出现了初步的进步,因此他们的国家正在经历着人口的爆炸性增长。

近几年来,学者们关于工业革命时期生活水平的意识形态争论已经有所降温,转而关注一些衡量福利的更加客观的生态指标。对平均寿命的研究揭示了1760~1820年寿命的显著改善,这一改善保持不变,直到1860年。婴儿死亡率这一指标也是如此,它在18世纪晚期有所下降,仅在19世纪早期有所上升。广受经济计量史学家青睐的数据就是人类的身高。[⊖]这也显示了18世纪晚期的改善情况以及随后19世纪早期的退化情况。

大量现代证据表明生活水平在工业革命晚期稍微出现了下降,至少处于经济发展阶段的底部。对许多人来说,甚至对绝大多数的人来说,工业革命是难以形容的野蛮事件。当英国处于后拿破仑经济余波时期,英国的国内冲突和革命更为激烈,其程度比当代大多数观察家所愿意承认的程度还要严重。幸运的是,以杰出的空想家罗伯特·皮尔(他本身就是英国棉花大王的儿子)为代表的英国政治领导阶层在面临合适的改革方法时表现出了足够的灵活性。

与工业化早期贫民窟恶劣的生存条件一样糟糕的,是这一时期英国人口出现的快速增长。按照定义,生活水平在两个世纪以前一定是非常低的,当时人口的任何增长都会导致生活水平的降低,这是非常严峻的,因此人们必须控制人口增长。1740~1820年,死亡

⊖ 对人类尸骨的研究对调查古代世界经济发展趋势是非常有价值的。参见 Ian Morris,"*Early Iron Age Greece*"草案初稿,相关引用已得到作者许可。

率从35.8‰降至21.1‰。

1650年后英国人口的快速增长在某种意义上是个谜团。统计数据的缺乏使之仍然是个谜。在多数情况下，学者只能计算有记载的婴儿出生洗礼和死亡葬礼时间之间的跨度。人口控制的一个重要机制就是对婚姻年龄进行控制。在繁荣时期，人们会早结婚，并多养孩子；在衰退时期，他们会晚婚，并少养孩子。此外，政治意识形态也会强加于人。左翼人口统计学家认为人口的快速增长归因于廉价儿童劳动力的需求，而右翼学者则将其怪罪于斯宾汉姆兰体系（Speenhamland System）的贫困救济，认为它鼓励贫困家庭多养孩子。关于中世纪晚期人口增长，最有说服力的解释就是卫生设施和卫生知识的改进，这同时也支持生活水平逐步改善的观点。

问题仍然很棘手：在整个时期，伴随着人口的增长，人均产出也在增长。哈佛大学经济史学家西蒙·库兹涅茨（Simon Kuznets）利用他的"曲线假设"（curve hypothesis）解释这一悖论：由于富人财富的增长是以社会其他阶层的贫穷为代价的，所以在工业化快速增长的时期，财富和收入的不平衡出现了暂时的加剧。在20世纪90年代科技快速发展时期，同样的结果也曾上演，它使得成千上万20多岁的计算机学者获得了难以想象的巨额财富，并造成了收入的巨大差距。

由于现代早期英国的福利水平和经济增长情况与通货膨胀率和生活水平有着内在的联系，因此我们很可能永远都不知道其真实的面貌。英国现代经济"腾飞"究竟发生在哪个时点上，总体的生活水平究竟在什么时候出现改善，这是存在巨大争议的问题。早期研究工业革命的历史学家，菲利斯·迪恩和威廉·科尔（William Cole）认为经济的快速增长始于18世纪晚期，而近来更多的著作认为直到

20 世纪早期经济的快速增长才开始出现。这些争论远远超出了本书讨论的范围，然而，混乱的 18 世纪充满着持续的强大力量的冲突，这点是很显然的。1793 ~ 1815 年，随着新型的全球性战争的出现，持续的大屠杀达到了顶峰。在这些糟糕的时期以后，饥荒犹如幽灵一样萦绕在英国人周围，因此 1800 年前后英国经济的增长出现停顿也就不足为奇了。出人意料地，在面临七年战争、美国独立战争、法国大革命、法国大革命之后的战争以及拿破仑战争时期，英国的人口却翻倍了，并至少阻止了生活水平的下降。维也纳会议、蒸汽动力和电报技术为经济增长注入了活力，随后欧洲获得了稳定，至此，现代经济的密集增长才出现。

在任何情况下，本书的四要素模型都能够帮助我们理解为什么可持续增长不能出现在 19 世纪早期以前，那时蒸汽动力的交通工具和电子通信技术已经得到了应用。无论生产部门的生产力变得多么高，在没有铁路和电报的情况下，企业家都不能有效地将新产品销售和运输至最终消费者手中。

非工业革命

现代繁荣的出现常常与工业革命联系在一起。虽然早在 19 世纪 30 年代就有外国评论家使用这一词语了，但是直到 1884 年，历史学家阿诺德·汤因比（Arnold Toynbee）才在人们于曼彻斯特举办的一系列演讲中将其普及。从传统上说，工业革命时期指的是 1760 ~ 1830 年这一时期。生活和生产方式的日益机械化是西方繁荣的来源，这种观点对 20 世纪早期和中期的历史学家与经济学家来说不言自明。例如，菲利斯·迪恩写道：

是工业革命带来了富裕之路,如今这几乎成了经济发展理论中的公理。只有实行工业化的国家才能实现持续(某些人会将之称为"自我持续")的经济增长过程,每一代人才能借此自信地期盼比前人享受更高的产出和消费水平。20世纪中期所谓发达国家或先进国家与当今主流的不发达国家或落后国家在居民生活水平上存在显著差异,实质性的原因在于前者已经工业化,而后者没有。

到了20世纪60年代,政策制定者将工业化看成全球繁荣的必要条件,并将推动工业化看成是某些发展中国家唯一的希望。麻省理工学院的经济学家沃尔特·罗斯托将"起飞"(takeoff)这一词普及,"即一个国家经济增长的转折点,此时一个国家经济稳步增长的障碍和抵抗力终于被克服",并且开始走向工业化。例如,他认为英国工业的起飞出现在1800年后不久,美国则是1860年,日本约在1900年,最不精确的就是澳大利亚,在1950年。

罗斯托认为经济起飞的最重要条件就是存在一批政治精英,他们认为"经济的现代化是严肃、高度优先的政治事务"——工业变革自上而下指导所有事务。在罗斯托的规划中找不到"私人财产权""公民自由"这样的词语,尽管从公平的角度来说,他确实意识到了科学理性主义和宗教宽容的重要性。阅读罗斯托的书,人们可以想象到几十个保持在全球经济起跑线边缘的国家,它们在等待起飞的指令,以冲向工业化的蓝天。(历届美国总统可能都会对罗斯托的名字印象深刻。他是林登·约翰逊最强硬的顾问,他始终坚信美国将打赢越南战争,因为他给出的数字和图表非常鼓舞人心。)

即便是亚历山大·格申克龙(可以认为是过去50年最杰出的经济史学家)也认为,工业化是最重要的经济发展,同时也是经济发展的目标。若一个国家没有大型工业部门，则它将难以实现繁荣和"发展"。

现代财富的起源几乎可以追溯到文明的开端，可持续的经济增长始于荷兰，在时间上远远早于英国。其他的一些现代例子也与工业化为中心的假设相冲突。澳大利亚在18世纪晚期的财富尤其证明了这一点。按照迪恩、罗斯托或格申克龙的体系，澳大利亚是一个落后的农业国家，仅有一个很小的工业部门。可是，当其他农业国家陷于贫困的泥潭中时，为什么澳大利亚能够成为并保持为世界上生活水平最高的国家之一呢？

罗斯托认为"起飞"的另一个关键的前提条件就是，投资率增长到国民收入的10%以上。这里，这位麻省理工学院的教授又把原因和结果混淆了。除了极权主义社会以外，投资在国民收入中的比重都是个人自由选择的，而不由政府来选择。只有在企业家承诺高回报率的情况下，投资者才会提供资本。现代计量经济学的研究清楚地表明，繁荣的现代经济体之所以存在高储蓄率是因为它能够提供范围宽广的盈利机会，但反过来并不正确。在任何情况下，英国在工业革命时期的储蓄率远比罗斯托10%这一最小值还要小得多。

为什么这些令人敬畏的学者会犯这样的错误？第一，他们像1980年以前的很多学者一样，低估了制度因素的重要性，尤其是财产权和法律规则。第二，他们没有获取准确历史数据的途径。只是在近几十年中，经济学家们才开始尝试重新勾画过去数百年甚至上千年经济增长的真实面貌。这些近期获得的数据显示，在19世纪晚期，美国在很大程度上仍然是农业国家，但是它的人均国内生产总值几乎与英国相等。与此同时，正如我们此前所了解到的，根据罗斯托的估计，澳大利亚直到半个世纪以后才实现"起飞"，并暂时拥有世界最高的人均国内生产总值。

我们不妨将国家财富的增长归因于汽车、电话、劳力士牌手表或路易十五椅子。就像工业化，这些商品（无论是否为奢侈品）都是繁荣的产物，而不是繁荣的根本原因。任何一个普通人都能认识到，从本质上说，工业化并不是经济发展的基础。基于非自然工业化基础上的失败和绝大多数由外国赞助的某些发展中国家基础设施项目的失败，都表明实现繁荣并非只是建立工厂和大坝那么简单。在20世纪晚期那些发达的后工业化国家中，它们的信息经济和服务经济正迅速增长，同时它们的制造业正逐渐萎缩并向低工资率的国家迁移，这足以证明工业化是繁荣之源这一观点是错误的。

近期关于经济增长的"进口替代"理论同样也是不可信的。该理论认为，发展中国家必须通过关税和贸易壁垒来保护它们的新兴产业。最近的数据显示，这样的政策只会降低这些初级产业的长期竞争力，并从总体上降低经济增长率。

无论从国内生产总值的总量还是从人均量来看，英国都是第一个维持高经济增长率的国家，这是因为它拥有发展四个制度因素的几乎不可超越的领导力。然而，无论其如何光辉，英国长期的经济历史最后却成了负担。到了18世纪，英国的法规条文仍充斥着中世纪色彩，例子之一就是《学徒法》，它起源于伊丽莎白时期，但是直到1814年才被废除。在对该法律调查时，亚当·斯密写道：

> 例如，它规定，马车制造商既不能自己生产马车车轮，也不能雇用临时工来生产马车车轮，必须从熟练的车轮制造商那里购买……就算一个车轮制造商从未当过马车制造商的学徒，他也可以自己制造马车，或雇用临时工来制造马车。马车制造

商这种行业并不在法律限制的范围内，因为在当时的英国，这种行业还未成熟。

在这种规定下，毛纺贸易是非常刻板的。棉制品产业爆炸性增长背后的原因之一是，棉制品作为一种新商品并未受到法律的约束。通过在诸如伯明翰和曼彻斯特这样的严酷"新城市"开展经营活动，工业家可以规避贸易和学徒法律的限制，因为在这些地方，贸易和学徒法并没有实施，而且不存在强迫实施旧法规的和平法官。

英国垄断传统的废除速度较慢。东印度公司对印度贸易交往的垄断直到1813年才结束，并在此后的几十年中垄断与中国的贸易。东印度公司的垄断权损害了其他渴望与远东进行贸易的英国公司的利益，对英国商业的影响弊大于利。1720年通过的《泡沫法案》效仿南海泡沫事件以打击投机买卖，要求为股份制公司的组建建立议会宪章，因此对创新起到了阻碍作用。议会直到1825年才废除《泡沫法案》，并且直到1856年才简化组建股份制公司的程序。

《泡沫法案》将1720年市场的崩溃归咎于"投机工具"，因此它还禁止了许多"投机工具"的使用，包括卖空和期货。我们现在知道了，这些工具能够加强市场稳定性和降低资本成本。这些工具的缺失使得英国的金融市场在接下来的一个世纪中极度不稳定。

像欧洲其余地区一样，英国是高度的重商主义国家。直到滑铁卢战争后很长时间，英国才逐渐清除了贸易保护主义的壁垒。我们曾简要谈到过《谷物法》，议会直到1849年才废除《航海条例》。如果政府过分保护国内的农业和工业，那么蒸汽轮船对贸易就起不到什么促进作用了。直到英国废除了贸易保护的法律以后，繁荣的最后一个要素，即有效的交通运输，才得以发挥作用。

圣城

美洲的殖民者不仅继承了英国在工业上的所有优势,同时也摒弃了它绝大多数不好的方面,美国资本的形成尤其不受阻碍。在宪法通过后不久,美国就创造了世界上最先进的专利系统。它缺少的是资本和工人,但不久后这两者就源源不断地从内部或外部涌来。到了1855年,美国的居民人数超过了英国;到了1870年,美国的经济总量也超过了英国。

图7-3显示了美国通过宪法以后实际人均国内生产总值的增长情况。与英国在19世纪早期增长的不稳定性相比,美国几乎从最开始就实现了大约2%的年平均增长率,远远高于大西洋对岸国家的增长率。㊀美国早期生产力的增长大部分是追赶型的——根据麦迪森的估计,在1820年,美国人均国内生产总值仅为英国的73%,其生产力直到20世纪早期才超过英国。然而,由于移民和高生育率,美国经济的规模早在那以前就超过了英国。

丰富的土地和资源同样也造福于这个新的国家,但是,即便拥有众多大河,其辽阔的大陆性地貌对经济的繁荣却一点也起不到良好的作用,尤其是与英国或荷兰相比,更是如此。从最开始,美国就从英国继承了一个非常有价值的商品:世界最好的制度。它汲取了鼓励自由和贸易的因素,摒弃了对此不利的因素,并且完全依靠自己创造了一些有利因素。当然,它也有自己独特的缺陷,尤其是奴隶制度,它使得灾难性的内战从天而降,从而延缓了美国成为世界霸主的进程。

㊀ 在图7-3中,人均国内生产总值趋于2%的趋势有些不可思议。回忆第1章中所提到的,世界主要发达国家的人均国内生产总值增长率也非常紧密地集中在2%左右。

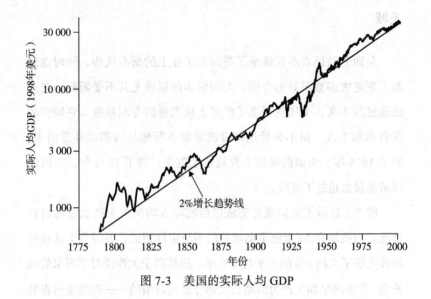

图 7-3 美国的实际人均 GDP

资料来源：美国商务部。

第8章

亚　军

荷兰和英国经济繁荣的萌芽很快就传到了西欧其他地区，然后又传到了东亚地区。一国是否能走向繁荣，取决于其深层次的制度和文化因素。在那些紧随着荷兰和英国实现繁荣的几十个国家之中，我将选择3个国家进行分析，它们是法国、西班牙和日本。

图8-1显示了这3个国家与英国在同期的人均国内生产总值增长率。由于与英国位置的接近以及其后的工业化改革，法国的发展紧紧追赶着这位与自己隔海相望的邻居；西班牙和日本则比法国多花了一个多世纪的时间。这3个国家的经济历史以下述内容为中心：它们发展路上的增长障碍、如何克服这些障碍以及为当今的发展中国家提供了哪些经验教训。

统治者与被统治者

自荷兰与英国开始，商人和富裕贵族渐渐限制了统治者的特权，并从根本上改变了国家和居民之间的关系。这种变化慢慢地扩展到西欧其他地区。这一变革过程既不平稳也不平衡。例如，路易十四统治下的社会及政治制度达到了政治和经济专制的高峰。

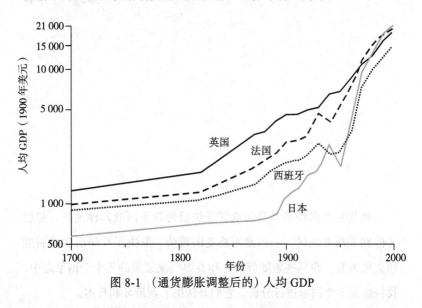

图 8-1 （通货膨胀调整后的）人均 GDP

资料来源：数据来自 Maddison, *Monitoring the World Economy*, 1820-1992 and Maddison, *The World Economy: A Millennial Perspective*, 264.

几千年来，任何统治者的主要目标都是最大化自己的财富。国王依靠最大限度的强权统治获取自己至高无上的权力，正如 1215 年发生在兰尼米德的情况一样。前现代时期的欧洲长期以来都处于小国间战争不断的旋涡中——"国家"这一词用来描述所有的国家就显得过于宏大了，它仅适用于其中最大的国家。虽然估计上存在偏差，但是在中世纪时期，欧洲大陆确实散布着数以千计的军权制小国家。聪明的君主或公爵会意识到，如果对劳动者或商人课以重税，他们将会把商业转移到几英里以外税收较少的国家。

慢慢地，统治者开始意识到自己的个人福利与国民的福祉之间的关系，懂得不能涸泽而渔的道理。那些既不对臣民课以重税也不常常掠夺臣民财富的国家发现自身反而拥有更多的财富，能供养更多的军队。那些肆无忌惮地对臣民进行掠夺的国家则会越来越衰落，在许多情况下，它们将会消失。渐渐地，通过这种达尔文式的进化过程，有着开明的税收制度、统治法律和可靠财产权的国家繁荣起来了，并战胜了那些较不发达的邻国，欧洲也开始变成致富之地。欧洲分散的政治形势和土耳其的中央集权的政治形势形成了鲜明的对比，后者错误的政府政策建议扰乱了企业家的经营，致使本国产业得不到发展。

聪明的统治者按照不影响自由市场激励的方式征税。从经济和政治的角度来看，最理想的税收是货物税和营业税。货物税最常见的现代版本就是欧洲式的增值税，它本质上是一种全国性的营业税，与一般的营业税不同，它不会在生产的中间环节中逐层征收。所得税可以像财产税一样适度"扭曲"，因为二者均降低挣钱和投资的动机。增加国家财政收入最糟糕的一种方式就是出售阻碍竞争的垄断权。

比税收的类型甚至比税率更为重要的是税收的管理方法。没有什么比任意没收公民的资产对经济健康造成的损害更大的了，无论这么做的人是戴着面具的强盗还是戴着徽章的政府官员。同样，没有任何事情比大规模地免除整个社会所有阶层的税收对社会的挫伤更大了。固定的30%的所得税税率是较易于忍受的，而对社会中30%的人任意征税或完全挪用他们的财产，或者是对社会中30%的人免除税收，都将对社会造成损害，甚至引发革命。

财富和武力

在现代以前,一个国家可以通过商业致富或增强国力,这种思想几乎是前所未有的。千年以来,富裕之路就是战争和抢劫之路。文艺复兴时期的意大利出现温和增长以及在更为活跃的荷兰出现以前,很少有统治者能够理解商业和工业的价值,更不用说使之成为国家优先发展的项目了,统治者只靠征服来致富。当战利品消耗完了,典型的死亡恶性循环就会出现。为了弥补财政上的损失,统治者就会增加对主要的财富生产者(农民)的税收。由于不能缴纳这些增加的税收,农民只好出售或荒废他们的土地,这又导致国家财政收入的减少,进一步导致更高的税率和更多土地的荒废。从希腊后期到君士坦丁后的罗马帝国,再到奥斯曼帝国,国家衰落的典型特征就是农村人口的减少。

因此,走向繁荣的第一步就是统治者明白自己的财富与臣民之间的关系。现代发达国家是"服务型国家",为促进商业活动而积极地提供公共物品。举例来说,它们主要提供:

- 为年轻人提供的教育。
- 为保障公共安全和财产安全而提供的警察保护。
- 公正独立的司法审判,以保障公民的合法权利。
- 运输劳动力和产品的交通体系。

那么,在走向繁荣的道路上,谁处于领先地位而谁又落后,取决于统治者在何时何地抓住以下创造社会财富的基础要素:法律法规、私人财产权的保护、分权、蓬勃发展的个体商业和贸易、财政税收从垄断租金向广泛的税收体系的转移、公共安全、教育和交通的供给。

法国为何落后

在一篇有影响力的论文中,经济史学家克拉夫茨(N. F. R. Crafts)推断,英国人在工业革命中战胜法国纯属偶然。他证明道,两国都拥有现代增长所必需的智力与社会基础,因此,英国的胜利是"随机的",就是说,这是随机事件。克拉夫茨认为,如果18世纪可以不断地重复,则法国在这场经济竞赛中胜利的概率至少与英国一样高。

毋庸置疑,历史中总是渗透着强大的随机因素。若偶然的一种疾病或一枚流弹早早地结束了希特勒、惠灵顿或路易十四的生命,历史将会如何?虽然如此,即便是在对欧洲的制度史做得最简短的调查中,人们也能够发现,在工业革命的竞争中,法国从未存在赢的机会。

至少在表面上,在所有四个经济发展的关键要素上,法国是可以与英国相媲美的。不管怎样,法国应该像英国和荷兰一样成为世界繁荣的先锋。难道法国的财产权没有得到强有力的中央政府和具有高度组织性的司法部的保护?作为笛卡尔和帕斯卡的家乡,难道法国不能宣称是科学理性主义的策源地吗?难道法国技术创新的记录不如英国影响深远吗?难道凡尔赛政府没有从渴望获得公债年金的公众手中获得大量的资本吗?难道英国在亨利四世和路易十四时期所建造的公路与运河系统不比17世纪英国布满车辙的小路和粗糙的码头优越吗?

答案是否定的。然而,法国经济的起飞时间却比英国要晚一个多世纪。这是为什么呢?要解开这一谜团,需要讨论这四个要素在社会及政治制度下的运行效率。

法国人究竟想要什么

1589年亨利四世统治之初，封建制度就几乎已经在法国消失了。土地和财产的权利已经变得明晰而可靠，并被广泛传播起来，商业也在急速发展。当时法国的财产体系在授予所有权的时候并没有提供激励动机。问题就出在经济学家们所说的"寻租行为"上——倾向于使用特权而不是依靠创办企业或勤劳工作挣钱。常见的现代例子有对车辆检测征收过多的费用、工会过多雇用员工以及向企业高层管理人员支付过高的工资和福利。寻租是人类的基本特征之一，所有的社会在某种程度上都受它的影响。当社会始终想通过寻租而不是诚实劳动挣钱的时候，经济就会受到损害。这就是法国旧体制的问题。

要理解寻租行为是如何在前现代时期的法国发展起来的，我们需要先了解它的税收结构。法国最主要的财政来源就是租税，课税对象是土地和建筑。贵族和神职人员是不需要交税的，因此只有农民和小商人需要交税。因此，购买贵族身份或宗教职务在精神和物质上都能得到丰厚的回报。皇室确实尝试从贵族和神职人员身上榨取财政收入，首先是使用盐税和商业税（对奢侈品征税，如酒、香皂和蜡烛），然后是复杂的人头税。税收负担的不公平迫使农民渐渐出售自己的土地，但是他们仍然以佃农的身份在这些土地上耕作。财产逐渐累积在不露面的贵族手中，他们来自安全的凡尔赛，委派一些代理去向土地的原所有者和他们的后代榨取地租。到了路易十四去世的时候，法国已经退回到了封建状态，这成为引发大革命的导火索。皇室发现，要将各种名目繁多的税收征齐是非常困难的，于是日益依赖于一些税农——帮助政府收税而从中分得好处的商人。

这种制度给国家商业的发展带来了麻烦。从亨利四世时期开始，正如当代很多教授渴望将自己的子女送到常春藤联盟大学一样，这些新发展起来的有钱人梦想将自己的儿子培养成官员和税农。就这个问题而言，长期在军事冒险和宫廷铺张方面存在资金短缺问题的皇室则很乐意以将来的税收换取现在的现金。法国的商人并不觉得成功是件难事，但是在这种制度下，家庭企业精神的持续时间很少超过一代。一位历史学家曾经这样描述法国的思维方式：

在荷兰，甚至在英国，积累了财产的商人、制造商或金融家希望儿子能够扩展自己的事业，除此之外再也没有别的愿望了。而在法国，那些白手起家的人则是渴望为自己的长子购买一个官职。如果他处于社会的最高阶层，那么他将让自己的儿子成为财务宗主法院议会的议员；如果他是个小店主，那么他将让儿子成为教士。

家庭购买头衔和官员闲职，以至于仅在一代人的时间里一个村庄可能就有超过80%的姓氏在税务清单上消失了。财产权通过提供激励来发挥魔力。法国在表面上拥有健康的财产权，但是鼓励寻租行为的制度却将公民的动机激励耗尽了。直到今天，法国人仍然青睐公务员职务——大致来说，就是青睐政府赋予的可观名位、福利和津贴。一个大国的衰落又一次把矛头指向了税收政策。

尽管英国的斯图亚特国王也利用垄断权的出售获取财政收入，但他在这方面却显得较为业余，他只是将某种商品的进口或某种成品的出售专营权授予最早向皇室示好的人。在路易十四的统治下，法国将垄断权剥削提高到了前所未有的高度。

凡尔赛宫的困难

若要对这种政体进行描述，我们首先想到的一个形容词就是"统制的"（dirigiste）。该词源于一个法国词根，意思是"操控"（to steer）。百年战争（实际上持续了116年，1337~1453年，为摆脱法国诺曼底人的控制而战）后的衰落和混乱导致了法国这种集权本能地产生。在这场战争中，虽然英国赢得了大多数重要战役，如克雷西战役、阿金库尔战役和普瓦捷战役，但是圣女贞德（Joan of Arc）突破了奥尔良围攻后，胜利转向了法国，到了战争后期，英国只得到了加来。

战争结束后的那段时间里，法国（国王查理七世统治下封建领地的松散聚合）艰难发展。查理渐渐开始强化国家层面的权力，首先是建立国家税收和出售官职。在亨利四世的统治下，获得行业垄断权的行业公会阻碍了竞争和创新。在接下来的两个世纪中，继任的君主都致力于集权统治。当路易十四将法国贵族都集中软禁在繁华的凡尔赛宫的时候，这种集权进程达到了极致。这一进程从政治上对国家进行了统一，但是它却将贵族们与他们在各省的社会和商业根基隔绝开来，使得国家的商业活动支离破碎。

我们没有必要详细描述凡尔赛宫的铺张浪费，需要指出的是，他们消耗了全国6%的预算收入。凡尔赛宫的间接开支则更多。国家的精英们迷恋于在凡尔赛宫获取国王的宠信，渐渐地与他们远在家乡的商业经营脱节了。

路易十四手下最著名的大臣就是让–巴普蒂斯特·科尔贝尔（Jean Baptiste Colbert）。科尔贝尔工作认真，致力于法国的福利事业，并忠诚于当时的政府，他对法国经济的控制程度几乎就等同于路易对贵族们的控制程度。在所有的重商主义者中，科尔贝尔认为，一国经济的健康取决于其所持有的黄金数量,而后者又反过来取决于一国的贸易差额。若出口旺盛而进口紧缩,财富就会聚集起来;若出口下降,则黄金流出并且削弱经济。

因此,重商主义就是一种零和博弈,博弈的结果就是对所有国家造成经济损害。另一名狂热的重商主义者弗朗西斯·培根对重商主义的致命品质进行了简单的概括,他认为"国家财富的增长必须来源于国外"。经济发展的历史经历了许多考验和错误。亚当·斯密敏锐地指出,贸易只有在互惠的基础上才能发生,重商主义者的过度利己心对哪一方都没有好处。在亚当·斯密之前的那个时代,即便是最聪明的头脑也难以理解这一概念的真实性,包括科尔贝尔。直到今天,全球化的反对派也不能理解其含义。

科尔贝尔希望加强出口,因此他认为法国应该将所有高档奢侈品的出口放在首位:挂毯、玻璃和瓷器(当时,这些商品的出口分别被南尼德兰地区、威尼斯和中国所控制)。1667年,他对这些商品征收惩罚性的进口关税,他把工厂工人视为产业军队的炮灰,不允许他们罢工,他教导官员们"将恐惧植入工人的内心"。

一项又一项的法令对生产方法做出极其详细的要求。比如,规定某种布必须包含1376根线,另一种布必须包含2368根线,且对每种布料都规定了具体的宽度。与布料染色工艺有关的法规共有317项条款。条款对3种不同类型的染工做了规定,每种类型的染工都有自己的行业公会,这3类染工被严格地区分开来。科尔贝尔对各种行业共颁布了44项法令,并雇用大批检查员以保证各项法令的确实执行。

这仅仅是个开始。到科尔贝尔去世的时候,共有15个独立的检查员辖区在工作。一旦检查员发现现有的法规不能够涵盖生产过程中的所有阶段，大臣就将对法规进行扩充，并增加更多的检查员。到了1754年，检查员辖区的数量增至64个。

行业公会通常会怂恿法规制定者。当纽扣制造行业公会发现纽扣被某种骨制产品取代时，他就会向大臣报告，大臣就出动检查员对违反法规的裁缝进行罚款，甚至闯进私人住宅对那些穿着违禁品的人进行惩罚。人们只能在5月和6月修剪羊毛，不能宰杀黑色绵羊，梳理羊毛的工具必须是用某种特定的金属丝制造的，并配有固定数目的梳齿。科尔贝尔的体系以及其无所不包的贸易法规阻碍了创新并为腐败提供了几乎无穷的机会。

所有国家都需要税收。一个国家征税的方式事关其自身的生死存亡。即使在今天的许多非洲和亚洲国家中，政府公职和垄断权的买卖仍是一种最简单的获取政府财政收入的来源，随之而来的是竞争和增长的削弱。前现代时期的法国和西班牙就莽撞地陷入了这种困境中。

正如我们所看到的，英国和荷兰为了筹措资金而交易垄断权，但是随着时间的推移，它们日益依赖于面向所有人征收消费税。公元1700年后，在英国和荷兰，通往富裕之路不再依靠政府的职位，通过从事制造业、商业或贸易，市民变得日益富裕。

英国和荷兰的贸易公司确实享受着垄断地位，但是由于这种特权，它们也承受着巨大风险。甚至在今天，专利法仍在授予有限的垄断力量，但这同样也伴随着发明者所需承担风险的提升。在任何情况下，1624年的《反垄断法案》（Monopoly Act）在很大程度上已经结束了英国皇室任意颁发垄断权的权利；相反，法国直到工业革命以后才剥夺了这种权利。这两个事件之间175年的差距对解释法国在经济繁荣方面的滞后大有帮助。

如何破坏理性主义

很少有人会否认法国是科学启蒙运动的完全参与者，因为它给国家带来了荣耀，而凡尔赛宫重视有创造力的科学进步。我们并不认为法国人天生比英国人缺乏才智、好奇心或野心。同样，我们也不是宣称英国在科学、技术和学术成就上超越法国。从笛卡尔开始，法国产生过一批最有影响力的科学家，他们是为牛顿提供肩膀的巨人。他们至少与英国同时期的科学家在数量上一样多，在能力上一样优秀。同样，在蒸汽动力、铁路运输和电报的应用上，法国和英国也打成了平手。

英吉利海峡两岸在对待知识和技术进步的态度上却存在差别，这些差别虽然微妙，却很重要。宗教上的不宽容长期以来成为法国政治生活的绊脚石。亨利四世一出生就是名新教徒，当他在1589年作为第一个波旁王朝的国王登上王位的时候，他被迫改信天主教。他为自己的改教辩护道："为了巴黎，这是值得的。"在位的时候，亨利力求缓和宗教争端。1598年，他颁布了《南特法令》，为新教胡格诺教派提供保护以及允许其进行一定程度的自治。路易十四厌恶新教，并于1685年废除了《南特法令》。顷刻之间，被称为"太阳王"的路易十四使得法国失去了它最聪明的科学家和最有天分的工匠，他们中的大多数逃到了英国和低地国家。第一台蒸汽发动机模型的制造者丹尼斯·帕潘就是其中的一位流亡者。

17世纪和18世纪最伟大的工业创新来源于天才工匠们而不是科学家，而这也给法国造成了不利。在法国，科学家是精英阶层，深受政府的宠爱，并被安置在研究院中。这些知识渊博的人很少与普通大众、工匠和发明家们打交道。在英国则不然，学者和工匠们自由地交流与合作。惠斯通教授或许难以容忍作为新贵的库克,但是这不影响他们的合作。在更多情况下,受人尊重的科学家,如胡克和哈雷直率地花时间为没有受过良好教育的工匠们提供建议,这些工匠包括纽科门和钟表制造商哈里森。用经济史学家乔尔·莫基尔(Joel Mokyr)的话说就是:

> 与其他国家相比,在英国,连接自然哲学家和工程师之间的桥梁更为宽广,更易于通行。与世界其他地方相比,英国更能指望那些有能力的人,他们能够在概念、符号、等式、蓝图和图表世界中以及杠杆、滑轮、圆柱体和主轴所构成的世界中自由穿行。

在其发表"随机"论文后 20 年,克拉夫茨为法国辩论:英国或许比法国在"小发明"上具有优势,即它增加了原有机器的技术进步;但是在那些依靠运气和机遇并引发革命性变革的"大发明"上,英国和法国不相上下。或许这是事实,但与我们所讨论的问题不相干。在有些情况下,法国在发明创造方面战胜了英国(微观或宏观),但是它在为新发明注入资本和将其投入生产方面却多次显示出自己的无能。工业革命时期最著名的发明就是纺纱机。1686 ~ 1759 年,法国的经济法规禁止生产、进口甚至穿着代表新机器最新精髓的印花棉布衣物。

法国即使发明了纺纱机,但它那受到微观管理的工业和资本系统也将禁止这一革命性机器的广泛使用。让现代人难以理解的是,在 18 世纪,法国处死了超过 1.6 万农民和小商人,其中大多数是被吊死或轧死的,罪名是他们违背了棉花法规。受到这一大屠杀的惊吓,改革者对这种处罚方式进行了抵抗,取而代之的是更人性化的资本处罚方式。

资本从法国流失

法国的第三个困难是资本市场的困难,这个问题更为复杂。虽然法国拥有充足的资本,但是企业却很难利用这一优势。成功的商人想的不是投资于自己的企业,而是希望成为食利者,成为皇室年金收入的被动接受者(后来则是从国外投资中获取年金)。中下层阶级较为偏爱的金融工具则是羊毛长筒袜——装满金币和银币的羊毛长筒袜,通常存放在床垫下。这两种传统的工具,即年金和羊毛长筒袜,挤占了企业家的资金需求,使得后者总是保持在相对较小的规模上。在19世纪,法国投资者大约将他们所有储蓄的3/4借给了国家、当地政府或其他国家。

宗教上的不宽容也给资本市场带来了极大的危害。约翰·加尔文是一名法国人,他相信灵魂的救赎存在于人们的信念中,并支持信徒按照适当的利率提供贷款,这二者使得新教能够在拉罗谢尔、尼姆、里昂和巴黎建立强大的银行。由于皇室不愿将官职出售给新教徒,所以他们"被迫"从事商业,新教创办的银行就这样一代代发展起来。路易十四撤销了《南特法令》,迫使新教徒在改教和流亡二者之间选择。典型情况下,在有的家庭中,一些家庭成员选择移居阿姆斯特丹、伦敦、汉堡或但泽,而其他成员则改信天主教,并继续留在法国。这些家庭成员仍然保持密切的联系,正如罗斯柴尔德家族后来的做法一样。即便如此,皇室这种愚蠢的行为仍然给资本市场造成了巨大的破坏。(但不如对技术行业造成的破坏大,因为在该行业中,新教工匠和发明家的买卖更为轻便,因此逃亡的规模就更大。)

交通与通行费

与英国相比,法国在地理上也处于劣势。法国是一个面积很大的陆地国家,然而英国的任何一个地方与海洋的距离都不超过70英里。从纯机械的角度来看,法国克服了不适宜的地理条件而带来的挑战。法国的道路系统不比英国的差;此外,法国的重商主义还有一些有益的特点。贸易顺差以高效的运输为前提(以及统一的度量衡和货币制度),于是就形成了长期的运河与道路建设传统。亨利四世的财政大臣苏利公爵(Duke of Sully)设想在北部建立辽阔的运河系统,以将哈布斯堡路线的贸易转移过来。

实际上,苏利已经开始为这个构想中的系统做了一些工作了,即试图修建一条运河将塞纳河与卢瓦尔河连接起来,但这项工作直到亨利去世后才完成。科尔贝尔对水路进行了改进,并开始执行苏利的宏伟计划,但这项工作仍然未能完成,直到科尔贝尔和"太阳王"路易十四都去世后很久才得以完成。还有一项更宏伟的计划,即贯通地中海与加仑河的运河(从而将地中海与大西洋连通)。该运河于1691年竣工,但是运河修建成本以及维护它那100个水闸的高额成本,使得其本身难以与海运路线竞争。

苏利和科尔贝尔都为道路修建投入了同样的热情。在亨利四世和路易十四统治期间,畅通的道路将巴黎与所有法国边境连接了起来,运输时间减半。到了17世纪末,快速的马车从巴黎行驶到里昂仅需要5天时间。到了18世纪中期,法国拥有欧洲最好的内陆运输系统。

除了开始修建高效公路和运河系统之外,科尔贝尔还继承了鲁布·哥德堡的国内关税计划。这一计划将国家划分为不同的关税区,对在不同关税区之间过往的货物征收沉重的关税。更糟糕的是，令人讨厌的税农负责管理这一庞大而不可思议的系统。

在亨利四世统治期间，一车盐从南特运 270 英里到达纳韦尔，需要交纳的关税是货物实际价值的 4 倍。这一系统将国家大致分成 30 个贸易区，从表面上破坏了统一的国家经济。

科尔贝尔意识到了废除国内关税的必要性，但由于当地根深蒂固的王公贵族能够从通行费中获得大量的收入，所以他们处处阻碍科尔贝尔取消关税的计划。科尔贝尔最终在法国的中心地区开辟出了一大块免税区，即"五大农场"（Cinq Gross Fermes）。它允许五大农场之外的各省与周边各省进行自由贸易，但是不允许它们与"五大农场"开展贸易。

打个比方来说，科尔贝尔早上辛苦地建设运河网络，到了下午，当地的贵族们就开始利用国内关税破坏他的成果。[⊖] 1683 年，科尔贝尔去世后，所有财政约束都消失了。路易十四 30 年统治的后期，各州将自己辖区内的公路和运河关税翻倍。这个曾经作为欧洲谷仓的国家由于缺乏必要的信用而不能进口必要的谷物。当英国在法治轨道上繁荣发展时，法国却被"收租人的统治"榨干了血汗。

洪水之后

推翻了大革命前的社会及政治制度以后，法国将会如何？不管

⊖ 在德国，国内关税造成的损害更大。受现代旅游者喜爱的风景优美的莱茵河城堡是为了控制下面的河流运输而建的。河流关税通常是每 10 英里就要收一次，一名中世纪的观察家将其称为"德国人的精神失常"。一个收费站还没有从视野中消失，人们就能看到下一个收费站。参见 Heckscher，56-60。

法国大革命有多么过激，但是它的两项改革确实复兴了法国垂死的经济。首先，制宪会议（Constituent Assembly）以迅雷不及掩耳之势取消了国内关税。其次，土地改革的安排确定了农民的土地所有权，将土地所有权转给许多佃户，并最终允许公有土地上的圈地运动。同时，土地改革安排允许农民将土地进一步细分。这就导致了现代大量小面积农场的形式，即所谓的将田地分成多份。法国土地面积的细分将一大部分平民百姓锁定在日益低效的农业部门，这反过来又强化了对贸易保护手段的支持，而后者则在19世纪晚期席卷了整个法国。

1853～1888年，当英国以尽可能快的速度取消关税的时候，法国却增加了进口关税，谷物类增加了9倍，牲畜类则增加了40倍。19世纪晚期，法国的政治话语被巧妙地缩减为"每个人都承诺保护每一个人"。将田地分成多份不仅剥夺了法国工业所必需的熟练劳动力，而且由于农业的低效率与贸易保护主义的结合，使得法国的粮食成了欧洲最贵的粮食。这反过来又榨干了法国妇女的钱袋、抽空了资本市场。直到20世纪，法国才抛弃重商主义的历史，并终止了阻碍经济发展的关税。换言之，这是从苏利和科尔贝尔时期开始的。

命中注定

在某种程度上，克拉夫茨是正确的——英国在经济上战胜法国，这是一个偶然事件。尽管我们此处的理解并不是克拉夫茨的本意。幸运女神确实在玩骰子，但是这却是一种制度骰子。17世纪，当各国的政治体制确立以后，英国的胜利就已确定了。现在，各国追求的都是同一目标：最大化国家的财政和力量。在17世纪，荷兰和英国一样惧怕它们的重商主义且中央集权的法国邻居。很少有荷兰人和英国人确定他们的体制（法律上平等、国家分权、商业自由以及避免不必要的管制）将盛行。正如我们对凡尔赛任何管理者的了解一样，在投放灾难性的工业集权计划时，科尔贝尔所关心的就是法国的最大利益。

直到一个世纪过去以后，亚当·斯密才作为这一伟大游戏的裁判员宣布了游戏的结果以及基本原则。对于所有明眼人来说，法国正是由于其充满弊端的财产制度、科学家和工匠间的缺乏沟通、萎缩的资本市场以及令人窒息的国内关税，导致了自己的失败。

西班牙的错误

在西欧伟大的经济竞赛中，西班牙垫后。在所有大国中，要问谁能以最有效的方式故意扼杀自己的经济增长和地理政治影响力，非西班牙莫属。

就像在它之前的罗马帝国一样，西班牙也把征服和掠夺（而不是工业、贸易和商业）作为主要的经济目标。1469年，西班牙费迪南德·阿拉贡和卡斯提尔的伊莎贝拉的联姻，将欧洲两大国家联合在一起。他们的女儿胡安娜与奥地利大公马克西米利安的儿子菲利普（之后的神圣罗马帝国皇帝）结婚，使得各国的结合达到极致。

这场联姻的后代卡洛斯一世继承了哈布斯堡帝国，在他登基的时候，其疆域包括整个西班牙、南意大利、勃艮第（荷兰、比利时和法国北部部分地区）、奥地利、匈牙利和德国的几个小邦国。卡洛斯继承了他的祖父成了神圣罗马帝国皇帝，且作为查理五世，他发现自己成了欧洲最富有、权力最大的皇帝。尽管这个帝国的势力令欧洲其他国家望而生畏，但是它独特的财政和制度体系却使自己走向厄运。在一个世纪之内，它就倒在了自己脚下，被此前的抢劫受害者掠食。

1492年的事件对新世界和旧世界都具有重要意义。在那一年，哈布斯堡王朝的西班牙人决定迫害和驱逐本国最先进且最勤劳的人群——犹太人和摩尔人。其对待穆斯林的方式尤其让人震惊。西班牙在早期对格拉纳达的统治给予穆斯林宗教信仰的自由，但是这很快就被教会取消了。宗教裁判所强迫大多数穆斯林信奉基督教，这些新的基督徒以及他们的后代就是后来的摩里斯科人。

在16世纪，宗教裁判所将摩尔人赶出格拉纳达，并将他们分散在西班牙的不同地方，最终在1609年将他们所有人都驱逐出西班牙王国。北非的伊斯兰教政体对许多新来的逃亡者摩里斯科人实施了迫害，因为摩尔人是基督徒，因此悲剧进一步扩大。作为对摩里斯科人迫害的结果，西班牙也遭受了损失：摩尔人和摩里斯科人能够经营复杂的灌溉工程，能生产大量的葡萄、草莓、大米和糖料，在他们被驱逐后的几十年中，这些水利工程都荒废了。

武力征服与商业发展

这一愚蠢的长征继续着。费迪南德给西班牙征服者的命令再清楚不过了："获得黄金，有可能的话，文明地获取，但不管怎样，就是获取黄金。"他们确实获得了黄金，堆积成山的金子。哥伦布第四次远征后不久，征服者就在西班牙第一个殖民地伊斯帕尼奥拉岛（Hispaniola，这些岛屿包括现在的海地和多米尼加共和国）发现了少量闪闪发光的金属矿。接下来的采矿过程实际上也是对土著民族的种族灭绝过程。在几十年中，征服者在墨西哥和安第斯山脉发现了更多的黄金和白银。西班牙殖民者在这两个地区的残暴行径至今仍然骇人听闻。

  1519～1521年，埃尔南·科尔特斯（Hernán Cortés）带领了约2000名西班牙人征服了墨西哥。他们主要的敌人是阿兹特克人，阿兹特克人与欧洲人一样，为了争夺每一寸土地而展开勇猛而残酷的战斗。实际上，阿兹特克人的残暴正是其毁灭的原因。受到阿兹特克人痛苦鞭笞的部落为西班牙人提供了成千上万的联盟军队，没有他们，西班牙人是不可能战胜阿兹特克人的。1548年，西班牙人在瓜纳华托附近发现了位于地水准面的大型银矿脉，这一矿脉后来被证实是史上最富有的金属矿，产量为世界产量的1/3。

  1532年，有着同样结果的事件也在安第斯山脉发生。经过十几年的计划和勘测，弗朗西斯科·皮萨罗（Francisco Pizarro）带领200人的军队翻山越岭，征服了有着350多万人口的印加帝国。在这一过程中，皮萨罗俘虏了印加帝国皇帝阿塔瓦尔帕，并以此索要赎金。西班牙征服者获得了一屋子的黄金，这个房间宽度为17英尺，长度为22英尺，高度为9英尺。随后，他们无耻地绞死了印加皇帝。由此，印加人也学到了西班牙人的思维方式。为了为皇帝复仇，印加人谋杀了一名西班牙人质，把融化的黄金灌入他的喉咙，并嘲笑道："喝下你的黄金吧，最贪婪的人也能喝饱。"

  比起西班牙对阿兹特克的征服，西班牙对印加的征服则短暂且没有流血牺牲，至少从欧洲人的角度来看如此。十几年后，在1547年，一名叫作瓜尔奇的印加牧人偶然发现了位于玻利维亚的波托西金矿，这一金矿被随后的西班牙人称为"银山"。

致命的财富之河

  尽管在大多数情况下，银矿都是由私人开发的，但是西班牙皇室却严格控制整个生产过程——从一开始的精炼到最后银条运送到塞维利亚的商行。政府拥有位于万卡韦利卡的巨大银矿,它生产水银,而水银是提炼银的重要材料,政府使用水银矿监视炼银工人。当地生产出来的银条首先要送到殖民皇室检验办公室,在那里熔炼工将其浇铸成银条或银盘并在其上盖章作为纳税证明。西班牙当局将对未盖章贵重金属的持有者进行严厉惩罚。

在墨西哥,西班牙征服者通过陆上交通将银条送到韦拉克鲁什,以便将其装船运回西班牙。南美的金属运输路线较为复杂一些,首先要用骆驼将其运至山下,而唯一可能将其运至太平洋海岸的方式就是先用船将其运至巴拿马北部,然后转运,翻过地峡到达圣奥斯汀和波多贝罗的加勒比码头。

这三个加勒比码头以及周边的海洋见证了历史上最大的财富流。一般情况下,每年都有一次重兵护航从巴拿马和墨西哥出发。据说查理五世为他们安全到达西班牙而欢快地鼓掌,与大家的印象不同的是,让他失望的情况很少:海盗截获并窃取整个运银舰队的事件只发生了两次,一次在1628年,荷兰人抢劫墨西哥舰队;另一次是在1656年,英国人抢劫南美舰队。通常情况下,被抢劫的都是掉队的船只,因为它们更易于得手,尤其是对英国人来说,在1569年,英国人在一个月中绑架了22艘西班牙船只到普利茅斯。实际上,糟糕的气候带来的麻烦比海盗带来的麻烦要多。⊖

⊖ 关于西班牙对美洲的征服,我们推荐3个资料来源。Victor D. Hanson 的 *Carnage and Culture* (New York:Doubleday, 2001),为我们生动地描述了科尔特斯是如何打败阿兹特克人的。William H. Prescott 的 *History of the Conquest of Peru*,出版于1847年,并于1957年由 Heritage Press 重印,该书对皮萨罗和印加人进行了描述。关于贵金属从新世界运送到西班牙,非常有趣且可读性强的要数 Earl J. Hamilton 的 *Imports of American Gold and Silver Into Spain*,1503-1660,*Quarterly Journal of Economics* 43(1929):436-472。

图 8-2 显示了通过商行运输的贵金属的价值——西班牙合法进口量的总额，它在 16 世纪晚期达到了顶峰。关于非法银条的数量存在争议，学者认为，新世界银条运输的顶峰直到 17 世纪中期才出现。本书不讨论这些问题。图 8-2 是官方统计数据的准备描述，同时也是西班牙国库所依靠的。大量财富的输入强化了西班牙王室的勇气和力量，同时也显示了西班牙社会的腐朽。这些财富在几个世纪中削弱了西班牙的经济，原因有三个。⊖

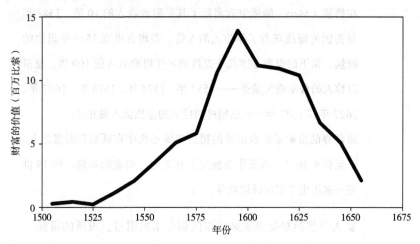

图 8-2　从新世界运往西班牙的金银流量

资料来源：数据来自 Earl J. Hamilton, *Imports of American Gold and Silver Into Spain*, 1503-1660, 464.

- 卡洛斯一世升任神圣罗马皇帝查理五世，随着他的统治权的上升，新世界的财富也不断地涌入西班牙。崇高的地位壮大了他的野心，不幸的是，这些新财富也为其争霸提供了保证。几乎在查

⊖ 膨胀的金钱供给追逐固定数量的商品。新世界银条的大量流入也带来了通货膨胀问题，但这绝对不会改变一个事实，即作为那些货币的供给方，与邻国相比，西班牙从这些事件中获得了巨大的财富。

理以及他的儿子菲利普二世整个统治期间，西班牙都在与法国、英国和荷兰打仗。在有些时候，它同时与三个国家作战。西班牙把自己看成反宗教改革的壁垒以及真理的捍卫者。神学观念与宗教的狂热也常常造成它与荷兰、英国和德国的一些小城邦的争端。这种道德使命感实际上是财政上的灾难。这种新式战争成本的数量之大是任何一个人都难以想象的。西班牙很快就耗尽了自己的国库，并开始在大规模和持续的赤字下运转。单是1552年在梅斯（Metz）的战争就消耗了其年财政收入的10倍，1588年与英国的海战花费了年收入的5倍。查理五世在1555年退位的时候，留下的财政赤字几乎是西班牙年财政收入的100倍。皇室以惊人的频率拖欠债务——1557年、1575年、1576年、1607年、1627年和1647年——这始终与巨大的金银流入量相伴。

- 新世界的富矿带将西班牙的精力和雄心集中在征服和财富之上。一旦银矿耗尽，西班牙则丧失了其工业与商业的本能。用19世纪一名历史学家的话说就是：

> 富人安然地享受继承来或军队剥夺来的财富。没落的贵族则去教堂寻求慰藉，或去做职业军人，或谋个无关紧要的政府职位……或自我放弃……忍受饥饿、寒冷或痛苦，也不愿意屈尊去劳动谋生。

> 16世纪的西班牙与现在的沙特阿拉伯有一些共同点，这两个国家都拥有惊人的自然财富，这些财富使得它们的国民不愿意在国内劳动或去国外冒险。

- 到了1550年，在财产权、科学理性主义、资本市场以及交通和通信技术这四个繁荣所必需要素的发展上，西班牙已经比新教的北欧国家落后了。西班牙皇室新发现的矿藏和力量导致所有四个要素的发展停滞。

西班牙的四个要素

我们已经为描述哈布斯堡西班牙的经济灾难做了准备，它受到那些战利品的诅咒，巩固并进一步加强了寻租行为。与此同时，西班牙也失去了任何的商业本能。对新世界矿藏的依赖和军事冒险的掠夺影响了四个传统要素的发展。我们按顺序依次介绍每一个要素。

1. 财产权

西班牙封建制度的历史以及从新世界源源流入的财富，使其无法判断有效经济动机的重要性。即便是英国的都铎王朝和斯图亚特王朝也朦胧地了解到自身的经济利益与臣民经济利益的相关性，而哈普斯堡王朝却忘记了臣民福利的重要性。美洲白银、战利品和来自低地国家的贡品提供了源源不断的财富，何必还要费心思考虑商业、工业以及臣民的福利呢？

此外，公元1200年后，西班牙王室形成了一套特殊的税收来源。在那期间，羊毛工业受到国家最大土地所有者的控制，他们是20余个被叫作大公家族的土地所有者。在13世纪，皇室向大公家族的牧羊场联盟（后来被称为梅斯塔牧主公会）授予放牧垄断权以换取财政收入。17世纪美洲金矿耗竭以及低地国家摆脱了西班牙的控制以后，牧羊垄断权便成为皇室财政收入的主要来源。

在摩尔人和摩里斯科人被驱逐以后，西班牙南部的农业产出锐减。这引起了梅斯塔牧主公会的注意，他们认为南部温和的气候在冬季放牧方面具有巨大的潜力。国王授予牧主公会垄断权，不仅包括摩尔人的财产，还包括摩尔人迁移经过的路线以及未开垦的土地。为了保护放牧权，当地的农民禁止圈占公地。迁移的羊群很快就毁坏了乡村的树林，损害了农业，使得土地贬值。梅斯塔牧主公会的牧羊人焚烧树木以改善放牧条件，导致土地被进一步侵蚀。迁移的梅斯塔牧主公会甚至在城镇的公地上进行放牧。简言之，"梅斯塔牧主公会的特权就像中世纪贵族的狩猎特权一样。他们阻碍农业的发展，并将一些本是西班牙最富庶的地区变成了不毛之地"。

在前现代时期，垄断权的出售是国家最便利的税收方式——一种令人上瘾的速效对策，能满足当前的需要，但阻碍长期的经济发展。实际上，梅斯塔牧主公会窃取了西班牙圈地的农业优势，而圈地正是促进英国和法国农村发展的动力。

梅斯塔牧主公会并非破坏西班牙财产制度的唯一因素。大多数的西班牙财产是通过征服获得的，尤其是对摩尔人的征服。宫廷将大量的土地奖励给杰出的军队人员以及王室的亲信。根据习俗和法律，这些土地是限定继承权的。也就是说，它可以传给长子，而不能出售。这一体系滋生了懒惰行为，使得土地荒废长达几个世纪，却不允许出售给那些或许能对其进行改善的人（与当今的津巴布韦和印度尼西亚没有什么不同）。再也没有任何一种经济破坏的方式比这种方式的影响力还要大了。

17世纪无休无止的战争，加上新世界银矿的流失以及低地国家的独立，使西班牙陷入了财政的恶性循环。菲利普二世想尽一切办法获取财政收入。他出售头衔和天主教特赦权（以证书形式证明牧师孩子的合法性，这是一种最受欢迎的方式），以政府债券的形式强行获取贷款。随后，他延缓政府债券利息的兑换，很快，他开始公然偷窃私人的金银。西班牙人口数量不断下降，越来越多的人通过获取神职称号或购买贵族头衔免于缴税，于是不断增长的税收负担就落到了不断萎缩的农民和商人群体上。这些事件的发生顺序与罗马帝国的衰落过程非常相似。这种社会混乱造成的信心下降使贸易崩溃了——甚至在1640年西班牙的美洲殖民地也是如此。

到了17世纪，所有私人经济动机都消失了。用历史学家约翰·艾略特（John Elliott）的话说就是："经济系统的自然状态就是，一个西班牙人除了想当一名学生、修道士、官僚甚至乞丐外，就别无出路了。"

2. 科学理性主义

如同对国内经济活动的扼杀一样，哈布斯堡皇室也按照同样的方式扼杀了西班牙人的精神生活。在16世纪早期，伊拉斯谟式的开明探索开始在西班牙盛行。但是，菲利普二世将西班牙王国转变成了反宗教改革的军火库，从而改变了西班牙的学术传统。宗教裁判所逮捕了学者，禁止学生出国，从而有效地将国家隔离开来，避免了受比利牛斯山脉以北的异端邪说的影响。

宗教裁判所并不是西班牙的发明。公元1000年以后，它随着现有宗教结构的变化而缓慢产生。到了1696年，一名叫艾肯海德的爱丁堡医学学生非常不幸地由于异端邪说被宗教裁判所处以绞刑。

费迪南德和伊莎贝拉联姻后，宗教裁判制度达到了登峰造极的程度。费迪南德和伊莎贝拉建立了国家宗教裁判所，不受教皇的监管和约束。西班牙的宗教裁判所变成了一个自我管控的官僚机构——国中国。它与天主教争夺权利，甚至在有些时候攻击高级神职人员。尽管宗教裁判所的最初牺牲者是所谓的"异教徒"，如犹太人、穆罕默德信徒以及随后的新教徒，但它同时也把矛头转向一些非宗教目标，包括启蒙哲学家和科学家。

通过这种方式，西班牙帝国成功地阻止了它的国民参与或享受17世纪科学理性主义的成果。直到200年以后，西班牙才重新加入世界科学的前沿席位中。或许西班牙学术倒退所造成的最具有破坏性的结果要数其对无能君主继承皇位的容忍了。对哈布斯堡皇室血统的残忍评价常常被18世纪的欧洲人引用："查理五世既是武士也是国王，菲利普二世仅仅是个国王，菲利普三世和菲利普四世连国王都不是，查理二世甚至连人都算不上。"

3. 资本市场

哈布斯堡的冒险和铺张行为对资本市场造成的损害远远大于战争对其造成的损害。经由商行流入的大量金银只作短暂停留，很快便离开了西班牙。大多数新世界贵金属流出的第一站就是法国，法国的劳动力受到西班牙财富和高工资的吸引，翻过比利牛斯山脉南下来到西班牙。一句古老的格言说道："西班牙人挖到了金矿，却让法国人发了财。"

颇具讽刺意味的是，到了16世纪中期，所有的金币银币都从西班牙消失了。皇室只好铸造一批连普通百姓、商人甚至王室都不愿意用的低质量的铜币。在政府巨额财政赤字、不断违约、低质量货币的情况下，利率急剧攀升。早在1617年，西班牙财政部就抱怨道，由于政府公债的泛滥导致利率高达10%，私营企业的回报率不及利率高，因此难以吸引资本。用现在的话说就是，大量的政府债务"挤占"了私人投资。到了1673年，政府每年偿还的利息是债务总额的40%，而同期阿姆斯特丹每年偿还的利息却低至债务总额的3%。或许由于想到了西班牙的例子，两名经济史学家冷冰冰地评论道："（欧洲不同国家）利率的高低以及变动趋势是不同的，它是一国未来经济和政治力量的先兆。"

4. 交通和通信

如果充足的矿藏是一种诅咒,那么自然界可以授予一国无可争议的礼物,那就是相对平坦的土地以及适于航行的河流。从这个角度来说,法国与英国相比就处于地理上的劣势,但是西班牙更糟:西班牙的腹地多山而贫瘠,几乎没有可用的水路。

西班牙仅在一些偶然的情况下才会关注自身地理上的局限性。菲利普二世将王国的资本运送到马德里,需要从里斯本开始改造塔霍河,使其适于航行(当时的葡萄牙是西班牙王国的一部分)。到了1580年,他们将该工程扩展了200英里,延伸到了托莱多,即马德里的南部。不幸的是,当年西班牙的舰队输给了英国,失去了霸主地位。到了菲利普三世的时候,阿尔坎塔拉和托莱多之间的河段被淤泥充塞了。另一个重要的交通工程是计划在塔霍河与曼萨纳雷斯河之间开挖渠道。该计划被提交到牧师委员会,令人吃惊的是,16世纪的哈布斯堡仍然没有摆脱中世纪教会的统治,教士们利用神权否决了这一计划。他们的理由是:"若上帝有意要用河流进行联通,那么他早就造出河流了。"

西班牙利用骡马在狭窄的小道上运输,这种传统方式传到了新世界,并在那里持续了数百年。王宫中最有见识的贵族、菲利普斯四世的首席大臣和密友奥利瓦雷斯(Olivares)遗憾地感叹道:"如果外国人发现我们还靠畜力向卡斯提尔的城市运送货物而所有的欧洲人都用内河航运,并获取巨大的利润,他们一定会觉得这是一个未开化的国家。"

被掠夺的国家

哈布斯堡王朝的西班牙历史就是浪费的编年史。在它的鼎盛时期，西班牙本国的产出仅为其收入的 1/10。它的经济系统对其所接触到的一切事务都具有损害作用。当荷兰北部的勃艮第不断发展的时候，西班牙南部的勃艮第却逐渐衰退。哈布斯堡书写了富裕大国衰败的历史：首先崇尚征服和财富，而不是农业、工业和贸易；其次，它毫不留情地征税，价格垄断和拖欠债务时有发生；最后，实行闭关锁国政策，忽略交通和通信基础设施的建设。

西班牙被它那灾难性的经济体制所束缚，并将其传到了美洲殖民地。拉丁美洲是新世界最贫穷的地方，就像过去的西班牙一样。

除此之外，16 世纪西班牙所拥有的巨大财富和权力也促进了重商主义的发展，这是后来欧洲经济的诅咒。西班牙的邻国认识到，若金银的积累对西班牙有好处，那么它也将对自己有好处。由于许多国家无法像西班牙那样通过掠夺敛财，所以它们必须选择贸易的方式。

漫漫长路

西班牙制度改革的过程漫长而痛苦。在西班牙王位继承战争中（1701～1714 年），波旁家族接替了哈布斯堡家族，但这一继承仅扫除了部分腐朽。1766 年，查理宣布，所有地方土地都要重新审定，并将其分配给"最需要的人"，但是强大的土地所有者和牧主对这项措施处处阻挠。

直到一个世纪以后，即在后拿破仑时期的早期，西班牙才开始真正的财产权改革。议会一再通过复杂而深远的土地改革法案,以撤销教会和私人土地的继承权,但每次总是被东山再起的皇室所颠覆。一个早期的典型例子就是1811年议会清除封建残余的事件。3年后,费迪南德七世又将这项法令取消了。很快,他只用了6个月的时间就把西班牙经济学家强烈支持的圈地法令取消了。在19世纪早期,皇室甚至恢复了曾被拿破仑撤销的宗教裁判所。

议会和皇室的拉锯战几乎贯穿了整个19世纪。在这个过程中,西班牙渐渐剥夺了教会的财产和私有化的公地,并借助佛朗哥（Franco）升为国家元首的机会,开始解除那些使自己在500年中成为欧洲穷国的经济桎梏。

哈布斯堡皇室统治所造成的创伤仍然存在。到了1930年,4%的西班牙土地所有者拥有2/3的国家农地,而仅占人口总数0.1%的最富有人群占有1/3的国家土地。直到20世纪,西班牙终于对其财产制度进行了现代化改革,并加入自由民主国家的行列。

17世纪时期,西班牙人实际上就已经意识到其制度上的缺陷了。一群评论家（规划者）清楚地发现了这一问题,并提出了解决办法：税制改革、削弱教会的力量、恢复议会的权力、减免劳动者的税负以及航海和灌溉计划。不幸的是,在当今,这些评论家的名字——冈萨雷斯·德·塞拉里格（González de Cellerigo）、山奇奥·德·蒙卡达（Sancho de Moncada）、费尔南德兹·纳瓦雷特（Fernández Navarrete）——远远不及同时期西班牙最著名的小说虚构人物堂吉诃德（Don Quixote de la Mancha）有名。

不可抗拒的力量：日本的繁荣

如果要问是否存在这样一个国家，它在进入现代之前完全缺乏经济发展的必要体制，那么答案就是日本。大多数的国民基本没有人身自由权和财产权，日本农民仅仅是为了支持数量巨大且游手好闲的寄生武士阶级。17~19世纪，日本闭关锁国，并复制了欧洲高度封建社会最糟糕的一面。

日本土地贫瘠，3/4的陆地面积是山脉，只有16%的土地是适宜耕作的。在工业化前夕，日本的人口增至9000万，它的每一寸土地都需要用来支持这些人口。

日本封建制度时期农业的恶性循环

相对而言，日本是个新兴国家。证据表明，直到公元前5000年，日本才出现狩猎—采集社会。最早的居民是被称为"绳纹人"（Jomon）的居民，他们发展成日本的现代土著人，即阿伊努人。在耶稣诞生前不久，朝鲜半岛的农耕民族才进入九州岛南部。在接下来的几个世纪中，他们在九州南部岛屿发展，随后朝着濑户内海北上，并顺着东北方向，穿越本州岛。在公元1世纪，这些农民来到了北部的北海道，并与当地的绳纹人通婚。公元645~650年，日本通过大化改新为压迫性的封建社会建立了基础，并宣告所有土地都是政府的财产，并为贵族和武士提供俸禄。1000年以后，这种农民几乎没有私有耕地的状况宣判了日本统治阶级的灭亡。

作为统治者的武士阶级向农民强行征税，包括谷物、布匹和劳役。这些赋税义务是固定的——不管收成的好坏，每个农民需要缴纳的粮食数量是一样的。这一制度在歉收的年份给农民带来了难以承受的负担，并一直持续到现代，造成了社会的极度不稳定。(这套制度也增加了一些灵活性，但是增加的程度不够。在饥荒的年份，赋税可能会暂时减少，但也有可能不减。)

这种固定的赋税制度是极其有害的。试想有这样一种所得税制，工人无论是否工作，每年都需要缴纳 10 000 美元的固定赋税，那么很多人将陷入债务中，甚至破产。这一过程虽然缓慢，但一定会发生，经济也迟早会崩溃。

大化改新后，政府将一些私人土地授予了贵族、寺庙以及那些开拓新耕地的人。在通常情况下，这些土地是免于赋税的，这只会增加那些"共有土地"耕作者的负担。于是形成了人们所熟悉的赋税负担、产出下降和人口下降的恶性循环。此时中央政府的集权能力不强，也缺乏依靠武力保护赋税的能力。到了 14 世纪中期，无政府状态已成常态。

渐渐地，处于武士统治者压迫统治下的日本社会已经发展出三个独特的社会阶级：皇室阶级、武士阶级和平民阶级。根据地位的不同，平民进一步地分化成三个组：地位最高的是农民，然后是工匠，处于最底层的是商人。农民只是在理论上处于高社会地位。他们背负着沉重的税收负担，遭受封建领主和武士对身体的虐待和随意杀戮，农民的生活可以用悲惨来形容。据一名历史学家说，德川幕府"高度重视农业，但并不重视农学家"。

寄生的国家

19 世纪晚期进入工业化之前，日本约有 85% 的人从事农业，至少有6%的人是不从事生产的武士，其余是工匠和商人。人数众多的武士阶级（相当于美国支持着拥有1500万人的国内部队编制）是日本封建解体的原因。在日本历史上的大多数时期，武士阶级是实际的统治阶级，皇室家族及其官僚只是幽居于京都的有名无实的统治者。武士阶层由高层德川幕府将军和中层封建领主以及大量的武士组成，在国家没有大规模内外战争的情况下，这些武士的服务已变得不必要了。占统治地位的封建领主对这些大量的失业武士越来越警惕，于是慢慢地将他们召集到城下町中，以便对他们进行观察和控制。普通武士的地位和财富状况渐渐恶化。到德川幕府后期，运气不佳的武士迫于生计，把自己的武器和头衔出售给平民，这种现象并不罕见。更糟糕的是，武士甚至还从事商业活动。

平民的生活只能用绝望来形容。日本封建领主禁止农民迁居或出售自己的财产，仅把他们视为财政收入的来源，甚至要抽取他们为数不多产出的一半。日本农奴的处境比同时期的欧洲奴隶还要悲惨，后者至少还享有日耳曼罗马封建伦理名义上的保护，控制日本日常生活的文化体系并不能为霸道的领主提供多少管理程序或可靠的道德制裁。

从混乱到隔绝

正如其他传统社会一样，火器的引进有助于日本的统一。第一个获得这些有力新武器的人，就获得了"先发优势"。三位杰出的封建领主——织田信长、织田信长最伟大的大臣丰臣秀吉、丰臣秀吉的副手德川家康——相继使用火器建立了政治上的稳定和国家的统一。[一]织田信长首先将复杂混乱的封地统一起来，但他在1582年被暗杀了，于是丰臣秀吉完成了这一任务并试图征服朝鲜半岛。事实证明，这带来了灾难性的影响。1598年丰臣秀吉的去世为这一不明智的征服计划提供了终止的基础，他的继任者德川家康创造了以其名字命名的幕府将军职位。一名操作枪炮的农民毫不费力就可以杀死一名训练有素的武士，日本武士对此感到愤怒，于是规定新武器是非法的。日本在政治和军事上的动乱使得德川家康备受折磨，于是他开始费尽心机建立稳定政府。他所实现的成功远远超过了自己最大胆的想象。历史学家兼美国前驻日大使埃得温·赖肖尔（Edwin Reischauer）把延续了250年的德川幕府统治称为"一个绝对内外和平的国家，这是同时期任何一个国家无法比拟的"。

德川幕府结束了几个世纪以来的混乱局势，政治上的稳定也足以带来经济上少量的增长。1600～1820年，日本的人均国内生产总值平均每年增长0.14%，与处于经济温和增长状态的荷兰相去甚远，不过对一个封闭的封建制国家来说已经是难能可贵的了。这一繁荣的代价是沉重的，它造成日本与世界其他国家的隔绝以及使之长期处于严格僵化的封建制度结构之中。

1641年后，德川幕府将与外部世界的联系范围限制在位于长崎的两个小港口，各自面向中国和荷兰。

德川体制的外在表现仍保留至今——新任的幕府将军将资本从京都迁到了汇户（今东京）。江户城形成了现代帝国的心脏，现代日本社会仍然保留着幕府时代的印记。

[一] 原作此处有一些错误，这三位大名都不是率先使用火器的日本领主，而从关系上来说，丰臣秀吉是织田的家臣之一，德川家康作为盟友与附庸先后仕奉织田与丰臣家。——译者注

乡村拯救了日本

　　德川幕府确实带来了经济的发展,但与其说是德川幕府提供的极度和平与秩序带来了经济增长,不如说它迫使经济增长。它将武士们迁移到人口密集的城下町里,于是,大量的商人逃离这些严格管制的封地,来到了农村地区。农村不存在阻碍商业发展的严格税收和行业管制。

　　除了不存在严格的封建统治外,农村还存在其他优势。这些优势包括丰富的水利资源以及灵活的农民基础,农民能够适应货币经济,且能够在农场和工厂中交替工作。农村的两个优势(灵活的劳动力和水力)是工业化的关键前提。1868年,当明治维新推翻了德川幕府统治并带来日本工业革命的时候,农村提供了训练有素的劳动力队伍,他们随时可以操作新型的欧洲工厂机器。1880年,即英国建立横滨和东京间铁路后的第8年,一支由日本自己的"乡村工业学校"(rural industrial school)训练出来的本地劳动力队伍在山地农村建立了一条连接京都和大津的铁路,这一铁路更为耗费精力。

　　因此,在没有武士统治的地方,日本的经济开始活跃起来。德川幕府统治的根本矛盾就是武士自己成为最大的受害者。他们被迫居住在贫穷的城下町中,在封建领主财政日益紧张的情况下,他们成了牺牲对象。封建领主渐渐地减少了武士们的费用,这一费用曾占政府支出的一半。1868年,当德川幕府被推翻的时候,这些不满的武士成为明治维新领导者的先锋队。

　　在地球的另一端,当西班牙在经济上自我毁灭的时候,德川幕府也系统地扼杀了可能带来日本经济繁荣的四个要素。他们那严格的社会结构剥夺了几乎所有平民的任何财产权,抑制了有效资本市场的发展。正如法国和西班牙王室所做的一样,德川幕府和封建领主将贸易、工业和行业垄断权当作税收收入的主要来源。通常情况下,这种税收收入都是不成文的。大多数的支付都是以"捐款"和"感谢金"的形式出现的,这就造成了政府文化的腐败,并持续至今。

德川幕府占据日本1/3的可耕地,其余的耕地属于200多名封建领主。幕府将军和封建领主偶尔会将小块土地分给农民个人,但是不允许他们出售土地。(普通平民也不能穿着丝绸和消费茶叶,甚至不能凝视某些特定的封建领主,否则将要付出生命的代价。)农民可以抵押土地获取借款。即使农民的土地不能出售,他们的土地抵押赎回权却仍然可以被取消。这种取消土地抵押赎回权的问题一直延续到20世纪,并促成了道格拉斯·麦克阿瑟将军在第二次世界大战后的改革。

闭关锁国阻隔了西方科学启蒙的影响,这种自我施加的贸易禁运使得岛屿地理优势难以被利用。在某种程度上,英国正是得益于这种优势。日本落后于西方国家,到19世纪中期,它的人均国内生产总值是英国的1/4,是西班牙的1/2,而其军事力量也是陈旧落伍的。

黑船

在描述日本向现代社会的转换时,人们常常会提到1853年7月马修·佩里船长(Commodore Matthew Perry)率领黑船到达东京湾的事件。和所有其他具有象征性的历史事件一样,这一事件同样被简单化了。实质性的改革并不是佩里带来的。实际上,早在佩里出现的几十年前,改革就已开始了,并延续了50多年。

早在1839~1842年中国鸦片战争期间,德川幕府就已经意识到了西方力量的强大。甚至在更早的19世纪，许多日本贵族就已开始学习西方文化——在一所1838年开办的具有影响力的学校中，荷兰人已经培养了数以千计的人才。1854年，佩里第二次（而不是第一次）到达东京湾才打开了日本与美国的贸易之门。

佩里远征以后，其他一些西方国家纷纷以更为致命和壮观的方式展示其海军实力。与佩里的到访相比，1863年英国海军在鹿儿岛对南部叛乱封建君主的轰击，以及1864年在下关多国部队的轰击，给日本留下了更为深刻的印象。最后（但并不是最没意义的一个方面），黑船到达20年后，德川幕府才最终倒台。

在最后的几年中，德川幕府实际上发起了许多创新，这些创新最终由继任的明治政府完成。最后一名德川将军派遣外交官和学生到西方学习，向法国和美国借贷资本为造船业和工业项目融资，首次为有才能的平民提供高官职位。

太晚了，也没什么用了。当一个国家第一次开放贸易时，常常会经历"价格趋同"（price convergence）。这是一种委婉的说法，它会造成高度的不平衡，造就赢家，也造就输家。一个国家商品的价格以及三种典型投入要素的价格（劳动、土地和资本）与世界其他地方趋同。⊖

由于日本的主要出口商品，即大米、茶叶和丝绸的价格远远低

⊖ 再次提到赫克歇尔-俄林模型。价格趋同常被用做评估世界贸易格局的工具。例如，在"地理大发现时代"（1492年后的一个世纪），商品的价格没有发生显著的改变，这意味着这一时期并没有实质性的贸易发生。见 Kevin O'Rourke and Jeffrey G. Williamson, *Late Nineteenth-Century Anglo-American Factor-Price Convergence: Were Heckscher and Ohlin Right?* 还可以参见同一作者的 *The Heckscher-Ohlin Model Between 1400 and 2000: When It Explained Factor Price Convergence, When It Did Not, and Why*, NBER Working Paper 7411, 1999.

于世界水平，于是这些商品的价格会上升，许多土地所有者和商人发财了，而这些商品的消费者则受到损失，尤其是生活在城下町中的武士。同时，价格低廉的外国棉花和工业设备使得这些商品的价格急剧下降，严重地损害了日本国内生产者的利益。农民和武士都谴责幕府将军，因为新的国际贸易而受损的国内强有力的利益集团以及国外的武力对幕府展开了双重夹击。1868年，一群对幕府不满且有能力的南部武士推翻了德川幕府的统治。几乎在同一时间，当时在位的君主去世，并由一名年轻的继承人继承皇位。

改革打破了封建统治，并为该国引入了经济发展的四个要素。几年内，新的统治打破了封建国家的制度基础。封建制度的灭亡使得可靠的（也是初步的）个人自由权和财产权在日本得以建立。日本首次利用法律打破了行业协会的限制，废除了等级差异，允许农民迁居、出售或分割自己的土地，允许他们自愿种植作物。

日本人狂热地拥抱西方文化以及科学理性主义。新政府派遣最优秀、最聪明的人才去德国、英国、法国和美国探索工程、军事、管理和财经科学的奥秘。它还建立金字塔式的现代精英公共教育体系。政府和工业的管理不再掌握在武士和封建领主懒惰而又无能的后代手中。

最后，日本建立了现代服务型政府的雏形，为资本市场、交通和通信技术提供了必需的促进力，引进了统一的硬币和纸币以及铁路、电报和邮政服务。作为日本急剧变化新气象的象征，新政府将首都江户改名为东京，并将朝廷迁入德川幕府的江户城上建起了今日的皇居。

武士制度的哀鸣

明治政府随后巧妙地处理了任何改革政权制度面临的最危险的任务，即处理旧贵族统治的残留问题。最初，明治政府向封建领主支付以往贡品和赋税收入的 1/10 作为薪水。几年后，明治政府完全地切断了这一报酬。明治政府将武士的薪金转换成低于市场利率的债券，彻底地缩减了武士的传统收入。

1877 年，南方的武士集团联合起来反抗，并领导对德川幕府的最后一场抵抗——萨摩叛乱。叛乱很快就被招募起来的士兵镇压了。在战争中，武士输给了下层社会的农民，这一耻辱表明了武士长期脱离军队基础所导致的无能。

外国在控制日本贸易的同时，也给其带来了一些好处。欧洲人剥夺了日本建立贸易关税壁垒的能力，激烈的外国竞争提高了日本公司的实力。来自国内的势力同时也削弱了国家对产业的控制力。德川幕府的西式工业化试验为国家留下了大量低效的政府控制的工厂和矿场。在明治维新以后，明治政府快速地将这些企业私有化。这些企业由数量相对少的大财阀控制，从而得到了发展。这种寡头垄断的力量直到第二次世界大战才打破。私有化的唯一例外就是军需品的生产，它仍在政府紧紧的控制中。西方"铁撬棍"与国内私有化的结合为日本贸易和经济增长提供了强大的"反科尔贝尔主义"促进因素。

由于日本经济发展的起点很低，即使最简单的技术进步也能产生巨大的收获。在明治维新以前，几乎所有的农田都靠人力耕作，粮食产量低下。到了 1904 年，超过一半的农田改成了牛耕。这是一种平凡而普遍的经济增长本质。1870～1940 年，日本的年人均实际国内生产总值的增长率为1.9%。尽管此时经济强劲发展，但是与第二次世界大战后期相比，明治维新后期的经济增长就显得较为缓慢了。

发展中的坏习惯

日本从黑船事件中汲取了教训，甚至有些矫枉过正。在明治政府统治时期，它与西班牙当年一样，通过武力征服寻求繁荣。日本在1894年和1904年分别发起与中国及俄国的战争，它不仅在战争中获得了胜利，并且轻而易举地就实现了经济的繁荣。1890～1910年，即两次战争期间，日本的年人均实际国内生产总值增长率升至2.16%。

这些胜利刺激了日本的胃口。1931年，日本侵略中国并加剧了与西方的矛盾。军费开支从1931～1932年占全国财政预算的31%增至1936～1937年的47%，这需要政府大量举债，正如哈布斯堡皇室时期的西班牙一样。日本最有能力的财政部部长高桥是清（Korekiyo Takahashi）对高水平的军事开支提出反对意见后，军队便刺杀了他。日本的军事和经济进程已经稳定下来，但最终的结果并不理想。

麦克阿瑟的"奇迹"

1940～1998年，即便存在灾难性的第二次世界大战，日本实际人均国内生产总值的年增长率仍增至3.51%。在20世纪后半期，究竟是什么点燃了日本经济增长的导火索？原因有两个方面。第一，第二次世界大战以后是世界经济增长的"黄金时期"。经过两次大型的冲突后，人性显露出来，夹在其间的是历史上最严重的经济萧条。即便是古老而缺乏动力的英国，也能够在战后实现实际人均国内生产总值1.83%的增长率。第二，美国"冷战"策略的保护得以让日本削减招致萧条的军费开支。

许多人将日本战后的"奇迹"归功于道格拉斯·麦克阿瑟将军领导的军事同盟所实行的民主和经济改革。这位著名的将军的确促使这个战败国在三个主要方面进行了制度改革：打破了大财阀的垄断地位，恢复了战前的民主制度，强行推广了土地改革。

尽管这三项行动是值得颂扬的，但是它们并不具有经济方面的重要性。日本财阀垄断对竞争并没有造成太大的影响。现代经济理论已经证明，只要政府实行法律统治以及保护个人基本权利，民主制度的进一步发展对经济增长的贡献不大，甚至还可能起到反作用。经济发展会刺激民主进步，但反过来并不一定成立。㊀即使麦克阿瑟没有将公民权扩大至妇女群体，没有实行警察机制的分权，没有颁布人道劳动法规，没有实施大量有价值的政治改革，当经济的发展促使更多高要求选民出现的时候，这些改变随后也能自行产生。尽管一些历史学家用"两国制"（本土发展的制度与美国引进的制度相结合）这一术语来形容现代日本力量和繁荣的起源，实际上同盟侵略促使日本进行的大量改革早在70年前就已经起步了。

土地、地主与农民

土地改革尤为如此。明治政府引进了基本的自由权、财产权和

㊀ 第10章将会详细讨论这一主题。若读者想对这一主题有进一步了解，请参见Robert J. Barro的 *Determinants of Economic Growth*, 2d ed. (Cambridge: MIT Press, 1999)。

清晰的土地所有权,通过"科斯机制"将大贵族所有的土地重新分配给小私有者。这一进程虽然缓慢,却是稳定的,让勤劳的小农民慢慢地从衰落的富人或特权阶级继承人手中买下全部的土地所有权,正如早期发生在英国的情况一样。

英国和日本的土地重新分配过程又有很大的不同。尽管明治政府确定了清晰的土地所有权,且允许农民自由转让土地,但是它所实行的固定粮食赋税导致以下情况的发生:在歉收的年份,富有的债权人慢慢地把土地从资本短缺的贵族手中以及小土地所有者手中吸收过来。明治改革还将固定的粮食税转化成固定的货币税,税额一般为土地评估价值的3%~4%。这比旧体系对农民的压迫强度还要大,在粮食歉收的时候,旧体系至少允许赋税出现少量的变动。

在20世纪以前,社会不存在能雇用失业农民的工业就业机会,因此他们只能以佃农的身份继续在土地上耕作。1871~1908年,租给佃农的耕地从占总耕地数量的30%增至45%,这一水平一直持续到第二次世界大战结束。当麦克阿瑟将军到达日本的时候,日本农村划分为两个激烈对抗的阵营:大量的佃农和少数富裕而不劳动的地主。

同时,明治政府进行为期75年的结构改革极大地改变了日本社会的面貌。通行的军队征召和教育体系并不仅仅面向富家子弟,因此,富有的土地后嗣常常会发现,在自己服兵役的部队里,指挥他们的是一些受到良好教育的佃农的孩子。那些有文化、有能力的佃农日益对自己的处境感到不满。在两次世界大战期间,土地改革是热门的政治问题。在20世纪30年代,借助军队主导的政府所提供的支持,地主阶级得以维持其有利地位。

从严格的经济视角来看,地主和佃农式的土地所有制是高度有效的。在改善土地的动力方面,地主与小土地所有者是类似的;此外,地主拥有雄厚的资金优势,能对土地进行改良。在地主主导的土地所有制下,日本的农业产出在明治维新以后快速增长。

从社会的视角来看,日本地主和佃农式的土地所有制导致了灾难性的冲突。穷人只会变得更穷,富人只会变得更富。麦克阿瑟将军认为,地主阶级是法西斯主义和军国主义的基础,他领导的军队着手消灭地主阶级。占领军对大地主阶级进行补偿,但是补偿价格是战前价格。由于战后剧烈的通货膨胀,这些补偿是以贬值后的日元来衡量的,几乎等于无偿充公。(在当时的日本,普通农地的面积为2.5英亩,任何人若拥有超过10英亩的农地,则被视为地主。)与富有的地主相比,尽管小佃农更能赢得同情,但是麦克阿瑟将军的改革实际也是对土地财产权的破坏。正如赖肖尔委婉的评论所说的:"在别国进行暴风骤雨式的改革总是更轻松和更有游戏性。"无论日本土地改革的净社会效应和净政治效应如何,它们对经济的影响都不大。在一个日益工业化的国家中,土地所有制结构日益失去其重要性。

麦克阿瑟留给日本人的最后一个经验教训是他无意中所展示的自由民主国家进行法律统治的强大力量。1951年4月11日,哈里·杜鲁门总统解雇了麦克阿瑟将军。日本人很吃惊地看到,一位威望不高的平民总统发出的措辞严厉的信件,竟能解雇一名如此有权威的将军。

更为重要的事实是,美国的军事保护使得日本只需在国防方面花费1%的国内生产总值。因此在20世纪的第一个40年,在军队需要消耗大量资本和人力的情况下,若日本的经济还能实现根本性增长,那才算作真正的"日本奇迹"。摆脱了军国主义的束缚后,日本经济便自然而然地在第二次世界大战后的废墟中成长起来。

总之，战后爆发的经济增长是以下几个普通因素的必然结果：

- 与世界上许多国家一样，经历了 30 年的战争和经济灾难后，日本处于极度贫困的状态。在工业产能不足的情况下，资金必须由消费转向储蓄，以建设现代化的工厂和设备，结果必然是充满活力的经济增长。
- 美国军队的出现将日本从造成许多大国脱离经济发展轨道的军事霸权主义中解脱出来。
- 早在麦克阿瑟将军到达日本前 70 年，日本已经建立了初级但充分的产权制度，并吸收了西方科学，发展了资本市场、运输和通信技术。

而且，日本强调努力工作、储蓄和教育，并且在麦克阿瑟将军"引入"议会民主之前，它已经拥有 50 年的议会民主经验了。

"升起的太阳"

20 世纪 80 年代，人们普遍认为日本的经济将保持长盛不衰。（正如 20 世纪 60 年代，其他发达国家神经紧张地盯着德国经济一样。）其实并不需要如此紧张。第一，一旦财产权和法律法规建立起来，萧条的经济就能破纪录地出现颠覆性的增长，这对一个全速奔跑的国家来说是很难实现的。第二，这种制度的优越性是一劳永逸的——一旦产权制度和法律法规建立起来了，必然会带来其他领域的增长。第三，日本已实现富裕，美国对承担其军费开支已日益感到厌倦。很快，日本将重新获得充分承担自己军事需求的欲望。让我们为它不再重蹈历史覆辙而祈祷吧。

第9章

落后的国家

　　现在我们该来考虑那些落后的国家了。本部分的前两章在某种程度上以逐一罗列的方式叙述了荷兰、英国、法国、西班牙和日本经济此消彼长的发展。那些从未参与世界经济增长角逐的落伍者们就好比一辆不曾启动的长途车——不能按照传统的历史叙述方式对它们的故事展开介绍。

　　当我们提到这些落后的国家经济失败的原因时，不可避免地需要考虑它们的传统文化背景。正因如此，我们难以通过不同国家对照的方式展开分析。然而，为了了解有些国家不能实现发展的原因，我们需要研究两个（以及在文化上定义的宽泛区域）——奥斯曼帝国和因其而得以兴起的现代阿拉伯世界，以及拉丁美洲。

　　在本章的前半部分，我们将讨论经济增长的四个要素，即财产权、科学理性主义、资本市场和现代通信与交通技术在奥斯曼帝国的遭遇。奥斯曼帝国的瓦解导致了现代中东和巴尔干半岛贫困并引发了激烈的冲突。在本章的后半部分，我们将考察拉丁美洲资本市场和财产权的特定方面，我们还将着重讨论在第8章谈到的西班牙殖民遗留问题是如何持续阻碍拉丁美洲经济增长的。

直到最近，一些流行的观点认为，世界财富分配的不平等来源于自然资源的差距以及殖民主义和帝国主义的剥削。在本章的结尾，我们将利用数据材料和有说服力的轶事剖析这一理论。

由于篇幅有限，本书不能对所有当时在经济上未实现成功的国家进行讨论，尤其是对于非洲和亚洲国家，因为这些国家在这两个大洲尤其多。感兴趣的读者可以很轻松地将中东和拉丁美洲的四个要素原理应用于世界其他不发达国家。

伊斯兰世界为何落后

现在，我们将四要素模型应用于当今主要的地理政治区域：世俗的西方社会以及更为传统和虔诚的伊斯兰社会。我们将从奥斯曼帝国时期四要素发展的历史说明问题。在第10章中，我们将使用资源密集的社会学分析方法继续上述分析，结果表明，伊斯兰世界和西方世界在经济上日益加大的差距与宗教信仰关系不大，而与当地的文化有关。

从21世纪早期的视角来看，人们很容易给伊斯兰世界打上"落后"的标签，它不能够提供现代西方世界认为理所当然的最基本工具以实现基本的个人发展。然而，若将历史的时钟回拨500年，甚至1000年，我们能够看到与今日相反的映像——生机勃勃、强大的伊斯兰文化在贫穷、落后的基督教国家混乱激流的边缘屹立不倒。

公元7世纪穆斯林首轮征服狂潮以后，伊斯兰世界迅速分裂成许多相互交战的王国，直到1453年奥斯曼土耳其对君士坦丁堡的征服以后，一个统一且井然有序的伊斯兰国家才重现。在奥斯曼帝国的鼎盛时期，只有中国才能在版图、实力、文化成就和科技思想方面与其相媲美。

我们再来看看，在奥斯曼帝国崛起以前，阿拉伯的天文学水平在世界上独占鳌头。到了公元11世纪，阿尔哈曾（Alhazen）就创立了光学理论和天体理论，远远超过了欧洲在黑暗时代的水平。1550年，土耳其人在博斯普鲁斯海峡建立了一座灯塔，该灯塔高度为120级台阶，比欧洲的任何灯塔都要高、都要先进。

在阿拉伯半岛，由于用来制作羊皮纸的动物皮稀缺，早期阿拉伯抄写员从中国学习造纸术并对它做了极大的改进。早在1453年君士坦丁堡被攻陷之前，伊斯兰学者就已翻译了许多古希腊文献，这些文献引起了身处文艺复兴中的意大利的注意。阿拉伯人从印度引入了具有革命性意义的计数体系（把0当成数列中的某一个数）没有0的使用，绝大多数的现代数学就不会产生。就像希腊人发明了几何学和欧洲人发明了微积分一样，阿拉伯人发明了代数学。琼斯对中世纪基督教和伊斯兰教统治地区的差异做了非常好的总结："在穆斯林控制下的西班牙，城市规模巨大，灯火通明，拥有许多大学和图书馆。与之形成对比的是比利牛斯山脉以北散布的简陋的修道院和简易临时住房。"

早期的阿拉伯王朝领袖，例如重新收复耶路撒冷的征服者萨拉丁（Saladin），获得了基督教界的敬畏和恐惧。在16世纪和17世纪，奥斯曼帝国就如同一位巨人，时刻准备吞并整个西方世界。它的规模和影响力几乎是无限的。它的强大程度和富裕程度就如鼎盛时期的罗马帝国，也像它的前辈一样拥有同样的优越感和永恒的心。奥斯曼帝国的版图对现代世界还存在影响。该帝国拥有的许多地方至今仍然是地缘政治的中心：沙特阿拉伯、海湾国家、约旦、叙利亚、巴勒斯坦/以色列、埃及、伊朗大部、巴尔干国家和北非的大部分地区。这一动荡地区所表现出来的所有希望、渴望、愤怒和挫折都深深地根源于这一伟大帝国的历史，它的首都坐落于欧洲大陆的东南边缘。帝国的帕夏一度统治着布达佩斯（Budapest），阿拉伯海盗常常袭击英格兰小岛。1627年的某个时候，奥斯曼帝国甚至侵入西北部的冰岛，以获取最有价值的商品——欧洲奴隶。

奥斯曼的长期衰落

17世纪，土耳其人两次围攻维也纳。欧洲幸运的转折点出现在1683年9月，即奥地利人第二次击退土耳其的攻击。在十几年中，彼得大帝在黑海北岸夺取了桥头堡，而在此前黑海是土耳其的内陆湖。到了1699年，《卡洛维茨和约》（The Treaty of Carlowitz）的签订正式标志着奥斯曼帝国在规模和地位上的下降。

1798年，拿破仑征服埃及的速度震惊了土耳其人。实际上，这位年轻的科西嘉将军的入侵是虚张声势，是没有经过充分准备且没有对地形和气候获得了解的情况下实施的计划。几年内，他的军队被一位很年轻的上将霍雷肖·纳尔逊（Horatio Nelson）毫不费力地打败了。据历史学家伯纳德·刘易斯（Bernard Lewis）说，这些事件的重要性"是显而易见的，欧洲军队不仅能随心所欲地采取行动，而且还能将他们赶出自己的国土"。在一个世纪之内，奥斯曼帝国成了"欧洲病夫"，在英国和法国的控制下苟延残喘，作为它与奥地利哈布斯堡家族抗衡的平衡力。

当一种文明或文化发现自身处于衰退之中时，它将使用两种方式对衰落进行解释。第一种是痛苦但具有建设性的方式,即反躬自问:"我们做错了什么?"第二种方式就是寻找替罪羊,并问道:"是谁让我们遭遇失败的?"值得称赞的是,土耳其人问的是第一个问题,而不是第二个。但不幸的是,他们的答案是错误的。

到了17世纪,奥斯曼人认识到自己的军事技术远远落后于西方国家。他们尝试通过完全引入武器和顾问来弥补这一状况。在《卡洛维茨和约》签订后的两个世纪中,来自奥地利、德国和法国的军官与军用品专家源源不断地涌入伊斯坦布尔,奥斯曼人花费了大量的财富购买西方军工厂最新的武器。奥斯曼人还购买西方军队制服,甚至引进西方的军乐。

当奥斯曼帝国的外交官和商务使节被派往西欧考察敌人实力的时候,西欧新建工厂大量的产出使他们惊呆了。一名土耳其大使建议帝国购买"5家生产蜡烛、纸张、水晶、布匹和瓷器的工厂……我们在接下来的5年内(就能超过他们),因为他们当前贸易的基础就是这些商品"。罗斯托教授曾提出以下建议:"建立工厂,所有的事务自然得以实现。"但是,在没有建立其他西方制度的情况下简单地建立现代工厂是没有结果的:没有坚固的法律、学术和金融基础,仅仅建立西方式的工厂一定会导致失败。土耳其修建的为数不多的工厂很快就荒废和破产了。没有明确定义的财产权以及对苏丹和特权阶层的严格限制,任何一个理性的商人都没有建立和维持大型工厂所必需的动力,也没有任何一个理性的投资者会把钱借给这些商人。

对于上面问题的回答,还有另一种更为缺乏建设性的方式,即"我们究竟做错了什么?"对于许多人来说,答案就是回到过去。换言之,进一步地退回到保守主义中去。除了对军事科学和工厂生产领域感兴趣外，土耳其人对西方世界毫无兴趣。这充分说明了两种文化的差异，以英国人为首的欧洲人很快就在他们的著名大学中建立阿拉伯语研究部，但是土耳其人却没有相应地在自己的大学中设立"西方研究"项目。

一个对外部世界天然缺乏好奇并且不愿意挑战自身原有假设的社会将是个缺少创新的社会；一个缺少创新的社会将不能实现进步和繁荣。

土耳其农业的恶性循环

奥斯曼人知道自己正处于衰落之中，正如欧洲人知道自己将成功一样，但是双方都不知道真实原因何在。土耳其在军事和经济上的劣势仅仅是许多更为严重病症的表象。在第8章中，我们强调了农业、商业和工业对国家的重要性，尤其是税收制度的重要性。开明的统治者将为国民提供关键性的公共服务，如公共安全、卫生预防、道路交通、教育和独立的司法制度。能够做到这些方面的国家就能实现繁荣；反之则会落后。

那些依靠征服与掠夺获得财政收入的国家将不可避免地遭遇失败。一旦战利品消耗殆尽，如古希腊、古罗马、德川幕府前的日本所遭遇的同样的结果将接踵而至。为了获取足够的财政收入，国家就会增加税收。更高的税收使得曾经富饶的土地变得凋敝，农村人口下降，从而扼杀了经济。与其之前的罗马帝国相比，奥斯曼帝国是一个更为贪婪的掠夺机器，不存在任何具有生产性的国内经济。因此，土耳其注定失败。1675年，一位观察家注意到，土耳其在欧洲境内的农庄有2/3是被荒废的。

荷兰与英国是率先将服务与军事和经济权力的获取有意识地联系起来的国家。法国紧随其后,西班牙和日本则落后几个世纪,但最后也跟上了这一步伐。然而,奥斯曼帝国从未注意到这一联系,绝大多数的伊斯兰国家也未曾注意到这一点。

奥斯曼帝国的四个要素

让我们花一些时间来讨论四个经济增长要素在奥斯曼帝国的状况:

- **财产权** 传统社会中的统治者不太注重法治,也不尊重财产权的神圣性。显然,对财产权最公然的违背就是奴隶制度。19世纪,在西方的压力下,奥斯曼人限制了利润丰厚的奴隶贸易。直到20世纪,他们才在其本国境内禁止奴隶制度。
- **科学理性主义** 一个小事例就足以说明土耳其人对科学的态度。1577年,奥斯曼帝国在伊斯坦布尔附近建了一座著名的天文台。这是阿拉伯人对第谷·布拉赫天文台的回应,其仪器设备和人员配备都与丹麦那座天文台非常相似。几乎就在刚刚建好的时候,苏丹就在顾问的要求下将其摧毁了。
- **资本市场** 禁止支付利息阻碍了商业的发展。此外,由于苏丹可以任意控制个人财产,则必将导致资本匮乏、银行缺失。正如我们所提到的,在19世纪,才由欧洲人建立了第一家土耳其银行。
- **交通和通信** 在这一点上,欧洲并没有领先多少。在中世纪晚期和现代奥斯曼帝国早期,交通和通信的发展是不完全的,与此同时,欧洲也好不了多少。

现代中东地区的四个要素

现代中东各国在制度上有着巨大的差异。正如我们在第 1 章所讨论的,四要素中的三项,即科学理性主义、资本市场与现代交通和通信技术是很容易实现的,即便在中东地区也是如此。为了实现增长和繁荣,唯一需要实现的条件就是财产权和法治。

即使在今天,这一西式权利的概念在中东也是非常不受欢迎的。这种不欢迎甚至扩展到了法律领域。缺乏法制的社会特征(富人区甚至政府办公室都用顶部安装带刺金属丝和玻璃碎片的高墙来保护)笼罩着整个中东。

地理学家和考古学家甚至做过一个可靠的研究,该研究表明中东地区沙漠的大范围扩散在某种程度上与土地缺乏明晰的产权界定有关。在罗马的统治下,北非的大部分地区曾经森林茂密、土地肥沃,但随着阿拉伯帝国的出现,这里变得干燥而贫瘠。与 1000 多年后的奥斯曼帝国统治时期相比,在古罗马时期北非的人口和农业产出要高得多。

奥斯曼帝国的灌溉技术与它的历史一样古老。最早的美索不达米亚文明是水利社会,古罗马人通过庞大的灌溉工程成功地开垦了北非沙漠的大片区域。阿拉伯和奥斯曼统治下有效财产权制度的缺失使得这些灌溉工程逐渐废弃了,人口也随之下降。令人吃惊的是,通过古罗马时期的旧灌溉系统,许多考古学家不需花费多大的力气就能依靠自流井压力重建灌溉设施,而这些设施却沉睡了 1000 多年。

从逻辑上看,阿拉伯游牧传统也是缺乏明晰产权的结果。山羊群是高度流动的,到处吃草——在一个人们对土地没有明晰产权,而且当地的统治者随时可以剥夺农民和牧民财产的地区,这是它的理想特点。(或许，"运动带来福祉"这一古老的阿拉伯谚语就是这么来的。)啃食近地植被的山羊能很快将土地变成不毛之地。山羊走到哪里，哪里的土地就变得贫瘠，沙漠面积就不断扩大。

只要实际的财产权得不到保护，人们就不会灌溉、耕作和施肥。十年又一个十年，阿拉伯版本的公地悲剧(过度放牧，山羊随地啃食牧草)导致越来越多的边缘土地沙漠化。

拉丁美洲——不幸的遗产

英格兰文化及其殖民地后代(美国、加拿大、澳大利亚和新西兰)位于全球最富裕的国家行列，这绝非巧合。西班牙和葡萄牙的后代并没有如此富裕，这也绝非巧合。第8章分析了西班牙前现代时期政治和经济上的僵化，尤其它那未发展起来的财产权体系，并分析了西班牙殖民统治者的罪恶剥削本性。西班牙的后裔受到其野蛮的管理制度和缺陷众多的制度体系所困扰，这一点也不足为奇。

在促进经济发展的四个要素中，拉丁美洲在其中两个要素方面的问题相对较少。在改革最终打破宗教教条桎梏后很久，拉丁美洲才建立起来。宗教裁判所衰落以后，科学理性主义在新世界、英语地区和西班牙语地区兴盛起来。同样，在19世纪晚期，欧洲和美国慷慨地为拉丁美洲船舶、铁路和电报系统的建设融资。随着世界金融和电报的发展，成熟的资本市场也将出现。到了19世纪和20世纪之交，布宜诺斯艾利斯以拥有世界最大的证券交易所而自豪。实际上，阿根廷那些最大的公司甚至很少在那里交易。作为重要性的象征，阿根廷的大电报公司和铁路公司的股票实际是在纽约证券交易所交易的。

拉丁美洲经济的核心问题是现代经济问题的典型，即产权制度。在拿破仑战争后，南美从波旁西班牙的统治下解放出来，从表面上看类似于美国独立战争。这一新共和国的政治体制是模仿美国政治体制而建立起来的，在表面的民主之下却是西班牙式的缺陷。哈布斯堡传统拒绝新独立国家个人自由和财产权文化，而这二者在美国和英国却大行其道，新的拉丁政治体制反映了哈布斯堡过去的极权主义和暴力压迫。

在美国，独立战争的爆发是自然而然的过程，由众多分散且狂热的独立小土地所有者所发动。英国军队仓皇地从康科德和列克星敦撤退回到安全的波士顿后，美国国父们才意识到他们需要制订更为周密和更为迅速的战斗计划。

相反，南美独立战争从一开始就是由充满冒险精神的大地主精英分子所领导的，他们是原始西班牙殖民者的后代即使不是字面意义上的，也是精神上的。正如美国的情况一样，压迫性的税收（当时是为了支持拿破仑战争而征收）引发了本就易燃的反抗之火。美国独立战争是一个流血冲突事件，而南美的斗争则是完全不同的道路。造反队伍与他们在北美对应的队伍没有任何共同之处，没有任何志愿者参战。玻利瓦尔（Simón Bolívar）的军队充满了唯利是图雇佣兵、梦想发财的寻宝者和被征入伍的义务兵，后者中的大多数人是戴着脚镣入伍的。总之，这是一批由相互矛盾的军阀所领导的乌合之众。

南美解放战争意味着大规模屠杀、残忍的死刑和示众的头颅。西蒙·玻利瓦尔，即"南美的乔治·华盛顿"，实际上是一名统治委内瑞拉和安第斯山脉的独裁者。玻利瓦尔的举止非常残忍——在1813年解放加拉加斯事件中，被他处以死刑的人数与战争中死亡的人数一样多。然而，在残忍程度方面，他仍然比不上他的副总统弗朗西斯科·桑坦德尔（Francisco Santander）。1819年夏天波哥大衰落后的戏剧性事件就是一个典型。玻利瓦尔为保护这个城市，将保皇派囚禁在他们的驻地，然后西进，把指挥权交给了桑坦德尔。玻利瓦尔一离开，桑坦德尔就将30名保皇党集中到刑场，并下令创作一首歌来纪念他们的死刑。更有甚者，他还杀死了一名代替保皇党请求仁慈的路人。这一事件为独立战争和南美接下来的历史定下了基调。20世纪70年代，这种暴力事件又以现代的方式重现——南美南部的独裁者右翼实行了大规模的屠杀。

西班牙人比造反者更为糟糕。在安第斯事件中最古怪的角色之一就是一名叫作何塞–托马斯·博韦（Josè-Thomas Bove）的保皇派指挥官，虽然有着西班牙血统，但他却轻视白人。博韦计划尽可能多地杀害高加索人，并由混血移民者取而代之。他选择用长矛对待白种男人，用皮鞭对待白种女人。

拉丁美洲解放战争非法杀戮、抢劫和伤害几乎起源于两个世纪以前广泛的政治不稳定性。墨西哥独立后的历史就生动地说明了这一点。1821年2月，一名叫作奥古斯丁·德·伊图尔彼德的当地指挥官决定改变自己的身份，结束殖民统治，进入墨西哥城并宣布脱离西班牙而独立。由于对立宪领袖不满，次年他就出人意料地发动政变，并自封为王。在接下来的9年中，墨西哥又出现了4次政变。

财产权边界之南以及一名经济学家的故事

缺乏稳定的政府制度仅仅是问题的一方面。正如英国文化后裔由于遗传了财产权体系而实现繁荣一样，西班牙和葡萄牙的殖民地却因为缺乏财产权体系而遭受痛苦。

若想理解拉丁美洲财产权的问题，我们首先要对这些权利的本质做更深层次的钻研。第 2 章和第 7 章曾简单地讨论到这样一个事实，即财产权不仅是可得的，而且必须是有效的。这就意味着，获取、维持和实施财产权的代价不能太高昂。亚伯拉罕从邻居以弗仑那里购买的土地并不昂贵，他实施财产权的成本仅仅是用于款待证人的酒和手抓食物。一旦获得了土地，亚伯拉罕对这一土地的所有权就是无可争议的，有了这一权利，亚伯拉罕就有权处置那些擅自在土地上放羊和偷猎的人。同样重要的是，他对这一土地的所有权是可让渡的，即他可以随意把土地卖给任何人。

现在，时间飞快地过去了 4000 年。在 20 世纪 50 年代中期，一名叫作罗纳德·科斯（Ronald Coase）的芝加哥大学经济学家开始探讨政府对私人冲突进行管制的奥妙。以临近牧场的玉米农场为例，牛群常常跑到农田去啃食农民的作物。经济学家将其叫作"负外部性"（negative externality），就如千里以外的工业区污染了你的饮用水源或几百英尺以外的邻居制造噪声打扰了你的清静一样。

科斯发现这类冲突的解决方式有两种。第一种，也是最明显的方式就是牧场主支付他所造成的损失。第二种，这是一种并不直接的方式，即牧场主有权要求玉米农场主支付围住牛群的栅栏修建费。在第一种情况下，责任在于牧场主；第二种情况下，责任在于玉米农场主。科斯的天才之处就在于，他认为最初的"责任"界定给哪一方是不重要的。在每种情况下的最终结果都一样——同样数量的钱易主了，只是方向相反。这两种可能的结果具有相同的经济意义。[1]经济学家和法律学者很快就认识到，个人财产权也是如此：不论以何种方式分配产权，产权明确化可以作为重要的手段来促进效率的提高。科斯认为，只有三个方面是重要的：

- 所有权与责任界定清晰。
- 财产与债务可以自由买卖。
- 协商、买卖和实施成本低廉。

只要这三个条件得到满足，财产权最终就能流向最能对其有效利用的人，责任将由那些认为最值得承担的人来承担。在这样一个社会中，政府的职能就仅仅是界定产权和实施产权。所有的产权交易都发生在个人之间。

例如，我们可以想象，在一个有着高效和安全财产权的国家，所有的财产突然转移到了少数几十个家庭中，那会出现什么情况。在两三代人内，由于最初所有者后代的挥霍行为，这种所有权的集中将开始消失，这些后代需要钱维持高水平的生活，他们就把土地出售给那些更能展开高效利用的人。在一两个世纪之内，大量的小土地所有者将成为普遍现象，而大量的土地将被那些能够精明管理的家庭所拥有。

这就是诺曼征服[2]（Norman Conquest）后英国所发生的现象。日益有效的财产权体系使得最初由少数诺曼家庭所拥有的英国土地

---

[1] Ronald H. Coase, "The Problem of Social Cost", *Journal of Law and Economics* 3 (October 1960):1-44. 科斯的名字主要为经济学家和律师所熟知。这篇论文是被引用次数最多的经济学文献之一，由于发现并阐明了交换成本和产权在经济组织与制度结构中的重要及其在经济活动中的作用，他于1991年荣获诺贝尔经济学奖。

[2] 诺曼征服指以诺曼底公爵威廉为首的法国封建主对英国的征服。——译者注

所有权分散开来。科斯以及它的追随者是正确的,因为从长远来看,谁是所有者并不重要,产权的清晰和可转让程度更为重要。对于普通英国人来说,与表面的财富"公平"分配相比,一个社会的良好运行更依赖于对规则的清晰理解和实施。对那些更为普通的英国人来说,法治比"社会公平"更为重要。

与诺曼统治时期的英国类似,摩尔人被驱逐后,大约20名贵族拥有绝大多数西班牙的土地。西班牙随后将同样的土地所有权集中"输出"到它的拉丁美洲殖民地。例如在16世纪的墨西哥,当数百名小土地所有者由于一场天花而死去的时候,他们的财产就被转移到了西班牙农场主手里。那些种植园的规模甚至使得宗主国贵族所拥有的土地相形见绌。由于继承了西班牙存在缺陷的财产机制,墨西哥的大多数土地渐渐成为管理不善的世袭财产,直到进入现代才有所好转。

与后诺曼统治时期的英国相比,西班牙及其殖民地的情况又有所不同。在大西洋两岸,西班牙产权制度的落后情况阻止了自身通过普通动力机制向自由财产权交易市场的突破。拉丁美洲被迫接受了西班牙帝国存在缺陷的财产权制度,且没有获得西班牙授予的长期优势——只有哥斯达黎加,这个长期以来被视为殖民统治的一潭死水的国家,由于避免了土地集中,从而成为美洲中部唯一获得发展的国家。

现代拉丁美洲都不曾实现科斯所说的三个条件。理解有效财产权最简单的方式就是考虑一块土地的买卖。在美国,土地买卖过程中最复杂且最艰难的部分就是价格协商。一旦价格得以确定,接下来就是调查卖主土地所有权的合法性,这一步骤花费不高,然后签一个文字协议,最后在县相关办事处做一个转让登记。整个过程就完成了。

在拉丁美洲，情况并非如此。在对拉丁美洲卡夫卡式[1]（Kafkaesque）的财产权法规进行研究的过程中，经济学家赫尔南多·德·索托发现，在秘鲁首都利马完整地购买一座房子需要 728 个步骤。在这种社会，只有最富有的个人和大企业才有能力获取完全的所有权。农民不能出售土地，因为购买方不能确定自己能获得不受阻碍的所有权。在这样一个社会中，家庭保存财产权唯一的方式就是将其分给子孙后代。几代人以后，不断的土地分割将导致那些为饥饿所困的亲戚之间出现纠纷。农民也不能通过借贷改善自己的财产状况。因为一旦农民违约，银行不能确定自己是否能取消抵押品赎回权。同样，商人也不能获取资本。投资者不愿意提供资本，因为他们不确定能否取得投资收益。德·索托将某些发展中国家描述成把财富收藏成"死资本"（dead capital）的国家：财富只有在产权明晰的前提下才能得到间接使用，才能吸引巨大的投资。

拉丁美洲人民党的政治言论也助长了这种有害的经济氛围。在人们普遍存在复仇心理的地方，改善财产权或商业只会使得其成为更大的充公目标。获得土地的农民与其他小土地所有者一样，他们也时刻担忧土地被政府购买或充公。他们不能出售财产，不能以此获取抵押贷款，担心下一届政府将收回这一财富。

西方世界对此没有帮助。几十年来，发达国家鼓励通过政府法令进行土地改革并形成一种体系，在该体系下，农民的财产权不仅可以出售还可以不断地改善。西方世界忘记了它们几个世纪以前

---

[1] 除了文学意义上可以理解为卡夫卡的写作风格外，一般是指人受到自己无法理解、无法左右的力量的控制和摆布，发现自己处于一种不能以理性和逻辑去解释的荒诞神秘的境况中，内心充满恐惧、焦虑、迷惑、困扰和愤怒，但又无可奈何。——译者注

所获取的教训：促进繁荣和民主的最有效方式就是"英式的土地改革"——通过确保有效的财产权和实施自由、开放的土地交易市场将土地分配给小农民。以"人民"的名义征收或强制买卖土地，只会侵蚀这一制度，并难以实现广大国民摆脱贫困的目标。

裙带关系与资本

拉丁美洲财产市场的混乱状态同样也对资本市场形成了桎梏，墨西哥就是一个很好的例子。直到1890年，绝大多数墨西哥农民和商人的融资来源就是家庭。而在西方世界，融资的"非个人"来源很普遍，如面向个人的小银行贷款和面向大公司的股票与债券，这在墨西哥并不存在。即便在墨西哥第一家银行于1864年建立以后，只有以非常高的利率才能获取商业抵押贷款，在有些情况下，年利率甚至高于100%。这种情况甚至持续到20世纪30年代后期。到了第二次世界大战爆发之时，墨西哥城股票交易所只有14只股票在交易。

19世纪的墨西哥商人发现，若没有强有力的政治关系，自己将会被那些拥有高官朋友的竞争者所打败。在19世纪早期和中期，政府官员的任期是以月份来衡量的，因此，即便最富有的人也很难保护自己的财产。独裁者波尔菲利奥·迪亚斯（Porfirio Díaz）在1877年去世后，情况就变得简单一些，但是并没有改善。在波尔菲利奥统治时期，即直到1910年，几乎每一个重要的墨西哥公司都拥有一名政府大臣或政府大臣的亲属在董事会中任职，以保证其在发行股票或债券时能得到政府的批准。由于只有与政府有关系的人才能通过债券和股票获取资本，这就极大地减少了银行的数量，使得小商人和农民难以获得资金。

由于拉丁美洲国家并不把自己看成"服务型"国家，因此它们忽略了资本市场的体制基础，即通过法律管理贷款、借款、抵押和并购。在19世纪中期以前，墨西哥甚至没有基本的商业和财产成文法规。由于不存在保护投资者的法规，因此投资者或贷方所要求的利率非常高，导致企业难以获得资本。

两个最富裕且最民主的西班牙语国家，即智利和西班牙，都实施压迫性的右翼专政来强调有效财产权，这绝非偶然。智利的情况尤其具有教育意义。奥古斯托·皮诺切特（Augusto Pinochet）的经济政策是由"芝加哥男孩"（Chicago Boy）指导的——经济学家在"风之城"芝加哥接受教育，并受到罗纳德·科斯和米尔顿·弗里德曼的极大影响。当然，选择右翼独裁者是一个危险的游戏，因为你更有可能落入庇隆（Perón）、马科斯（Marcos）和杜瓦列尔（Duvalier）而不是皮诺切特与佛朗哥的统治下。而造就皮诺切特和佛朗哥并不是一件容易的事。

由于产权制度开始萌芽，拉丁美洲相对容易获取资本，相对容易包容西方文化，因此其经济前景看起来光明一些。然而，拉丁美洲的繁荣远未到来。南美最穷的国家——安第斯山脉国家以及较富裕国家中的一部分，仍然受到腐败、暴力和伊比利亚殖民传统经济缺陷所困。这些国家若想摆脱困境，还需要几代人的努力。

拉丁美洲那些未实现繁荣的国家以及伊斯兰世界的失败唤起了人们对宗教和文化问题的思考，若要避免全球贫富差距扩大而导致的某种世界末日战争（Armageddon），我们首先就要解决这些问题。我们将在下一章讨论文化、宗教和经济增长之间的互动关系。

自然资源与帝国主义

在 19 世纪,严重的制度缺陷延缓了法国、西班牙和日本经济的发展。在现代社会,同样的制度缺陷使得中东国家和大多数拉丁美洲国家偏离了繁荣的轨道。为什么国家之间会存在贫富差距,若现有的分析没有提及以下两个看似不重要的因素,那么它们就是不完整的:

1. 自然资源

一个国家的富裕程度与其所拥有的自然资源常常存在反比关系。我们看看西班牙哈布斯堡王朝以及现代的尼日利亚、沙特阿拉伯和扎伊尔,很难不得出以下结论:丰富的自然资源是个诅咒。财富来源于商业企业对风险的承担以及辛勤的工作,这又会促进健康政府管理制度的形成,进一步促进财富的增长。通过对政府所有或在其控制之下的有限地下资源的开发从而创造财富,这会产生寻租行为和腐败问题。

我们很难不考虑新加坡、荷兰和瑞士的情况,且很难不去思考为什么缺乏自然资源反而成为一种优势。的确,英国煤炭资源丰富,但是它需要进口绝大多数的铁矿石和百分之百的棉花,二者都是产业革命重要的原材料。(铁矿石是从瑞典进口的,而棉花则需经过海运绕过好望角才能进口。)另一方面,法国不仅拥有获取棉花的便利途径,且存在两个途径:它的西印度殖民地和通往黎凡特⊖(Levant)的高效地中海路径。然而,以棉花为基础的纺织业却率先在英国发展起来。

⊖ 黎凡特是指中东托罗斯山脉以南、地中海东岸、阿拉伯沙漠以北和美索不达米亚以东的一片地区。——译者注

最后，很少有发达国家像日本一样缺乏自然资源。1868年后日本的迅速崛起使人们认识到经济发展与自然资源的绝对不相关性。唯一对日本存在重要影响的自然资源就是地理条件，它对日本的国内运输有利。丰富的矿藏资源有时会侵蚀推动经济长期发展的制度。

2. 帝国主义

现代西方的迅速发展伴随着一种愧疚和自我谴责。若一些国家实现富裕而另一些国家仍然贫穷，似乎不是因为前者比后者的产出更多，而可能由于前者掠夺了后者。从马克思开始，学者以及时政爱好者开始从帝国主义剥削的角度解释英国（和西方）实现繁荣的原因。当然，也有人认为，殖民政府的残忍和侵略程度是让人难以想象的，但是他们也能够通过输入法治制度带来物质上的繁荣。

近年来，经济学家开始关注和理解殖民主义、经济学和国家制度的相互影响。从16世纪开始，发展中国家出现了"命运的逆转"。16世纪最富有的国家随后沦为殖民地，如印度莫卧儿王朝、阿兹特克和印加帝国，它们现在处于最贫穷国家的行列。16世纪那些最贫穷且随后沦为殖民地的国家，如美洲的其他地区、澳大利亚和新西兰，现在处于最富有国家的行列。图9-1显示了16世纪殖民地国家和地区的人口密度（这是一个广为接受的指标，显示前工业化社会中人均国内生产总值的高低）与目前人均国内生产总值的关系。图9-2显示了欧洲人入侵造成的死亡率与随后经济发展之间更为奇特的关系——白种人死亡率高的国家和地区随后将受到低经济增长速度的困扰。

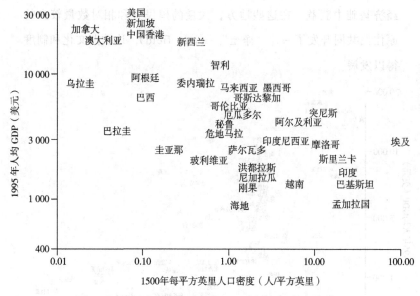

图 9-1　1995 年人均 GDP 与 16 世纪人口密度的关系

资料来源：Daron Acemoglu, Simon Johnson, and James A. Robinson, "Reversal of Fortune:Geography and Institutions in the Making of the Modern World Income Distribution," *Quarterly Journal of Economics* 117(2002):1286-89, and Daron Acemoglu, Simon Johnson, and James A. Robinson, "The Colonial Origins of Comparative Development:An Empirical Investigation," *American Economic Review* 91(Dec. 2001):1398.

图 9-1 和图 9-2 表明，人口密度高且白人死亡率高的殖民地对殖民者的吸引力较小。人口密度低而西方殖民者的死亡率高意味着两件事：第一，缺乏西方制度和法律法规；第二，那些为数不多且勇敢地抵抗逆境从而生存下来的殖民者倾向于从事高收益的掠夺性活动，尤其是采矿，这一点通过利奥波德（Leopold）统治下的刚果就可以看出。那些人口密度低且白人死亡率低的国家，如北美、澳大利亚和新西兰，吸引了大量欧洲人涌入，因此从西方制度和工农业

经济基础中获益。在这些地方，大量的殖民者和相对数量较少的原住民共同开发了一片"净土"（clear field），让欧洲文化和制度得以发展。

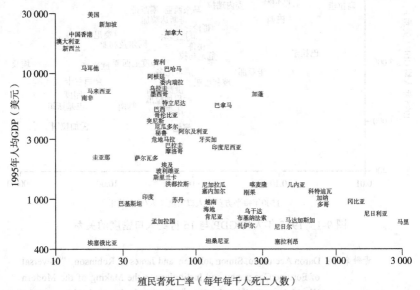

图9-2 1995年人均GDP与殖民者的死亡率

资料来源：Daron Acemoglu, Simon Johnson, and James A. Robinson, "The Colonial Origins of Comparative Development: An Empirical Investigation," 1398.

这两类殖民主义都是野蛮的，但是没有任何一种殖民主义（尤其是后者）使得幸存原住民的生活条件比原来差很多。殖民主义本身并不导致贫困，但是它所采取形式的不同会造成随后的贫困或富裕的差别。如果大量的殖民者从事工农生产，那么随后便带来繁荣；当少量病态的殖民者奴役原住民开发矿藏，那么贫穷和落后必将出现。即便在这种情况下，殖民主义的经济优势也是确实存在的。例如，大多数的西方人并没有意识到印度是由几个说着不同语言且互不理解的社会组成的。因此,若没有强制力推动英语成为通用语言,那么印度是否能够存在将值得怀疑。

与殖民主义的发动者一样,殖民主义本身带来的坏处大于好处。到目前为止,英国最富裕的殖民地是美国。若帝国主义的假设说得通,那么英国恐怕就会被独立起来的美国所摧毁了。而事实恰恰相反:当英国打破了平等的贸易关系后,两国经济都实现了爆炸性增长。即便是在大英帝国的鼎盛时期,其殖民地吸收的出口量也不到英国产出的1/4。向不受保护的市场出口产品,如欧洲和美国,为英国提供了大量的出口贸易。

就全球经济来说,是制度而不是自然的馈赠或帝国主义统治使胜利者和失败者区分开来。首先也是最重要的,是对游戏规则的尊重和敬畏,即法律统治、法律的平等性以及对公民自由的尊重,决定了一个国家或地区的繁荣。

第三部分

结　果

在这一部分中,我们将从现代实用性的角度探讨前9章已经讨论过的几个历史概念。第10章将探讨社会学和经济学研究的前沿,以探讨宗教、财富、意识形态和民主发展的关系问题。

人们对现代西方生活的印象是节奏日益加快、人们日益缺乏安全感且压力重重,尤其是美国的生活。对于一个国家来说,若财富不能使人们变得更快乐,那变得富裕又有何用?实际上,在经济增长和幸福之间存在某种平衡,我们将在第11章进行探讨。

无论钱是否可以买得到快乐，它确实能够影响地缘政治力量。第12章将讲述过去500年来财富、征服和影响力之间错综复杂的关系，尤其关于当今"单极"世界里美国霸权不断增强的问题。

尽管过去两个世纪世界的持续经济增长是绝无仅有的，但它在人类历史上不过是短短一瞬。若把人类的所有历史看成一天，那么繁荣的现代仅仅相当于不到10秒的时间。现代增长模式的可持续性如何？在一代人的时间里，人均财富翻倍，这样的世界稳定性如何？在本书的最后部分，我们将思考繁荣、人类欲望的膨胀和经济持续增长的前景。

第10章

宗教、文化、财富和快乐之路

> 金钱买不到幸福,但是至少能让你在痛苦中过得舒服。
>
> ——莉莲·伯恩斯坦 作者的母亲

财富的用途

本书假定,一旦一个社会获得了四个关键要素,即财产权、科学理性主义、资本市场以及交通与通信技术,那么繁荣可期。不管说得有多好,存在什么客观的方法能够检验这一假设吗?毕竟,一个国家不会轻易地将自己奉献于可控的科学实验中。

观察力强的读者可能会注意到,尽管本书包含了大量的国内生产总值数据和图表,但是我们没能够收集所有国家的数据并进行比较,例如法律法规的衡量。这种综合的定量信息存在吗?如果存在,它又能说明什么问题呢?

我们追求财富,那么,财富能给我们带来什么益处呢?随着世界变得越来越繁荣,它变成一个更快乐还是更不快乐的地方?社会政策和政治政策如何同时影响社会的繁荣以及社会总体的幸福程度?准确地说,财富和幸福的关系是什么?

在过去的几十年中，社会学家、政治学家和经济学家已经按照政治、经济和社会特征收集了100多个国家与财富增长相关的大量数据。我们可以把每一个国家都看成一个拥有不同的社会和制度条件的"自然试验"。通过仔细的数据分析，我们得到一些关于财富起因和结果的重要结论。通过这些大量的数据，我们发现了繁荣、心理幸福感、民主以及传统价值观和个人权利评估之间的神奇关系。结果显示，财富并没有使我们变得更快乐，但是它确实极大地加强了民主。

在20世纪50年代后期，政治学家西摩·李普塞特（Seymour Lipset）首先进行了客观的分析，他的兴趣主要在于民主发展。当时，激烈的学术争论主要集中在政治民主、经济和宗教因素的相对重要性上。例如，宗教决定论的拥护者指出，几乎所有的民主国家都起源于犹太教和基督教，而持不同意见的一方将意大利和德国的法西斯主义作为反证。让李普塞特感到疑惑的是，没有任何一方愿意对所有可得的数据展开分析。从统计学的角度来说，政治学体系和经济学体系是非常"不准确"的。任何一个称职的社会学家都会发现，哪怕最基本的社会学原理也存在大量的反例。

李普塞特从最简单的民主发展评估开始，然后对所有可能影响民主发展的因素展开统计分析。研究表明，最重要的因素是财富和教育水平，它们能对民主制度起到支持作用。1959年，李普塞特发表了他的开创性论文。此后的几十年来，社会学家、经济学家和政治学家开始沿着他开创的道路继续展开研究。在本章中，我们将对这一研究中一个看似很小但是很重要的问题展开讨论，这一问题与世界财富难题中最难解的部分相关，即金钱、快乐、民主、宗教和文化之间的关系。我们必须非常谨慎地对待这个问题。由于社会和政治问题的相关性，我们很容易被迷惑。

新教徒和穆斯林

我们不能回避宗教和经济增长之间的关系。西方繁荣起源于新教盛行的北欧,实际上,将信仰作为比较经济学的分析工具是很有吸引力的。当然,哲学家和社会学家马克斯·韦伯(Max Weber)在一个多世纪以前就放眼全球,在那时候他就发现宗教性的解释是不可抗拒的。作为社会学的奠基人之一,他在《新教伦理与资本主义精神》(*The Protestant Ethic and the Spirit of Capitalism*)中认为,宗教改革引发了现代资本主义,加尔文主义(Calvinist)强调克己和辛勤工作,这使得新教成为世界繁荣的引擎。

同样的探讨也启发了现代学者。同样的问题,为什么中东国家和印度教国家位于世界较为贫穷国家的行列?当然,世界上的几大宗教,无论是好是坏,都必须各自背负巨大的经济包袱。然而我们很快就能看到的,数据显示并非如此。与宗教因素相比,富裕或贫穷与社会和文化因素的联系更紧密。

实际情况使韦伯所做的假设面临困境,而且加尔文主义作为西方繁荣推动器角色的观点已经失去了现代经济学家和社会学家的支持。作为推动器,加尔文进行宗教改革的日内瓦城并不是资本主义自由企业的堡垒。尽管奥古斯特(August)牧师废除了古老的禁止有息借贷的禁令,但是他对利率和商品价格的持续干预确实对日内瓦城的经济造成了不利影响。尽管在这一时期,日内瓦城因为其他因素也实现了发展和启蒙,尤其是在公共教育方面。然而,在加尔文以后的几个世纪中,其经济始终犹如一潭死水。到宗教改革3个世纪以后,新教国家才开始允许亚当·斯密市场机制"看不见的手"发挥作用。到1905年韦伯的书公开出版之时,天主教国家奥地利和法国都跻身世界最繁荣国家的行列。

中世纪欧洲的落后时期,正是阿拉伯伊斯兰教和早期奥斯曼帝国占据重要主导地位的时候,这就生动地表明了宗教之间没有任何内在的政治和经济优势。更进一步,现代数据表明,经济差别是文化差别而不是宗教差别造成的。宗教相关性的缺乏并没有引起人们足够的重视。文化取决于地理因素,而不是宗教崇拜地点。例如,社会学调查表明,虽然德国天主教徒比德国新教徒更有可能持有保守和传统的价值观,但他们与南美甚至意大利天主教徒的相似性要低得多。同样的道理也适用于第三世界偏远地区,数据显示,来自印度或非洲的穆斯林的观点与其信仰基督教和印度教的同胞相比,更接近于其他国家的穆斯林。

一名波斯尼亚穆斯林在穿着、行为举止和情感方式上更像巴黎人,而不像与他同宗的沙特阿拉伯人。另一个事例是以色列的西班牙系人和中东欧犹太人在文化上的差异。西班牙系人的文化更接近阿拉伯文化,而中东欧犹太人则较为西方化。伯纳德·刘易斯说:

……在他们(西班牙系人和中东欧系犹太人)的许多遭遇中,我们所能看到的就是宗教之间的剧烈冲突,也奇特地代表了他们前少数民族的身份,他们同时作为两个文明中的一部分,也作为一个缩影反映了两种文明的长处和弱点。

伊斯兰世界中最具智慧的思想家马克西姆·罗丁森(Maxime Rodinson)曾坦言,没有任何伊斯兰教规本身就是反资本主义的。稍微观察伊斯兰世界中最发达的国家,如马来西亚和土耳其,人们就能发现上述观点是正确的。更加确切地说,对于那些从中东、巴基斯坦和印度移民到世俗化的西方社会的虔诚穆斯林,他们的宗教信仰中没有任何东西是阻止自身有效地运用企业资本主义的。

这并不是说宗教对经济完全没有影响。至少从理论上来说，基督教在教义上比其他宗教信仰有着相对的优势，它明确地指出了政教分离："恺撒之物当归给恺撒，上帝之物当归给上帝。"

从君士坦丁大帝到加尔文日内瓦城的皈依，这种分离更多的是背叛而非遵守。从罗马时代早期直到马丁·路德以后，教会对企业资本主义的态度就很不友好。正如我们在第1章中所见到的，奥古斯丁和阿奎那公然反对商业行为，在第一个千年的进程中，教会不断地修改教义，反对金钱借贷和资本形成。教会早期的反资本主义思想或许就是中世纪欧洲比当时的伊斯兰世界落后的主要原因。颇具讽刺意味的是，如果没有犹太人为欧洲提供的金融制度基础，或许土耳其人早已统治全欧洲了。欧洲人对资本主义的厌恶程度可以从芭芭拉·图克曼的著作中清楚地看到：

> 为了保证没人能获得超过其他人的优势，商业法律禁止工具和技术的创新，低价抛售，依靠人造光源加班加点，额外雇用学徒、妇女或未成年人，为商品做广告或称赞自己的商品从而损害他人的利益。

宗教相当于一面透视镜，透过它我们可以看到一个社会的传统。对待妇女态度的变化就说明了这一点。在一些社会中，妇女和男子在工作中地位平等，而在其他社会中，传统习俗却不允许妇女参加工作。从表面上来看，这样的社会浪费了一半的人力资本并对国家的经济造成影响。实际上，传统社会的狭隘文化成为影响这些国家的最大因素。

幸福金字塔

这就是说,韦伯关于新教和繁荣之间的假设是非常有价值的。他参与创立的社会学对宗教和文化因素影响深远,进而影响政治结构和经济增长。实际上,与幸福感相关性最大的一个因素就是个人对自我生活控制力的感知。个人自主和幸福感之间固有的联系已经得到基于从阿根廷到津巴布韦等不同国家的研究的证实。

在20世纪50年代,心理学家亚伯拉罕·马斯洛(Abraham Maslow)普及了他的"需求层次理论"。这一贡献以及更多的社会学近期研究为我们提供了有力的范例,可以检验财富和民主之间的关系。

作为一名年轻的学者,马斯洛注意到人类的某种需求优先于其他需求。最基本的需求是呼吸。若某人被剥夺了呼吸空气的权利,那么他在不到一分钟的时间内就会感到痛苦不堪。对空气的迫切需求将优先于其他生存的动力,如干渴、饥饿甚至痛苦。只有在恢复了呼吸以后,人们才会注意到其他感觉。马斯洛最大的贡献就在于定义了这些需求的等级。

一旦人们生理上的即时需求(氧气、水、食物和温暖)得到满足以后,人们才会进一步要求安全上的需求,即个人安全以及稳定的工作。在这些方面都得到极大的满足以后,归属需求,即来自配偶、家庭和社会的爱,就会随之而来。最后是被尊重的需求,同伴的尊重(区别于狭义的爱)以及自我尊重。

在需求金字塔上,登得越高,你就越感到内在的安全。金字塔的最高点就是"自我实现"。关于这一词的实际含义,马斯洛的解释比较含糊,但是他却对已经实现这一崇高状态的人物特点做了描述,如林肯和甘地。他们并没有以自我为中心，他们区分手段和目的，解决问题而不是抱怨，能够化解来自同龄人的压力。

处于马斯洛金字塔（见图10-1）底端附近的人只能更多地根据本能行事，没有多少抽象思维能力。他们的个人选择很少，因此他们的幸福也受到影响。

图 10-1　马斯洛需求金字塔

马斯洛的需求金字塔为世界范围内的社会学家提供了评估和分析不同类型心理学与社会学数据的框架，尤其是对福利的衡量。其中最大的努力就是"世界价值观调查项目"（World Values Survey, WVS）和"欧盟民意调查"（Eurobarometer Survey）。世界价值观调查项目最初于1981年对10个欧洲国家展开研究，但是结果出人意料，所以研究者将其扩展至65个国家，包括全世界80%的人口。密歇根大学的社会研究所（Institute for Social Research, ISR）目前致力于整合这些努力。

该社会研究所并不重点关注宗教和民族群体，而是关注更易于定义和衡量的个人特征。研究人员使用这些技术去探究人格、文化、宗教、政治和繁荣之间的联系。

对民主的衡量

社会科学家如何评估文化、福利、财富和民主之间的关系？他们与任何科学家所采取的方法一致，即建立假设，收集数据，然后对假设进行检验。在这一复杂的领域中，最基本的工具就是对多个国家的社会学变量展开调查。其中一个变量就是"生存/自我表达"（S/SE）变量，世界价值观调查项目通过这一变量评估个人对独立思考与表达的态度。简单地说，"生存/自我表达"评估的是一个人在马斯洛需求金字塔中的上升状况。例如，调查者询问调查对象是否关注自我表达甚于人身安全，是否签署过请愿书以及对他人保持信任。若被调查者的回答是肯定的，那么他的"生存/自我表达"值将会比较高；若否定答案比较多，则"生存/自我表达"值则比较低。分数越高，表明被调查者居于金字塔的位置越高，也表明他们更快乐。

密歇根大学的社会学家罗纳德·英格尔哈特（Ronald Inglehart）和不来梅大学的社会学家克里斯汀·威尔泽（Christian Welzel）首先考察了"生存/自我表达"的指标值与民主制度强度之间的关系，他们发现一个国家的平均"生存/自我表达"指标值与民主活力存在高度相关性。

"生存/自我表达"指标值与民主存在相关性并不奇怪，但实际问题是，谁是因，谁是果？民主导致自我表达需求的上升，或自我表达导致更高程度的民主，这两者都很容易理解。他们的数据解释了一种出人意料的关系：二者之间的联系纽带是财富本身。英格尔哈特和威尔泽通过一个叫作"交叉滞后相关分析"的统计学工具梳理了因果关系链。很显然，1995年的"生存/自我表达"指标值与

2000年民主指数㊀的相关性比2000年的"生存/自我表达"指标值与1995年民主指数之间的相关性更高。

换言之，当前的民主程度与早先的"生存/自我表达"指标值密切相关，而早先的民主程度与当前"生存/自我表达"指标值的相关性并没有那么强。这些数据表明，一个国家的国民若有能力进行自我决策和自行选择，那么民主程度就得到加强，反之则不成立。这并不能证明个人赋权（高的"生存/自我表达"指标值）能够产生民主，但是它能有力地支持这一结论。

接下来，英格尔哈特和威尔泽还研究了"生存/自我表达"与个人财富㊁之间的关系。他们再次发现财富和"生存/自我表达"存在高度的相关性。同样，"交叉滞后相关分析"表明财富带来了高的"生存/自我表达"指标值，并导致更高的民主程度，而不是相反的因果关系。

很显然，这一模型过于简化了它们之间的复杂关系。的确，民主加强了公民的权利意识。但是相反的情况（公民赋权带来了民主）是一个更为强大的动力。当代的历史也证明了这一点。20世纪晚期的历史表明，在一个国家中，若国民沉默胆怯，那么向该国输出民主制度是不可能的。在一些国家，联合国需要派出大量的长期维和部队才能维持它们摇摇欲坠的政府，这就证明了上述问题。那些民主萎缩的贫

㊀ 民主指数是将自由之家（Freedom House）的国内和政治权利分值与国际透明度组织（Transparency International）的腐败指数结合从而计算出来的。

㊁ 英格尔哈特和威尔泽使用一个叫作"权力资源"的指标表示财富指标。它与简单的人均国内生产总值存在区别，原因在于它将财富指数、受教育程度和预期寿命的平均指标结合在一起，并且衡量了它在人口中的分布均匀情况。与人均国内生产总值相比，"权力资源"参数与"生存/自我表达"的相关性要高得多。本资料源于作者与罗纳德·英格尔哈特的私人交流。

穷国家也是如此。印度的情况则没有那么极端，由于其种姓制度，印度的民主制度较为薄弱，至少按照西方的标准是如此。尽管印度的种姓制度在法律上已经被废除，但它仍然具有强大的影响力。

普遍真理

我们可以将本书的论题与威尔泽和英格尔哈特的假设结合在一起，得出图10-2。

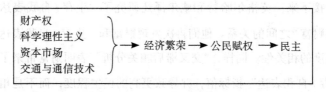

图　10-2

当然，图10-2并不完美，该图形是可逆的。例如，日益增强的民主程度得益于公民赋权和四个制度因素，这是毋庸置疑的。然而，威尔泽和英格尔哈特的数据以及其他研究深信，图中的运行方式是从左到右，而不是从右到左。就其本质来说，民主有高度价值，而它对直接经济利益的影响充其量只是个值得讨论的问题。

教育水平作为李普塞特关于民主的重要决定因素之一，其情况又如何呢？教育最初是通过经济影响来加强民主的。一个教育水平非常低的社会并不能掌握提高产出的技术，因此注定贫困。但是，若不存在有效的经济激励，即便一个教育程度非常高的国家也有可能会面临同样的命运。在两种情况下，即国家由于教育水平低而贫困和国家教育水平较高但由于缺乏有效的产权制度而贫困，作为共同结果，贫困问题会阻碍民主的发展。

在大多数情况下，繁荣的国家会变得民主，反之则不一定成立。例如早期日本发生的事例，明治维新允许表面的议政代表，当国家变得更繁荣以后，这一体制迅速发展成为活跃的议会制度。明治维新之初，在财产方面的高要求使得日本只有不到 50 万人有选举权。经济的日益繁荣赋予农民权利，迫使政府逐步使这一权利自由化，并于 1925 年实现了普遍的（男性）选举权。在 20 世纪 30 年代，当政府实际成为缓慢军事政变的受害者以后，民主化出现了倒退。但毫无疑问的是，日本当今活跃的民主制度主要是国家战后经济繁荣的结果，而不是反过来的因果关系。

传统主义和理性主义

世界价值观调查项目还对第二个主要社会学指标进行考察，即"传统价值"的强度。无论人们信奉什么宗教，原教旨主义⊖社会都强调传统价值，如禁止堕胎、离婚和同性恋。传统价值观强大的社会常常是独裁的、虔诚的和男性占主导地位的社会。

世界价值观调查项目通过以下陈述的认同情况来测定"传统/世俗理性"（T/SR）指标值，例如"上帝对我的生活来说是非常重要的""我拥有强烈的民族自豪感"和"我尊重权威"，若被调查对象做了肯定回答，则他位于指标值的"传统"端（换言之，他在"传统/世俗理性"测定中得到负分值）；若被调查对象做了否定回答，则他

⊖ 原教旨主义是指这样一种宗教现象：当感到传统的、被人们理所当然地接受了的最高权威受到挑战时，对这种挑战毫不妥协，仍反复重申原信仰的权威性，对挑战和妥协予以坚决回击，一旦有必要，甚至用政治和军事手段进一步表明态度。总之，原教旨主义具有极强的保守性、对抗性、排他性及战斗性。——译者注

位于指标值的"世俗理性"端(换言之,他在"传统/世俗理性"测定中得到正分值)。

在"传统/世俗理性"这一指标上,指标值高的社会往往比指标值低的社会富裕。然而,"传统/世俗理性"指标不及"生存/自我表达"指标对财富的影响程度大。本质上,"传统/世俗理性"指标测定的是一个社会知识体系的"可证伪性",这一概念在第3章已做过讨论。指标值高的社会将乐于接受针对几乎所有知识基础的挑战;指标值低的社会将坚持自己的信念,而不管与之相冲突的信息具有多强的说服力。

低"传统/世俗理性"指标值与农业经济存在高度相关性,但在某种程度上,美国和拉丁美洲是个例外。在农业社会,个人的信念较为稳定,且人们较为重视家庭和社会的稳定,因此,大型农业部门拥有较低的"传统/世俗理性"指标值便不足为奇了。从另一方面来看,"生存/自我表达"指标值与服务型经济的规模高度相关。服务业从业人员在工作时间自由表达意见,并做出成百甚至上千个决定,这是一种鼓励自我决定和个人表达的环境。

图10-3将人均国民生产总值与上述指标叠加。这幅图证明了财富和个人/文化价值观之间的关系,实际上,富裕国家在这一方面有所不同。沿着横轴("生存/自我表达"指标)从左到右,财富不断增加。在富裕的社会中,个人不仅更幸福,而且他们能感受到言论自由,能够批评政府,也能够自己做出人生选择。

沿着纵轴("传统/世俗理性"指标),从下至上,相关性则不那么明确。传统社会相对贫穷,但是富裕程度与"传统/世俗理性"指标的相关性不如其与"生存/自我表达"指标的相关性高(换言之,从左至右水平移动将跨越3个区域,而从下至上只跨越1~2个区域)。韦伯将繁荣和新教联系在一起,他可能是正确的,至少新教徒是这样认为的。其实虔诚与繁荣没有关系。

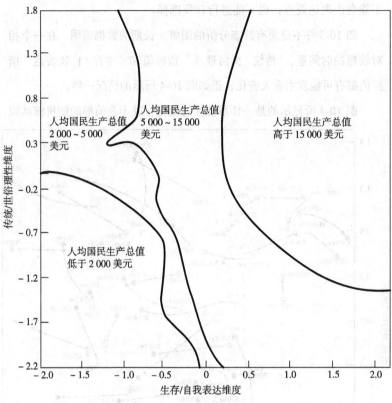

图 10-3　繁荣、自我表达及传统价值观的相互关系

资料来源：经作者授权转载。Ronald Inglehart and Wayne E. Baker, "Modernization, Cultural Change, and the Persistence of Traditional Values," *American Sociological Review* 65(Feb. 2000), 30.

美国的"传统/世俗理性"指标值较低，这在富裕国家中属反常情况。这掩饰了美国人沉浸于引领社会发展的自负状态。美国的"生存/自我表达"指标值不仅低于大多数北欧国家，而且它的"传统/世俗理性"指标值与孟加拉国大致相当。

第10章　宗教、文化、财富和快乐之路

最贫穷也最不幸福的是那些贫穷的传统社会，不幸福的国民既不能自由表达观点，也不能进行自我选择。

图10-3并不是所有静态分析的图解。长期的数据表明，在一个相对较短的时间里，"传统/世俗理性"指标值和"生存/自我表达"指标值都有可能发生重大变化，正如图10-4所示的情况一样。

图10-4所显示的是一种系统性的变化，并不是简单的随机波动或

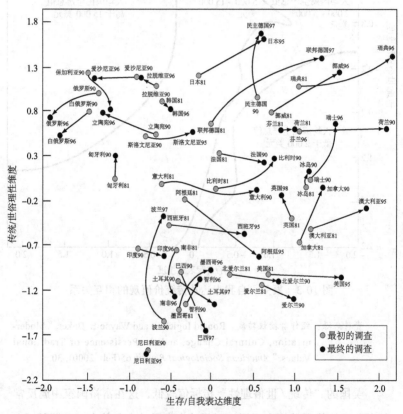

图10-4 自我表达和传统价值观的变化

资料来源：经作者授权转载。Ronald Inglehart and Wayne E. Baker, "Modernization, Cultural Change, and the Persistence of Traditional Values," *American Sociological Review* 65 (Feb. 2000), 40.

实验误差。随着时间的推移，几乎所有的发达国家在"生存/自我表达"指标值上都有显著的增加，而其他的发展中国家在这一指标上的变化则相对较小。在社会主义国家与原社会主义国家中，图10-4解释了一个更为惊人的发现。由于这些国家中的大多数都经历过经济下滑，它们的"生存/自我表达"指标值下降了。这就加强了以下观点，即繁荣影响"生存/自我表达"指标值，后者是幸福程度的代表，反过来则不成立。

正如我们已经讨论过的，"生存/自我表达"指标与财富相关性最高。对别人的信任程度似乎就是财富和"生存/自我表达"指标联系的关键。随着个体财富的增长及其在马斯洛需求金字塔中层次的不断上升，人们就更加易于接受和信任陌生人。经济学家和社会学家日益关注"信任半径"现象——除了直系亲属之外，某人对别人言行的信任和依赖程度。福山指出，即便是在同一个国家内，信任半径也会出现很大差别。与意大利北部相比，西西里更为贫穷，福山将其归咎于意大利南部极小的信任半径："意大利南部是黑手党和贿赂之乡。从一般的社会制度角度不能解释意大利南北差异的原因。"英格尔哈特和威尔泽假设得出的结论则与此相反——财富会扩大信任半径，反过来则不一定。

经济增长科学

经济学家产生作用的历史并不久远。经济学方法对文化和制度的影响主要基于人们所熟知的萨默斯–赫斯顿（Summers-Heston）统计资料汇编⊖。此处我要感谢罗伯特·巴罗（Robert Barro）教授，他

⊖ 由经济学家罗伯特·萨默斯（Robert Summers）和艾伦·赫斯顿（Alan Heston）编制。这些数据也为佩恩世界统计（Penn World Tables）所引用。

做了大量的工作，在他的著作《经济增长》(*Economic Growth*)第2版中提供了大量的图表对这些材料进行阐述。

经济学的基本方法就是对那些人们认为影响经济的大量因素进行成熟的统计分析，如教育水平、人口出生率、预期寿命、公共和私人投资的数量等。所有这些因素的影响都是可以测量的，但是仍存在一部分这些因素难以解释的经济增长。于是，经济学家将这"不能解释的部分"与利率的增长联系起来。

即便你对经济分析中所涉及的多元回归统计方法不熟悉，这些图表也不难理解。例如，我们来考察图10-5所示的人均国内生产总值增长率与各国国内生产总值之间的关系。这幅图显示了两者之间存在高度负相关性。简单地说，贫穷国家的经济增长率往往比富裕国家的增长率高。贫穷国家有追赶上富裕国家的趋势，正如1960年发生在"亚洲四小龙"国家和地区的情况，它们的实际国内生产总值的年增长率达到了6%的水平。

学者们将这种发生在早期贫穷国家和地区的持续高增长率称为"奇迹"，但这并非奇迹，这只是现代贫穷国家和地区实现了自由市场、法治和有效财产权后顺理成章的事情。这种情况并不陌生，我们可以回忆本书第8章中介绍明治维新和第二次世界大战后日本"奇迹"的例子。

一旦这些国家的生活水平达到了西方标准，它们的增长速度就会降下来。在"冷战"早期，苏联的高增长率似乎证实了尼基塔·赫鲁晓夫对美国著名的吹嘘："我们将把你埋葬。"（他是从经济角度来说的。）20世纪五六十年代的学者对苏联经济力量的担心在今天看来是很可笑的，但是这却助长了"冷战"时期的偏执狂。当然，我们不需要担心：就其非虚构的部分来说，苏联的高增长率代表的是一个落后的发展中国家的自然进程,并不是什么骇人的增长力量。

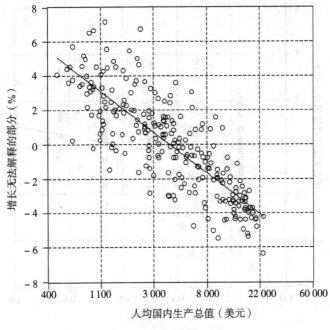

图 10-5　经济增长与财富

资料来源:经作者授权转载,改编自 Robert J. Barro and Xavier Sala-i-Martin, *Economic Growth*, 2d ed.(Cambridge, MA:MIT Press, 2004).

回想前文提到的"不会说话的儿媳",即便是将最基本的现代技术引入前工业化社会都能带来经济奇迹。那些处于技术发展前沿的国家,其经济增长较慢。在发达国家,2% 的增长率是个显著的成就;但是在不发达国家,2% 的增长率是很让人失望的。

我们一再强调财产权和法治的重要性。实证的数据对这一结果的支持情况又如何呢?图 10-6 显示了从《国际国家风险指南》

（*International Country Risk Guide*）中获得的"法治"指数对"无法解释的"增长部分的影响效果。

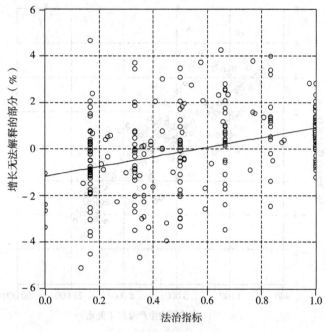

图 10-6　经济增长与法治

资料来源：经作者授权转载，改编自 Robert J. Barro and Xavier Sala-i-Martin, *Economic Growth*.

现实世界关系在某种程度上是比较混乱的，因为这一指标更多地衡量法律系统的效能，而不是衡量它为私有财产权所提供的保护。例如，在1982年，分配给当时的社会主义国家匈牙利和波兰的等级分值分别是6和5（分别对应图10-6中的0.83分和0.67分），总分是7分。尽管如此，整个趋势很清楚：大多数高分值的国家都显示出难以解释的高增长率，大多数低分值国家显示出较低的无法解释的增长率。其他的研究者也证实了这一发现。最近，经济学家罗伯特·霍尔（Robert Hall）和查尔斯·琼斯（Charles Jones）发现他们所谓的"社会基础结构"，即支持财产权和法治的制度与政府政策，与工人生产率之间存在高度相关性。⊖

经济学家布拉德福德·德隆（Bradford DeLong）和安德烈·施莱弗（Andrei Schleifer）完成了一项杰出的历史性研究，在该研究中他们利用欧洲几百年的经济增长检验财产权的效果。准确的长期政治和经济数据是难以获得的，但他们还是竭尽全力做到了最好。第一，作者简单地列出某个世纪中的专制政府和非专制政府，并推断后者比前者更好地保护了财产权。第二，他们根据各国中最大城市的人口增长状况来大致估计经济增长情况。

政府的类型与城市增长率的相关性显著——几乎无一例外，非专制国家城市人口的增长速度远远高于专制国家。德隆和施莱弗将16世纪以后欧洲的经济和人口中心自南向北转移归因于非专制主义制度，即阿尔卑斯山脉以北出现了尊重私有产权的政府这个直接结果。

另一个决定经济增长的因素，也是重要的政治因素，即政府规模。政治权利口号会鼓吹政府为经济增长投入的负面影响。这一做法会产生多大的危害呢？图10-7显示了大政府对经济产生的负面影响，这种影响几乎难以观察，不如法治对经济的影响明显。若没有这条计算机绘制的趋势线，大政府的影响几乎是不可见的。

⊖ 在宏观经济层面，"工人的生产率"指的是每小时的GDP产出，因此是一个衡量财富水平的优秀指标。参见 Robert E. Hall and Charles I. Jones, "Why Do Some Countries Produce So Much More Worker Output Than Others？" *Quarterly Journal of Economics* 114（1999）：83-116。

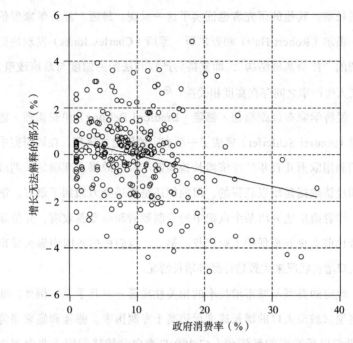

图 10-7 经济增长与政府规模

资料来源：经作者授权转载，改编自 Robert J. Barro and Xavier Sala-i-Martin, *Economic Growth*.

经济学家还发现增长率和投资比率之间存在着更直接的奇妙关系，即私人部门和政府部门投资总额在国内生产总值中的比率，如图10-8 所示。经济增长和投资之间的正相关性是反向因果关系的例证：经济增长带来投资的增长，而不是反过来。巴罗教授通过滞后相关统计分析将这一关系梳理出来，这与威尔泽和英格尔哈特所使用的方法类似，建立了财富到自我表达再到民主的因果关系链。在投资和经济增长的关系中，预先的投资和随后的经济增长之间的相关性不及预先的经济增长与随后的投资之间的相关性强。因此，是经济增长导致投资,而不是投资导致经济增长。这一结果与理论是一致的,即只有在高增长为高回报率提供保证的情况下私人部门才会投资。

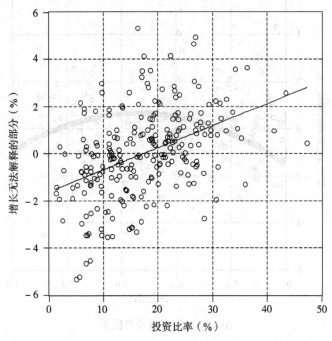

图 10-8 经济增长与投资水平

资料来源:经作者授权转载,改编自 Robert J. Barro and Xavier Sala-i-Martin, *Economic Growth*.

最后,还有民主自身的问题。民主与经济增长之间的关系很奇妙,呈倒 U 形,如图 10-9 所示。在一定程度上,民主是有益于经济增长的。摆脱沉重的专制主义有益于经济增长。⊖但是一旦政府进一

⊖ 此处,巴罗教授使用加斯蒂尔(Gastil)的民主自由指标来衡量民主发展。参见 Raymond D. Gastil, *Freedom in the World* (Westport, Connecticut: Greenwood Publishing Group, 1982).

步地发展民主制度,增长实际上就会受到不利影响。

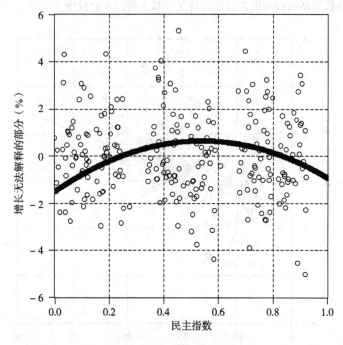

图 10-9　经济增长与民主

资料来源:经作者授权转载,改编自 Robert J. Barro and Xavier Sala-i-Martin, *Economic Growth*.

巴罗教授认为,高度民主的有害影响来源于民粹主义者统治的"劫贫济富"倾向,但这不是唯一的原因。民主常常会补贴那些效益低的产业,这在欧洲和日本最为明显。民主制度常常会为不受约束的贫民提供从事慈善、学术和政治活动的机会,这些机会在更加专制的国家中是不可行的,对社会有利,却无助于生产。

"过于民主"常常也会对投资倾向产生不利影响。经济学家发现，民主程度适中的国家拥有最高的投资比率。高度民主化常常会降低投资回报率，因此削弱了投资的动力。

巴罗教授数据分析中所显示的增长和民主的因果关系，与威尔泽和英格尔哈特的理论保持一致，同时也确认了李普塞特最初的假设：预先的经济增长与随后的民主之间的相关性强于相反的情况。繁荣是促成民主的主要因素，而民主本身对繁荣的贡献不大。巴罗同时也发现，民主的发展比繁荣滞后几十年。滞后分析数据表明，一般情况下，需要为期一代人的繁荣才能实现民主的转变。在第8章中，我们略微提到了佛朗哥独裁专政时期西班牙财富的爆炸性增长以及随后高度成功的民主转变。自由主义的历史学家常常直接忽略了这些事件的结果。

供给学派的减税政策、增加投资或其他促进经济和社会发展的政策能够提高发达、繁荣和民主国家的增长率吗？巴罗教授对此持怀疑态度：

> 通过降低零点几个百分点的税率、非生产性的政府购买或废除有害的管制，或许能够提高长期的增长率，但是没有证据表明增加基础设施投资、研究补助或教育支出能够极大地有利于经济增长率的提高。基本上，一旦2%的人均国内生产总值增长率能够长期保持，则其对于一个已经实现富裕的国家来说就已经是很好的情况了。

为什么经济增长如此重要

在有些时候,细心的读者可能会开始质疑本书对世界物质方面的关注。西方人世俗方面的成功看起来并不能为普通居民换取哪怕中等程度的幸福感,更不用说存在主义或精神上的满足,那么,经济增长有什么用呢?持续增长的繁荣带来了更普遍的吸毒问题、工作的不安全感和家庭破裂。套用约翰·肯尼斯·加尔布雷思(John Kenneth Galbraith)的话说,即除了"今天你为增加国家的国内生产总值做了哪些贡献"这一问题外,还存在其他更重要的衡量个人价值和目的的标准。

正如工业革命早期对于生活水平的争论一样,此类讨论常常变成关于全球化的影响、新殖民主义和国家角色的意识形态方面的争论。在这样一个政治雷区,我们只能通过假设和对客观数据的检验来了解其真正的性质。

现在到了讨论财富和幸福的时候了。西方社会财富的快速增长究竟是损害还是改善了居民的福利水平?更直接地说,所有这些财富是否使我们变得更加幸福?我们还有可能找到这些问题的答案吗?

近几十年来,心理学家和社会学家已经帮助我们建立了普遍而成熟的测量人类满意度的方法。近半个世纪以来,随着世界不断繁荣,大量的研究开始关注人类的福利状况。一个典型的例子就是社会综合调查,它在美国进行广泛的社会学取样和评估。我们来看看调查中的这个问题:总的来说,你如何评价现在的生活,你感觉自己的生活是很幸福、相当幸福还是不够幸福?

自1970年以来,回答"很幸福"的美国人总是占人口总数的

30%左右。世界价值观调查项目和欧盟民意调查为个人福利提供了更为详细和系统的数据。

幸福的科学

许多人反对用一种万能的标准来衡量世界不同文化中的幸福程度。然而，研究者发现所有社会以几乎相同的范式明确地接受定义幸福和福利的概念。这并不是一个惊人的发现，毕竟，从根本上来说，大家同属于人类。

在本章的其余部分，我们将在心理学而不是经济学的范畴中使用"福利"一词——它是幸福的同义词。社会学家已经发现几乎所有的社会都使用四个相同的指标来衡量幸福——经济状况、工作状况、健康状况和家庭状况。在与家庭状况相关的因素中，婚姻状况是最关键的方面。除了那些深夜演出的喜剧演员，已婚群体往往比单身群体更为幸福。失业常常会导致苦恼，即便在其他收入来源充足的情况下也是如此。这就是说，在对幸福的负面影响上，失业与收入并不相关。一般来说，剥夺一个人的工作常常会使他变得不快乐，即便在他的就业收入完全得到补偿的情况下也是如此。用一名研究者的话来说就是："大量额外的收入才能弥补失业造成的心理损失。"

除此之外，与此前的其他预测性工具一样，对幸福进行定量测量的方法也具有实际价值。幸福指数高的人患有心理疾病和面临失业损失的概率较小，他们的寿命高于平均水平，且比一般人思维活跃。

对幸福调查持有的异议还包括认为他们未能考虑到"快乐"和

"满意度"在不同文化和语言翻译中的差别。瑞士提供了一个极好的实验室，能够根据上述差别对本国的德语、法语和意大利语人口展开研究。数据表明，这三个语言群体都比他们在德国、法国和意大利的亲戚具有更高的幸福指数。这表明语言在幸福调查中不太可能具有重要影响，至少在瑞士这三个群体中是如此。

政治和军事压力也会使人感到不幸福。许多研究表明，在20世纪50年代晚期至70年代早期，美国人的福利水平出现了下降，这很有可能与"冷战"时期的紧张局势有关。在20世纪70年代晚期，随着核大战可怖景象的退却，人们的福利水平回到正常水平。尽管人们使用复杂的统计方法将这些重要的因素区分开来，但是经济状况仍然是幸福和福利的有力驱动力。

也有一些人对经济状况和幸福之间的因果关系产生疑问。人们是否把快乐当成最大的成功？答案是否定的。第一，根据对所有社会进行的研究，人们往往会把富裕看成生活幸福中最重要的方面。第二，在经历了经济危机的国家中，近期福利水平的急剧下降也表明了贫穷导致生活的不幸福，而不是相反的情况。

我们快乐吗

图10-10显示了4个具有代表性的欧洲国家在1973～1998年的1/4个世纪中幸福感的变化趋势。它描绘了这些国家中对自己生活"非常满意"的被访者所占的百分比（其余的答案是"一般满意""不是很满意"和"根本不满意"）。

发人深省的是，在实际人均国内生产总值增加大约60%的时期里，欧洲人的幸福感并没有显著提高。更令人困惑的是丹麦和意大利的极端差异，有 60% 的丹麦人对生活感到满意，而仅有 11% 的意大利人对生活感到满意，英国人介于二者之间。图 10-10 也显示了比利时人在那 1/4 世纪中变得更忧郁了。忧郁的原因是什么？答案可能与比利时在过去几十年中文化与语言的紧张局势有关（法语和荷兰语的冲突），这导致政治组织更加分裂。它与美国在"冷战"时期的幸福感下降类似。

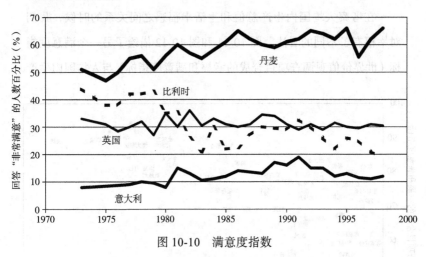

图 10-10　满意度指数

资料来源：数据来自 Ronald Inglehart and Hans-Dieter Klingemann, "Genes, Culture, Democracy, and Happiness," in *Culture and Subjective Well-Being*, E. Diener and Mark Suh, eds. (Cambridge:MIT Press, 2000), 167.

仅从经济学的角度来看，社会学家无法解释国家之间的差异——在这一时期，4 个国家在实际人均国内生产总值上的差异非常小。很显然，其中也包含文化因素。刻板印象（如丹麦人富有幽默感，比利时人比较严肃）无法帮助我们更深入地认识问题，表面上看起来热情洋溢的意大利人分数却低得出奇。

日本是一个最有戏剧化的例子，它证明了金钱买不到幸福。1958～1987年，日本的人均国内生产总值增至原来的5倍，但日本人的幸福指数几乎没有变化。

悲伤之国和快乐之国

在考察人均国内生产总值和生活幸福感之间关系的时候，我们对幸福有了不同的看法。图10-11和图10-12描绘了另一个满意度指标（世界价值观调查项目合成的幸福和满意度指标）与人均国内生产

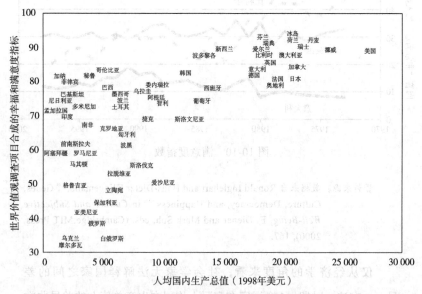

图10-11　福利与人均国内生产总值

资料来源：数据来自Ronald Inglehart and Hans-Dieter Klingemann, "Genes, Culture, Democracy, and Happiness," in *Culture and Subjective Well-Being*, 172-173 and Maddison, *The World Economy: A Millennial Perspective*, 264, 276-279.

总值的关系。在一个足够宽泛的范围内,国家财富和国民情绪之间存在松散的相关性。

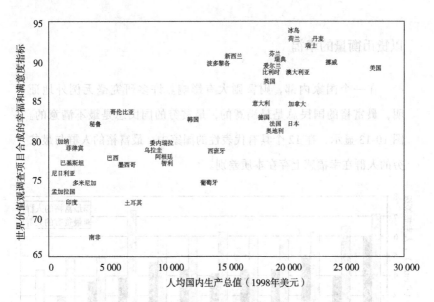

图 10-12 非社会主义国家的福利与人均国内生产总值

资料来源:*数据来自* Ronald Inglehart and Hans-Dieter Klingemann, "Genes, Culture, Democracy, and Happiness," in *Culture and Subjective Well-Being*, 172-173 and Maddison, *The World Economy: A Millennial Perspective*, 264, 276-279.

图 10-11 的左部显示了包括一些不发达国家在内的幸福分布情况。这其中一些国家由于政治、社会和经济状况突然恶化而导致国民幸福感的大幅下降,若我们把这些国家从图中去掉,则国家财富和国民情绪之间的相关性会变得更为密切,如图 10-12 所示。

图 10-12 表明,国家财富对国民幸福指数的影响相对较小。图 10-12 右部描绘人均国内生产总值高于 15 000 美元的那些国家的情

第10章 宗教、文化、财富和快乐之路

况，表示财富和幸福几乎没有关系；只有在人均国内生产总值低于15 000美元的情况下，财富才是影响幸福的因素之一。⊖

以货币衡量的幸福

在一个国家内部，财富则大有影响。许多研究毫无例外地证明，最富裕的国民总是最满意的，最贫穷的国民总是最不满意的。图10-13显示，在12个具有代表性的国家中，最富裕的人群与最贫穷的人群在幸福感上存在本质差别。

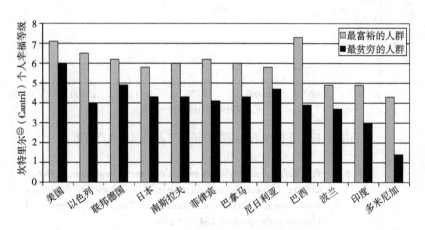

图10-13 个体幸福等级与财富的关系

资料来源：数据来自 H. Cantril, *The Pattern of Human Concerns*, 365-377.

⊖ 熟悉经济学的人会认识到财富的效用是呈对数形式的——换言之，幸福只能通过财富的几何级增长获得。图10-11和图10-12的横轴使用的坐标轴算术刻度扭曲了这种关系。从理论上来看，人均国内生产总值从15 000美元增至30 000美元带来的幸福感的增加只相当于人均国内生产总值从1000美元增加至15 000美元带来的幸福感的1/5。

⊜ 坎特里尔（1906—1969），美国心理学家，主要著作有《广播心理学》（1935）、《火星人进攻记》（1940）。——译者注

图 10-14 详细描述了这种现象，即使是很小的收入等级，以美国 1973 年的情况为例。请注意这种平滑的曲线关系：在低收入阶层，随着收入水平的提高，幸福感也急剧提高，当收入高到一定程度后，幸福感的上升趋缓。社会学家将这种类型的曲线以及图 10-13 中所显示的富裕国家财富对幸福感不存在影响的情况理解为一种"阈值效应"（threshold effect）。换言之，一旦收入达到了一定的水平（在本研究的年份中，即 1973 年，这一数值大约为 8000 美元），生存和安全的需求得到了满足，财富的进一步增长就不能带来福利水平更深层次的改善了。

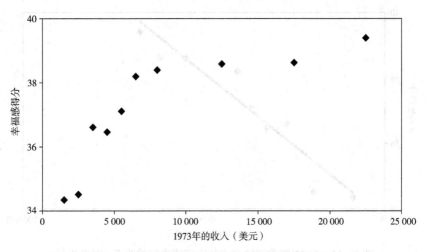

图 10-14　美国 1973 年的收入与幸福感的关系

资料来源：数据来自 Ed Diener et al., "The Relationship Between Income and Subjective Well-Being:Relative or Absolute?" *Social Indicators Research* 28 (1993):208.

情况或许并非如此。长期以来，经济学家假设随着收入呈比例增长，人们对财富的感知呈"对数"增长。他们认为，从理论上来说，随着收入按照一个给定比率增长，人们幸福感的提高程度是类似的——若你的收入从5万美元翻倍变成10万美元，你的幸福感得到了一定的提高；若你的收入按照类似的方式从10万美元再增长到20万美元，那么你的幸福感提高程度与此前是一样的。图10-15表明情况确实如此——人类行为与经济学家预测相符的为数不多的例子之一。这幅图与图10-14是类似的，不同之处在于横轴的财富水平是呈对数增长的，而不是图10-14中的传统的算术增长方式。经济学家确实是对的——幸福感与财富的对数增长成比例。

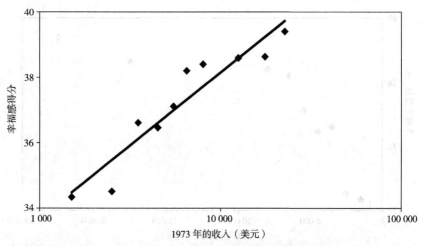

图 10-15　1973 年美国的收入与幸福感之间的关系（对数坐标）

资料来源：数据来自 Ed Diener et al., "The Relationship Between Income and Subjective Well-Being: Relative or Absolute?" *Social Indicators Research* 28 (1993):208.

财富是相对的

金钱确实能够带来幸福，但只能相对地带来幸福。财富的绝对量比财富的相对量所产生的影响要小。卡尔·马克思曾说过：

> 一座小房子不管怎样小，在周围的房屋都是这样小的时候，它是能满足社会对住房的一切需求的。但是，一旦在这座小房子近旁耸立起一座宫殿，这座小房子就缩成可怜的茅舍模样了。

门肯（H. L. Mencken）更尖锐地指出，所谓富人就是比自己妻子的姐夫挣得更多的人。[一]

我们如何界定自己的朋友圈子，这是一个重要而微妙的问题。人们都是根据朋友和邻居来衡量自己的富裕程度的。一个在经济萧条的乡村年薪为10万美元的人往往比那些在曼哈顿东北区具有同样年薪的人更快乐，即便二者具有同等购买力时也是如此。[二]作为人性的基础之一，这种"邻居效应"（neighbor effect）可以应用于许多领域。作为一名有着高收入、广受尊敬且在世界最著名大学有着稳定

[一] 这不仅仅是个玩笑。若一个妇女的姐夫比自己丈夫挣得多，那么这个妇女参加工作的可能性就提高20%。参见 David Neumark and Andrew Postlewaite, "Relative Income Concerns and the Rise in Married Women's Employment,"宾夕法尼亚大学未公开的数据，1996年。经济史学家查尔斯·金德伯格（Charles Kindleberger）也对这一现象做过一针见血的描述："没有任何事情比目睹朋友变得富裕更能影响一个人的福利水平和判断了。"参见 Kindleberger, *Manias, Crashes, and Panics*, 4th ed. New York: John Wiley & Sons, 2000, 15.

[二] 并不是所有数据都支持这一假设。例如，Diener 等人未能从根本上证明相对财富效应。然而，他们同样未能证明替代假设——福利水平与非生存需求的满足相关。参见 Ed Diener et. al., "The Relationship Between Income and Subjective Well-Being: Relative or Absolute?" *Social Indicators Research* 28(1993):208.

职业的经济学家，保罗·克鲁格曼（Paul Krugman）这样描述自己的不愉快：

> 我有一份令人满意且待遇优厚的工作，经常收到来自世界各地的会议邀请。与世界上 99.9% 的人相比，我没什么好抱怨的，但人类生来并非如此。我在精神上的参照群体是同时代那些最成功的经济学家，我通常不属于他们的行列。

现代通信技术打破了当地自然状态的"邻居效应"。在一个日益全球化的社会中，远方的财富也变得具有重要意义了。现代媒体使得那些城市内的贫民甚至是生活舒适的中产阶级能更为了解，与那些素未谋面的富人和名人相比自己相对贫困的状况。以此类推，阿拉伯人每天必须面对自己相对于西方人在物质上的短缺状况。

这无异于说身边的富人就是我们不快乐的原因。他们越富裕，离我们越近（无论是实际距离还是电子通信方面的距离），就越令我们感到痛苦。若这是正确的，那么财富不平等程度最小的社会就是最快乐的社会。事实是这样的吗？确实如此。处于世界价值观调查项目分值顶端的国家都将主观的福利水平与公开实行的收入再分配税收政策和缩小收入差距的政策联系起来，这些国家包括冰岛、荷兰、丹麦、瑞士、芬兰、瑞典、爱尔兰和挪威。

衡量"邻居效应"的最好办法就是计算位于第 90 百分位内和位于第 50 百分位内的那些人的收入比率。图 10-16 显示了世界价值观调查项目的福利水平与这一测量数值的关系。向右下方倾斜的趋势线表明财富的不平均分配程度与幸福感之间的松散的负相关关系。更为成熟的统计分析方法，如萨默斯－赫斯顿的数据汇编，也揭示了同样的现象。

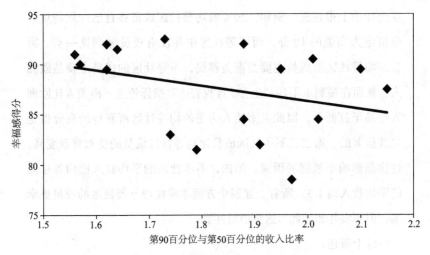

图 10-16　幸福感与财富分配的关系

资料来源：数据来自 Luxembourg Income Study, http://www.lisproject.org/keyfigures/ineqtable.htm, and Ronald Inglehart and Hans-Dieter Klingemann, "Genes, Culture, Democracy, and Happiness," in *Culture and Subjective Well-Being*, 172-173.

即便在国家内部，收入不平均程度的差别也会影响幸福感。以色列社区组织的多样化为收入不公与幸福感的互动关系研究提供了实验室。1977 年，位于耶路撒冷希伯来大学（Hebrew University）的社会学家对两种莫夏夫（moshavim），即合作组织展开研究。第一个叫作均等（Isos）的社区，对所有成员支付的报酬是一样的；第二个叫作不等（Anisos）的社区，即根据成员的产出和等级支付报酬。均等社区和不等社区的坎特里尔（这是衡量幸福等级的指标，数值位于 0 ~ 10 之间）平均得分分别是 7.88 和 7.25。

尽管这一差距很小，但由于几个原因，这仍然是一个非常重要的结果。第一，两个社区的坎特里尔分值都很密集，使得这种差异在统计学上很显著。例如，20% 的均等社区成员将自己的坎特里尔分值定为完美的 10 分，而不等社区中却没有成员做到这一点。第二，均等社区的成员主要是南美移民，不等社区的成员主要是欧洲人。然而在福利水平和"生存/自我表达"指标值上，南美人比欧洲人更易于打低分，因此以南美人为主的均等社区所获得的高分值是尤其显著的。第三，不等社区成员比均等社区成员的受教育程度高，这也是影响幸福感的因素。第四，不等社区的平均收入比均等社区的平均收入高 1/3。所有上述四个方面本应使得不等社区的成员更幸福，但事实并非如此，这更值得注意。

综上所述：

- 在单个国家或社会中，财富是一个重要的决定因素，但并不是唯一因素。
- 在国家之间，上述结论的准确性下降。一国的财富与国民幸福感之间仅存在松散的相关性。从全球范围来看，文化和历史因素变得更重要。
- 由于财富感知的相对性，即"邻居效应"，经济增长带来的国内财富总值的增长并不会使国民变得更快乐。尽管一个国家最富裕的居民可能是最幸福的居民，但是财富效应使得作为整体的国民并不会随着富裕程度的提高而变得更快乐。当然，随着一个国家变得更富裕，它的国民也不至于变得更加不幸福。产出提高的副作用，即时间和压力的增加以及更低的工作安全感，似乎并没有带来太多的代价（也有人认为，财富的增长确实使人们更幸福，但这恰好被现代生活的压力所抵消了）。1995 年，经济学家理查德·伊斯特林（Richard Easterlin）问了一个具有说服力的问题，即增加所有人的财富能否增加所有人的幸福感,显然答案是否定的。对个体来说是好的方面对整个国家未必就是好的。

作为移动目标的贫困和富裕

现代人在某种程度上正站在"享乐跑步机上"。随着国家变得越来越富裕,他们需要生产和提供更多的产品和劳务来满足国民的需求。对上一代每个月挣 10 美元的印度农民所做的描述就能简单地说明这一现象是如何运作的:

因为如今我是在别人的土地上劳作,所以我希望有自己的儿子和土地。我想建造自己的房子,并拥有一头奶牛以生产牛奶和黄油。我还想给妻子买一些好衣服。若我能实现这些目标,我的生活就是幸福的。

请注意,这位农民并没有提到为现代某些发展中国家的农民带来幸福必不可少的设施——冰箱、电视和摩托车。他所提及的物质框架与其同时期不同社会的人有所不同。

若财富的概念是一个移动的目标,那么贫穷的定义也是如此。即便是最穷的美国人,他在 16 世纪也是非常富裕的,500 年后,大多数现在的西方人都将被视为处于贫困和野蛮当中。当今世界贫困人口的比例是在增长还是在下降,这一问题必须加以界定——我们所说的贫困是绝对意义上的贫困还是相对意义上的贫困?

从绝对意义上来看,我们取得了成功。正如第 1 章所说的,即便不使用人均国内生产总值的概念,在过去的几十年中,预期寿命、教育水平和儿童成活率在地球上最不幸的地区已经得到了极大的改善。半个世纪以来,威胁人类的大规模饥荒已经基本消失。

从相对意义上来看,很显然,我们失败了。在过去的一个世纪中,最富裕国家和最贫穷国家之间的差距以及各国国内贫富差距急剧加大。现在,社会上最贫困的人的实际收入提高了,他们的生活质量也提高了,但穷人很难从这一事实中得到安慰。

这种现代贫困类型只与收入的分散程度相关,只有通过财富的重新分配才能使其有所改善。在一定的范围内强制性的收入平衡可以降低贫困程度和改善社会的福利状况,但是在这一过程中,我们将以牺牲一定的经济增长作为代价。在第11章中,我们将探讨经济增长与平均主义之间的权衡,并讨论大西洋两岸是如何权衡二者之间关系的。

第11章
伟大的权衡

经济增长的悖论是，同样的机制在创造伟大财富的同时也带来了财富分配的不均等。私人财产权在极大地刺激人们为自己创造财富的同时，也阻碍了他人创造同样的财富。财富确实缓慢地从一部分人手中流向另一部分人，但是速度极慢，不足以避免产生政治冲突和财富分配状况的恶化。

要找到解决的办法并不容易。若一个人不能留住其所得，那么他将不愿意从事生产。反过来，若那些产出最多的人都能尽享其所得，贫富差距就会扩大，且随着贫富差距的扩大，社会福利状况就会恶化，在科技化的社会中尤为如此。在这样的社会中，通过即时地将产出传送至世界各地，个人独特的才华可以无限制地被"按比例增大"。在经济繁荣增长和财富分配不均之间进行权衡，是强调私人财产权和法治的必然结果。

即便没有引起财富分配不均，财产权就其本身而言也不是个纯粹的福祉。财产权制度的维持需要付出很高的代价。用经济学的专业术语来说，财产权需要"执行成本"：庞大的司法体系和警察，有些时候甚至需要动用军事和国家安全机构。在不少情况下，这些成本超过了保护可转让财产权所获得的经济利益。

拉布拉多蒙塔涅印第安人狩猎海狸的历史是一个具有教育意义的案例。几千年来，在广阔的海狸栖息地建立个人财产权制度所耗费的成本远远高于这些动物所能带来的经济收益。最初，部落把海狸看成公共财产，所有人都可以捕猎。到了17世纪中期，最早来到蒙塔涅的欧洲人发现当地在海狸放牧区缺乏私人财产权。于是，哈德逊湾公司（Hudson Bay Company）来到这里，并花高价购买海狸皮。一切都发生了变化，突然之间，对海狸狩猎地建立产权制度成了一件有利可图的事情。

由于水牛狩猎和其他动物的狩猎活动都没有多少经济价值，所以平原印第安人从未在他们的狩猎区建立财产权制度。即便他们建立了财产权制度，由于狩猎区范围过大，以至于执行成本也让人望而却步。现代社会也是如此，某些财产权的维护成本很高——可下载的音乐和史泰龙的电影就是最简单的例子。

不同社会的执行成本存在巨大差异。相对而言，美国财产权的保护成本要远远低于阿富汗。在堪萨斯市，当地警察就能保护财产权；而在喀布尔，财产权的保护需要美国特种部队的介入。在堪萨斯市，绝大多数的人都认为自己是利益相关者——遵守法律的公民，对每个人的财产安全都有强烈的保护欲望，不仅仅保护自己的财产；在喀布尔，人们却不是这样的。在利益相关者大量存在的地方，偷窃行为很少，财产权的实施成本比较低，财产也容易得到保护。如果人们对政府极为不满和不信任，保护财产权的成本就会迅速增加，经济也会相应受损。

我将这一现象称为"利益相关者效应"（stakeholder effect），它极有可能是 70 年以来政府支出和干预日益增加而西方经济却不受干扰的原因所在。的确，政府总是要求更大比例地占有经济的产出，但是这一比例的增加绝大部分以中产阶级权利增加的形式出现。个人支出（无论花费的是自己的钱还是来源于各种社会福利体系再分配的钱）对市场的扭曲要比政府直接购买产品和劳务所造成的扭曲小。当人们将社会福利项目再分配给他们的钱花出去时，这种支出反映的是产品和劳务的实际经济价值，而政府支出则不然。换言之，与政府直接购买产品和劳务相比，通过转移支付形式将 30% 的国内生产总值再分配给居民对价格的扭曲程度要小得多。○ 无饥馑之虞的人不太可能去做偷窃之事。

新强盗资本家时代

利益相关者效应比我们想象的要脆弱得多。正如哈佛大学法学院教授马克·罗伊（Mark Roe）指出的，在进入 19 世纪的时候，阿根廷的人均国内生产总值排名世界第八。它也是世界范围内债务最安全的国家，评论员认为，它的政治局势像英国一样稳定。一船又一船的欧洲人移民到阿根廷。

尽管在当时表现得不明显，但是阿根廷的各方面状况并不好。

○ 这类似于"圣诞无谓损失"（Deadweight Loss of Christmas）现象。一般情况下，圣诞礼物的平均成本超过了它们对于礼物接受者的价值，也就是说，普通接受者愿意为礼物支付的价格要低于送礼物者实际支付的价值。一名研究员估计，美国在 1992 年圣诞季节里，圣诞礼物的"无谓损失"总额在 40 亿 ~ 130 亿美元。更为重要的是，医疗保险制度、公共医疗补助制度和公共住房项目的无谓损失估计为其支出额（支出额本身占 2003 年联邦财政预算的 23%）的 9% ~ 39%。

就像拉丁美洲的西班牙和其他地区一样，它的土地高度集中在少数富裕的土地所有者手中。当"大萧条"来临的时候，数百万的失地佃农涌入城市寻找工作。这些贫民成为胡安·庇隆蛊惑人心的傀儡，胡安·庇隆不知羞耻地拉拢这些贫民，并使得一度繁荣的阿根廷经济脱离了发展的轨道。

一旦财富和收入不均发展到一定程度，普通市民的福利水平就会受到损害以至于他们不再感到自己是利益相关者，正如发生在阿根廷的情况一样。于是，实施财产权的成本将急剧增加，并在一定程度上影响经济的增长。

美国在这条道路上走了多远？经济学家托马斯·皮凯蒂（Thomas Piketty）和伊曼纽尔·赛斯（Emmanuel Saez）最近考察了美国在20世纪的大多数时间里财富分配不均的情况。图11-1显示了所得税税单中位置最高的1%人口的收入占国内收入的百分比，分为计入各种证券和财产的资本收益和不将其纳入计算的非资本收益。皮凯蒂和赛斯所描绘的图景与大众对美国20世纪财富分配情况的想象一致：在20世纪"强盗资本家"时代末期，财富分配极端不均，这一状况被后来的民主党和共和党管理者执行的税收再分配政策所改变。而到了20世纪80年代，这种不均情况又开始重现。

不均的程度取决于人们所考察的指标。图11-1中显示的所得税税单中位置最高的1%人口的情况表明，在20世纪早期，该国并未摆脱财富分配不均的情况。如果排除投资收益，只看工资收入，那么我们的视角也会发生变化。这样，分配不均的情况比"强盗资本家"时代更为严重，尤其是企业首席执行官的收入。1970年，大型企业普通首席执行官的收入是普通工人的40倍，大约与早期英国人口统计学家格雷戈里·金（Gregory King）所描绘的17世纪晚期处于英国社会阶层最高层和最底层人群的收入比类似。到了1998年，普通首席执行官的收入是普通工人的1000多倍。皮凯蒂和赛斯得出了一个保守的结论：

图11-1 纳税最多的1%人口的收入所占的百分比

资料来源：经作者授权，改编自"Income Inequality in the United States, 1913-1998," Thomas Piketty and Emmanuel Saez, NBER Working Paper 8467.

当前高收入者比以前更易于积累财富。若收入和财产累进税制并不能避免这一新现象，那么财富和资本收入的不均在接下来的几十年中将急剧增加。

政治权利将自由放任的美国19世纪神化为资本主义企业的黄金时代，私人企业免于税收充公和政府的干预。普通的事实掩盖了问题实质。在现代西方世界，即使在税收增加和政府的产业管制加强的情况下，经济也能实现繁荣。只有战争的破坏才能暂时性地对经济发展起到抑制作用。自由民主制的力量确实会抑制经济增长，但这只在收入再分配和政府支出接近一定程度时才出现，正如20世纪六七十年代英国发生的情况一样。

历史告诉我们，显著的财富分配不均并不像适度的税收负担一样起着良性作用。财富和收入的巨大差距会使得表面繁荣的经济脱离发展的轨道——正如庇隆主义时期的阿根廷一样。

圣彼得广场上的鲜血

即便是最自由、最民主和最市场化的国家也不能避免经济灾难。后拿破仑时期的英国比人们想象中更为接近繁荣结束的剧变。在工业革命早期，英国工人受到工厂高工资的吸引，涌入中部恶臭的贫民窟中。在拿破仑战争时期，半熟练机器操作员的周薪达到60先令，足以在工业区附近租一间条件不错的房子。后拿破仑时期价格的下降也伴随着工资的下降——每周的平均工资降至24先令，同时也伴随着英国《谷物法》的加强。《谷物法》禁止谷物进口，导致国内谷物的价格保持在人为的高水平上。工资下降，食品价格上升，二者的结合导致成千上万的人走向贫穷，许多人处于贫困的边缘或更为严重，甚至扰乱了政治局势。

英国议会下议院或许是议会的前身，但不算典型的议会形式，即便在19世纪早期也是如此。它是一个只有少数人才具有选举权的机构，歪曲了议会代表制，其席位偏向英国南部和西部。保守党任何一个心血来潮的想法都能买卖甚至取消选举权。新兴城市工薪阶级的绝望状态推动议会改革的需求，并产生了一个激进的政治家集团。

利物浦和卡斯尔雷的反动政府被法国革命的历史所困扰，并惧怕法国大革命时期的激进民主主义者在英国土地上的崛起，他们曲解了改革运动，并认为起义将四处爆发。1817年3月，政府剥夺人身保护权长达近一年。这一政策虽然暂时延缓了激进的骚动，但是它的恢复所带来的一系列冲击将兰开夏郡变成了动乱之地。1819年8月16日是一个温暖、晴朗无云的日子，改革者组织的游行队伍穿过曼彻斯特郊区，并在圣彼得教堂附近的一块空地举行会议选举新的议会成员。他们的"选举"是非法的，这次集会的主角是著名的激进演说家亨利·亨特（Henry Hunt）。集会的出席人数众多，对那个时代来说尤为如此。据最准确的估计，现场大约为9万人，其中的6万人就在圣彼得广场。

政府早已密切关注武器的藏匿处，并派出1500名士兵包围了这一地区，而这些武器实际上并不存在。游行和集会的良好秩序使士兵们感到疑惑，他们惊慌失措并准备逮捕亨特。由于集会的规模很大，随着局势的进一步发展，政府决定实施武力逮捕。军队以刀剑从紧密保护亨特的群众中杀开一条道路并接近亨特，场面迅速失去控制。几百名旁观者受伤，但由于未使用火器（军刀和警棍是唯一的武器），死亡者只有11名。

其中一名受害者是参加过滑铁卢战争的老兵，叫理查德·利斯，他评论道："在比利时战场，战争至少是人对人的战争，但发生在圣彼得广场的战争实际上是纯粹的屠杀。"在做出上述评论后不久，利斯就因伤而死。这场大屠杀很快就被叫作"彼得卢"（Peterloo），并成为政治改革的导火索。诗人雪莱在《暴政的假面具》（*The Masque of Anarchy*）中写道：

> 我在途中遇到了屠夫，
>
> 他戴着一副卡斯尔雷那样的面具。

这场暴力震惊了英国，并加强了改革派辉格党的力量。1833年，《工厂法案》（Factory Act）由于工业安全问题的监督而指控政府。同年，第一批移民官员确保了那些横渡大西洋前往美国的人得到了充足的食物。1846年，在经过几十年的政治冲突以后，议会终于废除了《谷物法》，并带来了更自由的国际贸易时代，降低了消费品尤其是谷物的价格。

短短3年后，议会将《航海法》从法令全书中废除，这使得谷物的价格变得更低，减轻了大量工人的负担。尽管铁路公司由于其"干预财产权"提出抱怨，但是《铁路法》（Railway Acts）的实施还是改善了交通安全。医疗卫生官员监督工业贫民窟的卫生状况，议会大幅度地增加对银行的监管力度。在一次英明的社会工程行动中，伦敦市长罗伯特·皮尔（后来担任首相）首次建立了市政警察部门。在19世纪中期，伦敦见证了西方世界中政府在商业和私人生活方面最积极的干预。19世纪的英国并没有实现现代传奇化的自由放任政策。

胡佛、麦克阿瑟、罗斯福和争取津贴的游行者

在一个世纪后的大萧条期间，当失业者的数量达到了国民数量的1/4时，一系列具有相同结果的事件也发生在美国。1932年7月，总统候选人富兰克林·德拉诺·罗斯福的助手雷克斯福德·塔克威（Rexford Tugwell）观察到：

到现在，数百万没有工作的人都处于越来越绝望的状态中。私人慈善团体已经耗尽了资源，公共部门也在对拨款进行配给，数量少得可怜。由于工作岗位减少，不仅工人的工资在下降，政府官员的薪水也在下降。身负债务的人面临着债务清算问题，但这些债务无论如何也偿还不了。他们不得不放弃抵押品赎回权，这可能意味着其数年的积蓄或家庭和商业财产。

德国的情况与美国类似，失业的情况甚至更为严重，街上充斥着褐衫党㊀（brown-shirts）暴徒，形势不亚于塔格韦尔所描绘的情况：

> 我们没有时间认真了解这些事件，但很显然的是，它们是一些灾难的预兆。除此之外，它与国内发生的事件具有可怕的相似性，并开始显现出来。

数百万没有前途的失业者扒货车逃票离开家庭，结成或大或小的队伍在卫生条件极差的胡佛村（Hoovervilles）扎营，这些胡佛村遍及全国。1932年7月末，当那些失去工作的参加过第一次世界大战的老兵聚集在华盛顿特区要求提前发放原定于1945年发放的津贴时，事情到了危急关头。总统胡佛担心这一事件会引发革命，他指派参谋总长道格拉斯·麦克阿瑟会同两名年轻的助手艾森豪威尔和巴顿去驱逐抗议者，把抗议者从宾夕法尼亚大道和邻近其露营地的阿纳卡斯蒂亚街区驱逐出去。胡佛通过战争部长帕特里克·赫尔利（Patrick J. Hurley）下发给麦克阿瑟的命令是很清楚的：

> 总统告诉我，哥伦比亚特区的行政长官向他报告无法维持

㊀ 纳粹党徒身穿褐色制服，又称"褐衫党"。——译者注

该行政区的法律和秩序。你将带领美国军队立即赶往失控地区，包围这一区域并立即清理现场。

自由民主国家的军队再次将军刀指向和平群众。然而这一次，由于军队技术的偶然因素（他们是骑兵，能够用马和军刀的刀背驱逐没有武装的示威者，因此没有造成严重的伤害）导火索未被点燃。但是，正规军队镇压非武装老兵的事件刺激了全国，在那样一个激烈的午后，赫伯特·胡佛连任的可能性就显而易见了。罗斯福几个星期以前在芝加哥体育场就已被提名，他预言胡佛的政治生命已经结束，并可以提前开始自己的新政运动了。

尽管许多人不愿意承认，但是在那个时候英国和美国几近革命的边缘。⊖在阿纳卡斯蒂亚街区冲突后的20年中，累进税制和其他社会财富再分配项目缩小了美国经济的不均等程度。皮凯蒂和赛斯的数据表明，经济的不均等程度在近几十年有所增加，但是它所造成的影响显然并没有达到后滑铁卢时期和大萧条时期的危害程度。

挑战极限

在经济增长和社会凝聚之间存在某种权衡。我们可以设想一个"稳定的范围"，在这个必要的范围内社会提供财产权和征税以保证经济增长，而且财富的不均等不至于造成社会和政治的不稳定。美国似乎在探索这一范围的"右边界"，从鼓励经济最佳增长的角度出发探索对收入和财富不均等的容忍程度。

其他发达国家似乎徘徊在这一范围的"左边界"，以鼓励最佳公

⊖ 一项著名的关于英国19世纪早期接近革命的状况调查，参见R. J. White，*Waterloo to Peterloo*（London：Heinemann，1957）。

平程度和幸福程度的名义探寻可以在多大程度上牺牲经济增长。

斯堪的纳维亚国家和美国为政府支出的极限研究提供了案例。1924～1995年，丹麦政府支出占国内生产总值的比例从11%增至51%。在美国，联邦、州和地方预算占国内生产总值的比例为30%。考虑到北欧在过去的几十年中在政府公共服务方面痛苦的削减情况，欧洲人看似已经接近税收的上限了。

税收量占产出50%的北欧如何做到与税收量占产出30%的美国保持同样的繁荣程度呢？主要原因有三个方面：

- 欧洲的社会福利已经创造了稳固的利益相关市民群体，他们愿意遵守社会规范、尊重法律、自愿纳税。这背后的机制是多样化的——从领取固定救济的失业者不会干偷窃之事这样最明显的事实到"利益相关者效应"在税收缴纳和商业合同的履行方面更为微妙的利益。所有这些高额社会福利支出的有利影响使得实施产权的成本非常低，极大地减轻了高额税收对经济激励的损害。

- 尽管按照历史的标准来看，一方面，美国和欧洲的政府开支都非常高，但是他们主要用于转移支付，所以"无谓损失"（在购买者和消费者不是同一个人的情况下造成的浪费）非常低。另一方面，军事开支则造成了非常高的无谓损失。因此，哈布斯堡王朝和苏联的军费开支占国内生产总值的15%～25%，事实证明，这一情况比北欧福利国家政府支出占国内生产总值50%的情况对经济造成的损害还要大。后者的军费开支占国内生产总值的比例可以忽略不计。

- 最后，欧洲的税收比美国的税收更为"灵活"。令人吃惊的是，欧洲实行递减税制，但是它的税制体系比美国的税制体系更为高效。与美国相比，欧洲更依赖于以消费为基础的税收，如增值税，而较少依赖于经济上效率低下的所得税、股利税和资本利得税。

在过去的一个世纪中，美国人对收入分配不均等的容忍度增加了吗？在某种程度上，答案是肯定的。这是新政实施后财富重新分配安全体系实施的结果，若没有这一体系，那么美国在很早以前就遭受社会和政治的严重不稳定了。然而，我们不应该过于得意。在困难时期，对财富不均等的容忍度会急剧下降，正如大萧条时期的情况一样。或许这是康德拉季耶夫（Kondratieff）假设的漫长的且永不停止周期经济和政治循环中的又一个转折点，在整个过程中，自由放任的政策和重新分配的政策交替进行，某一项政策的过度实施会导致另一项政策的改革。我们所能期待的最好情况是，无论新建立的还是早已建立的伟大自由民主国家，都能够以一种合理有序的方式管理这个永恒的经济周期。

通货膨胀与就业

体现幸福的"硬数据"同样也阐明通货膨胀和失业之间的权衡关系。放松银根会造成更高的通货膨胀率和较低的失业率，而紧缩银根会产生相反的影响。某些上了年纪的读者可能会回想起吉米·卡特总统任内的"痛苦指数"——失业率和通货膨胀率的总和。正如我们在第10章所看到的，失业是导致痛苦的重要因素。通货膨胀也会带来相同程度的痛苦吗？不，它不会。一项在美国和12个欧洲国家展开的关于失业和通货膨胀对幸福影响的研究表明，每提高一个百分点的失业率给社会带来幸福感的下降是通货膨胀率带来的下降幅度的两倍多。关于货币政策、通货膨胀和失业相互关系的讨论远远超出了本书的范围，但是发达国家和发展中国家的政策制定者若能认识到通货膨胀比失业造成的情感痛苦要小得多，则他们在政策制定方面就能做得比较好；反之，那些偏好欧洲式社会福利的国家应该认识到这些体系本身造成的高失业率对民心存在腐蚀作用。

富国与穷国

我们需要考虑的最后一个权衡就是发达国家如何帮助发展中国家实现经济增长。为企业提供的资金数量是有限的，付出的努力是有限的，人力资源的数量也是有限的。在过去的半个世纪中，那些最发达的国家通过两种方式帮助那些相对贫穷的国家。私人组织和非政府组织断断续续且不加选择地提供"人道"援助，通常是医疗和农业方面的。在政府和国际层面上，公共基础设施建设可以获取大量的贷款。另一种援助方式就是政治援助。在多数情况下，一些富裕国家，尤其是美国，鼓励发展中国家实施自由选举（除了那些受专制君主统治而与西方友好的国家）。

发达国家如何有效地配置这些资源？联合国驻波斯尼亚和黑塞哥维那的高级代表帕迪·阿什顿（Paddy Ashdown）简洁地做出了回答："事后来看，我们本应该把法制建设放在首位，其他所有方面——运行良好的经济、自由和公平的政治体系、国内社会的发展和有公信力的司法体系，都以此为基础。"

换言之，一个国家在修建公路、建立诊所和建设大坝之前，必须首先培训一批律师和法官，然后，需要大量的耐心。在这些国家实现民主之前，它们的经济必须已有长达数十年的发展。在一个贫穷的传统农业国家或游牧国家建立民主制度是徒劳的。援助工程可以设立学校和工厂，但是如果不存在财产权制度和司法体系，这些设施将不断遭到破坏，正如两个世纪以前奥斯曼土耳其帝国和20世纪70年代前非洲发生的情况一样。

我们担心的问题可能是强调自由市场改革是否会加剧发展中国家的收入不平等，实际上不必担心。只有在法治不健全的国家才允许官员或亲信从事利润丰厚的寻租行为，在有些情况下，甚至是明目张胆地侵吞他人财产。即使是在墨西哥这样实行公开再分配税制的国家，处于第90百分位的人所获得的收入也比处于第10百分位的人所获得的收入要高11.6倍，同样的情况在美国是5.5倍，在瑞典是3倍。

人们常常会争论道，发展中国家难以承受自由化的市场改革，因为它会对社会底层造成危害。至少在其早期阶段，经济体制的改善仅仅是通过使特权阶层的偷窃行为更难进行这一点来降低收入差距。因此，在贫穷国家中，没有权衡可言。

如果一个国家不存在健全的法律制度，那么为它提供任何形式的经济援助都很难起到实际作用。最好的例子就是尼日利亚，它从1980年以来就出口了150多亿桶石油，其收入远远超过了西方国家所能提供的赠予——但是在接下来的23年中，它的人均国内生产总值却下降了1/5。西方社会可以捐赠给不发达国家的唯一一件有用的东西就是它的经济制度遗产，没有这样的经济制度，任何形式的援助都无所助益。

第12章

财神与战神：赢家的诅咒

> 胜利属于那些拥有最后一枚埃斯库多[⊖]的国家。
>
> ——门多萨（Don Bernadino de Mendoza）
> 《战争理论与实践》

在第10章中，我们得出结论，即财富并不一定能提高一个国家的福利水平，但是却有利于发展民主制度。现在我们将考察繁荣带来的另一个重要好处：权力。经济学是一门决定一个国家生死存亡的学科，这种说法并不夸张。对经济发展的理解有助于洞察主要政治力量的发展历史，并解释现代世界的组成形式。

财富的一对孪生后代，即民主与权力，使得世界上最大的一个或几个自由民主国家掌握世界霸权成为必然。首先，我们将考察财富和权力的复杂历史联系；然后，我们将探究人口众多的自由民主国家在地缘政治上的优势。

在现代世界中，财富和权力的联系是简明的。就本质来看，现代战争在很大程度上由工业水平决定，生产力高的国家常常能获胜，军事生产力的故事已经很久远了。在古希腊，重装备步兵的战术和盔甲为古希腊战士提供了波斯人不可超越的优势。在"百年战争"

⊖ 埃斯库多是葡萄牙的货币单位。——译者注

的开端，长弓在200码的范围内有着极高的准确性，且每分钟能发射12次，在克雷西战役和阿金库尔战役中使法国的精锐部队大受打击。随后，技术使情势出现了逆转，攻城石弩的使用使法国看到了胜利的曙光。正如任何工业竞赛一样，生产力是决定性的因素，它们的产品可能不同，但竞争的本质完全一样——谁能以最低的成本和最大的产量生产出最具杀伤力的武器，谁就能获胜。

正如克朗普顿的"纺纱骡子"使英国赢得工业革命的胜利一样，它在军事领域也是如此：机关枪使英国在19世纪许多殖民战争中获胜。例如，苏丹的乌姆杜尔曼战役，英国仅以损失几十名士兵的代价就能残杀11 000名僧兵。同样，纳粹德国司令部在波兰、荷兰和法国北部发动空战和坦克战，很快就打败了实力更为强大的英法同盟。

当然，胜利不仅在于购买或发展军事设施（在扬基棒球场中获得胜利的人并不是棒球生产者），现代战争变得越来越综合和立体化。不过话说回来，如果没有高质量的球棒，扬基队也会遭遇失败。

除了自然财富和先进的武器和勇敢而领导得当的士兵外，在追逐国家权力的过程中，获得地缘政治优势同样需要具有耗费大量财富与付出鲜血的意志。在极权主义国家（实际上，历史上大多数国家都是极权主义国家），这并不是一个难以逾越的障碍。哈布斯堡的统治者没有经过深思熟虑就实施残酷的掠夺政策，从而使得国民变得赤贫，并驱使农民充当战争的炮灰。另一个极端则是现代的欧洲和19世纪的美国（除了南北战争时期），它们宁要财富不要权力，这直接导致其将尽可能少的产出转化成军事力量。令人惊讶的是，处于权力鼎盛时期的英国竟然属于后者。由于其军事力量远远强于其他殖民竞争对手，英国仅需要很少的支出就能管理帝国军事，军事开支占国内生产总值的比例小于3%。此外，英国的国内生产总值从未超过世界总产出的1/10（美国在1945年的国内生产总值是世界总产出的2/5，21世纪初是1/5）。直到19世纪80年代，英国军人的数量还不到法国的一半，相当于俄罗斯的1/3，甚至少于德国和奥地利。

有时候，一个国家可以在军事上战胜国力比自己强大的国家。在一个小规模的区域性冲突中，一个贫穷落后的国家若拥有训练有素和士气高昂的军队，而且这些军队在应对外敌入侵时同仇敌忾、愿意付出巨大牺牲，那么他们是可以战胜更为强大的竞争对手的。这常常发生在民族解放战争中，如在阿尔及利亚、中南半岛（发生过两次），还有美国独立战争。

在前现代时期，距离就是安全，美国独立战争便得益于此。英国需要跨越充满暴风和寒冷的大西洋，将"每一块饼干、每一名士兵和每一粒子弹"运往美洲，从而处于极大的劣势。在将近两个世纪的时间里，美国地理上的隔绝性为它带来了某种安全保障，处于欧洲中心的那些国家只能对其羡慕不已。

到了19世纪，蒸汽动力的利用使西方能够更有效地利用动力漂洋过海，甚至通过河流进入内陆，如非洲的刚果河。多山地区的抵抗力显得更为强大一些，如阿富汗，但是到了20世纪，这种地理上的极端障碍也被克服了。在美国与阿富汗的战争中，一些人预言美国将遭遇英国此前的命运，那是因为他们并未意识到巡航导弹、远程轰炸机、航空母舰和直升机能够有效地压制阿富汗的传统优势——远距离与地形优势。

换言之，门多萨的分析（胜利属于拥有最后一枚埃斯库多的国家）从根本上说是正确的。各国间发生全球性冲突已成为现代社会的标志，技术、动机和地理因素使许多国家或广泛分布的战场得以"平衡"，而经济力量常常是胜利的保证。

第二次世界大战使战争成为工业竞争的缩影。在冲突的起始阶段，初始盟国英国和法国的国内生产总值刚刚超过初始轴心国家德国与意大利（盟国的国内生产总值是 4750 亿美元，而轴心国的国内生产总值是 4000 亿美元，均以 1990 年的美元价格计算）。凭借军队士气、装甲部队和空军，德国纳粹军队于 1939 年迅速战胜了波兰，并于 1940 年 5 月战胜了法国。此后，英国注意到了德国凭借遥遥领先的经济和军事力量所生产出来的中型反坦克武器，英国的胜利更具有不确定性了。法国战败后不久，英国也几近投降。但是丘吉尔在内阁会议中娴熟的调兵遣将能力超过了他的竞争对手哈利法克斯勋爵（Lord Halifax），使英国避免在独立了 9 个世纪以后不光彩的投降结局。

美国于 1941 年加入战争，在此前的 19 个多月中，英国的战斗一直处于无序状态。美国的加入使得参战国经济力量的对比变成了 17 500 亿美元（美国、英国和苏联）比 6000 亿美元（德国、意大利和日本）。透过珍珠港事件后的黑暗，丘吉尔发挥他往常的本领，将事件的单一本质从混乱的战略表象里提炼出来："希特勒的命运就此注定了。墨索里尼的命运也注定了。至于日本，它将被踏成粉末。接下来所需要做的就仅仅是合理地调配势不可当的军事力量。"

引用一个常见的例子，中途岛战役常常被看成"转折点"或太平洋战争的"决定性"战役。尽管盟国已经破译了日本的密码并确定其意图，但这并不意味着美国注定获得胜利。绝望而无计划的美军进攻队伍突然发现日本的 4 艘航空母舰中有 3 艘处于短暂的无防备状态，当美国的俯冲轰炸机到达这些航空母舰的头顶上时，才发现它们的甲板上装满了燃料和炸弹。军事史学家利德尔·哈特（Liddell Hart）将中途岛战役称为新型远距离海空战斗的"偶然性"事件。从传统的军事观点来看，如果美国在中途岛战役中失败了，这将损害盟国在太平洋战争中的前景，日本的战斗将继续保持数年，甚至最终使美国求和。

通过粗略的数据对比就能得出截然不同的结论。战斗之初，双方都有6艘大型航空母舰。日本几乎将所有的航空母舰都投入珍珠港战役中，其中的4艘在中途岛战役中丧失。1942年年末，美国也有4艘航空母舰㊀在珊瑚海沉入海底。因此，到了1942年年末，双方拥有的航空母舰数量都很少，常常有一两艘停泊在港口进行修理或随时重新装备。在接下来的3年中，日本只生产了2艘航空母舰，而美国的生产量为16艘。日本建造了14艘小型的航空母舰，而美国的数量则是118艘（尽管其中的大多数行使大西洋护卫任务）。

到了1943年年末，舰队司令尼米兹（Nimitz）有权为入侵吉尔伯特群岛（Gilbert Islands）调遣十几艘航空母舰，使美国绝对掌握了制海和制空权。即便日本在具有决定性意义的中途岛战役中胜利了，美国和日本航空母舰的数量对比仍然是9∶5。在任何情况下，美国能在6个月的时间中弥补3艘大型航空母舰的损失，而日本却需要一年多的时间来生产最后2艘航空母舰。在其他大型军舰、潜水艇和飞行器方面，美国"对压倒性实力的合理使用"也注定了日本的失败。太平洋战争的结果既取决于美国的前线血战，也取决于美国造船厂的实力。

虽然胜利并不仅仅要求拥有最后一枚埃斯库多，但财富始终是军事重要性的核心。通过追溯大国的经济环境便能知晓该国的命运是怎样的。

㊀ 列克星敦号（Lexington）、黄蜂号（Wasp）被潜水艇袭击，大黄蜂号（Hornet）在瓜达康纳尔岛附近，约克镇号（Yorktown）在中途岛战役中。——译者注

克罗伊斯的垮台

传说，非常富有的吕底亚国王克罗伊斯（Croesus）派遣亲信去特尔斐（Delphi）神示所向神请示，以决定是否进攻波斯。神谕师回答道："如果他派兵进攻波斯，那么他将摧毁一个王国。"因此克罗伊斯满怀信心开始了对波斯的进攻。战争使他认识到神谕师所说的话是正确的——被摧毁的王国就是他自己的王国。

霸权主义常常会种下自我毁灭的种子。经济学家在很早以前就已发现了"赢家的诅咒"（winner's curse）：拍卖会上获胜的出价人常常估价过高，而且状况常常比投标"失败"的状况糟糕。从地缘政治的角度来看，赢家的诅咒甚至是一种自然法则，原因很简单，行使和维持霸权需要付出高昂的代价。的确，获得领土常常意味着获得初始财富，但一旦战利品的数量逐渐减少，开支就会成倍地增加，因为"赢家"需要守卫、镇压和防护更为宽广的领土，这就导致历史学家保罗·肯尼迪（Paul Kennedy）所说的"帝国过度扩张"（imperial overstretch）现象。

从公元16世纪至今，战争的代价越来越大。在16世纪，主要参战国在整个战争过程中的开支约为1000万英镑。到了拿破仑战争时期，主要参战国每年的开支为1亿英镑，到了1793～1815年"法国战争"期间，英国的总开支超过了16亿英镑。⊖

战争开支的增长率远远高于作为支撑基础的经济的增长率。

⊖ 引用的所有数字都是以当时的实际货币价值来衡量的——表示当时的实际货币金额。16世纪战争所耗费1000万英镑的成本相当于现在的6亿美元，法国战争所耗费的16亿英镑相当于现在的600亿美元。在这两个时期之间，通货膨胀率很低。参见 Roger G. Ibbotson and Gary P. Brinson, *Global Investing* (New York:McGraw-Hill, 1993), 251-52。

1600～1820年，英国的经济仅仅增长了6倍，法国经济的增长低于3倍，西班牙的经济甚至未能翻倍。虽然前现代时期的君主们都能认识到军事超支的危险性，但是直到1755年，亚当·斯密才在演说中正式说明战争及支撑它的苛捐杂税所造成的不良影响：

> 除了和平、宽松的税收以及公正的执法，一个国家几乎不需要其他额外的条件就能从最低级的野蛮状态发展到最高程度的富裕状态，所有的其他方面都应顺其自然。

不幸的是，哈布斯堡王朝和波旁王朝都没有接受这一智慧的忠告。在第8章中曾提到过西班牙高额的军事开支和国家的长期负债状态。当菲利普二世在1598年去世时，西班牙已经欠下了1亿达克特的债务，相当于1588年不幸的"无敌舰队"（armada）所造成损失的10倍或其每年从新世界获取白银数量峰值的50倍。

菲利普铺张的征战仅仅是西班牙"三十年战争"（1618～1648年）的前奏，后者是一场宗教屠杀，使得大量的人员和财富从各种途径流入德国和低地国家，造成哈布斯堡王朝财力不足，并注定了它的失败。到了1650年，西班牙从新世界获取的贵金属数量下降了80%，而且还失去了从荷兰获取的财政收入。留给西班牙的只是国内经济的严重不景气。

债务和开支的迅速增加、收入数量的迅速下降、没有战略性的才华、缺乏战斗的信心（西班牙陷入了全面的衰落之中），西班牙已经耗尽最后一枚埃斯库多。很快，葡萄牙和荷兰在谈判桌上从西班牙那里获取独立。保罗·肯尼迪再一次评论道："哈布斯堡王朝有太多的事情要做，需要与之战斗的敌人太多，需要保卫的前线太多……获取面积如此广阔领土的代价就是树立大量的敌人。"

哈布斯堡在某些方面过度支出。在面临国家灭亡的危机时期，这种公然的军事超支可能是生存的必要，但是若不结合财富状况且在不存在战争的情况下，持续几十年的过度开支就意味着毁灭。

谁将取代西班牙？荷兰太小，很难与那些正在慢慢组织起来的大民族国家抗衡。与周边的大邻国相比，荷兰在"三十年战争"末期取得独立之时已经经历过财富和权力的顶峰。英国刚从内战残忍的结局（一系列灾难性的议会争端、护国公政体以及随后的斯图亚特君主政体）中恢复，若不是如此，它或许能从西班牙的衰落中获益。

因此，弥补哈布斯堡王朝破裂后权力的空缺本是留给法国的机会，但法国在长期的战争中也已经过度开支了。1648年《维斯特伐利亚条约》（Peace of Westphalia）签署后，西班牙和法国又进行了11年的战争，到1659年它们签署《比利牛斯条约》（Treaty of the Pyrenees）之时，法国已被本国的财政问题拖垮，它的税率失去了控制，国民极度贫困，国家信用崩溃。

多年以来法国都没有学会控制自己的军事胃口。路易十四与哈布斯堡君主一样，是不计后果的享乐主义君主。极端敏锐的科尔贝尔深知"太阳王"路易十四进行军事冒险将给国家财政带来影响，但却常常无法限制他的行为。科尔贝尔唯一支持的战争是1672年的远征荷兰战争，当时的荷兰是法国在伟大重商主义游戏中的对手。

路易十四做过的最直接且代价最高的荒唐事则是西班牙王位继任战争。当哈布斯堡最后一个倒霉的君主查理二世死于1700年的时候，路易十四派他的孙子安茹公爵菲利普作为菲利普五世接替王位，占领荷兰南部，并垄断所有与西班牙和美洲的贸易。路易十四的计划并没有实现，反而激起欧洲诸国的联合反对。难以避免的冲突剥夺了法国大面积的领土以及与新世界贸易的特许权。波旁王朝被分裂成两部分，直布罗陀归英国，垂死的"太阳王"政权承受着日益增加的巨额债务。

王位继任战后西班牙在财政上的问题为其拉开了"众神的黄昏"㊀（Götterdammerung）的序幕。此时，苏格兰人约翰·罗（John Law）说服法国国王让自己承担法国债务，条件是换取密西西比公司（Mississippi Company）的股份。密西西比公司这一金融投机触发了历史上最大的金融风暴，即 1719~1720 年巴黎的密西西比公司泡沫和伦敦南海泡沫的结合。㊁

三代人以后，"太阳王"路易十四的曾孙路易十五使英国卷入了"七年战争"，即世界第一场全球战争，再次抽空了法国国库。英国试图从法国手中夺走加拿大的其余部分，并结束法国在西印度群岛和印度的影响力。在代表作《政治制度》（Ancien Régime）中，塔列朗（Talleyrand）注意到波旁家族难以抑制这种与生俱来的冒险主义特点——他们不能从历史中学会什么，所以也无所谓忘记什么。

英国也一样，既不能避免财政危机也不能从军事负担中摆脱出来。虽然英国没有完全卷入荷兰"三十年战争"，但这对英国弱小的经济也产生了不利影响。议会和王室常常因为战争支出发生冲突，当查理一世武断地为海军建设（臭名昭著的造船费）拨出资金之时，他也触发了将自己送上断头台的内战。

半个世纪以后，西班牙王位继任战争也使英国同样陷入了严重的债务危机中。正如法国一样，由于一次投机性的商业冒险，南海

㊀ "众神的黄昏"指体制的崩坏。——译者注

㊁ 从国内生产总值的角度来看，南海泡沫的规模比最近的网络风暴要大得多。最准确的估计认为，1720 年英国证券交易市场的总市值达到 5 亿英镑，大约是国内生产总值的 7 倍。在网络风暴的顶峰时期，美国所有公开上市公司的总市值仅仅为其国内生产总值的 2 倍。

公司背上了政府的大量战争贷款，这就像约翰·劳的密西西比冒险一样，引发了金融泡沫。由于英国的债务规模相对较小，加上其金融市场更为完善，因此1720年南海泡沫所造成的损害不及密西西比泡沫对巴黎造成的损害严重。英国在18世纪也卷入了成本高昂的军事冒险中——美国独立战争，由于美国特殊的地理条件，战争的结果早已注定。

对于美国独立战争，法国难以袖手旁观。路易十六重复了他祖父和曾祖父的曾祖父的错误。在与英国的战争中，法国的耗资数量是此前三次战争花费的总和。

英国和法国政府一再要求成熟良性发展的资本市场为其巨额现代战争费用和相对脆弱的经济融资。在美国独立战争后期，英国和法国拥有相同的国家债务——规模为2亿英镑。

再一次强调，国家的命运由普通财政细节所决定，某种程度上说由利率水平所决定。由于有着良好的资本市场，英国的贷款利率是法国的一半，因此，英国的贷款成本是法国的一半。英国可以轻松地承受这一债务，而法国则不然。法国无力偿还债务，所以引发了一系列事件：路易十六在1789年破天荒地召开三级会议，从而引发了法国大革命。现代观察家对财政和战争胜利之间的关系有着清楚的了解。伯克利大主教曾说过，信用是"英国战胜法国的主要优势"。

革命战争对处于最完备时期的法国资本市场造成了损害。1797年，拿破仑废除了2/3的政府债务，使得政府的金融信用遭到破坏，导致利率飞跃到30%以上。随后拿破仑如何为他庞大的军队募集费用呢？老办法：征服与掠夺。这位大胆的科嘉西人逼迫战败者负担数量惊人的赔偿费和税收，数额常常超过一个国家财政收入的50%。

由于明白自己的痛苦处境，拿破仑曾说过："若我不能以新的荣耀和新的胜利来满足财政短缺的问题，我就将失去权力。征服成就了现在的我，只有征服才能帮助我维持现在的地位。"

在短期内，征服确实能起作用。法国开始繁荣起来，利率几乎将达到英国的水平。但是法国不能摆脱历史最古老的陷阱。一旦战利品消耗殆尽，它的财政就迅速衰落，也剥夺了军队的供给。随着拿破仑军队撤回法国本土，残忍的新型内战又开始爆发，由勇敢的农民军组成的著名帝国精锐部队也开始军心涣散。很快，拿破仑就被放逐到厄尔巴岛。

在19世纪和20世纪，军费开支的增长速度持续超过政府财政收入的增长速度。即便特殊时期的战争税也难以满足军事开支的需求，于是政府不得不依靠贷款来支持战争。正如前几个世纪的情况一样，赢家和输家的分水岭就是借贷能力。证券交易所变得与军营一样重要。

在过去的两个世纪中，英美两国资本市场所完成的战争使命令人羡慕。在两次世界大战期间，美国财政权力机构就如其军事权力机构一样表现出色。图12-1粗略地描绘了美国如何通过良好的信用和健康的资本市场吸收大量的军费。黑线表示军事开支占国内生产总值的比例（左边的坐标轴）。首先，请大家注意美国军事开支的比例非常低——在大多数时间不超过国内生产总值的1%，"冷战"时期不超过10%。在三次主要战争期间（南北战争和两次世界大战），军费开支在1945年达到美国国内生产总值的47%。

高昂的军费开支使借贷成为必然，美国则依靠债券市场的力量来弥补亏空。灰色的线显示了在每一次战争后债务负担要花几十年才渐渐清偿，债务负担仍然以其占国内生产总值的比例来表示（右边的坐标轴）。债务曲线显示了两次与战争时期不相关的上升——第一次是为罗斯福新政支付的成本，第二次是里根政府减税和适当增加"冷战"军事开支的综合结果。

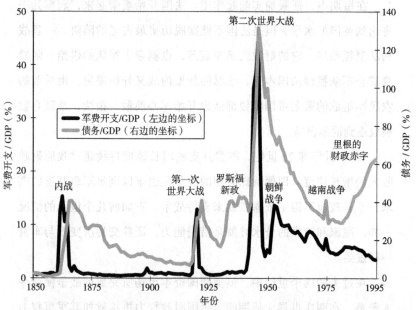

图 12-1 美国的军事开支和债务占 GDP 的百分比

资料来源：GDP 数据来自美国商务部，军费开支数据来自密歇根大学与战争相关的物质能力研究课题的数据库 http://www.umich.edu/~cowproj/，国家债务数据来自美国财政部。

每发生一次战争，美国偿还债务时对资本市场以及对利率提高的影响程度都比上一场战争所造成的影响程度要小。在内战期间，不习惯发行大量债券的政府也不得不依赖私人部门借款（主要依靠私人投资银行家杰伊·库克，他英明地建立了广泛的经纪人网络以将政府债券出售给普通投资者）。政府的借贷成本相对适中，政府债券的收益率从战前的 4.5% 增加到 6%。

到了 20 世纪，政府在出售债券方面逐渐变得老练，它不光将债券出售给机构买者，还直接以自由债券（为第一次世界大战融资）和储蓄债券（为第二次世界大战及此后的战争融资）的形式将其出售给公民。因此，在第一次世界大战期间，利率维持在战前 4% 的基准线，几乎没有发生变化，到了第二次世界大战期间，政府和大型企业都能在不影响利率的情况下获取大量贷款。1945 年，当国家债务前所未有地达到国内生产总值的 1.31 倍时，美国政府债券却能以 2.5% 的收益率出售，与战争开始之初的收益率水平相同。

其他国家在筹资方面并非如此顺利。在两次世界大战期间，几乎每一个国家都受到财政压力和财政亏空的困扰。财政需求的严峻状况和持续高度紧张的战争局势侵蚀着每一个国家的经济，迫使经济薄弱的国家成为同盟富裕国家的债务人。这些贫穷国家（第一次世界大战期间的苏联、奥匈帝国和意大利；第二次世界大战期间的意大利和日本）难以补给和装备它们的军队，于是被迫撤退，或者就像 1917 年的苏联一样完全退出战争。

这些状况随后扩散到那些已经初现繁荣的国家——1918 年年末，德国由于过于关注军需品生产，导致其国内生产总值降至战前的 1/3。工业产出下降更为严重，居民处于饥饿的边缘。图 12-2 描绘出德国 20 世纪的军费开支，同样也是以其占国内生产总值的比例来表示。请大家注意，与美国相比，德国在战争期间的军费开支陡然增加——第一次世界大战期间，军费开支是国内生产总值的 84%，第二次世界大战期间达到 139%。此外，这一开支水平持续的时间更长——第二次世界大战中，德国参战将近 6 年。早在 1938 年，德国军费开支就已经达到国内生产总值的 1/3。即便强大的美国资本市场也难以维持这样的需求,当然,德国欠发达的资本市场也无法完成这一任务。

在两次世界大战结束的时候,无论在经济上还是军事上,美国都是能支撑到最后的唯一一个国家,而英国则深陷在对美国的债务中。凯恩斯爵士长期而杰出的职业生涯的转折点就是他参加了1946年在美国举行的旨在解决英国债务问题的会议。凯恩斯的要求都得到了满足,但他本人回到英国时患病,并于两周后去世。英国的失败并不是因为军事打击,而是因为沉重的债务。

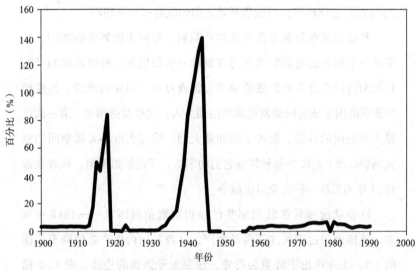

图12-2 德国的军费开支占GDP的百分比

资料来源:军费开支数据来自与战争相关的物质能力研究课题的数据库;德国GDP数据来自Maddison, *Monitoring the World Economy*, 1820-1992, 180;通货紧缩数据来自Ibbotson Associates。

因此,门多萨的名言需要稍做修改。赢家并不是拥有最后一枚埃斯库多的国家,而是能以最低的利率从国民那里获取贷款的国家。

繁荣、民主和霸权

民主和军事力量有着相同的来源:经济繁荣在大众层面的扩散。企业活力和军事创新之间的密切关系加强了财富和权力之间的联系——美国军事权力机构在阿富汗和伊拉克的表现就证明了这一点。

图 12-3 清晰地显示出英国权力下降的原因,它显示出英美两国国内生产总值各占世界总产出的比重:英国经济原处于统治地位,曾经是世界第一,但它渐渐地衰落了。这并不是说英国变穷了——远不至于此。1870～1998 年,即英国权力顶峰时期到权力极度萎缩时期,它的实际人均国内生产总值增加了近 6 倍。英国的不幸在于,世界其他国家增长得太快了。

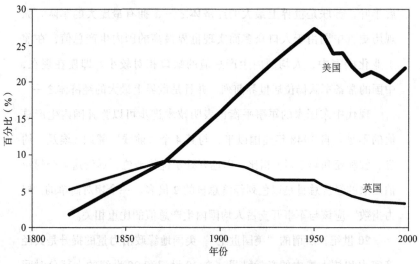

图 12-3 英美两国 GDP 占世界总产出的百分比

资料来源:Maddison, *The World Economy: A Millennial Perspective*, 263 and Maddison, *Monitoring the World Economy*, 1820-1992, 182, 188, 227.

同样，图 12-3 也显示了美国权力增长的基础：高出生率、大量的移民和迅速增长的产出。我们可以为图中单调的曲线增加一些新鲜的内容：在美国内战以及美国和西班牙战争期间，美国谷物产出增长超过 3 倍，铁路里程数增长超过 6 倍，煤炭产出则增长了 9 倍。在 19 世纪与 20 世纪之交，欧洲领导人和记者开始为美国食物与工业品价格低廉所带来的不公平竞争而哀号。当各国总统和首相们为联合问题公开讨论以抗衡美国这一"庞然大物"之时，恐怕只有灾难性的历史厄运才能阻止美国上升为 20 世纪的世界头号大国了。

国内生产总值这一单一因素带来的地缘政治上的价值还不够，若想增加在全球范围内的重要性，财富和技术必须结合起来。缺少现代工业和军事技术而仅仅拥有庞大的经济规模是无用的。19 世纪后半叶，苏联是世界上最大的经济体之一，拥有最庞大的军队。纵观历史，中国由于人口众多而实现世界最高的国内生产总值，在前工业化国家中，人均国内生产总值的缺口相对较小。即使在现在，中国的常备军队仍位居世界前列，并且是世界上最大的经济体之一。

现代中东国家的军事平衡也表明技术进步可以弥补国内生产总值的不足。自 1948 年建国以来，与其 4 个"前线"邻国（埃及、约旦、叙利亚和黎巴嫩）相比，以色列处于优势地位，尽管这 4 个阿拉伯国家的经济总量是以色列经济总量的 2 倍多。一个相对简单的"权力指数"应该与军事开支占人均国内生产总值的比重相关。

20 世纪，所谓的"美国世纪"，美国地缘政治力量的提升是其经济实力和技术威力的必然结果。在 19 世纪和 20 世纪的大部分时间里，由于英美两国拥有世界最高的人均国内生产总值，因此与之相伴的是最为成熟的军事武装力量。图 12-3 清楚地显示了这一信息：在现代世界，地缘政治力量使英美两国成为大型、繁荣且拥有自由市场的国家。极权国家可能可以获得暂时的势力范围和全球影响力，但是如果没有那些只有市场经济才能提供的坚固经济基础，这种影响力很容易崩溃。

子弹和选票

什么是民主和权力？现代自由民主国家掌握微妙但是强大的地缘政治优势：这种政治结构能够提供一种预警机制，防止出现哈布斯堡西班牙、纳粹德国和苏联那样的帝国过度扩张。由于冒险主义政治家能诱使候选人卷入不明智的军事行动中，选民不会无限度地忍受由于长期紧张的军事行动所造成的大量军事伤亡、大规模增税和政府服务的缩减。总之，凡事都需要付出。

现代自由民主国家也可通过第二个机制来审核军事冒险：随着财富和个人自由权利的增长，人们对军事伤亡的容忍力下降。美国内战期间，约有61.8万人死于战争，大约相当于美国男性人口的4%。这一数量超过了美国此后所有战争中人员损失的总数。（从另一个经济决定论的例子来看，一旦冲突演变成战争消耗，联邦脆弱的工业基础将导致军队最终失败。）到了20世纪70年代，美国在越南战争中5.8万人丧生后，公众对此再也无法忍受，尽管美国人口比1865年增加了8倍。

除了对军事冒险存在抑制效果外，追求财富与对流血战争的厌恶之间的关系也推动了军事创新。20年前，对上述观点持怀疑态度的人将面临以下事实，即若要战胜世界常备军队规模最大的国家之一，如伊拉克，无论他们的装备和训练多么的差，也将涉及大量的装甲交战、直升机袭击和成千上万的航载飞机，这些行动往往在晚上进行，以稍多于百人的士兵损失就能结束战斗。这种对效率的追求是受公众对军事葬礼日益增长的厌恶所驱动的。

图 12-3 所显示的第二次世界大战后美国相对财富的轨迹十分有趣。1945 年美国在第二次世界大战中获胜后，它的产出占世界经济总产出的比例达到顶峰。安格斯·麦迪森估计第二次世界大战以后，美国的总产出占世界总产出的比例立即增至 30%，甚至有人认为这一比例应接近 50%。人们曾经认为，由于世界其他的国家开始战后重建，美国对世界经济的支配力量将减弱，但是两件人们意想不到的事情发生了。首先，美国经济主导地位的下降幅度相对较小。在 20 世纪后 30 年中，美国经济在世界经济中的比重几乎恒定不变，约为 22%。其次，更为显著的是，在 1945 年的相对经济高峰后，美国的地缘政治优势看似并没有减弱。

在《外交事务》(*Foreign Affairs*) 一篇具有影响力的文章中，达特茅斯大学的教授斯蒂芬·布鲁克斯（Stephen Brooks）和威廉·沃尔福斯（William Wohlforth）对这一"单极"世界做出了直接描述，这种愿望是史上从未有过的。这一单极世界以美国霸权为特征，霸权建立在军事权力机构的技术优势和世界最有力的经济基础上。与罗马、哈布斯堡和波旁王朝毁灭性的军事扩张不同，美国维持全球优势的开支仅占其国内生产总值的 3.5%——远远低于艾森豪威尔时期用于美国军事防御的 10% 的国内生产总值。作者甚至引用了保罗·肯尼迪的话对此加以说明："以极高的代价成为世界第一并不难，以较低的代价维持超级大国地位则是令人惊讶的。"

布鲁克斯和沃尔福斯认为美国的全球支配地位将持续至少几十年。美国经济相对于其他国家的比重在下降，它如何维持自己的霸权呢？很简单，因为其他国家不是放弃这一游戏就是从一开始就未参与这一游戏。

苏联属于前者，它的经济发展步履蹒跚。在两代人的时间里，超过 1/6 的国民产出被用于庞大的军事工业中。美国有线新闻网络出现以后，苏联再也不能向其受挫的平民隐藏自身的贫困和西方的富有。

由于苏联财政状况的不透明性，我们难以将其军费开支精确地转换成美元计量的形式，但可以看出"军备竞赛"的实力相对接近。在任意年份中，美国和苏联的防御性军费开支大约相等，实际上，它们的军事力量在"冷战"时期也大致相同。对苏联经济总量的衡量也存在不确定性，最准确的估计认为苏联的经济总量大约是美国经济总量的 40%。

图 12-4 描绘了俄罗斯（苏联）在 20 世纪的军费开支占其国内生产总值的比例。不可否认，曲线背后的数据是存在缺陷的。例如，历史学家不禁要问苏联在"冷战"时期的军费开支是否真的高于其在第二次世界大战时期的开支。但基本结论是明确的：在将近半个世纪中，苏联在国防上的支出超过其国内生产总值 15%。在"冷战"时期，苏联并不担心美国的威胁。在"冷战"开支面前，即便繁荣的美国也感到经济吃力，可以想象，经济规模要小得多的苏联，在那几十年中的负担是多么的沉重。苏联的最后一个经济支撑（石油收入）由于 20 世纪 80 年代中期世界范围内石油价格的下降而倒塌，苏联也随之解体。

与此同时，欧洲各国由于数十年的战争以及对君主专制体制下控制欧洲军事霸权的厌恶，当选政府不再追求军事力量与经济力量的匹配。因此，它们是地缘政治中的去势国家。近代历史上一个奇怪的现象：繁荣、快乐而又有影响力的欧洲国家不愿意以集体之力去阻止发生在它们身边波斯尼亚和科索沃的抢劫、掠夺与谋杀，而是由臭名昭著的好战分子威廉·杰斐逊·克林顿（William Jefferson Clinton）派出 F-18 战斗机解决问题。与发达的欧洲同伴一样，日本也建立了充满活力的现代自由经济，设立了斯密的"公正的司法机关"，为了在可预见的将来避免重大冲突和避免军费开支的愿望非常强烈。

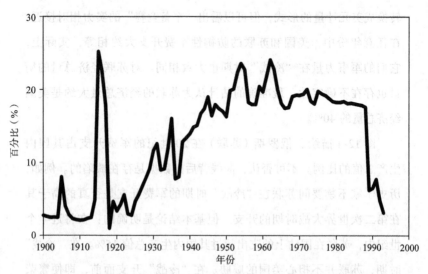

图 12-4　俄罗斯（苏联）军费开支占其国内生产总值的比例

资料来源：军费开支数据来自与战争相关的物质能力研究课题的数据库；GDP 数据来自 Maddison, *Monitoring the World Economy*, 1820-1992, 186-187; 通货紧缩数据来自 Ibbotson Associates。

布鲁克斯和沃尔福斯将他们的分析局限于美国霸权问题上，但除了他们在《美国治下之和平》(*Pax Americana*) 中所做的预言外，一个更重要的观点出现了：任何成功的自由市场大国，只要愿意将其创新动力和财富中的哪怕一小部分用于军事，都可以获得世界大国的地位。这一简单的事实把许多国家看成掌握世界强国的候补者,其中很多国家将在未来满足上述条件。在新世纪中,若没有任何其他国家渴望并得到世界强国的地位,这将是难以想象的。

图 12-5 概括了繁荣、民主和军事力量的关系。正如第 10 章所言,建立在财产权和法治基础上的繁荣也促进了民主的发展;财富带来民主,而不是民主带来财富。同样,繁荣也带来军事和地缘政治力量的提升。简单地说,那些重视法治和财产权的国家将同时实现民主与权力的提升。此外,财富和民主抵御历史上困扰极权国家的帝国扩张,因此,自由民主能保护财富和权力。最后,自由民主国家对战争伤亡的厌恶刺激了高级军事技术的发展。

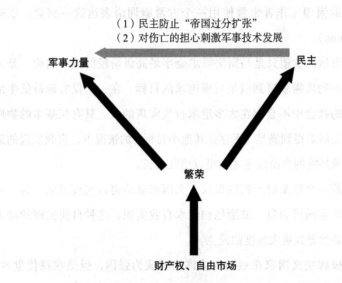

图 12-5 繁荣、民主和军事力量三者间的关系

通过自由市场经济、民主和军事效率之间的联系,我们可以得出布鲁克斯和沃尔福斯未曾得出的结论:无论美国的世界霸权地位

能持续多久，在可预见的将来，取得长期强国地位必定专属于人口众多、创新性自由民主国家，只有那些能够发展经济和提高军力，并为军事注入充足资金的国家才能实现这一目标。更进一步地，在这些国家中获得政治力量的候选人将把军费开支控制在可忍受的范围（如少于国内生产总值的10%）从而防止帝国扩张。

弗朗西斯·福山通过不同的分析思路得出了类似的结论。福山指出，在现代社会，自由民主在可以预见的将来没有可与其争锋的竞争者——也是本书这一题目的来源。历史已经证明君主制和法西斯主义的失败。但是福山对此所做的解释在很大程度上是非经济的。他认为，只有自由民主才能最好地满足人们对自豪和自我价值的渴望。作者常常使用一个古希腊词语表达这一感觉：欲望（thymos）。

当然，欲望只是马斯洛需求金字塔高级阶段的又一名称，是人们基本物质需求得到满足后所追求的目标。在一个仅实现最低生活标准的社会中不会存在太多追求自我实现的人。只有在基本的物质和安全需求得到满足（不存在其他小目标）的情况下，自我实现的追求以及最终的自由民主才能得以茁壮成长。

若一个尊重财产权的极权主义国家最终得以实现繁荣，这一繁荣将增强国民力量，鼓励他们追求自我实现，这种自我实现的动力最终必然导致更大程度的民主。

极权主义国家在短期内或许能够成为强国，但是在现代世界，这种情况仅发生在独裁政变强行接管了大型、成功自由市场经济国家的情况下，正如20世纪30年代发生在日本和德国的情况一样。这两个国家存在惊人的历史共性。19世纪70年代后，它们都经历了政治和经济上的改革，并实现了经济的大幅增长。

战前的日本和德国都不是杰斐逊派⊖（Jeffersonian）的民主国家，进入20世纪后，两国都极大地扩展了公民投票权。1870～1913年，德国和日本分别成为人均国内生产总值在世界范围内增速第二和第三的国家，仅次于美国。因此，两国均成为区域性强国。即便在第一次世界大战以前，德国就已成为欧洲领先的工业强国。1871年德国统一后，选举权被授予给所有年龄超过25岁的男性公民。1930～1934年，希特勒通过复杂的进程将政治权力集中起来，以民主本身来反对民主。最终，德国和日本发展成为专政国家，与生俱来的对帝国扩张的抵抗消失了，它们向世界强国突进，直到第二次世界大战打破了这一目标。

就像拿破仑一样，现代侵略性的专制国家常常面临着两种可怕的选择：一是把赌注压在发动战争上，并最终引起经济上更为强大的民主国家竞争者的警惕，使它们加入战争，正如历史上的德国和日本；二是由于过度和长期的军费开支阻碍了经济的发展，正如苏联那样。

如果中国和俄罗斯在市场经济方向上继续前进，那么没有什么能阻止它们发展。如果欧洲人能更重视军事投资并像他们统一货币一样统一主权，那么他们甚至能以更快的速度实现这一目标。在接下来的50～100年的时间里，我们或许会看到美国影响力的下降。挑战来自何方，现在还不甚清晰。

⊖ 指托马斯·杰斐逊的民主政策和政治作风的支持者。——译者注

第 13 章

增长会结束吗

从过去几个世纪来看，技术进步和它所创造的经济增长就像马力威猛且永不停止的引擎——一个经济永动机，没有任何疲劳迹象，更不用说停止了。但是对人类历史的根本把握也存在不确定性。从更宽广的时间范围来看，200年不过是一眨眼的时间，历史无情却又永恒的车轮碾过一代又一代。

在弗里斯和范德伍德（Ad van der Woude）关于荷兰经济史的权威性著作《第一个现代经济体》（*The First Modern Economy*）的结论部分，作者在一篇具有煽动性的论文中指出，荷兰经济的增长在16世纪中期就生机勃勃地开始了，在随后的两个世纪中逐渐消失。荷兰经济在18世纪的停滞对刚刚实现200年经济持续增长的西方领头羊来说是个警告吗？以罗伯特·巴罗教授的理解来换一种说法，即对一个富裕国家甚至整个地区来说，持续200年，每年平均2%的增长率就是增长的终点吗？

质疑现代经济增长是一个危险的游戏。20世纪70年代，罗马俱乐部[⊖]（Club of Rome）引领了悲观的一代。他们认为资源有限，不可避免的结果就是严格的增长极限，他们为此感到局促不安。当然，按照他们所说的，在人口不断增长而土地、食物、木材和石油的供给有限的情况下，经济增长的"游戏"必定要结束。当罗马俱乐部及其追随者为马尔萨斯感到骄傲的时候，他们都忽略了人类的适应性和创造性天赋。当某种商品变得稀缺或昂贵时，发明家会创造出更好且更便宜的替代品。100年前，人们唯一可以依赖的财富储藏方式就是土地和黄金。而在20世纪，硬币和土地之外的财富衡量手段出现了，就像魔法一样不可思议。150年以前，严肃的思想家们预言城市很快就会变得一片漆黑，因为人们将要耗尽所有的鲸油。

即便对经济发展史粗略地一瞥，我们也可以发现商品实际价格总体呈现出的下降趋势。现代人在衣食消费上的支出占收入的比重比一个世纪以前要低得多。工业原材料的价格也是如此。

经济史学家西蒙·库兹涅茨指出，经济增长减缓来源于两个方面：供给和需求。他认为，在人类内在求知欲和勤劳品质的驱动下，供给不可能是经济停滞的原因，因此，需求更有可能是经济增长的杀手锏。随着人类变得越来越富裕，与消费相比，人们更偏好休闲娱乐——人们对空洞的物质追求逐渐失去兴趣。颇具讽刺意味的是，在库兹涅茨教授去世的1985年，家庭购物网络（Home Shopping Network）开始在全国有线电视中出现。

⊖ 罗马俱乐部是关于未来学研究的国际性民间学术团体，也是一个研讨全球问题的全球智囊组织。其主要创始人是意大利著名的实业家、学者A.佩切伊和英国科学家A.金。——译者注

失败的模式

人口因素作为对经济增长的威胁，应该受到重视。在未来的几十年中，人口平均寿命的增长以及青少年教育和培养成本的提高将困扰剩余的劳动人口。生产者数量将下降，劳动力在总人口中的比重日益下降，但他们所需要供养的孩子和老人的比例却日益增加。在近几十年中，那些世界最发达国家的财政预算逐渐成为社会福利项目的附属品。2003 年，美国联邦预算中的 60% 由以下"四大项"社会项目组成：社会保险、医疗保险、公共医疗补助制度和一般社会救助。在其余的 40% 中，18% 流向国防支出，8% 用于支付债务利息，剩下的 14% 用于其余开支——法律实施、司法体系、教育、退伍军人的福利和国家基础设施项目（联邦航空局、气象服务、公路和机场补贴等）。

在接下来的几十年，用于"四大项"的 60% 的国家预算（超过一半涉及医疗开支），预计其增长速度要比经济增长速度快得多，很难应对政府面临的 50 万亿美元资金缺口，财政收支末日将到来，政府将被迫拖欠债务，引发破坏性的通货膨胀或征收高额赋税。

更有可能出现的是"痛苦菜单"中的拼盘：青年与老年间的代沟矛盾、对令人苦恼的社会保险和医疗保险进行的重新分配以及欧洲式的高额税赋。

短期的人口断层是痛苦的，但这一人口统计学上的变动所产生的长期影响并不会很大。研究者罗伯特·阿诺特（Robert Arnott）和安妮·卡斯塞斯（Anne Casscells）使用复杂的数学运算估计"供养比率"（dependency ratio）效应——每个工人所供养的老人和孩子的数量，在 2010～2030 年将从 0.55 增至 0.76，此后将稳定下来。它将在20年中暂时性地以每年0.6%的速度减缓经济增长率,这当然会令人烦恼,但是暂时性的,也不可能是此前所说的繁荣的终结。⊖

生态、经济和人口并不会形成经济增长的障碍。最为明显的因素就是军事灾难。战争工业化下的死亡率所形成的破坏性力量不仅掌控在军队手中,还掌控在平民手中。更进一步,增长本身也会造成社会的不稳定。无论在国内还是国家之间,增长将产生赢家和输家,二者之间财富的不均等可能将导致社会的不和谐与战争。18世纪,最富裕国家的人均国内生产总值,即荷兰的人均国内生产总值是最贫穷国家的5倍。到了1998年,西方最富裕国家的人均国内生产总值是最贫穷的撒哈拉沙漠以南非洲国家的40多倍。

从理论上来看,国内和国际骚乱将使世界变得越来越危险,相反的情况也正在发生。在1950年以前的几千年中,欧洲国家之间的武装冲突是家常便饭;今天,经济合作和发展组织两个主要成员方(世界上最富裕和最强大的国家)之间发生战争已是高度不可能之事。同样,恐怖袭击虽然在情感层面令人恐惧,但并没有造成大规模的威胁。即便恐怖主义者能制造像"9·11"事件那样大规模的恐怖事件,但它远远不及艾滋病、酒精、烟草、交通事故所造成的死亡数量多。20世纪上半叶损失更为严重,1939年9月~1945年8月,平均每天约有25 000人死于暴力冲突,相当于6年中每隔3个小时发生一次"9·11"事件所造成的死亡总数。

这一简单的数学运算意味着,在未来几十年中,生产力的持续

⊖ 在20年中,一名工人供养人口的数量从1.55增至1.76(包括他自己)意味着人均国内生产总值增长率出现0.6%的下降。参见Robert D. Arnott and Anne Casscells,"Demographics and Capital Market Returns," *Financial Analysts Journal* 59(Mar./Apr. 2003): 20-29. 还有作者与阿诺特的个人交流。

增长会令人难以想象——如果从耶稣诞生之时开始,世界人均国内生产总值就以 2% 的增长率增长,那么到 21 世纪初将达到 6×10^{19} 美元,而不是现实中的人均 8000 美元。即便 1% 的增长率也会带来当前约 2000 亿美元的人均国内生产总值。或许我们已经实现长期内最好的发展(甚至是历史的最高程度),但是仍然没必要愤世嫉俗地对未来做过多的悲观预测,人类尚不能确定的就只是未来灾难的确切性质。并且如第 10 章所说的,即便经济能在长期保持充满活力的增长,它也不能使我们变得更快乐。

富人及其权利

最有可能的威胁或许来自增长本身的必要条件。随着社会变得越来越富裕,人们对风险和多样化的容忍程度也在下降。直到前现代晚期,贫困救济首次成为社会公共义务是在英国和荷兰。1750 年,如果普及大众教育的思想被提出来,它也将被看成对稀缺的政府资金的一种浪费。到了 20 世纪,普及大众教育已成为一项社会规范。1870 年,只有社会主义者才认为政府应当对失业者和退休人员进行补贴。到了 2000 年,所有西方国家都提供这一福利。在不到一代人的时间里,政府资助的普遍健康保险已从白日梦变成昂贵的西方现实,但美国除外。在美国,对政府提供普遍健康保险的要求之声已经变得震耳欲聋了。

如果说富裕国家的公民将普遍健康保险看成对政府的最后一项要求,那么这是值得怀疑的。随着财富的增长,政府支出在国内生产总值中的比例也在增长(在美国,这一数值是 30%,包括联邦、各州和地方的开支,在大多数西方国家,这一数值更高),因为它所追求的权利也在增加。权利的日益增加会拖累经济的增长，最终导致马尔萨斯的"增长均衡"，在这一状态下，任何财富的增长都会迅速被政府服务需求的增加所消耗。

科学幻象

我们不应该只担心那些扼杀经济增长的因素。巴罗所说的"2%的速度限制"是经济增长的恒量吗？就如光速一样？⊖基于提高生产力增长率的考虑，如果对人类物种做出生物学改造，情况又会如何呢？最可能实现更高增长率的办法就是对增长的主要引擎进行修补——人类的大脑。

基因工程的进步很快就能让父母以及国家提高后代的智力水平。试想，若一个经济合作发展组织成员国能够对人口进行生育控制，并将国民的平均智商从 120 提高到 140。那么接下来的问题就剩下对个人自由和法治的保护以保全经济增长的动机了。很快，该国经济的增长率就提高到比其他国家高几个百分点的水平，并按此增长率增长，在每一代人的时间里其发展速度都将比竞争者翻一番。在某种意义下，关于邻国的崛起，其他国家可能不得不在以下三个不吸引人的选项中做出选择：摧毁它、调整它的基因政策或不采取任何措施从而使本国成为在经济和军事上的劣势国家。◎

正如古老笑话所说的，做出预测是很难的，尤其是对未来做出

⊖ 这一经济增长的上限是仅针对富裕且技术先进的国家来说的。发展中国家和从战争的破坏中恢复的发达国家，能暂时以一个更高的增长率来增长（追赶）。

◎ 另一种可能是，父母不管国家如何做，而是自愿采用提高智力的基因工程技术，从而避免上述可怕的地缘政治后果。

预测。这些思考并没有超出科幻小说的程度。尽管未来可能经济失败模式的多样性仅仅取决于人们的想象力，但对过去500年西方文明唱衰并不是一种有利的主张。那些最高明的反乌托邦预言者——奥威尔（Orwell）、赫胥黎（Huxley）和布拉德伯里（Bradbury），他们预言的准确性也是值得怀疑的。在今后的一个世纪里，世界很有可能变成一个更为繁荣的地方，而且1000年以后地球上的居民或许认为我们当前这个时代是贫穷、野蛮和匮乏的黑暗时代。在未来的一个世纪乃至上千年中，人均经济产出能够以当前2%的实际增长率增长吗？会变得更快还是更慢？我们确实不知道。

第 14 章

何时，何地，通向何处

何时会出现繁荣

自从亚当·斯密第一次将"和平、轻简税赋和公正的司法机关"确定为繁荣的基本条件以后，经济学家又对这一简单"处方"进行了改进。在现代社会，技术进步是经济增长的最终源头，这是显而易见的。通过构思、开发、生产和最终消费的探索创新过程，我们可以得到一个理解经济增长的有效模型。如果了解了经济增长，我们就能隐约地看到一个国家命运的轮廓。

本书的要点是国家制度，而不是它的自然资源或文化遗产，不是它的权力和经济意识，也不是它的政治谎言，更不是它的军事威力。国家制度是决定长期繁荣和未来的因素。第 2 ~ 5 章已经探讨了贯穿通往繁荣途径的四个要素。任何一个要素的缺乏就相当于形成了一道屏障或一个障碍，阻碍人类的进步。如果一个国家实现了这四个要素，人类天赋、创造力和抱负的障碍就被解除。创新活动开始活跃,这个国家的繁荣就会随之而来。

第一,政府必须为技术创新者提供足够的激励。如果创新的回报被国家充公,那么技术创新就很少出现。因此,繁荣的主要条件就是保护财产权,即斯密的"公正的司法机关"。

如果企业的成果没有得到合理的保护,则没有企业进行创新和生产。如果工人不能保留大多数工资,他们将不会努力工作。个人财产会受到来自各方面的威胁——犯罪势力、专制暴君,在极端情况下,甚至来自福利国家出于好意的官僚主义者或不能控制支出和货币政策的中央银行。关键的概念是,只有分权且受法律制度限制的政府才能有效地实施财产权。原因很简单,一个不受法律限制的统治者,无论他多么明智和公正,他终将堕落或失去公正性。非个人司法系统如果未能从统治机构分离出来并散发公正性,那么政府颁布的任何法令都难以实施。一项法律如果不能做到包括统治者在内的所有公民人人平等,那么它根本就不算法律。

尽管最早使用法律法规的国家是古希腊和罗马共和国,但它在罗马共和国灭亡之后沉寂了500多年。直到中世纪时期,它才在英国重现。20世纪的悲惨政治现实加深了人们对斯密那些迷惑性短语的理解。仅存在有效的司法体系是不够的,司法力量必须与执政者相分离,且必须做到全民平等。

用斯密的话说,税收必须是"轻简"的,即不能征收太多。那么多少才是太多呢?美国的成功以及欧洲福利国家的社会试验提供了一个大概的数值:一个繁荣国家可以轻松接受政府消耗占总产出的30%,如美国,一旦政府支出占总产出的比例接近50%,如北欧许多国家一样,其经济增长就开始受到影响。

第二,创新者必须拥有合适的知识工具。如果没有铁锤、锯子和水准仪，一个技术再熟练的木匠也难以生产木器。因此，创新者固然重要，但是没有借以理解周边事物的知识工具，他也是难以做出任何创新的。西方人的精神核心并不来源于从希腊和罗马基础继承而来的文学作品、艺术作品和建筑中，而是来源于让其最珍视的信仰接受实践的检验。当今，这是西方真正区别于世界其他地方的一个方面。尽管古希腊在逻辑学和科学上做出了辉煌的成就，但是它并没有改变艰难的现实，也没有为人类提供有用的自然模型。

仅有合适的工具，即以科学方法对思想进行实际检验，是不够的，还需要考虑社会和宗教的接纳程度。创新是一个具有高度颠覆性的过程，对异议进行打击的社会是得不到发展的。500多年来，天主教曾经抑制学术和科学创新。当马丁·路德进行起义并产生自己那令人窒息的正统信仰之时，他也打破了教会对欧洲学术知识生活的垄断，并在长期中释放了整个欧洲的创新能量，使之能够探索他们想要探索的世界。

一个违背事实的分析认为，天主教并没有终结希腊和罗马统治者在学术探索上的传统，为我们提供有意义的思想实验。值得称赞的是，天主教会在中世纪早期建立了欧洲第一所大学，并继续对古希腊和古罗马进行学习。若没有天主教对这些古老知识的保护，公元476年后那些涌向西方世界的黑暗或将持续更长时间，且程度更深。

第三，一旦发明家和企业家获得了足够的激励和学术工具，他们就还需要获取大量资本的途径，以把创新发明推广至更广大的人群。相应地，发明家和企业家就要获取资本所有者的信任。从16世纪开始，荷兰自治政府以及随后的英国皇室大力说服公众投资者，使其相信借钱给自己是一个好主意。一旦公众对借钱给政府习以为常了，普通市民就开始为私营企业提供资金。在19世纪,企业有限责任的出现使得大型非个人企业的建立和融资成为可能,无论其结果是好是坏,它都为现代西方社会的发展提供了驱动力。

第四,也是最后一个方面,必须存在可靠和快捷的通信技术,通过这一技术引导资本流向并宣传新产品,也必须存在交通能够从物理空间上将这些产品运往全国乃至整个世界。自古以来,人类和动物界低下的生产力限制着人类企业的发展速度和力量。在一些合适的地方,水车和风车确实增加了生产中可利用的动力,但是它们不能提高货物运输和信息传递的速度。但是随着历史的发展,瓦特蒸汽机把船只的运输速度和容量增加了10倍。一个世纪以后,电报魔术般地实现了全球范围内的即时通信。

图14-1描述了四个关键性要素(财产权,科学理性主义,有效的资本市场,现代动力、交通和通信技术)随着历史的发展情况,并对第2章和第5章进行总结。这一历史图解显示了为什么世界经济在19世纪早期出现爆炸性增长,因为最后一个要素在此时得以正式发展和成熟。

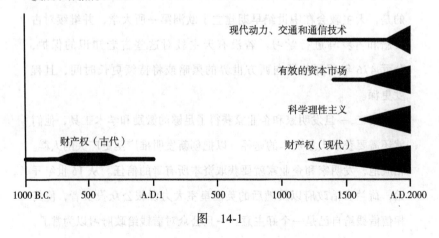

图 14-1

从历史的观点来看，可靠的个人财产权和法治是必要的，但是不能充分地保证繁荣的实现。希腊人和中世纪晚期的英国人都建立了有力的法律法规和可靠的财产权，但是他们没有实现强劲的经济增长。作为事后总结，原因是他们缺乏其他三个要素：合适的思考方法、大规模生产所需的资本、最终产品的传递和传播所需的交通和通信技术。

尽管成熟的财产权体系没有为希腊人和中世纪的英国人创造太多的经济利益，但是在现代社会中，一旦其他三个要素都实现后，财产权就开始发挥最为关键性的作用。在现代社会中，其他三个要素不仅是可以实现的，而且是手到擒来的。任何一所大学都可以教授物理学、工程学、经济学和法学知识，人们也可以从书店买到学习这些知识的书籍。资本可以从当地或国外的银行获得。人们可以建造公路，汽车、飞机、计算机和手机也可以方便地购买到。但是现代西方最为喜爱且得到柯克、洛克和斯密所赞扬的个人财产权保护却不是那么容易实现的。今天，纵观全球，它是划分国家成功和失败最可靠的标准。

何处会出现繁荣

本节的第一部分解释了为什么增长发生在那一特定的时刻。一旦我们将增长的问题纳入四个关键要素框架中，我们就能回答何处实现增长的问题。本节的第二部分从四个要素出发考察了几个国家增长的模式。我们发现四个要素的实现与每个国家的经济起飞之间存在一一对应的关系。

大约在公元 1500 年，欧洲数百个国家或公国无意间成为制度和意识形态竞争的温床。其中两个国家（英国和荷兰）在这四个要素的结合上拥有最大的优势，从而成为现代繁荣的发源地，这并非偶然。财产权、科学理性主义、资本市场以及交通和通信技术在 16 世纪荷兰的发展虽然是初级的，但在将近两个世纪中能够维持缓慢而稳定的增长。尽管荷兰经济的发展并未取得蒸汽动力和交通的支持，但是它的一个重要自然特征无疑带来了经济利益——水道密布的平坦地势。在 19 世纪晚期以前，日本和西班牙则从根本上缺乏我们所说的四个要素，这是另一种极端。毫无疑问，两国经济的发展直到 19 世纪晚期才开始。

在当今世界，就如 19 世纪和 20 世纪一样，四个要素得以充分发展的地方必定能实现繁荣。新加坡继承了英国普通法，接纳了西方理性主义，发展了资本市场和先进的交通，所以它实现了繁荣。我们不妨认为它赢在了地理上——它有着地理位置极佳的自然港口。

正如你在某种程度上继承了父母的美貌外表、高智商和良好的运动能力一样，一个国家也能获益于良好的制度"基因"。在那些制度遗产非常丰富的地区（英国的殖民地新世界和新加坡，公民接受了普通法），繁荣得以实现。在那些"基因"存在劣势的地方，残存着征服传统、野蛮掠夺、宗教狂热和寻租思想，他们虽然暂时拥有丰富的矿藏，但是最终却难以摆脱落后和贫穷的命运。

极端情况下，撒哈拉以南非洲国家几乎完全不存在这四个要素。非洲部落制度将行政权和执法权授予部落首领。缺乏分权将阻碍这些国家实现法治和维持财产权的基本要求——独立的司法制度。加上传统文化在学术探索上的迟钝以及资本市场的根本缺失，其结果就是经济停滞。作为结果的贫穷又难以避免地造成四个要素的缺失。艾滋病在经济不发达的非洲蔓延，这一悲剧并非偶然。

非洲还存在着第五个劣势。尽管拥有丰富的矿藏资源，但是非洲缺乏一个经济上非常重要的物理要素：水陆交通。非洲的海岸线相对平滑，不能像欧洲那样为船只提供避风港，大多数的河流都散布着瀑布，入海口分布着无情的沙洲，不存在融雪溢流的流入以将水位保持在高水平上，从而与欧洲、亚洲和北美有所不同。通常情况下，非洲的水路只有在雨季才能通航。

通往何处

我们已经掌握了理解经济增长的四要素框架，且知道如何将其用于分析特定的国家和文化，但是关于世界持续繁荣、民主和地缘政治的前景，这一框架又能告诉我们什么呢？

在发达国家中，所有四个要素都得以牢牢建立，只有世界末日性的灾难（即将人类从地球上清除的灾难）才能消除这四个要素的印记。

这并非言过其实。第二次世界大战本来已从物理意义上摧毁了日本和德国，但它们那西方化的制度灵魂和知识基础并未改变，所以经济迅速恢复。（正如第1章和第8章所说的，日本和德国的"经济奇迹"不仅是胜利者宽宏大量的结果，德国在第一次世界大战和惩罚性的《凡尔赛条约》签订后也显示出类似的复兴。）

人类再也不会丧失这些重要的技术和制度"处方"了。我们不能简单地将知识封存起来，正如罗马帝国被摧毁后，它的知识法则以及所有本质性的技术设计正通过成千上万的人口、书本和计算机硬盘在不断传播。当年古罗马衰败导致大多数新技术消失，现在，它们再也不会消失。更进一步地说，经济的持续增长必定要出现，而且不可逆转，除非最终人类出现了灾难。

第10章所讨论的经济增长和民主之间的关系是一种非常乐观的

关系。如近期社会学研究所说的，若繁荣作为民主发展的动力，那么人们不仅预知到自由民主制度将持续扩张，同时也意味着地缘政治力量是通过财富权力机构获得的。这就意味着世界最大的自由民主国家将掌握着相对良性的世界霸权。《纽约时报》专栏作家托马斯·弗里德曼（Thomas Friedman）曾经讽刺性地将其称为"战争与和平的麦当劳理论"：直到最近，任意两个拥有麦当劳特许经营权的国家之间不会相互交战。当然，全球化的出现不是没有代价的。世界日益增长的相互依赖性使得各种多样性之间更易于产生相互影响，如社会、环境、金融和微生物。

人类的财富日益增长，但第 10 章并未乐观地预测人类将变得更快乐。在唯物论文化下，即便最愤世嫉俗的观察者也必须承认，与 1820 年前 99% 的人处于基本温饱生存线附近这种状况相比，他们现在的担心和不安全感是无关紧要的。

世界上许多地区经历着持续而显著的财富增长，并伴随着生活水平的改善，这在人类历史上还是首次。无论是好是坏，人类的竞争已经进入新的时代，由技术创新所驱动的经济增长已经成为现代舞台上的主角。让我们改写桑塔亚那（Santayana）的话：那些不能从经济发展史中学习知识的人将永远处于昏睡状态。

资本的游戏

书号	书名	定价	作者
978-7-111-62403-5	货币变局：洞悉国际强势货币交替	69.00	（美）巴里.艾肯格林
978-7-111-39155-5	这次不一样：八百年金融危机史（珍藏版）	59.90	（美）卡门M.莱茵哈特 肯尼斯S.罗格夫
978-7-111-62630-5	布雷顿森林货币战：美元如何统治世界（典藏版）	69.00	（美）本·斯泰尔
978-7-111-51779-5	金融危机简史：2000年来的投机、狂热与崩溃	49.00	（英）鲍勃·斯瓦卢普
978-7-111-53472-3	货币政治：汇率政策的政治经济学	49.00	（美）杰弗里A.弗里登
978-7-111-52984-2	货币放水的尽头：还有什么能拯救停滞的经济	39.00	（英）简世勋
978-7-111-57923-6	欧元危机：共同货币阴影下的欧洲	59.00	（美）约瑟夫E.斯蒂格利茨
978-7-111-47393-0	巴塞尔之塔：揭秘国际清算银行主导的世界	69.00	（美）亚当·拉伯
978-7-111-53101-2	货币围城	59.00	（美）约翰·莫尔丁 乔纳森·泰珀
978-7-111-49837-7	日美金融战的真相	45.00	（日）久保田勇夫

飞行家系列

一人，一书，一段旅程，插上文字的翅膀，穿越大海与岁月

繁荣的背后：解读现代世界的经济大增长
ISBN：978-7-111-66966-1
探寻大国崛起背后的逻辑，揭示现代世界格局的四大支柱

世界金融史：泡沫、战争与股票市场（珍藏版）
ISBN：978-7-111-71161-2
从美索不达米亚平原的粘土板上的借贷记录到雷曼事件，一部关于金钱的人类欲望史；一部"门外汉"都能读懂的世界金融史。

左手咖啡 右手世界：一部咖啡的商业史
ISBN：978-7-111-66971-5
一颗咖啡豆穿越时空的故事，翻译成15种语言，享誉世界的咖啡名著，咖啡是生活、是品位、是文化、更是历史，本书将告诉你有关咖啡的一切。

宽客人生：从物理学家到数量金融大师的传奇（珍藏版）
ISBN：978-7-111-69824-1
一位科学家的金融世界之旅，当你研究物理学的时候，你的对手是宇宙；而在研究金融学时，你的对手是人类。